La ciencia del texto

Paidós Comunicación / 5

Teun A. van Dijk

La ciencia del texto

Un enfoque interdisciplinario
Con un *Epílogo a la edición castellana* del autor

PAIDÓS
Barcelona • Buenos Aires • México

Título original: *Tekstwetenschap. Een interdisciplinaire inleiding*
Publicado en holandés por Het Spectrum

Traducción de Sibila Hunzinger
Supervisión de Roberto Bein

Cubierta de Mario Eskenazi y Víctor Viano

1.ª edición, 1983
3.ª reimpresión, 1996

© 1978 by Het Spectrum B.V.
© de todas las ediciones en castellano,
   Ediciones Paidós Ibérica, S.A.,
   Mariano Cubí, 92 - 08021 Barcelona
   y Editorial Paidós, SAICF,
   Defensa, 599 - Buenos Aires

ISBN: 84-7509-227-6
Depósito legal: B-7.696/1996

Impreso en Hurope, S. L.,
Recaredo, 2 - 08005 Barcelona

Impreso en España - Printed in Spain

Indice

Introducción

Las diferentes disciplinas científicas se ocupan, entre otras cosas, de la descripción de *textos*. Estos estudios se llevan a cabo desde distintos puntos de vista y múltiples perspectivas. En determinados casos interesan más las diferentes estructuras textuales, en otros la atención se centra sobre todo en las funciones o los efectos de los textos, mientras que numerosas investigaciones tienen por objeto precisamente las relaciones entre las funciones y los efectos de los textos. Desde la Antigüedad Clásica se conocen la poética y la retórica, que se ocupaban de las estructuras especiales y de las funciones estéticas o persuasivas de los textos literarios o los discursos, como hoy en día lo hacen la estilística y los estudios literarios. También la teología y la jurisprudencia emplean *tipos* de textos especiales, que en ambos casos requieren una «exégesis», pero que posteriormente sirven de normas para acciones concretas. La lingüística se interesa especialmente por la estructura gramatical de las oraciones y los textos, pero también se ocupa de las condiciones y características de su empleo en distintos contextos. La psicología y la pedagogía didáctica deben de interesarse por las distintas maneras de comprensión, retención o reelaboración de textos. La psicología social y la investigación de los medios de comunicación de masas se preocupan especialmente por los efectos que los textos provocan en estos medios sobre las opiniones y los comportamientos de los receptores, mientras que, por último, la sociología analiza los textos en la interacción social, en particular en las conversaciones cotidianas y a través de formas textuales y de comunicación en distintas situaciones o instituciones.

Si bien esta enumeración de disciplinas científicas que se ocupan directa o indirectamente de textos no es completa —seguramente habría que añadir la psiquiatría—, ya debe de haber quedado claro que el análisis de las estructuras y funciones de los textos requiere un modo de proceder *interdisciplinario*. Esto tiene una validez aún más amplia para la investigación de la *utilización de la lengua* y la *comunicación*.

La evolución de los últimos años ha tendido a que los problemas y objetivos de los análisis de textos en las distintas disciplinas científicas mencionadas requirieran un estudio integrado, precisamente en el marco de una nueva «conexión transversal» interdisciplinaria: la *ciencia del texto*. La tarea de la ciencia del texto consiste en describir y explicar las relaciones internas y externas de los distintos aspectos de las formas de comunicación y uso de la lengua, tal y como se analizan en las distintas disciplinas.

Sin lugar a dudas, la *lingüística* cumple una parte de esta tarea, y también lo hacen sobre todo la sociolingüística y la psicolingüística. Si bien la ciencia del texto se superpone parcialmente con la lingüística, o como mínimo se basa en ella, la lingüística hasta ahora sólo discute de forma muy indirecta, si es que llega a hacerlo, las estructuras textuales retóricas, estilísticas, literarias, argumentativas o narrativas, o bien se limita a la descripción de la estructura o del empleo de oraciones. Partiendo del supuesto de que el uso de la lengua, la comunicación y la interacción se producen ante todo bajo la forma de textos, será oportuno analizar sistemáticamente diferentes tipos de textos, estructuras textuales y sus diferentes condiciones, funciones y efectos en una ciencia del texto interdisciplinaria: conversaciones cotidianas y terapéuticas, artículos de la prensa, narraciones, novelas, poesías, textos publicitarios, discursos, instrucciones de uso, libros de texto, inscripciones, títulos, textos jurídicos, reglamentos, etc. Si bien todos estos tipos de textos se consideran por separado en las distintas disciplinas y de ello resultan problemas de diversa índole, la ciencia del texto se interesa especialmente por descubrir las propiedades y características comunes de sus estructuras y funciones, creando simultáneamente una conexión entre las ciencias sociales y las del espíritu.

El presente libro pretende ofrecer una introducción elemental a la ciencia del texto. A la vista del carácter interdisciplinario de la materia y, por lo tanto, de su interés para estudiantes, profesores e interesados de todo tipo de especialidades, facultades y profesiones

dedicadas a las ciencias sociales y del espíritu, resulta casi obligado
que los distintos aspectos de los textos y su uso sólo puedan tratarse
muy breve y elementalmente, evitando conscientemente métodos
demasidado especializados y explícitos propios de las mencionadas
disciplinas. Por todo ello se ha pretendido que se tratara de una
verdadera introducción a los caminos básicos de la descripción
textual; por ejemplo, de los distintos niveles de análisis (semántico,
pragmático, estilístico) y de las relaciones esenciales con diferentes
tipos de *contextos,* en especial con el contexto social y el psicológico.
Tenemos la intención de publicar más adelante otra obra introductoria que ahonde en los problemas específicamente sociopsicológicos,
sociológicos, de la ciencia de los medios de comunicación, jurídicos
y antropológicos de la comunicación textual y la interacción. No
obstante, este libro ya ofrece una base para la ulterior ampliación de
la ciencia del texto.
    Lo que acabamos de señalar ya indica el grupo de personas al que
va destinado este libro: a los estudiantes de las facultades o especialidades lingüísticas y literarias, así como a los del ámbito de las
ciencias sociales; por otro lado, a todos aquellos que por razones
profesionales se ocupan de los análisis de texto, como los maestros,
los pedagogos, los psicólogos, los psiquiatras, los psicoterapeutas,
los teólogos, los juristas, los sociólogos y los antropólogos. No se
presuponen conocimientos de lingüística (ni de psico- y sociolingüística), pero se recomienda leer introducciones a los campos mencionados, particularmente a la lingüística, en conexión con este libro.
Para el análisis de determinados tipos de textos, como por ejemplo
el de textos publicitarios o literarios, se indicará en cada caso la
bibliografía correspondiente. Las indicaciones y remisiones aparecen
únicamente en las notas y no a lo largo del propio texto, dado que
esta introducción trata principalmente determinados fenómenos y
problemas, y no discute los trabajos de otros científicos realizados en
el terreno de la ciencia del texto. Naturalmente, esta obra utiliza los
resultados de investigaciones, mencionándose en las notas los estudios ·en que se basan. De esta manera hemos querido facilitar la
lectura. Por lo demás, una parte del libro se basa en investigaciones
propias. Sin duda, ello contribuye a la coherencia de esta introducción, pero por otro lado, en una disciplina tan joven como la ciencia
del texto, una terminología unitaria resulta más bien vulnerable. Por
eso, algunos conocimientos podrán parecer provisionales o incluso
especulativos y muy probablemente hará falta una posterior corrección o una ampliación. Por ello serán bien recibidas las observaciones o las críticas que puedan surgir al respecto.

Universidad de Amsterdam,
Diciembre de 1978/Octubre de 1979

                                                                    T.A.v.D.

1. La ciencia del texto

1.1 La ciencia del texto como nueva ciencia interdisciplinaria

1.1.1 El objeto de la ciencia del texto ya ha sido brevemente expuesto en el prefacio. En este primer capítulo se pretende indicar con mayor exactitud el 'lugar' que ocupa la ciencia del texto frente a las demás disciplinas científicas. Se considerarán también los aspectos, problemas y tareas de investigación realizados en este campo. En los capítulos posteriores, la atención se centrará de manera más sistemática en los distintos sectores que comprende la ciencia del texto.

1.1.2 Si bien el concepto de «ciencia del texto» es relativamente nuevo, se ha establecido como tal desde hace ya aproximadamente unos diez años. En el área de habla francesa se le denomina «science du texte», y en inglés, «discourse analysis». No obstante, hace ya mucho tiempo que se conocen los términos de «análisis del texto» e «interpretación del texto», sobre todo en los estudios de lenguas donde, sin embargo, la mayoría de las veces, se considera sobre todo la descripción concreta de textos literarios. La ciencia del texto aspira a algo más general y abarcador: por un lado se refiere a todo tipo de textos y a los diversos contextos que les corresponden, y por otro se preocupa de los procederes más bien teóricos, descriptivos y aplicados.

La difusión de la ciencia del texto también hay que entenderla en relación con fenómenos y problemas que se estudian en otras ciencias y especialidades, como la lingüística general, la filología (sobre todo en los ámbitos referentes a textos de uso y de capacidades lingüísticas generales de interés, por ejemplo, en la enseñanza), los estudios literarios y la ciencia del estilo, y finalmente también la psicología y las ciencias sociales, así como la ciencia de la comunicación de masas. Entre las ciencias sociales destaca un método de investigación, el análisis de contenido *(content analysis)* que también se inscribiría en el ámbito de una ciencia del texto interdisciplinaria. Esto también resulta válido para el denominado análisis conversacional en psiquiatría, psicoterapia y sociología (dentro del marco de la llamada «etnometodología») y, desde hace algún tiempo, en la lingüística.

De ahí se deduce que el origen de una nueva ciencia dedicada al análisis más general de textos se parangona con evoluciones de otras disciplinas y que, con ello, representa la prosecución consecuente de una tendencia a estudiar el uso de la lengua y la comunicación de manera interdisciplinaria.

1.1.3   Por regla general, las ciencias nuevas se desarrollan como una especialización de otras ya existentes. Las tendencias de investigación lingüística surgieron en un momento en que en el seno de la filología germánica y de las lenguas y literaturas extranjeras, los «métodos» históricos, filológicos y descriptivos se consideraron insuficientes; entonces se prestó especial atención a la 'lengua como sistema' y a la lingüística teórica.

En las ciencias sociales se han producido modificaciones similares: la ciencia de la comunicación o de la información, por ejemplo, se ha desarrollado a partir de la politología, de la psicología social, respectivamente.

Durante la fase de formación de una nueva tendencia científica se produce en muchos casos no sólo una especialización de las disciplinas primitivas, sino que a menudo también se realizan conexiones transversales interdisciplinarias, con lo que varían la división y la distribución que ocupan los objetos y problemas de las distintas materias tanto entre sí como en relación con las ciencias contiguas. Este también es el caso de la ciencia del texto: en varias disciplinas se analizan textos paralelamente, teniéndose mutuamente más o menos en cuenta. Desde este punto de vista, la ciencia del texto resulta indudablemente integradora, en especial en cuanto se refiere a los objetos y problemas comparables, es decir, a la estructura y el uso del texto en diferentes contextos comunicativos.

Cuando una ciencia se emancipa de su ciencia-madre, ello no se debe sólo a los progresos de los métodos de investigación o a nuevos resultados, sino que esta nueva ciencia supone la respuesta a determinadas evoluciones sociales que también han originado modificaciones en la estructura institucional de las universidades. Cuando, a causa de las evoluciones sociales en general, y en especial dentro del ámbito político-económico, aparecen nuevos intereses o necesidades sociales, esto también se puede comprobar con frecuencia (a largo plazo) en los cambios de la oferta de estudios de las universidades. Dentro del marco de la nueva formación para estudiantes, conocimientos nuevos, nuevos métodos o resultados de investigaciones resaltan con especial nitidez cuando corresponden a exigencias profesionales claras en nuevos sectores sociales. No obstante, a menudo se puede observar un desarrollo exactamente opuesto, en el que la estructura de la ciencia se muestra más bien perezosa en sus instituciones: una nueva 'distribución del trabajo' dentro de la ciencia y en las universidades, como consecuencia de una nueva ciencia interdisciplinaria, despierta tanta oposición que la nueva disciplina se ve amenazada de 'raquitismo', no sólo por las limitaciones personales y financieras ya existentes, sino sobre todo por la reticencia a la 'entrega' de determinados sectores a esta nueva ciencia. Este mecanismo funciona incluso cuando las disciplinas contiguas sólo se vean afectadas en grado mínimo (por ejemplo, en el caso de que hasta ese momento ˙no hayan prestado atención alguna a los objetos de la nueva ciencia).

Estas observaciones generales sobre el desarrollo de una ciencia y la inercia de las instituciones resultan necesarias para tener una idea del lugar especial que ocupa la ciencia del texto y las dificultades de su desarrollo. Ahondaremos en estos temas en un breve análisis de las relaciones de la ciencia del texto con otras disciplinas, a partir de las cuales, o bien ha surgido, o bien se compone esta nueva disciplina. A este respecto hay que mencionar de nuevo, acaso innecesariamente, que las conexiones transversales que la ciencia del texto se preocupa por crear, en ningún momento entorpecen la autonomía de disciplinas ya existentes. Estas conexiones transversales también pueden ser objeto de otras especialidades interdisciplinarias tales como la lingüística, la ciencia de la comunicación o la semiótica.

1.2 *La ciencia del texto, la lingüística y los estudios literarios*

1.2.1 La ciencia del texto, en primer lugar, supone una generalización frente a los *estudios literarios* y a los estudios correspondientes a cada idioma (anglística, etc.). Frente a los *estudios de literatura general (y comparada)* que actualmente sólo se enseñan en unas cuantas escuelas superiores, la ciencia del texto acentúa aspectos más amplios de los objetos a investigar; esta ampliación de los ámbitos de investigación también se comprueba en los repetidos informes realizados dentro del marco de los estudios literarios recientes:[1] se descubrió que muchas características de los textos literarios coinciden con características generales del texto, o al menos con determinados tipos de textos, p. ej., con relatos de la vida cotidiana o textos publicitarios. A la vez se entendió que las estructuras y funciones «literarias» con frecuencia sólo pueden describirse apropiadamente cuando se toman como base los conocimientos de las características más generales de los textos y su uso. De manera similar se desarrollaron las relaciones entre los estudios literarios y la lingüística a través del análisis del empleo de la lengua en los textos literarios.[2]

En los estudios de idiomas resulta notoria la tradicional distinción entre lingüística y gramática, por un lado, y el tratamiento más o menos exclusivo de textos literarios, por el otro. A las demás modalidades lingüísticas y comunicativas se les presta una atención sólo pasajera, como por ejemplo a los textos periodísticos, a los textos en otros medios de comunicación o a los textos políticos e históricos, etc. Sin tener en cuenta el papel relativamente modesto de la literatura (en el sentido estricto de la palabra) dentro del contexto cultural y comunicativo, domina precisamente el estudio de esta literatura: otros textos se leen a lo sumo como «informaciones de fondo» y como contexto socio-cultural de la literatura y de su historia.

Más allá de la estupidez científica de esta tradición, se ve que esta forma de análisis dominante y exclusivo de los textos literarios conlleva también una cantidad de inconvenientes didácticos y sociales. Al fin y al cabo, la tarea de los futuros profesores de castellano y de idiomas en general es la de proporcionar a sus alumnos un amplio espectro de habilidades y conocimientos para poder comunicarse, en los que la producción y la interpretación de diferentes tipos de textos es de máxima importancia.[3]

---

[1] Se aboga por la fundamentación científica del análisis de la literatura en, entre otros escritos, VAN DIJK (1971 a, b, 1972 a, b), en el que se dan más referencias sobre la evolución de los estudios literarios en general. Sobre todo en la RFA se han desarrollado estudios de la literatura orientados hacia la ciencia del texto; compárese, entre otros, SCHMIDT (1973) y PLETT (1975) y las respectivas referencias.

[2] Los análisis lingüísticos de textos literarios, en especial del uso del lenguaje en la literatura, ya existían desde hacía tiempo, pero eran de índole más bien intuitiva; fue sobre todo la propagación de la gramática generativo-transformacional de Chomsky y otros lo que dio el estímulo para la creación de una ciencia literaria lingüística. Para ello compárese también VAN DIJK (1971 a, b, 1972 a, b), IHWE (1972) y la gran selección antológica (IHWE) (comp.) (1971/1972). Para una visión general de los estudios literarios franceses, ingleses y norteamericanos y el papel esencial que en ellos desempeña la lingüística compárese CULLER (1975). Una de las primeras compilaciones en las que se aplica la lingüística moderna a la literatura es la de SEBEOK (comp.) (1960).

[3] Con el análisis de los objetivos pedagógicos de la enseñanza de idiomas y de la literatura en la escuela de VAN DIJK (1977 b) se demuestra detalladamente que el conocimiento de las estructuras y funciones de textos, como elemento central de las habilidades comunicativas de los alumnos, constituye una tarea importante en la formación de maestros, y por tanto también en los estudios lingüísticos y literarios en

En otras palabras: en las ciencias humanas, además de la formación lingüística y literaria, es necesario brindar un destacado componente de ciencia del texto y de la comunicación.

1.2.2 La ampliación del campo de investigación del concepto de
texto literario al concepto general de texto significa, a la vez, la
superación del abismo que media entre los estudios literarios y la
lingüística y entre los estudios de literatura general y la *lingüística
general.* Tal y como ya se ha dicho, el estudio de las lenguas a
menudo se limita a la gramática (comparada) de un idioma determinado y se halla lejos de tomar en cuenta un análisis sistemático de
los diferentes tipos y contextos de *uso de la lengua.* En el marco de la
ciencia del texto, precisamente, se podría dedicar sistemáticamente
una mayor atención a estas formas de uso de la lengua, de manera
que también se trataran los artículos periodísticos, los productos de
otros medios de comunicación, las conversaciones, las situaciones e
instituciones sociales de un determinado idioma o cultura.
Debido a su carácter más general e interdisciplinario, la lingüística
general evita una serie de limitaciones impuestas a las asignaturas de
lenguas. El mayor esfuerzo de trabajo todavía va dirigido al análisis
gramatical y a las teorías gramaticales; sin embargo, sobre todo
durante los últimos años, existe una amplia tendencia a estudiar el
uso de la lengua dentro de su contexto psíquico y social. Es ésta una
evolución que ya ha tenido lugar anteriormente en la antropología
en lo referente al contexto cultural.
De hecho, estas ampliaciones del campo de la lingüística siguen
siendo la excepción frente al análisis lingüístico propiamente dicho.
En el capítulo siguiente se evidenciará, por ejemplo, que la gramática, en la mayoría de los casos, todavía se limita a la descripción de
frases aisladas o de partes de ellas, y que prácticamente omite
cualquier análisis gramatical de secuencias de frases o textos. Lo
mismo sirve, *mutatis mutandis,* para el uso del idioma: se analizan los
procesos psíquicos de comprensión de la oración, la adquisición de
la lengua (a saber: la adquisición de la gramática) y las diferencias
idiomáticas entre dialectos y sociolectos, aunque la mayoría de las
veces sólo en el plano gramatical (de la oración).
En muchos aspectos estas limitaciones resultan ad hoc y dependen
de la situación de la ciencia: si se supiese más acerca de la estructura
gramatical de los textos —con lo que el término «gramática» también
experimentaría sin duda una ampliación— el estudio de la lengua y
su uso en la lingüística podría referirse más fácilmente y con mayor
razón a textos.

---

la universidad. En él también se tratan las experiencias escolares, las discusiones y los
modelos de enseñanza en el ámbito de la formación sobre texto y comunicación,
especialmente en la RFA.

Pero incluso en este caso, un análisis lingüístico quedaría limitado a unos niveles, unidades, categorías y reglas de sistemas lingüísticos y uso de la lengua determinados. Otras características 'no-lingüísticas' de los textos quedan fuera del ámbito de la lingüística.[4] Las 'superestructuras' especiales de, por ejemplo, narraciones o argumentaciones son ejemplos típicos de esto. Aun cuando en los textos se expresen a través de la lengua, no son de tipo 'idiomático' o 'lingüístico' en el sentido estricto del término: una estructura narrativa también se puede expresar mediante dibujos.

Ocupa también un lugar periférico de la lingüística el análisis del «estilo», tarea propia de la relativamente independiente *ciencia del estilo* o *estilística*. También el concepto de «estilo» se refiere al uso de la lengua, pero en este caso alude a propiedades especiales, individualizadoras, dentro de contextos sociales especiales, y a funciones y acciones/efectos especiales dentro del proceso de comunicación. Puesto que el estilo no se puede estudiar convenientemente a partir de palabras, grupos de palabras o frases individuales, ya que se refiere al enunciado lingüístico como totalidad, también en este caso sería más adecuado el marco de la ciencia del texto.

Finalmente, también las estructuras *retóricas* del texto están estrechamente emparentadas con las estructuras estilísticas, de las que una parte se conoce como «figuras de estilo». También aquí se trata nuevamente de determinadas estructuras u operaciones que se manifiestan lingüísticamente, cuyas categorías sin embargo no son gramaticales o lingüísticas. La categoría de la «repetición» —p. ej.: de un fonema, una palabra, un significado, etc.— no es, por principio, una categoría lingüística.[5] Lo mismo se puede aplicar a las categorías que abarcan la distribución global de un enunciado lingüístico. También estas estructuras pueden ser objeto de la ciencia del texto ampliada, con lo cual evidentemente hay que explicitar asimismo las relaciones con la estructura gramatical de oraciones y textos.

Debido a su orientación más general y, precisamente por ello, a su interés especial por la «lengua como sistema», la gramática y las características generales del uso de la lengua, la lingüística apenas se preocupa por la descripción de diferentes tipos de 'formas de uso de la lengua', es decir: de textos, en los que, por ejemplo, caracterice las propiedades específicas de conversaciones, de textos publicitarios, informaciones en los periódicos, escritos de propaganda, contratos, leyes, instrucciones de uso, etc., y las diferentes funciones de cada uno.

---

[4] El caso no es que todos los lingüistas acepten tales limitaciones de la gramática y la lingüística. Fuera del paradigma de la gramática generativa que imperaba en los años 60, hay lingüistas y 'escuelas' que tienen una orientación mucho más amplia y que por ello también se interesan por el uso del lenguaje y los textos, como PIKE (1967) y HALLIDAY (1967).

[5] Véase nota 4.

Después de esta exposición de las relaciones entre la ciencia del texto y la lingüística se llega automáticamente a la conclusión de que coincidirían en el caso de que la lingüística se ampliase teórica y empíricamente y si describiese las características del texto citadas, así como sus funciones y efectos. Sin embargo, de la misma manera que la independencia de los estudios literarios está garantizada por su especial atención a estructuras y funciones de textos literarios, la mayoría de los lingüistas seguramente todavía aboga por limitar la lingüística a las propiedades más bien «lingüísticas» en el sistema de la lengua y en su uso, esto es, la gramática, de manera que quede suficiente espacio para una ciencia del texto autónoma para el estudio de las demás características de las expresiones y formas de comunicación.

1.2.3   Si recordamos brevemente la historia de las diversas ciencias humanas, veremos que la *retórica* clásica, a pesar del interés que se le dispensaba tanto en la Antigüedad como en las Edades Media y Moderna hasta el siglo XVIII, ha perdido casi por completo su posición frente a otras ciencias del llamado Trivium, a saber, la *gramática* y la *dialéctica*.[6] Mientras que la lingüística y la lógica, como formas actuales de la gramática y de la dialéctica, ocupan una posición independiente, y también los estudios literarios tienen un papel propio como forma moderna de la *poética,* injustificadamente se concede muy poca o ninguna atención a los problemas y manifestaciones que representaban el objeto de la retórica clásica. Si bien la retórica se ocupaba, en primer lugar, de la descripción (normativa) del «arte de hablar», pronto surgieron formas alternativas de uso de la lengua y comunicación donde, sin embargo, el carácter normativo siempre cumplía un papel fundamental, orientado hacia el hablar «bien» o «eficaz» (ars bene dicendi), en oposición al hablar «correcto» como objeto de la gramática (ars recte dicendi). Este carácter pragmático de la retórica, tal y como se discute en los capítulos 4 y 5, precisamente tan sólo se vuelve a encontrar en las últimas evoluciones de la lingüística y la estilística.

Podemos considerar la retórica como un precedente histórico de la ciencia del texto si nos fijamos en la orientación general de la retórica clásica, consistente en la descripción de textos y de sus funciones específicas. Damos preferencia al término más general de ciencia del texto únicamente porque el concepto de retórica a menudo se asocia a determinadas formas y muestras estilísticas y de otra índole, en especial en la comunicación pública y persuasiva.

---

[6] Tal como se expondrá brevemente en el capítulo 4, la retórica, junto con la dialéctica y la gramática, forma parte del curriculum (escolar) de la Edad Media. Para la evolución de la retórica como disciplina autónoma véanse entre otros los artículos en *Communications* 16 (1970), así como las indicaciones dadas en el capítulo 4. Véase también UEDING (1976).

Por lo demás existen a escala mundial especialidades como la «retórica» o «rhetorics», especialmente en los EE.UU.[7] Guardan estrechas relaciones con los «departments of speech», como por ejemplo se da desde hace algunos años en los Países Bajos y dentro del marco del estudio del holandés la especialidad «Taalbeheersing» (esto es, habilidades lingüísticas y sistemática del uso de la lengua). La retórica clásica en sí sigue suscitando interés en las diferentes literaturas históricas y en la lingüística y literatura clásicas. La ciencia del texto puede ofrecer un marco general para el estudio renovado de aspectos retóricos de la comunicación.

1.3   *La ciencia del texto y la psicología cognitiva*

1.3.1   Mientras que en la lingüística, la estilística, la retórica y los estudios literarios se analizaban principalmente determinadas características (estructuras, propiedades) de los textos mismos, aun cuando se tratara de perspectivas de determinadas funciones dentro del contexto cognitivo y social, en las disciplinas de las que ahora se habrará queremos tratar precisamente estas funciones, es decir: los *procesos* que tienen lugar en la comprensión y producción de determinadas formas lingüísticas.

Una gramática describe un sistema de normas más o menos abstracto en el que se basa un uso «ideal» y sistemático del idioma. La *psicolingüística* y la *psicología (cognitiva)* se ocupan actualmente en explicar el funcionamiento real de este sistema lingüístico abstracto; así pues se describe cómo se ha adquirido este sistema lingüístico en términos de determinadas condiciones y determinados procesos cognitivos y, sobre todo, qué normas y estrategias se aplican cuando un hablante produce o comprende un texto. Para la ciencia del texto es importante obtener una explicación de cómo los hablantes son capaces de leer o de oír manifestaciones lingüísticas tan complejas como lo son los textos, de entenderlos, extraer ciertas «informaciones», almacenar (al menos parcialmente) estas informaciones en el cerebro y volver a reproducirlas, según las tareas, las intenciones o los problemas concretos que se presenten. Hace tan sólo unos años que la psicología empezó a plantearse estas cuestiones, llevar a cabo experimentos, diseñar modelos y desarrollar teorías para describir y explicar este tipo de comportamiento lingüístico tan complicado. El simple hecho de que un hablante habitual no pueda de ninguna manera retener y recordar en el cerebro *todas* las informaciones estructurales o de contenido de un texto supone uno de los problemas más importantes, de modo que una selección u otros procesos

---

[7] Para la situación de «*rhetoric(s)*» y las relaciones con los estudios de «*speech*» y «*communication*» en los EE.UU. véase, entre otros, BITZER & BLACK (comps.) (1971).

de reducción de la información resultan indispensables. Con ello se plantea la siguiente cuestión: ¿de qué procesos se trata y bajo qué condiciones y requisitos previos pueden desarrollar su efecto?

1.3.2 Estas preguntas son fundamentales para toda una serie de problemas que existe tanto dentro como fuera de la psicología. Pues si sabemos qué informaciones, sobre todo de los textos, «sacan» y almacenan los hablantes en el cerebro —según el contenido y la estructura del texto, los conocimientos previos, los intereses, el entrenamiento, etc., así como según el planteamiento concreto de tareas y la situación particular—, poseemos un instrumento importante para comprender los procesos de enseñanza y eventualmente para poder guiarlos. A buen seguro, también deberemos conocer la estructura de los conocimientos que el hablante ya posee e intentaremos averiguar cómo se modifica este conocimiento debido a nuevas informaciones que brindan los textos. Este es un problema que también interviene en la denominada *artificial intelligence.*

En segundo lugar, el conocimiento de los procesos cognitivos de la elaboración de los textos nos facilita una base para el análisis de los procesos sociales. Después de todo, un individuo actúa según unos conocimientos casuales pero también generales y convencionales que posee gracias a sus congéneres y a la sociedad en general. Este conocimiento se lo ha organizado mediante la interacción y la percepción, pero sobre todo mediante un sinfín de textos con los que ha tomado contacto en múltiples situaciones de comunicación.

1.4 *La ciencia del texto, la psicología social y la sociología*

1.4.1 Entretanto hemos llegado a un campo de actividad central de la ciencia del texto, a saber: la *psicología social.*[8] Los hombres son individuos sociales: no sólo hablan para expresar sus conocimientos, deseos y sentimientos, no sólo registran pasivamente lo que otros dicen, sino que, sobre todo, hacen que la comunicación tenga lugar en una interacción social donde el oyente, mediante la enunciación, el texto, pretende ser influido de alguna manera por el hablante. Queremos que él (el oyente) sepa lo que nosotros sabemos (le facilitamos informaciones), pero además queremos que haga lo que decimos. Pedimos, ordenamos y recomendamos. Al emitir un texto realizamos un acto social. Felicitamos, insultamos, saludamos o

---

[8] En este libro no se observan de cerca la psicología social de la elaboración del texto y el análisis del texto en su contexto social; serán objeto de una ulterior investigación mucho más amplia de la ciencia del texto. Para una visión general del ámbito de opiniones y actitudes véase FISHBEIN & AJZEN (1975) y la antología de HIMMELFARB & EAGLY (comps.) (1974). En lo referente a la comunicación de masas, véase la nota 12 de este primer capítulo.

culpamos. En caso de que ostentemos una autoridad, un papel o una función especial, también podemos acusar, absolver, bautizar o detener con una actuación lingüística. La descripción de estas *actuaciones lingüísticas,* también llamadas *actos de habla,* y sus estructuras específicas relacionadas con el carácter de la enunciación, son la esfera de acción de la *pragmática,* que pertenece tanto a la lingüística como a la psicología social y a la filosofía. En el tercer capítulo discutiremos los problemas pragmáticos.

Para la psicología social evidentemente son importantes las «consecuencias» de este tipo de actuaciones lingüísticas para los conocimientos, las opiniones y las actitudes, y los comportamientos resultantes de nuestros congéneres. Las actuaciones lingüísticas pueden ser llevadas a cabo por un individuo, pero también por un grupo o una institución, y pueden ir dirigidas a un individuo, un grupo, un público amplio o una institución. De ahí que también podamos hablar de *elaboración social de la información.* En esta presentación del problema entra en juego la ciencia del texto, en tanto que estudia las relaciones entre una determinada estructura del texto y sus efectos sobre el conocimiento, la opinión, las actitudes y las actuaciones de individuos, grupos o instituciones. Nos muestra cómo se puede influir sobre otros con un contenido determinado que se expresa de una manera estilística concreta, con unas operaciones retóricas determinadas y con un determinado tipo de texto.

La ciencia del texto pretende explicar cómo a través de estructuras textuales especiales, los individuos y grupos adoptan y elaboran determinados «contenidos» y cómo esta información lleva a la formación de deseos, decisiones y actuaciones, p. ej.: cómo modificamos nuestro comportamiento de compra bajo la influencia de determinado texto publicitario, o nuestro comportamiento electoral a causa de un discurso político o una información en el periódico o en cualquier otro medio; de cómo dejamos que tenga lugar nuestra interacción con determinados (sub-) grupos en la sociedad debido al conocimiento que creemos poseer sobre otras personas de estos grupos y de cómo finalmente nuestras costumbres, reglas, normas, convenciones y valores se forman o transforman debido a las informaciones del texto.

La función de la ciencia del texto dentro de la psicología social estriba en la solución de los problemas de esta índole y es en este terreno en el que probablemente halla su aplicación más productiva.

1.4.2 La estructura del texto dentro del contexto de la comunicación no sólo se ve influida por el conocimiento o las intenciones del individuo o por las funciones del texto en su incidencia sobre actitudes y comportamientos de otros individuos, sino que también los grupos, instituciones y clases se comunican colectivamente o «a través» de sus miembros mediante la producción de textos. El lugar, el papel o la función que el individuo ocupa dentro de estas estructuras sociales también se manifiesta a través de su comportamiento lingüístico. Antes ya vimos que el individuo necesita disponer de una determinada autoridad o función para producir actuaciones lingüísticas, p. ej. un juez, un sacerdote o un director, y lo mismo se puede aplicar al contenido y la forma del texto expresado, con lo que llegamos al papel que ocupa la ciencia del texto dentro de la *sociología.*[9]

Las instituciones se pueden identificar y analizar mediante la consideración de, entre otras cosas, las clases de textos que éstas producen. Una empresa de productos químicos produce textos distintos de los de la Iglesia Católica o de una Audiencia Provincial. Estos textos no sólo tienen un contenido diferente, sino que también su estilo y otras operaciones retóricas son diferentes y, en todos los casos, las funciones pragmáticas y sociales son diferentes. Las relaciones entre los individuos dentro de estas instituciones se evidencian claramente a través de los tipos de texto, las formas y los contenidos que producen; el director de una fábrica produce unos textos diferentes para sus codirectores que para sus subordinados (a través de una serie de intermediarios). Así también, en el caso de que quiera pedirle algo a mi amigo, no lo haré como una petición al alcalde. Como sector de la sociología general de la comunicación, la sociología que estudia la elaboración de los textos tiene la tarea específica de mostrar cómo se manifiestan las relaciones de poder, jerarquía y fuerza, funciones, papeles, niveles y clases en las posibles estructuras de textos de los individuos, grupos o instituciones afectados. En parte también se hablará de ello en este libro (capítulo 7); a saber, en el análisis de conversaciones en la micro-interacción social.

1.5   *La ciencia del texto y la jurisprudencia, la economía y la politología*

1.5.1   Hemos visto que en la estructura social existen determinadas instituciones y sistemas parciales, todos caracterizados por la manera concreta en que se comunican interna y externamente y por los textos típicos que para ello emplean. La proporción de «reglamentación» de estas formas de comunicación es distinta en cada caso.

Acaso uno de los sistemas más reglamentados sea el *sistema jurídico* o la *justicia* que en su gran mayoría funciona sobre la base

---

[9] A pesar de que existen muchos trabajos lingüístico-sociológicos y sociolingüísticos al respecto, el conocimiento de las estructuras y funciones especiales de los textos en el contexto social es aún relativamente escaso. Cf. sin embargo SUDNOW (comp.) (1972) y las referencias dadas en los trabajos reunidos en esa compilación. Para otros aspectos de la socio-lingüística véanse las introducciones de DITTMAR (1973) y APPEL, HUBERS & MEIJER (1976). Para una visión introductoria más general sobre las relaciones entre lenguaje, texto y sociedad véase ROBINSON (1972).

de textos: se dictan leyes, se levantan actas, se conciertan contratos, se extienden órdenes de registro domiciliario y documentos, etc. Estos textos permiten denunciar, defender, juzgar o absolver. En todos estos casos, estos textos tienen —por escrito u oralmente— una forma fija, jurídica y convencional extremadamente precisa, con expresiones especiales y una sintaxis propia que depende de las funciones jurídicas precisas de estos textos. Por todo ello, pues, puede existir una estrecha relación entre la ciencia del texto y la *jurisprudencia*.[10]

Mutatis mutandis esto puede ser válido para las *ciencias políticas*.[11] Los discursos de los políticos, los debates parlamentarios, los informes políticos de las agencias de prensa y los comentarios, tratados internacionales y conferencias, la propaganda y los programas de los partidos configuran la manifestación «textual» del sistema político. Ciertamente no es casual que los análisis de la *comunicación de masas* y las *ciencias de la información*[12] siempre hayan tenido lugar bajo un techo politológico, aunque estas ciencias más bien debieran pertenecer a la psicología social y ya hace tiempo se merecen un estatuto autónomo. De ahí que en primer lugar se va a tratar el análisis de contenido ya mencionado y las relaciones entre textos y actitudes de los receptores con la ayuda de textos propagandísticos y otras formas de comunicación política.

1.5.2   Sin duda alguna, el objeto central de la *economía*[13] no es una

---

[10] El análisis y la interpretación de textos son claramente una tarea central en la jurisprudencia. Sin embargo existen pocos trabajos que se ocupen de las estructuras textuales especiales y el uso del lenguaje en leyes y otros textos jurídicamente importantes, así como de la comunicación en los procesos. Véase LEODOLTER (1975) para el análisis concreto; véase también RAVE et al. (1971).

[11] Sobre el texto, el uso del lenguaje y la comunicación en contextos políticos, LASSWELL, LEITES et al. (comps.) (1949) han aportado importantes trabajos en el ámbito del análisis de contenido, la comunicación persuasiva y otros terrenos similares. Véanse también otros artículos en DE SOLA POOL, SCHRAMM et al. (comps.) (1973). KLAUS (1971) ofrece, entre otros, una perspectiva distinta. ZIMMERMANN (1969), p. ej., realiza un análisis concreto; HUNDHAUSEN (1975) analiza la publicidad.

[12] A buen seguro que dentro de la investigación de la comunicación de masas se presta gran atención al análisis del 'mensaje', p. ej. en el marco del análisis de contenido: véase, entre otros, GERBNER et al. (comps.) (1969) y HOLSTI (1969). A pesar de que en el gran manual de la investigación de la comunicación de DE SOLA POOL, SCHRAMM et al. (comps.) (1973) se habla de ello, no se nota prácticamente ninguna influencia desde la lingüística o la ciencia del texto que hubiera vuelto más sistemático el análisis del 'mensaje'. También en este punto, la investigación en la RFA parece estar algo más avanzada. De entre las muchas introducciones y reseñas pueden consultarse entre otros PROKOP (comp.) (1972/77), AUFERMANN, BOHRMANN & SÜLZER (comp.) (1973). WERSIG (1969) ofrece una amplia bibliografía sobre el análisis de contenido. El desarrollo más actual probablemente lo representan LISCH & KRIZ (1978). No obstante, en este apartado no es posible dar una bibliografía específica para los diferentes tipos de textos como la publicidad, la propaganda, los informes periodísticos y similares.

[13] No conozco ningún tipo de investigación sistemática que se ocupe de formas de uso del lenguaje y textos en los contextos económicos.

forma de comunicación textual o lingüística, sino el intercambio de bienes, moneda, servicios y trabajo. Además de las diferentes manifestaciones textuales de las estructuras económicas (informes de bolsa, balances anuales y similares), la producción, el consumo y los servicios principalmente tienen lugar en contextos sociales de interacción, es decir: en la empresa, en el negocio, en la oficina y en la fábrica. De ahí que, tanto para la sociología como para la economía social, sea muy importante saber cómo se dirigen comunicativamente estas interacciones. No sólo se comunican entre sí empresas enteras, sino también los trabajadores dentro de la empresa, los patrones con los trabajadores, etc., con lo que las relaciones jerárquicas determinan de manera rígida las actuaciones lingüísticas, las clases de textos y el estilo posibles. En principio, y sólo para nombrar un ejemplo, los encargos o incluso las órdenes van «hacia abajo», y desde abajo hacia arriba van a lo sumo las «peticiones».

Sin embargo, los productos y servicios difícilmente podrían introducirse en nuestra estructura económica sin las etiquetas y los textos publicitarios que a veces informan pero que casi siempre manipulan, y mediante los cuales se ven influidos los conocimientos, las opiniones, las necesidades y los deseos para determinar un comportamiento económico.

Podemos observar, pues, que las diferentes ciencias filosóficas y sociales están estrechamente relacionadas entre sí precisamente por el papel fundamental de la comunicación textual. Los acuerdos tácitos, las convenciones o las posibilidades de sanción se consignan jurídicamente en leyes y disposiciones, el comportamiento político se compone cada vez más de una comunicación verbal, la interacción de compraventa se fija mediante contratos, etc. Desde el punto de vista histórico se ha producido un cambio que aún se encuentra en continua evolución, de las actuaciones e interacciones directas y la producción de mercancías a la comunicación textual que los dirige y representa.

1.6   La ciencia del texto y los estudios históricos

1.6.1   Lo anteriormente dicho acerca del papel que tiene la ciencia del texto en lo referente a objetos y problemas en las ciencias filosóficas y sociales, en principio también puede extenderse en el tiempo y el espacio. Así, los estudios históricos no dispondrán, en la mayoría de los casos, de nada más que de textos de diferente índole (documentos, historiadores, literatura, memorias, informes, descripciones, etc.) sobre los acontecimientos sociales, culturales, políticos, económicos y otros, de tiempos pasados.[14]

---

[14] Entre otros, D ANTO (1965) y G RAY (1971) tratan la base textual de los estudios históricos, y, sobre todo el papel que desempeña la narración.

1.6.2 Desde esta perspectiva, el estudio de la historia prácticamente no es otra cosa que una *ciencia histórica del texto,* puesto que puede aclarar cómo diferentes tipos de textos han variado a lo largo del tiempo y bajo qué condiciones políticas, sociales y culturales ha tenido lugar este cambio. Un contrato redactado en la Edad Media seguramente era diferente de uno de la actualidad y algo similar también ocurrirá en lo referente a la jurisprudencia, los debates políticos y la historiografía. No obstante, también resulta evidente que existen constantes y continuidades históricas, que nuestras leyes están aún estrechamente ligadas al Derecho romano, que en nuestra literatura todavía se elaboran temas y tópicos del clasicismo griego, y que nuestros textos persuasivos siguen empleando operaciones retóricas que los oradores ya empleaban hace dos mil años en las asambleas públicas o ante los tribunales.

1.6.3 La forma en que los hombres fijan mediante descripciones, narraciones o declaraciones de testigos sus percepciones, experiencias y vivencias en tanto se extienden a otros hombres, sucesos o actuaciones, puede resultar interesante no sólo para los estudios históricos, sino también para la psicología, la jurisprudencia y la sociología. La reconstrucción de una realidad actual o histórica se basará en complejos procedimientos de interpretación que pueden explicarse coherentemente dentro de una ciencia general del texto.

1.7 *La ciencia del texto y la antropología*

Mientras que la ciencia de la historia puede explicar las coincidencias y diferencias temporales entre diferentes tipos de textos y diferentes períodos empleándolos para la reconstrucción de la historia, la antropología se ocupa más en las diferencias locales, regionales y culturales entre textos, tipos de textos y uso de textos.[15]

Es evidente que muchos de los textos y modelos que hemos mencionado ni siquiera aparecen en otras culturas o por lo menos no en las formas conocidas por nosotros. Por ejemplo una novela, un balance anual, el programa de un partido, una biblia o una ley no aparecen en los pueblos que tienen otra estructura social y política con formas de comunicación puramente orales. Por el contrario, nosotros ya no conocemos las largas narraciones épicas o las leyendes de la tradición oral primitiva que aún sigue existiendo en algunos

---

[15] Mientras que ya hace tiempo que la antropología se ocupa del lenguaje y del uso del lenguaje (véase, p. ej., la antología de HYMES (comp.) (1964), durante los últimos años también se analizan formas textuales de comunicación, a saber, en la «*ethnography of communication*» GUMPERZ & HYMES (comps.) (1972) y en la «*ethnography of speaking*» (véase la nota siguiente). Véase también BEN AMOS & GOLDSTEIN (comps.) (1975).

lugares. En otras palabras: en otros sitios se narra de distinta manera, se informa, se acusa, se insulta y alaba de manera diferente. Una de las tendencias de investigación antropológica, a saber: la «ethnography of speaking», se interesa principalmente por la descripción de tales coincidencias o diferencias de textos y comunicaciones en diferentes contextos culturales.[16] Este análisis no sólo se limita a la comparación de culturas de diferentes pueblos, sino que puede extenderse también a diferentes (sub-) culturas dentro de un país o de un pueblo. Por ejemplo, en relación con las variaciones lingüísticas existen también tipos de textos muy diversos entre sí debido a los sociolectos.[17]

En este marco, la *teología*, en particular, debe de interesarse por la manera en que las comunidades elaboran, forman y transmiten sus mitos y ritos con respecto a sus dioses u otros seres extraterrestres o celestiales y cómo, dentro de instituciones como la Iglesia, se estructuran y funcionan una biblia, el catecismo, los sermones y los cantos.[18] Dicho sea de paso, una de las formas más antiguas de la «interpretación de textos» procede de la teología medieval, a saber, la *hermenéutica*[19], que, entre otros, también juega un papel considerable en los estudios literarios.

1.8 Tareas de la ciencia del texto

1.8.1   A partir de la enumeración de una serie de ciencias filosóficas y sociales se ha explicado la amplitud del campo potencial total de la ciencia del texto. La enumeración no era ni siquiera completa, a pesar de que se evidenció que la ciencia del texto como objeto, como investigación de la comunicación textual, no es de interés para las ciencias naturales. Y sin embargo, las formas de comunicación patológicas son interesantes precisamente para las *ciencias médico-psicológicas*; por ejemplo, los textos de apáticos o esquizofrénicos, ya que con ello se obtiene un mayor conocimiento de los trastornos psíqui-

---

[16] La antología más importante en este campo es sin duda BAUMAN & SCHERZER (comps.) (1974).

[17] Un ejemplo de otro tipo de texto típico de una clase social es «sounding», analizado entre otros por LABOV (1972 c).

[18] También es la teología, que desde siempre se ha ocupado intensamente de textos y su análisis e interpretación (exégesis), se trabaja desde hace algunos años más sistemáticamente con aplicaciones semióticas, lingüísticas, de la ciencia del texto y teorías narrativas. Véanse entre otras las publicaciones *Lingüística Biblica* (Bonn), *Sémiotique et Bible* (Lyon) y *Semeia* (Universidad de Montana).

[19] La hermenéutica, que principalmente procede de la exégesis bíblica de la Edad Media, se extendió más tarde a otras ciencias filosóficas y sociales, sobre todo a partir de la obra de Dilthey, por un lado, y la fenomenología filosófica de, p. ej., Husserl, por otro. Sin duda, el estudio más importante en este paradigma lo aporta GADAMER (1960). Sin embargo aún existen muchas otras 'tendencias' aparentemente incompatibles, que van desde Heidegger hasta el 'polo opuesto': Habermas y Apel.

cos. Algo similar resulta válido para las neurosis o los problemas psíquicos sobre los que un paciente informa a su psiquiatra o psicoterapeuta.[20] En algunos casos, la conversación no sólo aportará al psiquiatra informaciones sobre posibles causas y motivos del trastorno sino que a la vez ejerce un importante efecto terapéutico. Tales conversaciones e informes también son objeto de interés de la ciencia del texto, puesto que facilitan informaciones sobre las relaciones entre estructuras textuales y estructuras psíquicas (afectivas, emocionales).

Si finalmente consideramos la *matemática,* la *lógica* y la *filosofía,* observaremos que la matemática y la lógica también tienen que ver con textos: sobre todo con las estructuras «formales» de textos como demostraciones y deducciones;[21] por el contrario, la filosofía, sobre todo en la *teoría de la argumentación,*[22] se preocupa directamente de la estructura, el contenido y las estrategias de los textos, independientemente del propio «carácter puramente textual» de la filosofía como ciencia.[23]

1.8.2 Después de los párrafos anteriores debería haber quedado claro que la función de la ciencia del texto no puede consistir en formular o incluso en solventar los problemas particulares de casi todas las ciencias filosóficas y sociales. De lo que sí se trata es de aislar determinados *aspectos* de estas disciplinas científicas, a saber, de las estructuras y del uso de formas de comunicación textual, y de su análisis dentro de un marco integrado e interdisciplinario.

Esta integración podría llevarse a cabo en un análisis de las características generales que en un principio contendrá todo texto de un idioma para poder siquiera funcionar como texto. Se trata, pues, de estructuras gramaticales (sintácticas, semánticas, pragmáticas), estilísticas y esquemáticas y de su conexión mutua. También se trata del funcionamiento del texto, es decir, de un análisis de las propiedades cognitivas generales que posibilitan la producción y comprensión de una información textual compleja.

---

[20] Para estudiar el papel de los textos en la psicoterapia, véanse especialmente los trabajos realizados sobre la denominada terapia conversacional. Para una descripción sistemática véase entre otros TAUSCH (1974). Para el análisis de textos terapéuticos véase LABOV & FANSHEL (1977).

[21] Para las relaciones entre las estructuras formales de demostraciones o derivaciones, por un lado, y textos, por el otro, véanse entre otros CORCORON (1969) y VAN DIJK (1974).

[22] Para todas las notas e indicaciones sobre la teoría de la argumentación, véase el capítulo 5.

[23] El hecho de que la filosofía, a falta de una 'base' empírica, es sobre todo una ciencia de los textos (filosóficos) no requiere mayor explicación. Un aspecto de esto se plantea especialmente en la filosofía analítica, que se basa en gran medida en un análisis conceptual y lingüístico. Con esta observación evidentemente no queremos decir que la filosofía no pueda ocuparse, más bien de manera abstracta, de determinados problemas o conceptos (p. ej.: actuación, lenguaje, espíritu, causa, etc.), que a su vez pueden ser considerados independientemente del texto y del contexto.

Además se podrían formular criterios en términos de la estructura del texto y del contexto, sobre cuya base se diferencian los textos entre sí, de manera que puedan ser clasificados según diferentes tipos, incluso por el hablante. Habría que indicar, pues, cómo estos diferentes tipos de textos también definen y modifican diferentes contextos sociales, culturales, políticos y económicos y de cómo el contexto, por el contrario, resulta determinante para la estructura del texto. Puesto que la propia ciencia del texto no puede dedicarse a la psicología, sociología, ecología, etc., simplemente puede entresacar algunos conocimientos generales sobre las estructuras características de texto y contexto de los procesos de comunicación e interacción observados en las diferentes ciencias. En este sentido, la ciencia del texto puede parangonarse con la lingüística interdisciplinaria, que estudia el uso del lenguaje propiamente dicho, por ejemplo, en diferentes contextos sociales.

Con la ayuda de estos conocimientos y análisis se puede formular una *teoría* general *del texto* que tendrá que dar la base para una descripción explícita y más amplia de diferentes tipos de texto y de sus relaciones recíprocas. Así, la teoría del lenguaje y la teoría del texto forman juntas la teoría general de la comunicación verbal.

1.8.3   Dado que la ciencia del texto tan sólo está comenzando a desarrollarse en este sentido, en la actualidad existen sólo algunos fragmentos para un programa de trabajo tan amplio. La lingüística, la literatura, la retórica, la teoría de la argumentación, la teoría de la narración y la estilística han aportado importantes ayudas para la descripción de las estructuras de textos. En este punto acaso se pueda hablar de una *ciencia del texto en sentido estricto,* a pesar de que no se pueda obtener mucha información sobre las estructuras de los textos si no se estudian también sistemáticamente las condiciones previas, las funciones y los efectos, es decir, el contexto en relación con la estructura del texto. Por lo tanto, esta introducción dará, en un principio, una visión general de las diferentes estructuras textuales, debiendo limitarse luego al tratamiento del contexto cognitivo y microsocial. Tan sólo en una fase posterior de la evolución de la ciencia del texto se podrán integrar resultados ya existentes o futuros de la psicología social, la antropología, la sociología, la jurisprudencia, los estudios históricos y la psiquiatría. También es muy posible que a partir de las perspectivas de estas otras ciencias será importante diferenciar otros niveles de análisis y de categorías también para la propia estructura del texto.

1.8.4   Una investigación interdisciplinaria de lengua, texto y comunicación se refiere tan sólo a aspectos determinados, aunque a menudo fundamentales, de los fenómenos y problemas de los que se ocupan las ciencias mencionadas. Al repetir esta advertencia queremos subrayar que existe en estas ciencias un gran número de otros tipos de fenómenos y problemas que en cada una de ellas tiene un papel de mayor importancia que la comunicación textual, p. ej. la lengua, el comportamiento, los procesos cognitivos y afectivos, las actitudes, los medios, la estructura social, la clase, el trabajo, los modos de producción, el poder, el derecho, la enfermedad, etc. La ciencia del texto, por su parte, sólo aporta una pequeña ayuda a la investigación de determinadas características de estos aspectos múltiples.

2. Texto y gramática

2.1 *Algunos conceptos básicos de la gramática*

2.1.1   En el capítulo anterior hemos visto que la lingüística general tiene como tarea principal el desarrollo de teorías sobre las *gramáticas* de las lenguas naturales. Una gramática es un sistema de reglas, categorías, definiciones, etc., que abarcan el 'sistema' de una lengua.[1] Un sistema lingüístico de este tipo es relativamente abstracto y existe idealmente en el sentido de la descripción. Nuestro conocimiento real de la lengua y su aplicación en las comunicaciones lingüísticas tan sólo es una materialización indirecta de este sistema lingüístico. Dicho de otra manera: cada individuo, cada grupo o comunidad

---

[1] Para una orientación general sobre los objetivos, la teoría y las diferentes modalidades de gramáticas, véase HELBIG (1974), también indicado para una breve descripción de niveles como la morfología, la fonología, la sintaxis y la semántica, que se tratarán posteriormente. Véase también BÜNTING (1972) y WUNDERLICH (1974). Aquí se hallarán también suficientes referencias al campo de trabajo originario de la teoría de la gramática y, sobre todo, a la obra de Chomsky. Por lo demás, en este libro se respetan los resultados más importantes de la gramática generativa, pero el tratamiento de las estructuras textuales es gramáticamente neutral y más bien se basa en la lógica filosófica y la semántica (lingüística, lógica y cognitiva).

lingüística social o geográfica empleará 'el mismo' sistema lingüístico de manera más o menos diferenciada, según las circunstancias más diversas y según el contexto comunicativo.

Por regla general, una gramática intenta reconstruir el sistema lingüístico, más bien general y abstracto, haciendo abstracción de las diferencias individuales, sociales, geográficas y casuales del uso del lenguaje. De ahí que, por ejemplo, una gramática del español no tendrá en cuenta la articulación especial de los sonidos, la construcción de la frase y el léxico del dialecto de Sevilla. Y una gramática de la lengua que se habla en Sevilla no se preocupará por las diferencias entre sus diferentes barrios. Esto, evidentemente, no significa que tales diferencias dentro de la misma lengua, ya sea el lenguaje estándar, un dialecto o un sociolecto, no pudieran e incluso debieran ser descritas. Esta es una de las tareas de la *sociolingüística*.[2]

2.1.2   Una gramática explica sobre todo el sistema de normas que forma la base de la producción y la comprensión de los *enunciados* de una lengua determinada. La descripción de la *estructura* de estos enunciados tiene lugar en diferentes *niveles*. En primer lugar, una enunciación lingüística se puede caracterizar en un nivel puramente físico como una serie de ondas sonoras, o bien fisiológicamente, como una serie de movimientos de los órganos fonadores y auditivos, que provocan, o bien tienen como consecuencia las manifestaciones físicas del habla. Tales investigaciones son el objeto de la *fonética,* una ciencia que tiene una ligazón más bien débil con la lingüística, es decir, con la gramática.[3]

La gramática se ocupa en niveles de enunciados que tienen un cierto carácter abstracto y *convencional* a la vez. Esto significa que la mayoría de los hablantes conoce las *reglas* que caracterizan estos niveles y, mientras hablan, suponen que el otro hablante conoce (casi) las mismas normas y que, por lo tanto, sabrá *actuar* en consecuencia mediante, por ejemplo, la contestación a una pregunta. Así, la *fonología* estudia el nivel de las *formas del sonido* en una gramática. Su tarea consiste, por ejemplo, en describir qué características distintivas diferencian una /a/ de una /e/, cómo estas formas de sonido *(fonemas)* pueden unirse entre sí para formar combinaciones y las variaciones que por ello puedan experimentar.

---

[2] Este punto requiere una mayor precisión. Ciertamente, la lengua estándar no sólo es una construcción gramático-teórica (o acaso incluso una ficción) como consecuencia de las grandes diferencias entre los diversos dialectos y sociolectos de una 'lengua'; también resulta evidente que en la mayoría de las sociedades la lengua estándar se forma a partir de un dialecto y que éste se ha convertido en «lengua estándar» debido a factores socio-económicos, históricos y culturales (p. ej., por hegemonía política o económica), como por ejemplo el holandés en los Países Bajos. Para detalles de esta índole y los problemas gramaticales y lingüísticos generales que se producen, véase APPEL, HUBERS & MEIJER (1976).

[3] Para una descripción más precisa de la fonética, la fonología, la morfología y la sintaxis, véase BÜNTING (1972).

La *morfología* es la parte de la gramática que se ocupa en las *formas de las palabras* (morfemas). Los morfemas son las unidades significativas más pequeñas de un sistema lingüístico; por ello constituyen la base de todos los demás niveles de descripción, a saber, de las funciones gramaticales (sintaxis) y los significados (semántica). Aquí nos limitaremos a estos dos últimos niveles.[4]

Así como las formas de los sonidos pueden enlazarse (linealmente) hasta crear formas de palabras, también las formas de las palabras pueden ligarse formando unidades mayores. Una unidad fundamental que crean es la *oración.* Por regla general, en la gramática se describen los enunciados exactamente desde esta perspectiva: se describe la estructura de las oraciones. La *sintaxis* (teoría de la construcción de la oración) indica qué combinaciones de palabras forman oraciones inteligibles de una lengua y cuáles no lo hacen. Esto tiene lugar a través de *categorías* de orden y *reglas* (sintácticas). Las posibilidades de combinación de las palabras en una oración vienen determinadas por las posibilidades de combinación de las categorías a las que pertenecen las palabras o grupos de palabras. De esta manera y por regla general le puede seguir un sustantivo a un artículo como *el,* p. ej.: hombre, pero también un adjetivo como en el caso de *el pequeño hombre,* y también un adverbio: *el muy pequeño hombre,* siempre que los tres grupos de palabras aplicados al artículo pertenezcan a la misma categoría, a saber, a la de una «frase nominal» (inglés: noun phrase, abreviado NP). Cuando la categoría de este grupo de palabras es conocida, también se puede indicar la categoría siguiente en el mismo nivel (p. ej.: «predicado» o «frase verbal»; inglés: verb phrase, VP), tal y como lo conocemos aproximadamente de la articulación clásica de la oración. Sin embargo, una gramática analiza con categorías y reglas explícitas, es decir: se sabe perfectamente bajo qué condiciones unas formas de palabras/palabras y grupos de palabras determinados corresponden a una categoría y según qué regla unas categorías pueden combinarse con otras.

Finalmente, la *semántica* aporta una descripción en el nivel de los *significados* de palabras/grupos de palabras y del papel de las categorías y sus combinaciones en el significado de la frase.[5] En un diccionario o en una *enciclopedia* de una lengua determinada se especifican los significados generales y convencionales de las pala-

---

[4] Si bien aquí no se habla de fonología ni de morfología, esto no significa que en este nivel no existan características estructurales para los textos, como por ejemplo determinadas melodías de frase, acentos (p. ej. contraste) o determinados tipos de palabra. Para un estudio empírico en varios idiomas, véase Longacre (comp.) (1976).

[5] Centramos nuestra atención en la semántica porque en ella se puede hallar un número considerable de características textuales particulares. Para una introducción, véase Leech (1969), Katz (1972), Lyons (1977) y sus referencias bibliográficas sobre semántica lingüística. Para la semántica referencial lógica, véase van Dijk (1977 a) y las indicaciones que se dan en las siguientes notas al pie de página.

bras. En esta descripción de significados convencionales se intenta emplear clasificaciones. Una posible clasificación del significado de, por ejemplo, «andar», «correr», «viajar», «trasladarse», etc., es el MOVIMIENTO. La clasificación de «hombre», «piloto», «chica», «héroe», etc., será HUMANO. Algunas palabras, como por ejemplo *el,* no pueden derivar su significado de un concepto general, sino que sólo poseen una *función* en las relaciones de significado de un grupo de palabras o una oración, o bien determinada función pragmática (véase el capítulo siguiente).

Los enunciados lingüísticos 'tienen' un determinado significado en tanto que, debido a un acuerdo (convención), los hablantes de una comunidad lingüística les *asignan* un significado. También en este punto, las diferencias individuales, sociales y situacionales deben de desempeñar un papel importante, pero de momento prescindimos de ello. También las estructuras y los procesos psíquicos concretos al 'asignar' significados a enunciados lingüísticas, tanto en la 'expresión' como en la 'comprensión', quedan fuera del ámbito de la gramática. Desde un punto de vista abstracto, la semántica describe, pues, todos los posibles «conceptos de significado» (estructuras conceptuales) que se pueden expresar mediante oraciones. Hasta aquí y para simplificar diremos que la gramática resulta ser un sistema de reglas que une las formas de sonido (a través de formas de oraciones) con los significados.

En lo referente a la semántica, vamos a ampliar de inmediato su caracterización. La semántica se refiere no sólo a significados generales y conceptuales de palabras, grupos de palabras y oraciones, sino también a las relaciones entre estos significados y la 'realidad', las denominadas relaciones «referenciales». El empleo del grupo de palabras *el hombre pequeño* no sólo expresa una unidad conceptual («como parte de la clase individuo, humano, masculino,..., con la propiedad de poseer una altura más pequeña que la habitual (...)»), sino que también puede *remitir* (referirse) a un objeto especial, que cumpla con estas condiciones conceptuales, p. ej., a mi hermano Pedro. Así, el enunciado *corre* puede remitir a una propiedad de este objeto y al período de tiempo (ahora) en que el objeto posee esta propiedad. Dependiendo de la categoría sintáctica se puede hacer claramente referencia a distintos *tipos* de cosas de la realidad; p. ej. los sustantivos remiten a objetos, los adjetivos y los verbos a las propiedades de estos objetos y los adverbios a las propiedades de estas propiedades («rápidamente» en «Juan corre rápidamente»). La asignación de 'unidades' (cosas, propiedades, relaciones, etc.) de la realidad a realizaciones lingüísticas se llama *interpretación*. Aquí se trata de la interpretación de frases de la lengua natural, en especial de su estructura morfológico-sintáctica, tal y como se ha descrito anteriormente. Esto significa que a una determinada categoría sintáctica se le asigna un determinado tipo de unidad, y a una relación entre categorías se le asigna una relación entre diferentes tipos de

unidades. Evidentemente, esta interpretación denominada 'referencial' de frases se basa en la asignación de significados a las oraciones,
es decir, en la 'comprensión'. No sabemos a qué remite un grupo de
palabras si no sabemos lo que significa. Posteriormente volveremos
sobre este y otros aspectos de la semántica, cuando hablemos de la
interpretación de secuencias de oraciones y textos. Lo que a este
respecto es importante es que determinadas propiedades (características) de los textos —'contenido', 'tema', 'relación' y otras— se
explican en términos de la semántica. Se estudiarán tanto los significados, llamados *intensiones* como también la remisión a referentes,
llamados *extensiones.* Más tarde indicaremos que, además de esta
semántica lingüística intensional y extensional, también necesitaremos una *semántica cognitiva* para la descripción del proceso de una
interpretación del texto, donde, entre otras cosas, *el conocimiento del
mundo* (el saber del mundo) del hablante tiene un papel importante.

En la lingüística moderna, las estructuras de los enunciados se
formalizan[6] en los más diversos niveles, e incluso a menudo sobre la
base de sistemas matemáticos y lógicos. Para citar un ejemplo, las
estructuras semánticas a veces se reproducen en el lenguaje de la
lógica modal o de predicado. Esto tiene la ventaja de que esta
transmisión en principio es explícita y no ambigua, y que este tipo de
lenguaje lógico posee una interpretación exacta (semántica lógica).
Sin embargo, tiene el inconveniente de que varias estructuras lingüísticas importantes no pueden transferirse sin más a un lenguaje
lógico, y que de esta manera únicamente se puede conseguir una
aproximación al lenguaje natural. No obstante, en esta introducción
utilizaremos poco la formalización del lenguaje natural o de las
estructuras de textos.

A pesar de que los textos posean también un número considerable
de características fonológicas, morfológicas y sintácticas especiales,
como por ejemplo una determinada secuencia de entonación o un
acento determinado, o bien palabras y formas sintácticas que forman
secuencias que también dependen de frases anteriores o posteriores,
prácticamente dirigiremos nuestra atención sólo a la descripción
semántica dentro de una gramática, puesto que la descripción de
textos se diferencia más claramente en este nivel de la descripción de
oraciones. Para la descripción de estructuras fonológicas, morfológicas, sintácticas y semánticas de las frases remitimos a las «introducciones generales a la lingüística».

---

[6] La formalización de la gramática puede servirse de diferentes sistemas matemáticos y lógicos. Las estructuras y referencias sintácticas abstractas pueden reproducirse
de forma algebraica o por la teoría de conjuntos; véase también BRANDT CORSTIUS
(1974). Las estructuras semánticas más bien se describen mediante lenguas lógicas,
lógicas de predicados, lógicas modales, lógicas intensionales, etc.

2.2 *Secuencias de oraciones*

2.2.1 Aún podemos dar un paso más en la descripción gramatical de los enunciados. Muchos de ellos no tienen la estructura abstracta de una oración, sino la de una *serie* de oraciones. De ahí que admitimos que una gramática pretende tanto describir oraciones como secuencias de oraciones, si resultase que entre las oraciones de unos enunciados existieran determinadas relaciones, tal y como por ejemplo existen entre palabras y grupos de palabras dentro de una misma oración. Estas relaciones entre las oraciones deben describirse en los mismos niveles gramaticales (morfofonología, sintaxis y semántica) que la estructura de las oraciones. Dado que una secuencia también puede constar de una única oración, una gramática de la descripción de secuencias debería contener también una gramática de la descripción de la oración. Por lo demás resulta básico el conocimiento de la estructura de las oraciones, si recordamos que las relaciones, tal y como se dan en las secuencias, se basan muy a menudo en relaciones entre elementos de oraciones sueltas (distintas).

En consonancia con los objetivos de una gramática, una descripción de la secuencia de oraciones en la que 'se basa' una enunciación lingüística deberá indicar cuáles secuencias oracionales son posibles en una lengua, cómo la estructura sintáctica y semántica de una o varias oraciones determina en la secuencia la de otras oraciones, y cómo determinados grupos de oraciones pueden llegar a formar unidades para las que existen otras categorías especiales.

A pesar de que, como ya se ha dicho, también existen relaciones morfológicas y sintácticas entre frases de una secuencia, se demostrará que las relaciones entre frases son en su mayoría de tipo *semántico*, refiriéndose al significado y la referencia de las frases.

2.2.2 Para describir secuencias hay que aclarar antes que nada que las propias oraciones pueden poseer tales estructuras 'secuenciales', a saber, como oraciones *compuestas*. Estas frases están formadas por componentes que en sí mismas poseen una estructura oracional abstracta y que actúan como 'frase principal' o 'frase subordinada' del todo compuesto, como por ejemplo en:

(1) Como hacía buen tiempo, fuimos a la playa.
(2) Hacía buen tiempo, y por eso fuimos a la playa.

Dado que resulta posible formar frases compuestas (en teoría interminablemente largas y complicadas) como (1) y (2), es necesario aclarar hasta qué punto existen diferencias o semejanzas entre estas frases compuestas y secuencias de frases como:

(3) Hacía buen tiempo. Por eso fuimos a la playa.
(4) Hacía buen tiempo. Fuimos a la playa.

Desde un punto de mira intuitivo parece que podemos 'expresar' el mismo 'contenido', es decir, el mismo significado, con la oración compuesta que con la secuencia de oraciones. A pesar de que esto a menudo sea cierto, también existen ejemplos de secuencias que no habrían podido simplemente expresarse como oraciones compuestas:

(5) ¡Aquí hace tanto calor! ¿Quieres abrir la ventana, por favor?
(6) ¿Sabes qué hora es? No tengo reloj.

A la inversa, hay también oraciones compuestas que no pueden expresarse fácilmente como secuencias:

(7) Si fuera rico me compraría una barca.

De ahí se deduce que existe una serie de diferencias sistemáticas entre las oraciones compuestas y las secuencias, de manera que la descripción de secuencias no puede identificarse sin más con la descripción de oraciones compuestas.[7] Más adelante mostraremos que estas diferencias se refieren sobre todo al uso de frases y secuencias dentro del contexto comunicativo, tal y como lo describe sobre todo la *pragmática*. Por el momento haremos abstracción de tales diferencias y nos vamos a referir más concretamente a las relaciones entre oraciones (mejor dicho, entre 'construcciones oracionales abstractas') ocupándonos tanto en las frases compuestas como en las secuencias.

2.2.3   Acabamos de mencionar brevemente que las relaciones entre oraciones en oraciones compuestas y secuencias son sobre todo de tipo *semántico*.[8] En parte, las conexiones sintácticas dependen de ello.

En primer lugar se trata de describir las relaciones entre los significados de las oraciones y de caracterizar el significado de secuencias (parciales) de las oraciones. ¿Qué yuxtaposiciones de oraciones resultan comprensibles e interpretables, y cuáles no? Las secuencias (1) hasta (7) son comprensibles, mientras que las siguientes, vistas en general, resultan menos comprensibles o incomprensibles:

---

[7] Con frecuencia se ha sostenido que la estructura de secuencias oracionales, es decir, de textos, puede integrarse sin más en las actuales gramáticas de la oración; véase también la reseña de van Dijk (1972 a) por medio de Dascal & Margalit en PROJEKTGRUPPE TEXTLINGUISTIK (comps.) (1974). Tanto en este capítulo como en los trabajos lingüístico-textuales recientes se parte del supuesto, a la vez que se demuestra, que una reducción de este tipo ni es razonable ni es posible. Para trabajos lingüístico- y gramático-textuales véase van Dijk (1972 a, 1977 a), Dressler (1972), Petoefi & Rieser (comps.) (1973), Schmidt (1973), Kallmeyer e.a. (1974), Grimes (1975), Kummer (1975), Dressler (comp.) (1973) y Petoefi (comp.) (1979). Dressler & Schmidt (1973) aportan una amplia bibliografía sobre el campo de la lingüística textual. Halliday & Hasan (1976) y Werlich (1976) hacen una descripción más concreta de las estructuras textuales de la gramática (inglesa). En van Dijk & Petoefi (comps.) (1977), distintos lingüistas textuales analizan el mismo texto. Rommetveit (1974) analiza textos/mensajes desde la perspectiva de la psicología social.
[8] Para la semántica textual véase también (a excepción de los títulos referidos en la nota 7) van Dijk (1977 a).

   (8) Como hacía buen tiempo, la Luna gira alrededor de la Tierra.
   (9) Cuando yo era rico, Juan nació en Colonia.
   (10) Juan ha aprobado su examen. Su madre pasó las vacaciones del año pasado
      en Italia.
   (11) ¿Qué hora es? ¡Dámelo!

Ciertamente existe una serie de *condiciones* que determinan cuáles frases (es decir: sus significados) pueden unirse en forma de secuencia. Como hablantes de la lengua castellana sabemos que en las secuencias (8)-(11) no existe ninguna *conexión de significado* entre las oraciones (parciales).

Hay diversas condiciones para la conexión de secuencias. En parte se basan en las relaciones entre los *significados* de las frases, y en parte, en las relaciones entre la *referencia* de frases. Además, las condiciones se refieren a conexiones entre oraciones 'como un todo' y a conexiones entre componentes oracionales. Dada una secuencia $(S_1, S_2, ..., S_n)$, distinguiremos conexiones entre pares de oraciones consecutivas, p. ej. (S_i, S_{i+1}), y conexiones entre oraciones o series arbitrarias, p. ej., entre S_1 y S_4, entre $(S_3, S_6, S_{10}, ...)$ o entre (S_{1-8}) y (S_{8-24}).

2.2.4   Puesto que aquí se trata de conexiones semánticas, es decir, de relaciones de significados y referencias, no nos extenderemos más sobre las oraciones que expresan estos significados o que se emplean para referirse a alguna cosa, sino que hablaremos de los objetos semánticos mismos. El significado de una oración aislada se denomina, a grandes rasgos, una *proposición;* este concepto está tomado de la filosofía y la lógica. Por regla general, la proposición se caracteriza como algo que puede ser 'verdadero' o 'falso' (en una situación determinada). A menudo también se emplea el término «aserción» (en inglés: *statement*), pero puede llevar a equívocos, puesto que una pregunta o una orden también expresan un significado, es decir: una proposición (véase capítulo próximo).

Antes ya hemos hablado de las relaciones referenciales entre actuaciones lingüísticas y unidades de la 'realidad'. Ahora suponemos que las proposiciones, en consecuencia, están ligadas a los *estados de cosas,* en lugar de a la 'verdad' o 'no-verdad' habituales. Una oración es verdadera cuando el estado de cosas al que 'remite' existe; de lo contrario, es falsa.[9]

Sin embargo, sería muy pobre una semántica que únicamente nos permitiera hablar de las circunstancias de la realidad 'real'. En la

---

   [9] En la semántica (formal) no es corriente aceptar las 'circunstancias' como referentes de frases, sino que más bien se adoptan valores de verdad como 'verdadero' y 'falso'. Dejando de lado el hecho de que tales valores pueden aplicarse casi exclusivamente a oraciones indicativas (aseveraciones), existen otras razones para hablar de referentes de frases, p. ej., de circunstancias. Véase VAN DIJK (1977 a) para un análisis más amplio de estas concepciones.

frase (7), por ejemplo, se habla de una 'realidad' imaginaria que se caracteriza por la proposición «yo soy rico», y en *esa* realidad existe el hecho de que compro una barca. Así pues, al lado de la denominada realidad *actual* existen las denominadas *realidades alternativas*. El término técnico para los dos tipos de realidad es *mundo (posible)*.[10] Semejante mundo hay que considerarlo como una abstracción, como algo construido por la semántica. No sólo la realidad histórica y actual es un mundo de esa índole, sino también la realidad de un sueño, o simplemente cualquier mundo que nos queramos 'imaginar', aunque no se asemeje al nuestro. Así pues, un mundo es una colección de circunstancias. Estas se componen de objetos con determinadas características y relaciones mutuas. También los mundos posibles están interrelacionados: a saber, mediante la relación de la «alternatividad» y de la «accesibilidad».

Vemos que una semántica referencial aporta una reconstrucción abstracta de la realidad, de manera que estamos en condiciones de enlazar unidades abstractas de la lengua (palabras, categorías, relaciones) con unidades abstractas de la realidad, precisamente a través de los significados conceptuales de las unidades de la lengua. Ahora poseemos los siguientes elementos de la estructura de la realidad:[11]

(12) (i)   un conjunto de mundos posibles *(M)*;
     (ii) una relación (binaria) que está definida para los elementos de M, a saber, alternatividad y accesibilidad, *(R)*;
     (iii) un conjunto de 'cosas' sobre las que se puede hablar, el dominio (inglés: domain; universe of discourse) *(D)*;
           Caso que los dominios para los diferentes mundos fueran distintos, podemos diferenciar entre D_1, D_2, ..., conjuntos que juntos forman el dominio total D.
     (iv) un conjunto de características y relaciones *(P)*;
     (v)   un conjunto de circunstancias *(F)*.

---

[10] El concepto de «mundo posible», ya presente en la filosofía desde hace tiempo, se emplea como término técnico sobre todo en el marco de la lógica modal. Las interpretaciones en una semántica de este tipo se dan con vistas a los mundos posibles, con respecto a los que las frases pueden ser falsas o verdaderas. Para la introducción a este concepto, véase, entre otros, HUGHES & CRESSWELL (1968). Para aplicaciones en la lingüística, véase DAVIDSON & HARMAN (comps.) (1972) y KEENAN (1975).

[11] En términos técnicos, esta relación se denomina «estructura modelo». Una estructura modelo de este tipo es en cierto modo una reconstrucción abstracta de la 'realidad', es decir: una relación de todos los elementos importantes para la interpretación de enunciados en una lengua determinada. La estructura modelo forma, junto con una función interpretativa, un *modelo*. Estos conceptos, que provienen de la teoría matemática de los modelos, son la causa por la que a menudo se presenta la semántica lógica como una semántica teórica de modelos. Como ya vimos anteriormente, su base formal es la teoría de conjuntos. Para más detalles, véase HUGUES & CRESSWELL (1968). El tipo de estructura modelo aquí presentado se aparta del habitual, porque además de un conjunto de individuos también se ha incluido un conjunto de propiedades/relaciones y uno de circunstancias. Sin embargo, a partir de la perspectiva de la teoría de conjuntos se pueden definir propiedades o relaciones en conceptos de individuos.

Hay que añadir además que los objetos individuales, las característi-cas/relaciones y circunstancias no sólo están actualizados en uno o varios mundos, sino que también 'existen' de una manera más bien abstracta, como *conceptos*. Además de esta mesa especial también existe el concepto MESA, a partir del cual todas las mesas posibles en todos los mundos posibles (situaciones) son actualizaciones. En cier-ta manera, incluso esta mesa especial es también una abstracción, puesto que existe en las situaciones más diversas y puede recibir las características más dispares (p.ej., colores). A pesar de que esta mesa, desde un punto de vista puramente físico, puede ser diferente en cualquier situación mundial consecutiva posible, resulta cognitiva, es decir: sigue siendo 'la misma' para nuestra percepción y compren-sión. Algo similar ocurre con la diferencia entre las determinadas características físicas de *este* color rojo, y entre el color rojo y el concepto ROJO, del que vuelve a ser una actualización particular. Al fin y al cabo, el concepto abstracto de una circunstancia es para nosotros lo mismo que lo que hemos expresado con el término proposición [12]. De ahí resulta que en esta semántica, significado y referencia están ligados formalmente entre sí. El significado de la enunciaciones lingüísticas es igual a la *interpretación conceptual* de estas enunciaciones, mientras que su referencia es la relación de las actualizaciones de estos conceptos en los diferentes mundos posibles. Los conceptos de las enunciaciones se denominan, como ya vimos anteriormente, *intensiones,* y los referentes (en un mundo), *extensio-nes* de estas enunciaciones. La expresión formal sería: las intensiones son funciones que asignan extensiones a las manifestaciones de una lengua para determinados mundos posibles.[13]

2.2.5 Después de este intermedio teórico sobre algunos conceptos básicos de la semántica (lógica) estamos en condiciones de decir algo

---

[12] Con frecuencia se define una proposición como un objeto que puede ser 'verda-dero' o 'falso'. Pero, debido al hecho de que una frase que exprese una proposición de este tipo también se llama 'verdadera' o 'falsa', se produce una cierta confusión, en especial si se tiene en cuenta que la misma frase, expresada en diferentes contextos, puede referirse a distintas circunstancias, a no ser que el *hic et nunc* del contexto se exprese en la misma. Por ello partiremos de la base de que una proposición es un concepto determinado, a saber, el concepto para una 'circunstancia posible'; en una frase que se expresa en un determinado contexto, puede aparecer una conexión con circunstancias concretas en determinados mundos posibles. Véase, entre otros, VAN DIJK (1977 a). Para una interpretación similar del concepto de «proposición» véase también CRESSWELL (1973) y para términos como «concepto» en la filosofía lógica, véase, p. ej., MONTAGUE (1974). De aquí en adelante no haremos referencia a la amplia bibliografía que existe sobre el concepto proposición.
[13] Resulta realmente muy plausible hacer que la referencia de una expresión dependa de su significado. MONTAGUE (1974) analiza también este tipo de relaciones entre intensiones y extensiones. Según estos conceptos, el referente o la extensión de una expresión es un valor funcional, es decir, el significado o intensión en un determinado mundo posible (y eventualmente con respecto a un determinado contexto de enunciación).

más preciso acerca de las relaciones semánticas entre oraciones o, mejor dicho, proposiciones, en una secuencia. Según queda dicho, estas relaciones pueden fundarse en significados (relaciones intensionales) o en relaciones entre referentes o denotados (relaciones extensionales).

En primer lugar observamos las conexiones entre proposiciones 'como un todo' y formulamos la siguiente condición para la 'ligabilidad' de proposiciones:

(13) Dos proposiciones están *ligadas* entre sí, cuando sus denotados, es decir, las circunstancias que les han sido asignadas en una interpretación, están ligados entre sí.

regla

Esto significa, para los ejemplos (8) hasta (11), que las proposiciones, expresadas por las oraciones de las secuencias, no pueden ser ligadas entre sí porque las circunstancias no lo están. La circunstancia del buen tiempo no tiene nada que ver con la circunstancia (general) de que la Luna gire alrededor de la Tierra; la circunstancia de mi riqueza (en un mundo alternativo posible) no tiene nada que ver con el hecho de que Juan haya nacido en Colonia (en este mundo), etc. En última instancia, las condiciones para la conexión de oraciones y secuencias dependen de las relaciones entre unas circunstancias determinadas (en situaciones determinadas). El hecho de que esto realmente es una condición indispensable se deduce de la secuencia siguiente:

(14) Juan ha aprobado su examen. Nació en Amsterdam.

A pesar de que en ambas oraciones de la secuencia se encuentran enunciados que remiten al mismo individuo, pues *Juan* y *él* remiten a Juan, la *identidad referencial* no es suficiente.[14] Como mínimo es necesario que la circunstancia de que Juan haya aprobado su examen esté ligada a la circunstancia de que haya o no nacido en Amsterdam. De la oración (1) se deduce que las oraciones pueden ir perfectamente unidas aun cuando no se pueda hablar de la identidad de individuos.

A pesar de que la identidad de características puede ser ampliamente suficiente para la conexión de secuencias, como en el caso de:

(15) Pedro ha comprado un piano, y Gerardo también compró uno la semana pasada.

también pueden darse ejemplos donde este hecho no esté tan claro:

(16) Juan y Margarita se casaron la semana pasada.
     La reina Beatriz está casada con el príncipe Nicolás.

---

[14] Con frecuencia se considera injustificadamente que la identidad referencial de los enunciados (sobre todo la de los enunciados nominales) es necesaria y/o suficiente para la coherencia, de manera que antes muchos análisis gramaticales de estructuras textuales se orientaban hacia los pronombres, por poner un ejemplo; véase VAN DIJK (1972 a, 1973).

A pesar de que se hable del mismo tipo de relaciones (estar casado), en la oración (16) no se puede hablar de una relación clara entre las circunstancias. Lo mismo puede ocurrir en la (15), pero en ella el hablante compara dos circunstancias, mientras que Pedro y Gerardo ya pertenecían con anterioridad al círculo de amistades del hablante. Así pues vemos que las condiciones para la conexión aquí ya no sólo son semánticas, puesto que los términos «hablante» o «conocimientos/datos del hablante» no estaban definidos en la semántica. Más adelante quedará claro que tales condiciones para una conexión deben tratarse en la pragmática o en la psicología, y lo mismo resulta válido en general para las relaciones entre interlocutores y su idea de las circunstancias. Para algunos interlocutores dos hechos pueden estar ligados entre sí y para otros no, dependiendo de su conocimiento del mundo, sus opiniones y deseos. En la frase (13) habría que añadir dentro de la pragmática o de la psicología: «relativamente según los conocimientos (experiencias, etc.) de un hablante».

No obstante, nuestro conocimiento e interpretación de la realidad también se basa en principios convencionales generales: no todas las circunstancias están ligadas arbitrariamente entre sí. De ahí que si un interlocutor dijese, como disculpa por su tardanza:

(17) Ruego que disculpen mi retraso, pero es que tengo el pelo rojo.

el receptor podría, con todo derecho, rehusar su disculpa como disparatada, dado que tener el cabello rojo *normalmente* no es ninguna excusa para llegar tarde.

Así pues ya hemos encontrado uno de los *criterios* generales que determinan la conexión de circunstancias, una relación de *motivación*. Dos circunstancias *A* y *B* están ligadas causalmente entre sí, cuando *A* es una causa o una motivación para *B,* por lo que *B* es una consecuencia de *A*.[15] Tal relación entre circunstancias forma la base para el empleo de conectivos (causales), como las conjunciones *porque, puesto que, de modo que,* etc., y los adverbios *por eso, por ende, por tanto, por consiguiente,* etc. Recíprocamente observamos también que los conectivos, que convierten las proposiciones en la lengua natural en *proposiciones compuestas,* pueden interpretarse como (referirse a) relaciones entre circunstancias.

En tanto que las relaciones causales entre circunstancias se basan en regularidades físicas, biológicas y otras del mundo actual (y de un conjunto de mundos similares) y que las relaciones que aportan fundamentaciones se basan en principios del conocimiento y de la argumentación válida, existen además otras relaciones aún más estre-

---

[15] VAN DIJK (1977 a) intenta definir el concepto de causalidad en términos de la semántica lógica. Este concepto tiene un papel importante en la descripción de coherencias de oraciones, igual que el concepto general condicionalidad. Para la discusión filosófica general sobre este complicado concepto, véase SOSA (comp.) (1975).

chas, relaciones *lógicas* en general y relaciones *conceptuales* en especial, por ejemplo en frases tautológicas como:

(18) Pedro no tiene esposa porque es soltero.

Dado que el concepto de «soltero» implica que «no tiene esposa», una frase como ésta es verdadera en todos los mundos posibles (donde Pedro existe y es soltero). Este tipo de oraciones es también parte de los *postulados de significado* de una lengua, mediante los que se reproduce la estructura conceptual de los significados de palabras.

Las relaciones entre circunstancias también pueden resultar más 'débiles' o más 'laxas' que las implicaciones causales o lógico-conceptuales. Una primera condición podría ser, por ejemplo, que dos circunstancias tuvieran lugar en la *misma situación,* es decir: en el mismo período, simultánea o sucesivamente, dentro del mismo mundo posible, como en:

(19) Estuvimos en la playa y jugamos al fútbol.
(20) María hacía punto. Jorge tocaba el piano.

En (19), donde las proposiciones están ligadas mediante la conjunción «y», resulta que la primera de ellas define en cierta manera la situación en la que debe interpretarse la segunda (la práctica del fútbol es una circunstancia de un mundo —pasado— en el que estábamos en la playa, de tal manera que el período del partido de fútbol pertenecía al período de la estancia en la playa).

En (20) los dos sucesos a los que las oraciones hacen referencia tienen lugar aproximadamente al mismo tiempo. No obstante, esta condición es en general demasiado débil para la conexión de dos secuencias:

(21) María hacía punto, y la Tierra gira alrededor del Sol.

A pesar de que el tiempo en el que la tierra gira alrededor del sol es el mismo que en el que María hace punto, por regla general (21) no es aceptable.

Algo similar ocurre con la *disyunción,* expresada por «o»:

(22) Voy al cine, o voy a visitar a la tía Ana.
(23) Voy al cine, o seré abogado.

En primer lugar la disyunción ya exige que las dos circunstancias no existan al mismo tiempo en el mismo mundo (siempre que el interlocutor pueda 'observarlas', es decir: pueda tener acceso a ese mundo desde su mundo actual, desde su contexto comunicativo), sino en mundos alternativos. A esto se añade que también las dos circunstancias, de una manera u otra, son *alternativas, es* decir, *comparables;* las circunstancias acaso sean dos actuaciones del hablante, a saber: dos actuaciones que suelen llevarse a cabo después de la jornada laboral y no una simple actuación breve (abrir una puerta) y una actuación muy complicada y larga (construir un puente). En otras

palabras: debe existir una *base* para la comparabilidad de circunstancias. Por eso que (20) es interpretable, puesto que ambas circunstancias provienen del *ámbito* de ocupaciones durante los ratos de ocio,
mientras que por estos motivos (21) no lo es.

En los casos en los que la primera proposición no describe el
'marco' para la circunstancia que se expresa mediante la segunda
proposición, se puede suponer que existe una tercera proposición
implícita (o una serie de proposiciones) mediante la que se pueden
comprender o interpretar las dos proposiciones originales; p. ej.:
«María y Jorge se fueron al cuarto de estar después de comer» para
la frase (20) y «Esta noche salgo» para (22); esto sin embargo no
resulta posible para (23). Una tercera proposición de este tipo a
menudo· se encontrará más adelante en el texto o bien será parte
integrante de aquello que el hablante o el oyente saben sobre el
contexto o el mundo en general.

Dadas dos proposiciones *p* y *q* que se interpretan respectivamente
como circunstancias *A* y *B,* por ahora podremos decir que entre estas
proposiciones existe una *conexión* —expresada mediante conectivos
o no—, cuando *A* y *B* están unidas de la siguiente manera:

(24) (i)   *A* es causa de *B* (= *B* es consecuencia de *A*).
   (ii) *A* es una fundamentación de *B* (siendo *B* una actuación o la consecuencia
         de una actuación).
   (iii) *A* y *B* ocurren en la misma situación (es decir: en el par mundo/tiempo
         [m_i, t_i]) y pertenecen al mismo ámbito conceptual; están permitidas las
         siguientes posibilidades:
         — *A* simultánea a *B;*
         — *A* tiene lugar en un período parcial de *B* (o al revés);
         — *A* y *B* se suceden (como en la relación causal);
         — *A* y *B* se trasladan.
   (iv) *A* es necesariamente (lógica, conceptualmente) parte de *B,* o al revés.
   (v)   *A* es una 'parte integrante' normal (convencional) de *B,* o al revés.

En todos los casos, estas condiciones son válidas *relativamente* respecto de un conjunto de proposiciones *C* que comprende la base de
la comparabilidad, los postulados generales, las regularidades y el
conocimiento general, por lo que un hablante puede y debe imaginar-
se relaciones entre circunstancias.

El hecho de que un conocimiento convencional de situaciones
típicas y de acontecimientos es necesario, se demuestra por ejemplo
en las siguientes frases:

(25) Pedro no tenía dinero, por lo que ahora no ha ido a la taberna.
(26) La cosecha no fue buena. No ha llovido en todo el verano.

El hecho de que estas secuencias sean semánticamente aceptables se
fundamenta en nuestro conocimiento general de que normalmente se
ha de pagar la consumición en una taberna y de que la ausencia de
lluvias puede ser la causa de una mala cosecha. Las unidades de este
tipo de información convencional sobre determinadas situaciones y

acontecimientos típicos se llaman *marcos (frames).*[16] Estos marcos
especifican, por ejemplo, la condición (v) arriba mencionada, a
saber, cuando una cosa es 'parte integrante' de una circunstancia,
como «pagar» lo es de «ir a la taberna».

Más tarde veremos que el conjunto *C*, a la vista del cual sus dos
proposiciones se interpretan como '*conexas*', también debe abarcar
informaciones sobre el *tema* de la secuencia. No sólo las circunstancias de las que se habla deben estar ligadas entre sí, sino que también
lo que *de ellas* decimos debe relacionarse en cierta manera, poseer
una cierta continuidad, siempre referida a determinado *tema de la
conversación* (topic of conversation).

2.2.6 Tenemos ahora una noción superficial de cómo las proposiciones pueden estar *en suma* ligadas entre ellas de dos en dos. Estas
condiciones establecen también cuándo las proposiciones pueden
expresarse en una oración y por lo cual también fundamentan el uso
de conectivos naturales. En el capítulo siguiente veremos que estos
conectivos no sólo son semánticos sino también pragmáticos, en el
sentido de que no sólo pueden hacer alusión a relaciones entre
circunstancias, sino también a relaciones entre las actuaciones lingüísticas que podemos llevar a cabo al producir una enunciación.
   La conexión de las secuencias sin embargo no sólo resulta de la
conexión directa entre proposiciones, como se ha expuesto anteriormente. Así por ejemplo, en una exposición sobre las vacaciones de
invierno de Pedro pueden darse las siguientes secuencias:

(27) (...) Viajó con el tren de la noche (S_1). Esos trenes son cómodos (S_2). Al día
siguiente por la mañana Pedro se encontró descansado en su lugar de vacaciones (S_3). Nevaba (S_4). El hotel estaba al final del pueblo (S_5). La vista sobre
las montañas era excelente (S_6). Desde que llegó se encontró muy a gusto (S_7).
(...)

Queda claro que las oraciones de este texto (en cierto modo trivial
pero no por ello menos típico) no cumplen las condiciones de
conexión linealmente y de dos en dos, tal como se han formulado
arriba. Si bien en S_2 se expresa una proposición que remite a una
motivación de la circunstancia representada en S_1 —condición (ii)—,
S_2 no está ligada a S_3, sino a lo sumo S_1 con S_3 al aplicar la
condición (iii): sucesos que tienen lugar sucesivamente, dentro del
mismo ámbito conceptual (en este caso se trata de viajar). Sin
embargo S_4 no posee conexiones directas y únicamente se puede
interpretar por el *tema global* del pasaje, el deporte de invierno.
También S_5 se relaciona sólo débilmente con otras proposiciones y
puede interpretarse únicamente a través de la información especial

---

[16] El concepto de *frame* (marco) se trata con mayor detalle en el capítulo 6, en el
que también se dan referencias bibliográficas en el campo de la psicología y de la
'artificial intelligence', en la que se emplea este concepto.

sobre el marco, a saber: «Cuando se hacen vacaciones de invierno se busca alojamiento en un hotel» y «La mayoría de las veces se hace la reserva con antelación». S_6 solamente es importante en cuanto a la información del marco de los deportes de invierno (el deporte de invierno sólo se practica en las montañas); además, S_6 aún puede expresar una débil condición para S_7, mientras que S_7 vuelve a ser una consecuencia (temporal) de la circunstancia, remitiendo a S_3.

En lo referente a las conexiones todavía se pueden decir muchas más cosas sobre este pasaje. Por lo pronto se ha demostrado que las relaciones de conexión no tienen por qué ser continuadas, sino que también pueden existir proposiciones que no se sigan directamente. En el caso de que ya exista una conexión, ésta será *indirecta;* se dará a través del tema del pasaje (sobre el que posteriormente entraremos en mayor detalle) o de un determinado marco convencional de conocimientos (sobre invierno/deporte).

También salta a la vista que la secuencia no sólo expresa una serie de proposiciones explícitamente, sino que asimismo deben existir informaciones *implícitas* para poder interpretar una secuencia como ésta, es decir: para poder ligar las proposiciones. Si se toma al pie de la letra, se puede decir que Pedro sólo puede estar en su lugar de vacaciones si el tren realmente ha llegado hasta ahí. No obstante, puesto que nuestro conocimiento sobre TREN/VIAJES nos dice que esto normalmente es así, puede prescindirse de una información de este tipo. Más tarde veremos que existen razones pragmáticas para ello («no mostrarse más explícito o redundante de lo necesario» y «no pormenorizar una cosa que el oyente ya sabe»). El empleo del artículo determinado *el* en S_5 presupone que existe una información implícita, según la que existe como mínimo un hotel (p. ej., «Fue al hotel en el que había hecho la reserva»). También hay que suponer que la vista sobre las montañas se tiene desde el hotel y que Pedro desde un principio se encuentra a gusto en el hotel y no en o sobre las montañas, aunque éstas se mencionen en último lugar. Todas estas suposiciones son necesarias para poder interpretar correctamente *la vista.*

Resumiendo, podemos decir que para la interpretación correcta de cada proposición de una secuencia se necesita gran número de proposiciones más generales, a saber, los postulados significativos de la lengua y los conocimientos generales sobre el mundo (el marco) por parte del oyente, por lo que, junto con las proposiciones explícitas de la secuencia, puede *derivarse* una serie de proposiciones implícitas especiales. Sin estas proposiciones implícitas la secuencia no sería completamente interpretable. Ya que anticipamos el término *texto,* podemos denominar *base del texto* a la serie de proposiciones que tiene como base una secuencia textual, pudiendo diferenciar así entre una *base del texto implícita y una explícita.* Para comprender un texto debemos reconstruir cognitivamente (así pues, también teóricamente) la base textual explícita completa, basándonos en la base

Implicita - background info
Explicita - to understand need to know this - It is said + it is accepted, The rest is just details because you've already accepted the imp. stuff. ... one day he woke up + was a beetle

47   TEXTO Y GRAMATICA

textual implícita tal y como aparece en la secuencia de frases. Inversamente es válida la regla general (pragmática) de que no necesitan expresarse todas las proposiciones de la base textual explícita (pueden quedar implícitas) cuando el hablante tiene razones para suponer que el oyente ya dispone de esta información. Para evitar confusiones digamos que la *base explícita del texto* es la secuencia de proposiciones de las que una parte queda implícita al 'pronunciarlas' ('expresarlas') como secuencia oracional; por el contrario, la *base implícita del texto* se manifiesta en su totalidad, mediante la omisión de las proposiciones 'conocidas', directamente como 'texto'; por eso, una base explícita del texto es tan sólo una construcción teórica y acaso también una reconstrucción de procesos de interpretación cognitivos (véase capítulo 6).

2.2.7   Mientras que la conexión de las proposiciones en (27) se basa en las mencionadas relaciones entre circunstancias, también se puede constatar que se garantiza una determinada unidad debido a la identidad de la persona (Pedro) a la que remiten varias oraciones de la secuencia. Llamaremos referente del texto (discourse referent) este referente de un pasaje. Desde luego que también pueden serlo otros objetos, como «tren» (o mejor, el concepto TREN) en S_1 y S_2, que posibilita la conexión de ambas oraciones.

Vamos a suponer pues que, además de la conexión entre proposiciones enteras, también existen relaciones entre *partes* de proposiciones, es decir: entre significados de verbos o entre significados o referentes de sustantivos, etc. En nuestro pasaje existe la ya mencionada co-referencialidad entre *él* y *Pedro* en S_1, S_3 y S_7. En este caso se trata de la *identidad* de referentes; no obstante, también son posibles otras relaciones entre los referentes del texto aunque no vengan dadas por el significado del verbo (predicado), p. ej., entre Pedro y el tren, o sea, entre una persona que actúa (sujeto de la acción de viajar) y un instrumento o medio de transporte que posibilita esta acción. Por regla general esto es válido para las relaciones entre los diferentes *papeles* o *funciones* de los referentes que se hacen posibles a través del predicado (sujeto, objeto directo, instrumento, tiempo o lugar, meta, etc.). Así pues podemos introducir con facilidad una oración en el pasaje (27), como p. ej.:

(28) Su madre le había preparado algo para comer durante el viaje.

Aquí se introduce un referente del texto: «madre», con la ayuda del pronombre posesivo *su* que remite a Pedro. Pedro y su madre están pues ligados como sujeto y objeto (directo): «Pedro tiene madre» (es esta una proposición que no necesita ser expresada explícitamente debido a la regla de los conocimientos generales). Con ello vemos que podemos *introducir nuevos* referentes en una secuencia mediante una relación, implícita o directamente expresada, con referentes introducidos anteriormente.

Ciertamente hay que insistir en que esto sólo es posible dentro de las reglas generales de la conexión, es decir: también la circunstancia nueva *en su conjunto* tiene que estar ligada a otra circunstancia. Aunque la madre de Pedro aparece en la oración siguiente:

(29) Su madre nació en Amsterdam.

(29) no es aceptable como oración posible en (27). Un caso interesante de identidad de referentes se presenta cuando la identidad no posee validez en un mundo determinado sino en mundos distintos. En este caso se da una identidad 'conceptual' entre un individuo y su contrario (counterpart),[17] por ejemplo, en la proposición de la oración siguiente:

(30) Pedro soñó que tendría un accidente de esquí.

Si bien *Pedro* y el sujeto elíptico de la subordinada remiten a Pedro, en el primer caso se trata de Pedro en el mundo actual, y en el segundo, de su contrario en el mundo de los sueños. Este tipo de *trans-world identity* (expresión muy acertada) requiere sin embargo que los dos mundos estén ligados entre sí (en este caso, p. ej., a través del predicado «soñar»); es decir que deben ser accesibles en una dirección determinada, puesto que el mundo real no es accesible desde el mundo de los sueños, ya que en tal caso las vacaciones de invierno reales de Pedro ya habrían fracasado por el solo hecho del sueño.

Hemos visto que las relaciones entre los referentes del texto son importantes para la conexión de un pasaje cuando a la vez están ligadas entre sí las circunstancias. En este caso esto significa que también pueden estar ligados los significados de otras partes de la oración (verbos, adjetivos, adverbios, etc.) que 'van más allá' de estos referentes. En algunos casos, el predicado puede ser el mismo para varias proposiciones, es decir que puede remitir a la misma característica o a la misma relación entre referentes, pero en la mayoría de los casos se trata de predicados *diferentes* del mismo (grupo de) referente(s). Mientras que los referentes del texto pueden seguir siendo 'los mismos' durante un tiempo determinado, los predicados, dicho de manera intuitiva, dan siempre *informaciones nuevas,* velando de esta manera por la *continuidad* de la secuencia. La condición previa era que los predicados debían proceder realmente del mismo *ámbito* conceptual —VIAJAR: dar algo de comer para el viaje en (28)—, como se especifica mediante nuestro conocimiento convencional (los marcos de este ámbito). De esta manera volvemos

---

[17] El concepto de «*counterpart*», introducido por LAKOFF (1968) también en la lingüística, proviene de la semántica modal, en la que se estudian las relaciones entre ('los mismos') individuos en diferentes mundos posibles. Por lo demás, el concepto en sí presenta una serie de problemas. Para tratar el tema, véase LEWIS (1973) y RESCHER (1975).

a las relaciones entre circunstancias, y se constata que si un referente posee una característica determinada se crea una circunstancia. Finalmente, además de estas relaciones (p. ej. de identidad) entre individuos y/o sus características, existen también relaciones de tiempo, lugar y mundos posibles en los que están dados individuos/características y circunstancias, p. ej.: sucesión, identidad, similitud y, en general, accesibilidad o alternatividad, relaciones en definitiva con las que ya nos hemos encontrado en los requisitos para conexiones. El hecho de que la *similitud* de mundos también tiene un papel en la conexión de textos se evidencia en la oración (7): naturalmente hay que dar por supuesto que en el mundo alternativo, en el que soy rico, también tengo ganas de comprarme una barca. En eso, el otro mundo debe parecerse bastante al nuestro. De hecho, este otro mundo debería ser *además* totalmente igual al primero, salvo el hecho de que en él soy rico. Por todo ello debemos suponer que el conjunto de mundos en los que se dan circunstancias a las que remiten las oraciones de un texto es más o menos homogéneo, es decir: posee el mismo conjunto de *postulados* sobre normas y regularidades en estos mundos. Por eso la diferencia entre los mundos de un conjunto homogéneo de este tipo tan sólo es accidental: con algo de suerte yo *podría* haber sido rico en este mundo, si por ejemplo hubiera ganado el «gordo» en la lotería. Sin embargo, en la literatura de ciencia ficción pueden introducirse mundos que aportan postulados físicos y biológicos notoriamente diferentes. Allí las circunstancias pueden conectarse cuando en nuestro propio mundo —suponiendo que existiesen— eso sería imposible. Por ello, el hecho de cómo se interrelacionan los textos depende también de nuestro conocimiento sobre el respectivo conjunto de mundos y de sus postulados básicos.

2.2.8   En los párrafos anteriores hemos hablado sobre las relaciones entre proposiciones enteras (y por ende, entre circunstancias) y sobre relaciones entre partes de proposiciones. Sin embargo, y como ya hemos visto con anterioridad, las proposiciones también pueden ser compuestas, existen también relaciones proposicionales entre partes de proposiciones, p. ej., entre la proposición «*p & q*» y la proposición «*q & r*». Por lo tanto, en una frase determinada se puede hacer referencia a una circunstancia que ya había sido introducida anteriormente como referente en el texto y que ahora, en esta oración, está ligada a una nueva circunstancia, formando una circunstancia 'compuesta', por ejemplo:

(31) Debido a que el hotel estaba en las afueras del pueblo, Pedro tenía una buena
      vista sobre las montañas.
(32) A Pedro le gustó que el hotel estuviera en las afueras.
(33) Pedro sabía que el hotel estaba en las afueras.
(34) También este hotel estaba en las afueras.

En estas frases siempre *se parte* del estado de cosas ya introducido, de que un hotel (el mismo u otro) estaba en las afueras, y se *sostiene* que esta circunstancia es motivo o causa de otra circunstancia (buena vista, que eso era del agrado de Pedro, que Pedro tenía su opinión al respecto, que concuerda con otro estado de cosas). La proposición, que se interpreta como semejante estado de cosas ya introducido anteriormente, la llamaremos *presuposición*[18] de las proposiciones compuestas (31) a (34) dadas. Dado que una presuposición remite a una circunstancia ya introducida, esta parte de la frase es, en principio, *verdadera,* aunque luego la frase completa podría ser tanto verdadera como falsa. Por ello, en el nivel de la pragmática, en el que se demuestran los conocimientos del hablante y del oyente, el término semántico de presuposición se refiere a las *suposiciones* del hablante sobre los conocimientos del oyente: el primero supone que el segundo ya conoce este estado de cosas, bien a causa de las proposiciones anteriores de la secuencia o bien debido a las proposiciones que lógicamente resultan de ellas o que resultan del conocimiento general sobre el mundo. Cuando *afirmamos* algo (o preguntamos, recomendamos, etc.), por ejemplo, expresando las oraciones (31)-(34), esa afirmación en rigor se refiere únicamente a la 'nueva' proposición, es decir: a aquello que el oyente todavía no sabe; en especial se dice de esta afirmación que es *verdadera* o *falsa,* según que el estado de cosas interpretado exista o no. Cuando un hablante sostiene que lo que ocurre es *p,* a pesar de saber que lo que ocurre es ~ *p* (o que como mínimo *no* se trata de *p*), esa afirmación es *incorrecta.* Si en cambio dice que ocurre *p* y además lo cree auténticamente, y sin embargo no es *p* lo que sucede, su aseveración es correcta aunque sea falsa.[19] En el lenguaje natural existe una gran cantidad de posibilidades para dar a conocer que un determinado estado de cosas, un individuo o una característica ya han sido introducidos o que están implícitos gracias a conocimientos especiales o generales; por ejemplo, mediante frases subordinadas con *que* en diversos predicados (llamados factivos); con «saber», «gustar», «ver», «oír», pero no con «sostener», «pensar», «creer»; mediante una construcción sintáctica, por ejemplo, la posición inicial en la

---

[18] Las presuposiciones han desempeñado un papel primordial en la semántica filosófica y lingüística durante los últimos diez años, especialmente a causa de los problemas acerca de su definición, donde frecuentemente se han mezclado aspectos semánticos y pragmáticos entre sí; para ello véase VAN DIJK (1980 b). Dos monografías recientes que tratan de los problemas a este respecto son KEMPSON (1975) y WILSON (1975). PETOEFI & FRANK (comps.) (1973) ofrecen una buena recopilación de distintos enfoques.

[19] Además de los conceptos semánticos ya existentes de «verdadero» y «falso», también se emplean otros (como por ejemplo «cumplir»); el concepto de «corrección» —además del concepto de «*appropriateness*», empleado en el siguiente capítulo — es más bien pragmático porque se basa en el conocimiento del hablante o del oyente dentro del contexto y referido a las circunstancias previamente dadas; véase GROENENDIJK & STOKHOF (1975, 1978).

oración; mediante el empleo de pronombres o artículos determinados, etc. Así, en nuestro ejemplo, la expresión de *el hotel* sólo puede
remitir a un hotel ya conocido, que se ha introducido implícitamente
con el indicio de que Pedro probablemente se alojará en un hotel.

2.2.9 De esta breve consideración sobre el papel que tienen las
presuposiciones en las secuencias se deduce que difícilmente pueden
delimitarse con precisión las fronteras entre semántica y pragmática.
Sin embargo nos mantendremos fieles al principio de que la semántica se ocupa de significados y referencias, aunque éstos estén determinados por las relaciones de hablantes y oyentes en un contexto
dado. En este último caso se habla también de *semántica contextual*.[20]
Tan pronto como se habla del conocimiento de hablante y oyente y
nos preocupamos por el acierto, la corrección o la aceptabilidad de
los enunciados, nos movemos en el campo de la pragmática. Naturalmente también el hablante o el oyente (u otros elementos del
contexto) pueden ser objeto de referencias, p. ej., en narraciones
(*Yo...Yo...*); también en este caso seguimos dentro del dominio de la
semántica (contextual).

2.2.10 Ya dentro del terreno fronterizo entre la semántica y la
pragmática queremos finalmente volver a la discusión de las presuposiciones, teniendo especialmente presentes las conexiones de un
pasaje como (27). Vimos que una parte de la información en una
oración puede ser 'conocida' y que otra puede ser 'nueva', en el
sentido de que nosotros ya sabemos que Pedro existe y que en el
paso ulterior se dice algo nuevo sobre Pedro, como por ejemplo que
viajó en tren. Esta información nueva a menudo se ha dado en
llamar *comento* (o *focus*) de la oración, y la información ya conocida,
tópico.[21] Estos términos a veces también se emplean para indicar la
parte de la *oración* que representa estas *funciones* diferentes. En
nuestro pasaje, *él* en S_1 es tópico y *viajó con el tren de la noche* es
comento.
  En el último ejemplo, sin embargo, también podemos leer las
palabras tren de la noche enfatizando la palabra n o c h e. En este
caso podremos deducir que Pedro viajó con el tren (como tópico) y

---

[20] La semántica contextual, es decir: una semántica en la que se interpretan frases
según el contexto de su enunciación (lugar, tiempo, etc.), se ha extendido sobre todo
a partir de la obra de Montague —véase MONTAGUE (1974)—, quien, sin embargo, la
llamó *«formal pragmatics»*, un concepto que tiene poco en común con aquello que,
por ejemplo en el capítulo siguiente, se entiende por pragmática. Véase también
LEWIS (1970) y las aportaciones en KEENAN (comp.) (1975).
  [21] El concepto de «tópico-comento» es uno de los problemas más complicados de
la lingüística moderna: intervienen aspectos tanto semánticos como pragmáticos y
también cognitivos. Para la bibliografía general y otras reseñas, véase SGALL, HAJIČO-
VA & BENEŠOVA (1973). Dentro del marco de la gramática y la pragmática textuales
este concepto se trata en VAN DIJK (1972 a, 1977 a, 1980 b).

que la información nueva consiste en que se trata del tren nocturno. Como norma general, y lejos de cualquier perfección, se puede decir que el tópico de una oración se transmite mediante el sujeto (a menudo se trata del primer grupo nominal), mientras que el resto de la oración es el comento. Cuando se acentúan determinadas partes de un enunciado (*Pedro* viajó con el tren, no *María*), éstas también pueden adquirir funciones de comento. En este caso, puesto que tanto Pedro como también el hecho de que alguien viajó con el tren son conocidos (los llamaremos *x*), deberíamos designar como comento el nuevo hecho (afirmado) de que Pedro = *x*.

De ahí podemos deducir que el tópico de una oración posee también la función de *escoger* un elemento determinado (un estado de cosas, un individuo, una característica, una relación, algunos individuos) de entre un conjunto mayor de informaciones conocidas, y que el comento tiene la función de decir algo que aún no se sabía *sobre esto.* Por ello es inherente a la estructura tópico-comento una función importante en la *elaboración* pragmática y cognitiva *de informaciones* de enunciados lingüísticos.

Hay que tener en cuenta que el tópico en una secuencia puede variar continuamente. El tópico en S_1 de (27) se expresa mediante *él,* en S_2 tiene lugar un cambio de *tópico* a «trenes nocturnos»; en S_5 el *tópico,* es *el hotel.* S_4 sin embargo presenta más problemas: *nevaba,* puesto que el verbo impersonal no alude a un sujeto conocido. Aquí suponemos que no existe ningún tópico o en todo caso sólo uno 'vacío', a pesar de que también se podría decir que remite a la situación actual o al estado del tiempo en general. El mismo problema surge en S_6: p. ej. en alemán esta oración se construye con un pronombre que posee una referencia vaga a un lugar determinado o a una situación determinada (acaso como una debilitación de *allí*). Comento entonces sería el resto de la oración. En oraciones como *Erase una vez un hombre que cruzó la calle corriendo* puede prescindirse de *Erase una vez,* de manera que realmente se puede hablar de un tópico 'vacío', a pesar de que también aquí se podría suponer implícitamente que tópico es el mundo posible determinado sobre el que se habla (con esta función del tópico nos encontramos sobre todo en las primeras frases de una narración, en especial en las de los cuentos).

Por lo demás, hay que proceder con cuidado cuando se emplean criterios intuitivos por los que podría dársele un nombre a la función del tópico conforme a preguntas como «sobre qué», «de qué», «quién» o «qué». La primera oración de nuestra secuencia trata tanto 'de' Pedro como 'del' tren de la noche. En tales casos, 'de' señala casi siempre una referencia. Como prueba habría que preguntar como mínimo: «¿Sobre *qué se sostiene* algo?» Una función del tópico también puede ser a menudo 'discontinua', es decir, que puede suprimirse en diferentes partes de una oración, tal y como sucede en S_5, donde tanto el hotel como el pueblo ya son (implícita-

mente) conocidos, mientras que lo único nuevo que se introduce es
la referencia «estaba en las afueras», por lo cual posee función de
comento. El par (hotel, pueblo) es tópico.

Finalmente también cabe preguntar *de qué* trata el pasaje como un
todo. En este caso nos ocupamos del *tema del texto*. Es éste un
término que no está definido para las proposiciones aisladas ni para
las relaciones que existen entre ellas, sino únicamente para secuencias
enteras; el tema se define entonces en términos de las *macroestructuras* de textos.

2.2.11   Ahora estamos más o menos en condiciones de resumir las
condiciones y los criterios que permiten reconocer si una secuencia
es coherente. En suma se trata de la *coherencia semántica,* aun
cuando ha quedado claro que a menudo tiene que ver con la coherencia pragmática. Además, la coherencia que hemos tratado aquí es
lineal: explica las relaciones entre proposiciones aisladas y otras
proposiciones (o grupos de proposiciones) dentro de una secuencia.
Finalmente, la coherencia se determina en el plano de los *significados*
(cuando se trata de las relaciones entre conceptos: identidad, comparabilidad, similud del ámbito conceptual) así como en el plano de la
referencia/referentes. Una secuencia es semánticamente coherente,
*cuando cada proposición de la secuencia puede ser interpretada de
manera intensional y extensional en relación a la interpretación de
otras proposiciones de la secuencia o de las proposiciones especiales o
generales que con ello resultan implícitas.* De ahí que el concepto de
texto esté caracterizado por la noción de *interpretación relativa.*

La manera en que una secuencia presenta una conexión semántica
se puede expresar más formalmente como sigue:

I. CONEXION ENTRE PROPOSICIONES

Dos proposiciones α y β están vinculadas (son conexas) cuando
sus interpretaciones, referidas a un hablante h_i, un tema t_i, conocimientos generales C y otras proposiciones (anteriores) D implícitas
en el texto o el contexto, y el mundo m_i/j, es decir: $I (\alpha, h_i, t_i, C, D,
m_i)$ e $I (\beta, h_i, t_i, C, D', m_j)$, es decir: las circunstancias f_α y f_β, f_α
y f_β pueden estar ligadas entre sí de la siguiente manera:

(35) (i)   Existe una circunstancia parcial f_γ de f_β, de manera que $f_\alpha = f_\gamma$ (presu-
            posición);
      (ii) f_α es una condición fuerte (causal, fundamentadora) o débil para f_β :
      (iii) f_α y f_β son alternativas comparables (en mundos alternativos: $m_i \neq m_j$ y
            $m_i R m_j$):
      (iv) f_α y f_β son instancias del mismo ámbito conceptual en mundos posibles
            emparentados (del mismo mundo/tiempo/lugar o de mundos/tiempos/lu-
            gares sucesivos).

II. OTRAS RELACIONES DE COHERENCIA

(i)   Los referentes del texto de dos o más proposiciones están ligados entre sí por la identidad (en el mismo mundo o mundos alternativos) o por otra relación determinada (p. ej.: parte-todo, propietario-propiedad, etc.).

(ii) Características del mismo referente del texto están conectadas como en la condición I (iv), pero no son idénticas.

(iii) Los mundos posibles (tiempo, lugar, etc.) se relacionan entre sí: identidad, sucesión, accesibilidad, similitud.

En ello debe regir que, para cada proposición de la secuencia, se cumpla por lo menos una de estas relaciones con por lo menos una de las demás proposiciones de la secuencia o con proposiciones (implícitas) que de esta manera se implicitan.

Ahora resulta fácil demostrar que por ejemplo la secuencia (27) es coherente debido a estas condiciones. En otras palabras: todas las proposiciones de esta secuencia son *importantes* en cuanto al *contenido* en relación con otra proposición o con una serie de proposiciones.

Por lo demás, al punto II (ii) va ligada la típica *condición de avance* semántico-pragmática de las secuencias determinada por las funciones de tópico y comento de cada proposición y oración, con lo que en cada interpretación de proposiciones consecutivas α_i y α_{i+1}, los conjuntos de proposiciones según las cuales se interpreta *no* son iguales: $D \neq D'$. La información i, expresada por α_{i+1}, que es parte integrante de D', tiene entonces función de tópico, mientras que la función de comento se asigna a la información restante, expresada por α_{i+1}, con lo que simultáneamente también D' cambia a D'' (esto puede ser la base para la interpretación de las proposiciones siguientes). De esta manera tan complicada, aunque no completa ni mucho menos, comprendemos que en cada oración de un texto debemos decir algo 'nuevo'.

2.3   Macroestructuras de los textos

2.3.1   Puesto que ahora hemos podido dar los primeros pasos en cuanto a las relaciones entre oraciones de un texto, debería a su vez sernos posible dar otro paso importante. Así como de hecho una oración es 'más' que una serie de palabras, también se pueden analizar los textos en un nivel que supera la estructura de las secuencias. En los párrafos anteriores hemos empleado a propósito continuamente el término «secuencias», porque aún no se podía mostrar claramente que las secuencias, compuestas por oraciones que a su vez satisfacen las condiciones de conexión y coherencia, en realidad suelen constituir también un *texto*. Por esta razón hemos hablado constantemente de la coherencia *lineal*.

En el nivel de descripción al que ahora pasaremos ya no se considerarán ante todo las conexiones entre oraciones aisladas y sus proposiciones, sino las conexiones que se basan en el texto como un todo o por lo menos en unidades textuales mayores. Llamaremos *macroestructuras* estas estructuras del texto más bien *globales*.[22] Por consiguiente, podemos llamar *microestructuras* las estructuras de oraciones y secuencias de textos para diferenciarlas de aquéllas; no obstante evitaremos este término de ahora en adelante.

La hipótesis en la que nos basamos como punto de partida dice así: únicamente las secuencias de oraciones que posean una macroestructura, las denominaremos (teóricamente) *textos*. Con ello, la palabra texto se convierte en un término teórico que ya se corresponde sólo indirectamente con el empleo de esta palabra en la vida cotidiana, donde se designan así sobre todo las realizaciones lingüísticas escritas e impresas. Como es habitual en lingüística, nos basaremos en una descripción estructural más amplia de la estructura de enunciados. Además de la (re-) construcción de estructuras y oraciones abstractas (así como de sus proposiciones) y secuencias en la gramática, postularemos ahora la unidad abstracta de 'texto'.

Además supondremos que existen estructuras textuales especiales de tipo global, es decir, macroestructuras, y que estas macroestructuras son de naturaleza *semántica*. La macroestructura de un texto es por ello una representación abstracta de la estructura global de significado de un texto. Mientras que las secuencias deben cumplir las condiciones de la coherencia lineal, los textos no sólo han de cumplir estas condiciones (porque se 'presentan' como secuencias de oraciones), sino también las de la *coherencia global*.

Resulta importante tener presente que se trata de estructuras abstractas y teóricas, aun cuando se fundamentan sobre categorías y reglas de tipo general y convencional que los hablantes conocen implícitamente, es decir: las dominan y emplean. Análogamente a la experiencia de que los hablantes a veces se desvían de las reglas semánticas y sintácticas al producir oraciones, especialmente en el uso oral de la lengua en determinados contextos, también los textos (manifiestos) pueden desviarse de las reglas de la coherencia lineal y global. Este hecho se puede dar conscientemente (p. ej. en la lírica moderna) o menos conscientemente en la conversación cotidiana con vecinos y amigos.

2.3.2 Hemos supuesto que las macroestructuras de los textos son semánticas; así pues nos aportan una idea de la coherencia global y

---

[22] Para una discusión más amplia de macroestructuras, véase VAN DIJK (1972 a, 1977 a) para las macroestructuras semánticas, y VAN DIJK (1980 b) para las macroestructuras pragmáticas.

Para la relación con esquemas globales, véanse las referencias del capítulo 5, entre otros, relativas a la teoría de la narración. Para el significado de macroestructuras en la elaboración cognitiva de textos, véanse las notas al capítulo 6.

Se está preparando un intento de síntesis de este concepto en el análisis textual, la cognición y la interacción (véase VAN DIJK 1980 a).

del significado del texto que se asienta en un nivel superior que el de las proposiciones por separado. De esta manera, una secuencia parcial o entera de un gran número de proposiciones puede formar *una* unidad de significado en el nivel más global.

Puesto que consideramos que las macroestructuras son semánticas, podemos y debemos describirlas en términos de la semántica. Por ello volvemos a hablar aquí de *proposiciones,* con lo que una macroestructura no se diferencia *formalmente* de una microestructura: también aquélla se compone de una *serie de proposiciones.* Por tanto, el término macroestructura se presenta como *relativo:* designa una estructura de tipo global que es *relativa respecto de* estructuras más específicas en otro nivel 'más bajo'. De ello se deduce que lo que en un texto puede considerarse una microestructura, en otro sería una macroestructura. Por lo demás, existen distintos niveles posibles *de la macroestructura* en un texto, por lo que cada nivel 'superior' (más global) de proposiciones puede representar una macroestructura frente a un nivel inferior. Llamaremos simplemente *la* macroestructura del texto a la macroestructura más general y global de un texto completo, mientras que determinadas partes del texto pueden tener sendas macroestructuras. Como resultado obtenemos una estructura jerárquica posible de las macroestructuras en diferentes niveles: véase figura (35).

Se puede observar que una serie de proposiciones, $\langle p_{11}, p_{12}, p_{13},...\rangle$ por ejemplo, se representa como M_1^1 en el primer nivel de la macroestructura,... etc., hasta el nivel superior M^n. (El número del nivel está arriba a la derecha de M, lo que cada vez indica una proposición en el macronivel.)

Resulta perfectamente posible que n = 0; entonces el micronivel

(35)

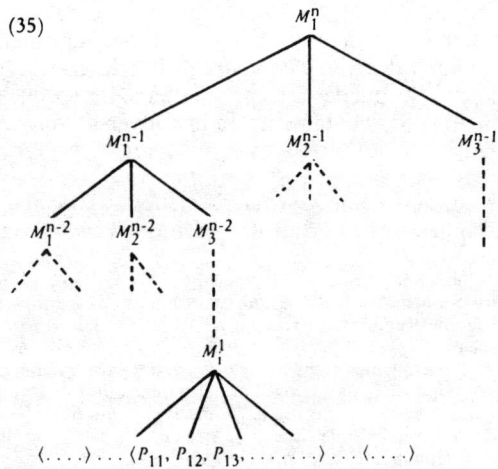

$$\langle \ldots \rangle \ldots \langle P_{11}, P_{12}, P_{13}, \ldots \ldots \rangle \ldots \langle \ldots \rangle$$

será igual al macronivel. Esto se produce p. ej. cuando un texto se compone de pocas o de una sola oración.

2.3.3   Cada macroestructura debe cumplir las mismas condiciones para la conexión y la coherencia semánticas que los niveles microestructurales; conexiones de condiciones entre proposiciones, identidad de referentes, etc. Si esto no se diese, un macronivel no podría ser micronivel en otro texto, tal y como ocurre en realidad en las oraciones del texto. Además resulta importante para una teoría de las macroestructuras saber qué condición nos posibilita indicar explícitamente cómo 'llegamos' hasta la macroestructura de un texto determinado. Toda gramática y semántica rigurosas requieren que siempre describamos la estructura de unidades y niveles en términos de su construcción o su derivación de otras unidades y niveles.

Así pues necesitamos *reglas* para la realización de la unión de micro- y macroestructuras, que se evidencian como series de proposiciones ligadas a series de proposiciones, puesto que en ambos casos se trata de estructuras significativas proposicionales. Este tipo de normas, formalmente denominadas *reproducciones,* tienen la forma de *transformaciones semánticas:* transforman una serie de proposiciones en una serie de proposiciones (distintas o iguales).

Para simplificar, estas reglas las denominaremos *macrorreglas.* Si existe una serie de proposiciones, también aportará una serie de proposiciones, tanto entre la propia microestructura y el primer nivel de la macroestructura como entre las macroestructuras de diferentes niveles entre sí. Cada línea de unión, o mejor dicho, cada haz de líneas de unión, que se junta en una M^i de un nivel superior, representa una macrorregla. En seguida pasaremos a formular algunas de estas macrorreglas y mostraremos algunos ejemplos para ilustrar la teoría.

2.3.4   La función semántica de las macroestructuras y las macrorreglas consiste en la formación de unidades de series de proposiciones. Si observamos el esquema (35), se puede interpretar a partir de la proposición más global M^1_i que la serie $\langle p_{11}, p_{12}, ...\rangle$ es coherente. Además nos posibilitan relacionar series de proposiciones como un todo con otras series de proposiciones, p. ej. $\langle p_{11}-p_{20}\rangle$ con $\langle p_{21}-p_{40}\rangle$. De hecho, sin las macrorreglas sólo podríamos relacionar p_{20} con p_{21} de entre ambas series. Sin embargo, puede muy bien ocurrir que estas dos proposiciones no posean ninguna conexión ni ninguna otra relación de coherencia, a pesar de que en la base textual, sean sucesivas. Vamos a emplear una comparación: cuando saludo a mi vecino, difícilmente se podrá decir que mi mano saluda la de mi vecino, aunque las manos sean una parte de mí y también de mi vecino. Por ello, algunas relaciones se refieren a 'totalidades' y no a elementos de tales totalidades.

2.3.5 Las macrorreglas son una reconstrucción de aquella parte de nuestra capacidad lingüística con la que enlazamos significados convirtiéndolos en totalidades significativas más grandes. Es decir: introducimos un *orden* en lo que a primera vista no es más que una larga y complicada serie de relaciones, como por ejemplo entre proposiciones de un texto.

Si consideramos las proposiciones como una representación abstracta de aquello que normalmente llamamos *información* (semántica), las macrorreglas organizan en cierta manera la información extremadamente complicada del texto. En cierto modo, esta consideración implica una *reducción* de la información, de manera que —en el plano cognitivo— también podemos considerar las macrorreglas como operaciones para *reducciones de información semántica*. En el capítulo 5 trataremos más extensamente el papel cognitivo que tienen las macroestructuras en la elaboración de textos; de momento nos limitaremos más bien (en lingüística y gramática) al papel abstracto de las macrorreglas en la organización de significados e interpretaciones.

2.3.6 En este punto queremos intercalar una observación de tipo general: debemos preguntarnos *por qué* han de aceptarse estas macroestructuras para la descripción de la estructura semántica del texto. ¿Qué fenómenos empíricos del uso de la lengua describen y explican? ¿Qué problemas lingüísticos pueden formularse mejor de esta manera y, caso dado, solucionarse? La formulación de este tipo de preguntas es esencial en toda teoría cuando se desea introducir términos, unidades, niveles descriptivos, diferencias, etc., nuevos.

Ya hemos formulado un primer objetivo empírico: las macroestructuras deben explicar por qué para el hablante de una lengua intuitivamente ciertas series de oraciones no son válidas como texto comprensible y aceptable, aun cuando cumplan las condiciones de coherencia lineal. Sin macroestructura, al oír una serie de frases, el hablante debería preguntar continuamente: «¿de qué hablas?», «¿adónde quieres llegar?», etc.

Uno de los términos que pretende aclarar la macroestructura, es el concepto de *tema de un texto* o *tema del discurso (topic of discourse* o *topic of conversation).* Hemos de poner en claro aquella capacidad esencial de un hablante que le permite contestar preguntas como «¿de qué se habló?», «¿cuál fue el objeto de la conversación?», incluso en textos largos y complicados. Un hablante también puede contestar cuando el tema o el objeto en sí no se mencionan total y explícitamente en el texto. Por lo tanto, debe *deducir* el tema a partir del texto. Las macrorreglas son, pues, la reconstrucción formal de esta 'deducción' de un tema, con lo cual el tema de un texto es exactamente lo mismo que lo que hemos llamado macroestructura, o una parte de ella.

Además de que entiendan e interpreten relaciones de significado generales en los textos y de que deduzcan uno o varios temas de un texto, los hablantes son capaces de hacer un *resumen* del texto, es decir, de producir otro texto que guarde relaciones muy especiales con el texto original, puesto que reproduce brevemente su contenido. Aunque, como veremos, los diferentes hablantes aporten diferentes resúmenes del mismo texto, siempre lo hacen basándose en las mismas reglas generales y convencionales, las macrorreglas.

Esta capacidad de deducir temas, describir objetos del texto o producir resúmenes, así como de cumplir otras tareas que hacen referencia al 'contenido' de un texto en su totalidad (contestar preguntas, parafrasear, traducir, etc.) tiene también determinadas implicaciones gramaticales. Pues en su interpretación del texto, el hablante puede hacer una diferencia entre la información que pertenece a la microestructura auténtica y manifiesta del texto, y la que únicamente se da para organizar esta microestructura y su interpretación. En el texto no sólo se manifiestan *palabras temáticas* (palabras clave), sino también *oraciones temáticas,* que representan directamente una parte de las macroestructuras. Tales oraciones temáticas tienen características gramaticales especiales: por regla general no se pueden enlazar con otras oraciones del texto (p. ej. tampoco mediante conectivos).

Posteriormente se discutirán otras funciones de las macroestructuras, especialmente en lo que se refiere a los procesos cognitivos de la elaboración de textos.

2.3.7 Las macroestructuras de los textos se obtienen al aplicar las macrorreglas a series de proposiciones. Vamos a tratar ahora cuatro de estas macrorreglas:

(36) I.   OMITIR
     II. SELECCIONAR
     III. GENERALIZAR
     IV. CONSTRUIR O INTEGRAR

Desde un punto de vista formal, las dos primeras son reglas de anulación *(deletio)*, y las dos últimas son reglas de sustitución, de la manera siguiente:

(37) (i) $\langle \alpha, \beta, \gamma \rangle \rightarrow \beta$
     (ii) $\langle \alpha, \beta, \gamma \rangle \rightarrow \delta$

Las cuatro macrorreglas deben cumplir además el principio denominado *implicación semántica (entailment).* Con ello se expresa que cada macroestructura, obtenida mediante las macrorreglas, debe estar implicada semánticamente en su conjunto por la serie de proposiciones a las que se aplica la regla. Así pues, una macroestructura debe *resultar*, en cuanto a su contenido, de la microestructura (o de otra macroestructura inferior).

Por lo demás, como hemos visto antes, cada macroestructura debe cumplir las condiciones de conexión/coherencia normales para series de proposiciones. De ahí resulta, entre otras cosas, que nunca podemos omitir una proposición cuando hace de *presuposición* para una (otra) proposición del mismo macronivel, dado que en su defecto el nivel ya no sería completamente interpretable.

La primer macrorregla, OMITIR, resulta bastante trivial y significa que toda información *de poca importancia y no esencial* puede ser omitida.

Esto significa según (37) (i) que, cuando tenemos una serie de proposiciones (α, β, γ), podemos simplemente eliminar α y γ si estas dos proposiciones no tienen una 'función' ulterior para el texto, por ejemplo, como presuposición para la interpretación de las proposiciones siguientes. La oración *Pasó una muchacha con un vestido amarillo,* que entre otras contiene las proposiciones siguientes:

(38) (i)   Pasó una muchacha.
    (ii) Llevaba un vestido.
    (iii) El vestido era amarillo.

puede así reducirse, según la regla I, a:

(39) (i)   Pasó una muchacha.
    (ii) Llevaba un vestido.

y finalmente a:

(40) Pasó una muchacha.

si para la interpretación del texto restante ya no es necesario saber que la muchacha llevaba un vestido (y no unos tejanos y una blusa) o que el vestido era amarillo (y no azul). En este caso consideraremos esta información *poco importante* en relación al texto entero. Esto no significa que la información en sí no sea 'importante', sino que a lo sumo es secundaria para el significado o la interpretación en un nivel superior o más global. Más tarde veremos que estas proposiciones secundarias realmente se olvidan más pronto al hacer la elaboración cognitiva.

Las proposiciones omitidas son, por lo demás, *no-esenciales,* en el sentido de que las características señaladas en estas proposiciones son 'casuales' y no 'inherentes'. El hecho de que lleve un vestido no es parte esencial del *concepto* de 'muchacha', y tampoco es característica esencial de un vestido el hecho de que sea amarillo. Tras la aplicación de la regla I hemos 'perdido' así por completo una parte de la microinformación; la regla no puede aplicarse a la inversa para volver a obtener los mismos detalles.

No obstante, en la segunda regla, SELECCIONAR, sí que podemos hacerlo. También en este caso se omite cierta cantidad de información, según (37) (i), pero aquí la relación entre las series de proposiciones se da mucho más claramente. Consideremos las siguientes series de proposiciones:

(41) (i)   Pedro se dirigió hacia su coche.
     (ii) Subió.
     (iii) Se fue a Francfort.

Según la regla II podemos omitir las proposiciones (41) (i) y (41) (ii), puesto que son *condiciones, parte integrante, presuposiciones* o *consecuencias* de otra proposición no omitida, a saber (41) (iii). Debido a nuestro conocimiento general sobre transporte y automovilismo sabemos que, para ir en coche de un lugar a otro, primero deberemos ir hacia el coche y después subirnos a él. De la misma manera podemos omitir también la proposición *llegó a Francfort,* puesto que es evidente que se llega a algún sitio si se viaja. Si este *no* fuera el caso, no podríamos omitir esta información, y la proposición *(pero nunca llegó)* tendría, con toda seguridad, importancia semántica para todo el texto, p. ej. en un parte sobre un accidente de automóvil que le ocurrió a Pedro en su camino hacia Francfort.

Por lo. tanto, la regla II exige que la proposición β implique la serie (α, γ), a raíz de conocimientos generales de situaciones, actuaciones o sucesos (marco), o bien debido a postulados semánticos para conceptos. Contrariamente a la regla I, la información omitida puede recuperarse reducida *(recoverable):* si poseemos la información de que X viajó en coche a Francfort, podremos deducir que subió al coche, partió, etc. Una parte de esta información es *constitutiva* para el concepto o marco aludido; otras informaciones, sin embargo, no son esenciales en circunstancias normales, p. ej. que antes de partir se limpien los cristales o que se encargue una reserva de billetes si se viaja en tren.

La tercera regla, GENERALIZAR, también omite informaciones esenciales, pero lo hace de manera que se pierden (como en la regla I). Se omiten componentes esenciales de un concepto al sustituir una proposición por otra nueva, según el esquema (37) (ii):

(42) (i)   En el suelo había una muñeca.
     (ii) En el suelo había un tren de madera.
     (iii) En el suelo había ladrillos.

Estas proposiciones pueden ser sustituidas por una nueva proposición:

(43) En el suelo había juguetes.

porque todas las proposiciones de (42) implican conceptualmente (43). Así se sustituye una serie de conceptos por el sobreconcepto compartido que define el conjunto abarcador. Las palabras «canario», «gato», «perro», etc., pueden ser sustituidas según esta regla por el concepto de «animal(es) doméstico(s)».

La diferencia con la regla I consiste en que aquí se omiten características *constitutivas* (esenciales) *de los rasgos* de los referentes, y no características casuales. En las generalizaciones de este tipo se produce también aquello que normalmente denominamos *abstracción.* El sentido de esta operación reside en que los rasgos característicos más particulares de una serie de objetos se vuelven relativamente poco importantes en el macronivel.

La regla no sólo se limita a predicaciones que en una lengua normalmente se expresan mediante sustantivos («gato», «perro», etc.), sino que también se refiere a las que se expresan mediante verbos y adjetivos. Las predicaciones como «prometer», «recomendar», «tranquilizar» pueden abstraerse, por ejemplo, con «decir».

La regla IV, CONSTRUIR O INTEGRAR, tiene un papel muy importante. En su función se asemeja a la regla II, pero opera según el esquema (37) (ii), de manera que la información se ve sustituida por una nueva información y no es omitida ni seleccionada. También aquí existe una relación inherente entre los conceptos, expresada por la serie de proposiciones que forman el *input* de la regla: condiciones habituales, circunstancias, componentes, consecuencias, etc., de una situación, un suceso, un proceso, una actuación, etc. El texto en sí puede mencionar una serie de estos aspectos, de manera que *juntos* pueden formar un concepto más general o global, como en

(44) (i)   Fui a la estación.
      (ii) Compré un billete.
      (iii) Me acerqué al andén.
      (iv) Subí al tren.
      (v)   El tren partió.

Esta serie, que aún podría estar más subdividida, define en su totalidad la proposición siguiente:

(45) Cogí el tren.

Las proposiciones en (44) son elementos —constitutivos u opcionales (es decir: posibles, pero no 'obligatorios')— de nuestro conocimiento convencional, es decir, el marco, de VIAJAR EN TREN. La regla resulta interesante por el hecho de que el concepto VIAJAR EN TREN no necesariamente tiene que estar presente en el texto: sólo hace falta mencionar una serie de componentes necesarios del viajar en tren para poder *deducir* esta conexión a partir del texto.

En este caso se ve claramente que el principio general de la implicación semántica *(entailment),* en el que deben basarse y en realidad se han basado las diferentes reglas, no tiene por qué aplicarse de una manera *lógica* estricta (deductiva), sino que a menudo se aplica de la manera *inductiva* habitual. Si recibimos la información «Fui a la estación y viajé a París», deduciremos normalmente que alguien subió al tren que va a París, aunque esto no sea la consecuencia lógica sacada de la información dada. Como ya lo vimos en la diferenciación de informaciones implícitas y explícitas en los textos, también en esta regla se supone que usamos la información no mencionada, pero razonablemente deducible, para construir los conceptos más globales, es decir, las macroproposiciones.

Aunque todavía no poseamos de ningún modo un cuadro teórico completo de las macrorreglas existentes, de momento queremos dejarlo en estas cuatro operaciones básicas.

Finalmente hay que añadir una limitación general. La cuestión que se plantea es cuán 'fuertes' son realmente estas reglas y cuán a menudo pueden aplicarse. Por eso resulta importante que se lleve a cabo una cierta abstracción y generalización, pero no de manera que se pierda el propio contenido 'genuino' de un texto. Esto requiere que en todos los casos todas las reglas operen lo más limitadamente posible: al generalizar y construir hay que elegir el sobreconcepto directamente superior. Por ello no pasamos de «animal doméstico» a «animal» y desde luego tampoco a «ser viviente» o incluso a «cosa». Para aclarar diremos que la macroproposición resultante siempre debe obtenerse a partir de la *implicación inmediata* de las proposiciones dadas. Así también se garantiza que la información, en todos los niveles, incluso la de fragmentos textuales largos, siga siendo bastante específica, puesto que tampoco resumimos un texto con las palabras: alguien hacía algo con alguien.

2.3.8 Después de esta consideración de las macrorreglas llegamos a la conclusión de que una macroestructura determinada puede, en principio, 'basarse' en un número infinitamente grande de textos 'concretos'. Una macroestructura define un conjunto de textos, a saber, todos los textos que tienen el mismo significado *global*. En uno de los textos, la muchacha lleva un vestido amarillo, en otro, uno azul, en el tercero, uno negro, etc. O fue a ver a su tía, a la estación, al cine, etc., y en todos los casos lo globalmente importante podría ser sólo el hecho de que la vi, la encontré hermosa y me enamoré de ella. Por ejemplo. Lo demás es, en efecto, una *cuestión secundaria.* Las reglas nos permiten decidir de manera más o menos exacta qué es lo principal y lo secundario, según el contexto de cada texto. Si, al aplicar la regla, pueden producirse dos macroestructuras en el mismo nivel, hablaremos de un texto *macro-ambiguo,* con lo que queremos expresar que desde un punto de mira formal hay como mínimo dos interpretaciones válidas posibles.

Una posibilidad de esta índole también debe existir en la realidad, puesto que diferentes hablantes pueden efectuar diferentes aplicaciones de las reglas. Para uno un texto 'significa' globalmente M_i mientras que para otro quizá signifique M'_i, dependiendo de muchos factores como el interés, el conocimiento, los deseos, los objetivos, etc., cuestión que tocaremos brevemente más adelante. Aquí nos limitamos al significado o al contenido general, convencional y global de los textos; de hecho, todas las interpretaciones individuales deben ser, por naturaleza, una función de este significado.

2.3.9 Ya hemos constatado que el concepto intuitivo de *tema* u objeto (tópico) de un texto debería poder explicarse en conceptos de macroestructuras. Un tema parece no ser sino una macroproposición en un determinado nivel de abstracción. El tema de una serie de proposiciones como (44) realmente es algo como VIAJE EN TREN o acaso aún mejor la proposición HACER (YO, VIAJE EN TREN). Si concebimos un tema como una proposición que equivale a una macroestructura o es una parte de ella, el texto también implica el tema. Según las reglas III y IV hay que observar que este tema no tiene por qué ser nombrado explícitamente en el texto. Si, no obstante, ello es así, hablamos de *palabra temática* u *oración temática;* ambas poseen la importante función cognitiva de poner al lector u oyente en condiciones de construir la macrointerpretación 'correcta' del texto: con ello recibe una ayuda para su 'suposición' de lo que podría tratar el texto. En estos casos son típicos los títulos de textos, por ejemplo, en los periódicos, que por definición son una parte de la macroestructura, de manera que sabremos qué es lo que *globalmente* se tratará en esos textos.

2.3.10   Por último debemos prestar atención a una limitación importante de la aplicación de las macrorreglas. Pese a tener un carácter general como principios de organización y reducción global de la información, pueden aplicarse de diferente manera para distintos *tipos de texto* y en distintos *contextos pragmáticos.* Las reglas convencionales para una narración, por poner un ejemplo, requieren que en un momento determinado de la narración se haga necesaria una acción (global), con lo que, en este caso, la acción se vuelve más esencial que por ejemplo el aspecto exterior de las personas que actúan o de las condiciones atmosféricas. Por ello podemos decir que lo que debe resultar, una vez aplicadas las macrorreglas, es una proposición de acción y no una descripción de las circunstancias. Más tarde veremos cómo funcionan estas limitaciones.

2.3.11   Ha llegado el momento de dar algunos ejemplos concretos de la aplicación de macrorreglas y la construcción de una macroestructura que ilustren las hipótesis teóricas formuladas. Para la formación sistemática de la teoría evidentemente habría que usar todo tipo de textos y aplicar las reglas de forma puramente 'automática', es decir: algorítmicamente, por ejemplo, con la ayuda de una computadora, debiendo observarse las limitaciones e hipótesis dadas. Sin embargo, todavía resulta algo prematuro, por lo que la aplicación quedará sólo, por así decir, semi-explícita.
Como primer ejemplo elaboraremos algo más la breve historia empleada en (27) para el análisis de la coherencia lineal del texto:

(46) S_1 Pedro este año decidió ir a practicar deportes de invierno.
     S_2 Hasta ahora sólo había ido en verano de vacaciones a Italia, pero ahora quería aprender a esquiar, y además el aire de la montaña le parecía muy saludable.

S_3 Fue a una agencia de viajes a buscar algunos folletos, para luego poder elegir adónde le gustaría ir.

S_4 Austria era lo que, de hecho, más le atraía.

S_5 Una vez hecha la elección volvió a la agencia de viajes para encargar su viaje y reservar un hotel que había visto en el folleto de la agencia.

S_6 Naturalmente debería haberse comprado también un equipo de esquí, pero no tenía dinero suficiente, de modo que decidió alquilarlo allí mismo.

S_7 Para evitar la gran afluencia de personas decidió no ir hasta después de Año Nuevo.

S_8 Una vez llegado el día en cuestión, por la noche su padre lo llevó a la estación para que no tuviese que cargar con todo el equipaje.

(...) [véase (27)]

Este texto es muy sencillo, más o menos al estilo de una redacción, o al menos no presenta especiales complicaciones 'literarias'.

Suponemos que este texto (no muy natural) comienza con S_1. Con esta oración se introducen los referentes Pedro y deporte de invierno (o mejor dicho: el intensional «ir de vacaciones de invierno»). Según nuestras reglas no podemos eliminar todas las proposiciones en las que se basa S_1 por la sencilla razón de que p. ej. «Pedro (a)» es ya una presuposición para oraciones posteriores del texto. Al fin y al cabo, Pedro es el *referente central* del texto, es decir, aquel referente respecto del cual se introducen todos los demás referentes. Ciertamente se puede omitir la proposición «decisión (a, P)» porque es una condición habitual para la ejecución de una acción. Por tanto, si sacamos la proposición «ir a (Pedro, deporte de invierno)», podemos eliminar o integrar, según la regla II o IV, gran parte de S_1.

S_2 remite a las razones o motivos de Pedro para practicar deportes de invierno. En tanto que estas razones son *típicas,* como parte integrante del marco DEPORTE DE INVIERNO, según la regla II se puede omitir la motivación de una acción posteriormente mencionada. S_3 anuncia *acciones preparatorias* para una *acción principal;* esta acción preparatoria tiene un objetivo ella misma (buscar unos folletos) y una consecuencia (elegir el lugar). Esta acción preparatoria es típica del marco TURISMO, pero no es en sí una condición necesaria para la acción principal: también se pueden practicar deportes de invierno sin la ayuda de una agencia de viajes; por consiguiente, esta información sólo tiene importancia *local* para el texto en su conjunto, mientras no influya en el resto de la interpretación de los sucesos.

S_4 puede omitirse de la misma manera que S_1, puesto que las preparaciones 'mentales' (preferencias) y los motivos, desde un punto de vista global, son de poca importancia o bien son implicitadas por la acción principal. No obstante, en este caso persiste la información sobre el objetivo de la acción viaje, Austria, como parte de una categoría LUGAR de una proposición principal PEDRO VIAJA A AUSTRIA PARA PRACTICAR DEPORTES DE INVIERNO, que el lector puede formular ahora como una hipótesis que hace referencia al 'objeto' del texto.

S_5 registra otras acciones preparatorias como condiciones previas habituales para el marco VIAJE Y VACACIONES (encargar el viaje, reservar el hotel), pero también introduce el referente hotel, al que más tarde se remitirá con un artículo determinado/nombre. Aparte de esta información, el resto de lo mencionado en S_5 puede integrarse en el concepto «viajar».

De forma aún más específica, S_6 cuadra bien en el marco DEPORTES DE INVIERNO, al menos la última parte. Puesto que aquí vuelve a tratarse de intenciones o proyectos, éstos pueden omitirse según la regla II o integrarse según la regla IV.

S_7 confiere la referencia temporal a la acción (principal) proyectada, introduciendo así el 'espacio de tiempo' del texto; éste es un elemento que evidentemente pertenece al significado global del texto completo, puesto que todas las demás acciones tendrán lugar en este tiempo. La motivación para realizar esta acción durante este período es, una vez más, relativamente poco importante (del mismo modo podría haber salido de viaje antes de Año Nuevo porque ya no tenía clase, sin que esto hubiese influido en el texto restante).

En suma, las oraciones $S_1 - S_7$ nos dan a conocer una serie de acciones preparatorias (y algunos de sus componentes) para la acción principal que se anuncia en S_1, de manera que S_1 es una oración temática; además nos enteramos de las condiciones mentales (decisión, planificación) para la ejecución de la acción principal que comienza en S_8.

S_8 implica una condición previa habitual y necesaria para cualquier viaje en tren, a saber, el tener que ir a la estación, ligado a la información, de nuevo bastante irrelevante, de que alguien nos ayude en esta acción. Según la regla II se pueden omitir tanto el constituyente normal (ir a la estación) como la acción auxiliar anterior.

Dado que el viaje representa un componente principal de las vacaciones, no omitiremos S_1 en (27), pero en cambio suprimiremos la información sobre el tren nocturno (regla I). Según la regla II también se omite la razón de la decisión, es decir, (27) S_2. S_3 de (27) es una consecuencia normal de la acción principal, por lo que también se puede eliminar según la regla II. S_4 contiene un elemento habitual del invierno que ya viene implicado por el deporte de invierno. Unicamente si *no* nevase y por ello fracasasen sus vacaciones de invierno, sería un detalle importante de la información para el texto entero. S_5 introduce la verdadera instancia (y la localización) del hotel en cuestión, siendo de importancia como «lugar de permanencia» para todo el texto. Las frases S_6 y S_7 hacen mención al estado mental del referente central (del 'héroe') Pedro, pero de momento no se pueden omitir, dado que la 'diversión' representa uno de los objetivos más importantes de las 'vacaciones (de invierno)', no siendo sin embargo su consecuencia necesaria. Estas proposiciones, y otras que pudieren seguir, probablemente formarán la proposición global: «A Pedro le gustó mucho».

Reconstruiremos este pasaje en un primer nivel de abstracción como sigue:

(47) (i) PEDRO QUERIA IR ESTE AÑO A PRACTICAR DEPORTES DE INVIERNO A AUSTRIA.
     (ii) HIZO LOS PREPARATIVOS NECESARIOS.
     (iii) TOMO EL TREN.
     (iv) LE GUSTO EL HOTEL SITUADO EN LAS MONTAÑAS.

Esta información se puede generalizar aún más:

(48) (i) PEDRO SE FUE EN TREN A AUSTRIA PARA PRACTICAR DEPORTES DE INVIERNO.
     (ii) SE LO PASO MUY BIEN.

Puesto que normalmente sabemos que suele irse en tren a los lugares de deportes de invierno, también podemos omitir esta información, y eventualmente incluso la circunstancia de que se encontraba en Austria, dado que la indicación de lugar no es demasiado importante para la interpretación:

(49) (i) PEDRO SE FUE DE VIAJE PARA PRACTICAR DEPORTES DE INVIERNO.
     (ii) TODO LE PARECIO EXCELENTE.

Puesto que empleamos oraciones normales para expresar las macroproposiciones, se puede mostrar directamente que sobre la base de macrorreglas podemos *resumir* el texto tratado. Según la regla general, (49) realmente es implicitada por el texto.

*   *   *   *

Doscientos kilos de dinamita acabaron con la vida de Bechir Gemayel

Una carga de doscientos kilos de explosivos destrozó ayer al presidente electo de Líbano, el cristiano Bechir Gemayel, 34 años, y el futuro político inmediato de este país clave de Oriente Próximo. La muerte de Gemayel, considerado tanto por Israel como por Estados Unidos, como una de las piezas cruciales para alcanzar una solución negociada en toda la región, abre un futuro incierto para Líbano.

La carga explosiva fue colocada en Beirut este, en el inmueble donde está situada la sede del partido Kataeb (milicias falangistas cristianas), del que era líder el joven político libanés. La explosión derrumbó tres pisos del edificio y causó la muerte además de otras veinte personas y sesenta heridos, según fuentes policiales. Entre los muertos figuran otros tres altos responsables del partido.

Confusión y terror eran los dos sentimientos dominantes ayer en Beirut al conocerse la noticia. Confusión, por la incertidumbre que abre la muerte de Gemayel, que debía asumir la jefatura del Estado el próximo día 23. Terror, ante las previsibles represalias que esta muerte puede desencadenar contra los enemigos tradicionales del líder falangista, los palestinos y los musulmanes de izquierda. Sin embargo, nadie se atrevía a adelantar una hipótesis fiable sobre los posibles autores del atentado.

En Washington y Tel Aviv, que habían depositado su confianza en el joven político libanés, la reacción fue de consternación. Un alto funcionario israelí condenó en términos enérgicos el atentado y expresó su esperanza de que Líbano encuentre un nuevo líder que permita restablecer la autoridad. Un próximo colaborador del secretario de Estado norteamericano, George Shultz, que no quiso ser citado, expresó su temor de que la muerte de Gemayel pueda provocar "un nuevo baño de sangre".

Gemayel, hijo de Pierre Gemayel, líder tradicional de la comunidad cristiana libanesa, se convirtió en 1976 en el jefe indiscutible de las Fuerzas Libanesas, donde quedaron agrupados las diferentes organizaciones cristianas del país. Su elección el pasado 23 de agosto por el Parlamento libanés, mientras la aviación y la artillería israelí bombardeaban las posiciones palestinas, despertó en un primer momento el rechazo de la comunidad musulmana, que le consideraba el "candidato de Israel".

Sin embargo, este sentimiento cambió en las últimas semanas para conceder al nuevo presidente un cierto margen de confianza, en la esperanza de que pudiera armonizar los intereses de las diversas comunidades que forman este país.

EL PAIS, 15 de setiembre, 1982, pág. 1.

Después de estos pocos ejemplos especialmente construidos para mostrar cómo se puede asignar una macroestructura semántica a un texto, analicemos ahora un ejemplo más realista, a saber, un tipo de texto con que nos vemos confrontados todos los días y para el cual la macroestructura tiene un papel fundamental: un relato periodístico. Para nuestro análisis hemos escogido un artículo de *El País* del 15 de septiembre de 1982 sobre el asesinato de Bechir Gemayel, presidente electo del Líbano. Este texto fue elegido especialmente para la presente versión castellana de *La ciencia del texto,* para que se contara con un periódico familiar a los lectores. El suceso (la muerte de Gemayel) también se está estudiando en un proyecto de comparación de los periódicos más importantes del mundo en cuanto a sus descripciones del «mismo acontecimiento». De esta manera queremos examinar cómo las estructuras semánticas y estilísticas locales, así como las macroestructuras generales de artículos periodísticos, pueden variar entre periódicos del mismo país o de países distintos.

Antes de analizar la macroestructura del artículo en cuestión, sin embargo, debemos hacer algunas observaciones adicionales sobre la estructura del discurso periodístico. Los textos no sólo tienen una estructura semántica global, sino también una estructura *esquemática* global, la llamada *superestructura.* Analizaremos estas superestructuras más en detalle. Entretanto, de todos modos, deberíamos señalar algunos aspectos de los esquemas de las noticias, que no se estudian en el capítulo 5. Conforme a nuestras investigaciones de los últimos años, tenemos razones para creer que el discurso periodístico también exhibe estructuras esquemáticas convencionales. Una estructura esquemática consiste en una serie de *categorías* jerárquicamente ordenadas, muy similares a las categorías (planteo, complicación, resolución, evaluación y moraleja) de un esquema narrativo (véase capítulo 5). Las categorías deben verse como *funciones* específicas asignadas a las respectivas macroproposiciones de un texto. Una superestructura esquemática —queremos enfatizarlo— es meramente una estructura formal, muy similar a la sintaxis de una oración. Se «llena» con el contenido de la macroestructura semántica. En otras palabras, en principio cualquier discurso periodístico (ideal, prototípico) tiene el mismo esquema de noticias, pero, desde luego, el contenido global del texto es diferente en cada caso. Las superestructuras esquemáticas son también importantes por razones cognitivas (véase capítulo 6), porque organizan el proceso de lectura, comprensión y (re-)producción del discurso periodístico. También nos permiten esperar ciertos tipos de contenido macrosemántico. En un relato, por ejemplo, después de la Complicación, sabemos que típicamente podemos esperar una Resolución, y que una tal Resolución consistirá a menudo en una acción o reacción llevada a cabo por un agente humano contra el suceso perjudicial de la Complicación. Por lo tanto, ya antes de leer la parte de la Resolución del relato sabremos que presentará una macroproposición sobre acciones específicas de participantes humanos. Lo mismo vale para el discurso periodístico: al menos para algunas de las categorías centrales de un esquema de noticia periodística sabemos qué categorías pueden presentarse y qué tipo de información se sitúa en cada categoría.

Las principales categorías de un esquema de noticia son:

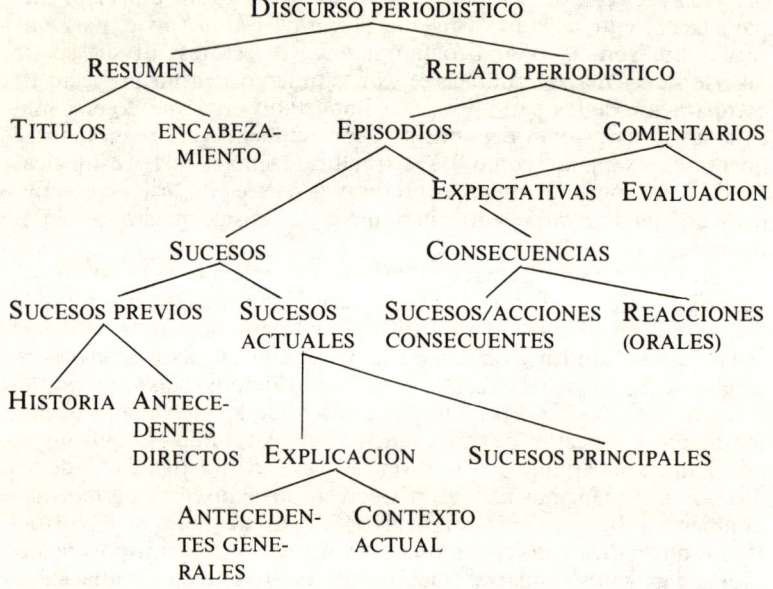

Figura 1. Una superestructura esquemática prototípica del discurso periodístico

La mayor parte de las categorías de este esquema no necesita explicación. Desde luego, no siempre será fácil distinguir entre la información histórica y los antecedentes, ni entre antecedentes y contexto, pero en general será posible trazar una distinción entre un relato más general y largo de algún acontecimiento o conflicto y los sucesos previos inmediatos (por ejemplo, aquellos sobre los que el periódico informó en días anteriores), y lo mismo vale para la diferencia entre los antecedentes generales (como la situación socio-política de un país) y el contexto actual, real, inmediato de un suceso.

Para nuestro macro-análisis este tipo de estructura esquemático es importante porque la formación de la macroestructura depende también de la superestructura. Esto quiere decir que cada categoría esquemática necesita alguna forma de contenido global, en especial las categorías de los niveles superiores, de modo que aquella información deviene importante por definición, y debe ser, por ende, representada como una macroproposición del texto.

El vínculo más obvio entre macro- y superestructuras en un artículo periodístico es establecido en los títulos y el encabezamiento. Aquí encontramos las más obvias y bien conocidas primeras categorías del esquema, ambas señalizadas también en la estructura superficial (van en la parte superior del artículo, las letras son más grandes, están separadas del resto del texto), a saber, el RESUMEN o la INTRODUCCION del texto. De acuerdo con nuestra teoría de la macroestructura, esto significa que en aquella parte del texto encontramos una *expresión directa* de la macroestructura del discurso periodístico como un todo. Pese a que también otros tipos de discurso, como los artículos científicos o las novelas por entregas, tienen alguna categoría de RESUMEN, ésta no *necesita* darse en esos discursos. En un discurso de noticias es obligatoria: en principio, todos los discursos periodísticos tienen un RESUMEN expresado al menos a través de los TITULOS o, más extensamente, en el encabezamiento (los periódicos ingleses, por ejemplo, no traen específicamente un sumario, pero tienen una primera oración temática que cumple la misma función). La función cognitiva y comunicativa de esta expresión explícita de la macroestructura semántica en el propio texto es obvia: ante todo permite que el lector lea y comprenda superficialmente ('hojee') las noticias leyendo únicamente los puntos principales, sobre todo cuando vienen impresos en tipos especiales al comienzo del discurso. Por otra parte, una vez que conozca los temas o asuntos principales del discurso, al lector le resultará más fácil la lectura y comprensión de los artículos (véase capítulo 6), porque no le hará falta construirse él mismo una macroestructura; también será más simple la comprensión de los detalles secundarios y la coherencia, si el lector ya sabe cuáles son el asunto y la coherencia generales.

Deberíamos añadir que la organización tanto de la macro- cuanto de la superestructura de un texto periodístico responde generalmente menos al ordenamiento condicionado o lógico de los hechos o de la información que a lo que llamamos la *ordenación por importancia*. Esto significa que los hechos/informaciones importantes siempre aparecen primeros, a veces sólo de manera resumida o breve, y los detalles los hallaremos después en el artículo en sí. De ello resultará a menudo una estructura fuertemente discontinua de las noticias: si queremos aplicar las macrorreglas o las reglas del esquema superestructural, nos encontraremos con que la información importante del artículo aparecerá en varios lugares del texto, a veces aparentemente no muy ordenada. Si esto ocurriera en el caso de artículos científicos o cuentos, quizá perderíamos el 'hilo', es decir, la coherencia global, pero en artículos periodísticos esto es menos importante porque a través de la interpretación de los títulos y el encabezamiento ya tenemos construida la macroestructura y, por tanto, los principales temas del texto. Sólo el orden exacto de los acontecimientos puede

ser un poco confuso debido a la ordenación por importancia del
discurso periodístico, pero este orden respetará a menudo el de las
relaciones condicionales y temporales entre los hechos globales.

Volviendo ahora nuestra atención al artículo de *El País*, encontramos ante todo que el título DOSCIENTOS KILOS DE DINAMITA ACABA-
RON CON LA VIDA DE BECHIR GEMAYEL efectivamente resume el
tema central del discurso, es decir, la muerte violenta de B.G. Con
todo, el título ofrece también un detalle más o menos irrelevante, a
saber, el peso de la bomba que mató a B.G. (cosa que, comparándo-
la con periódicos de otros países, resulta más bien sorprendente). De
todos modos es típico que la mayor parte de los artículos de noticias
dé esta información de detalle; y esto no lo interpretamos como una
simple consecuencia de que alguna agencia de noticias provea tales
detalles, sino más bien como un recurso empleado como elemento de
algo que podríamos llamar la «retórica de la facticidad». Es decir:
los periódicos tratarán de ofrecer cuantos números precisos les sea
posible, con el fin de sugerir o probar que sus noticias son fáctica-
mente correctas (incluso a pesar de que los números sean con frecuencia pura especulación y que varíen de un periódico a otro). Por
consiguiente, siempre encontraremos: el número de víctimas (como
en el primer párrafo de nuestro texto: veinte muertos y sesenta
heridos), el número de arrestos, los daños producidos, etc. Este tipo
de detalle suele especificarse en el texto, pero no siempre emerge en
los títulos (excepto en lo que se refiere al número de víctimas o a la
cantidad de daños) como sucede en nuestro texto.

También el encabezamiento comienza con este detalle, lo cual
enfatiza, al menos para este periódico, el papel del tamaño de la
bomba. Luego el encabezamiento expresa las siguientes macroproposiciones (repitiendo la información expresada en el título):

M_1 UNA BOMBA (PESADA) MATÓ AYER AL PRESIDENTE ELECTO DEL LÍBANO BECHIR
GEMAYEL.
M_2 BG SERÍA UN POLÍTICO CLAVE DEL LÍBANO, SEGÚN LOS EE.UU. E ISRAEL.
M_3 HABRÁ UN FUTURO INSEGURO EN EL LÍBANO Y EL CERCANO ORIENTE.

Examinemos si las (macro-)proposiciones del encabezamiento son
'corroboradas' por la información semántica local del texto mismo,
y/o si podemos derivar otras macroproposiciones no expresadas en
el encabezamiento.

Las primeras líneas (10-15) del texto, que forman la primera
oración, dan detalles de la ubicación de la bomba, es decir, Beirut
este, y de la sede del Kataeb (el partido falangista cristiano), y una
especificación sobre la función de BG. La ubicación puede agregarse
como categoría locativa a la primera macroproposición (M_1), y la
especificación de la función de BG puede ser una proposición modifi-
cante adicional agregada a BG en M_1, formando así la macroproposición compleja M_1':

M'_1 AYER UNA PESADA BOMBA MATO AL PRESIDENTE ELECTO BG, LIDER DEL PARTIDO FALANGISTA, EN SU SEDE CENTRAL DE BEIRUT ESTE.

La oración siguiente (líneas 15-19) especifica los daños causados al edificio y otras consecuencias (negativas): los heridos y muertos. Los daños causados al edificio son una consecuencia normal de la explosión de bombas, por lo cual pueden subsumirse bajo la macroproposición de la explosión de una bomba (M_1). Un elevado número de heridos y muertos es importante como hecho noticiable; por tanto también debería incluirse en una macroproposición:

M_4 MUCHAS PERSONAS FUERON MUERTAS Y HERIDAS

Las líneas 19-21 especifican luego que había otros responsables entre los muertos, pero esta información está incluida en M_4. La línea 22 comienza con una oración temática, expresando la macroproposición de la que dan detalles las oraciones siguientes:

M_5 LAS REACCIONES A ESTE ACONTECIMIENTO CAUSARON CONFUSION Y TERROR EN BEIRUT.

La confusión se explica en relación con el futuro político del país, dado que BG había sido elegido para presidente. Esta información está incluida en M_3, expresada en el encabezamiento. Las líneas 28-33 también especifican este futuro incierto, sobre todo la posible venganza y la oposición entre los falangistas y las fuerzas musulmanas izquierdistas libanesas. Esas líneas expresan lo que podría llamarse una nueva macroproposición del texto:

M_6 LOS FALANGISTAS SE OPONIAN/OPONEN A LOS MUSULMANES DE IZQUIERDA,

que incluye la descripción de la situación política y la anterior guerra civil en el Líbano.

Desde la línea 37 en adelante leemos acerca de las reacciones en Israel y en los Estados Unidos, dos de las partes comprometidas en la situación política libanesa. La macroproposición

M_7 ISRAEL Y LOS ESTADOS UNIDOS EXPRESARON SUS TEMORES POR LA SITUACION EN EL LIBANO.

es, de hecho, una consecuencia de M_2, dado un escrito POLITICO en general, por el conocimiento universal que especifica que si es asesinado un aliado en una situación política confusa, habrá problemas políticos. La especificación de la declaración de un alto funcionario israelí, en la que se condena el asesinato y se expresa la esperanza (de la elección de un nuevo presidente libanés que también sea proisraelí), es también una consecuencia de M_3 en este tipo de escrito, por lo cual se la puede incluir en M_3. Lo mismo vale para la especificación de la reacción americana respecto de un posible futuro sangriento, basada en el mismo escrito y en la macroproposición M_6, que predice choques entre las partes contendientes.

Las líneas 52-58 dan alguna información sobre los antecedentes históricos de BG, incluidos por la macroproposición que forma parte de la macroproposición compleja M'_1, a saber, que BG era el líder de la Falange. Las líneas siguientes, sin embargo, dan cuenta de un asunto importante, a saber, que la comunidad musulmana se oponía a la elección de BG:

M_8 LOS MUSULMANES (IZQUIERDISTAS) SE OPONIAN A LA ELECCION DE BG,

lo cual sería importante como una posible razón (implícita) del atentado (o quizás incluso como explicación del mismo). El párrafo final, de todos modos, especifica que hubo algún grado de aceptación de la candidatura de BG de parte de todos los sectores:

M_9 FINALMENTE TODOS LOS SECTORES ACEPTARON LA ELECCION.

Una vez establecida esta macroproposición, sin embargo, las especulaciones posibles sobre los agentes responsables del atentado se vuelven confusas: casi todas las partes envueltas en el conflicto tenían motivos para aceptar a BG y, simultáneamente, para lamentar su elección. Por lo tanto, los diferentes sectores se acusaron en la prensa unos a otros, y hasta el día de hoy no se ha aclarado la responsabilidad del asesinato.

Vemos que en un primer análisis el artículo de *El País* puede ser incluido en unas nueve macroproposiciones, cuatro de las cuales están expresadas en los títulos y el encabezamiento. Las proposiciones que no están expresas en el encabezamiento resultan de macroproposiciones anteriores o representan conocimientos políticos generales acerca del Líbano (como la información sobre los sectores opuestos, y la aceptación —por elección— de BG como presidente). En otras palabras, el encabezamiento de *El País* ofrece en efecto la información política principal que puede extraerse de este discurso noticioso.

Las macroproposiciones respectivas pueden atribuirse a varias categorías esquemáticas de este artículo: M_1 es, sin duda, el SUCESO ACTUAL PRINCIPAL; M_2 expresa tanto el CONTEXTO político (el papel de Gemayel en el Líbano) como la REACCION de los Estados Unidos e Israel ante el acontecimiento político. M_3 expresa típicamente las EXPECTATIVAS sobre las consecuencias futuras del suceso. M_4 es parte del SUCESO PRINCIPAL. M_5 forma parte de las CONSECUENCIAS o de la categoría de REACCIONES. M_6 aporta los ANTECEDENTES políticos. M_7 también es una REACCION, mientras que M_8 y M_9 pueden asignarse a la función esquemática de SUCESOS PREVIOS INMEDIATOS. El CONTEXTO no está especificado en este artículo, pero incluiría la actual situación política libanesa, como la presencia del ejército israelí, las conversaciones entre el Líbano, fuerzas izquierdistas, los Estados Unidos e Israel. Otros periódicos, en efecto, sí especifican esta información. En *El País* esta información se detalla más adelante en otros artículos del mismo periódico. La noticia de que el ejército israelí ocupó Beirut oeste después del asesinato de

BG, con el fin de «mantener el orden», todavía no era conocida, pero se publicó al día siguiente. Aun cuando muchos periódicos informaron sobre la muerte de BG sólo el 16 de setiembre (y dieron el 15 la información errónea de que BG sólo había sido herido en la explosión de la bomba), especificaron entonces ambos sucesos principales en el mismo artículo (o en artículos distintos el mismo día). En ese caso la macroproposición ISRAEL OCUPO BEIRUT OESTE puede asignarse a la categoría de ACCION CONSECUENTE. En este análisis superestructural vemos que la mayor parte de las categorías del esquema noticioso está efectivamente representada y «rellenada» con las macroproposiciones respectivas. El trabajo empírico ulterior deberá establecer si hay un *orden preferencial* para las categorías esquemáticas. Obviamente el SUCESO PRINCIPAL irá en primer lugar, como parte del título y el encabezamiento, pero luego podrán aparecer el contexto, los antecedentes o las consecuencias.

En esta última parte del capítulo hemos supuesto implícitamente, al tratar las macroestructuras semánticas, que no hay más que *una* macroestructura más o menos objetiva o abstracta de un texto (no ambiguo). Esto es, por supuesto, una idealización bastante parecida a la afirmación de que las palabras u oraciones tienen «un solo» significado. Esta idealización podría tener alguna base empírica si suponemos que el significado global representado por la macroestructura del texto es algo así como un «significado consensual», o una intersección de interpretaciones individualmente diferentes de los temas o asuntos más importantes del texto. Sin embargo, parece ser más apropiado, especialmente en un modelo cognitivo de comprensión del discurso (véase capítulo 6), suponer que las macroestructuras pueden ser, igual que los significados de las oraciones, *subjetivamente variables*. Esto da cuenta de la observación intuitiva y empíricamente fundada de que las diferentes personas pueden considerar diferentes informaciones como más importantes o relevantes en un texto. Por lo tanto, cada lector o grupo de lectores asigna al texto una macroestructura subjetiva. Desde luego que estas macroestructuras subjetivas solerán ser lo suficientemente similares para garantizar la mutua comprensión. De hecho el hablante/redactor empleará a menudo recursos convencionales, como palabras temáticas (palabras clave), oraciones temáticas, resúmenes previos y —como en el caso de noticias— títulos y encabezamientos para establecer al menos alguna macroestructura *intencionada*. Muchos lectores de un periódico, por supuesto, no tendrán otra alternativa que la de aceptar esta 'interpretación global' de los sucesos y, por tanto, de la *definición de la situación* tal como es proporcionada por las noticias/el periódico, o por las agencias noticiosas internacionales que suministran la información.

Las diferencias entre las interpretaciones globales subjetivas del discurso pueden explicarse fácilmente en una teoría cognitiva de la formación de macroestructuras. Hemos visto, en primer lugar, que las macroproposiciones sólo pueden ser derivadas sobre la base de proposiciones expresadas en el texto (o sea, de la llamada 'base textual') *conjuntamente* con el conocimiento previo del mundo, es decir, de marcos o escritos almacenados en la memoria del lector. Por consiguiente, un distinto conocimiento del mundo llevará automáticamente a interpretaciones globales distintas del mismo discurso, porque puede haber un conocimiento distinto de los detalles políticos, causas y efectos y situaciones políticas. Si por ejemplo sabemos que Israel y los Estados Unidos tienen fuertes intereses en el drama libanés, podremos inferir sus evaluaciones de acontecimientos como el asesinato de Bechir Gemayel. Esto significa que varios periódicos y, por ende, varios grupos de lectores asignarán mayor importancia a la proposición, brevemente mencionada (¡entrecomillada!) en *El País* (línea 66), de que BG era el candidato de Israel. Además de este conocimiento general de escritos políticos, los lectores también tienen, de todos modos, *creencias, opiniones, actitudes* e *ideologías* diversas. Esto significa que las creencias *evaluadoras* pueden ser activadas en la memoria y usadas para asignar una interpretación evaluadora a los sucesos, tal y como son relatados (o dados a entender) por las noticias. En efecto: bajo esa luz el periódico iraní *Kayhan* presenta el asesinato de BG más bien como un 'suceso positivo', de acuerdo con las evaluaciones sobre el papel de BG en la guerra civil (protagonizó la matanza de numerosos adversarios), o de acuerdo a su presunta amistad con Israel: según ese sistema de valores, el asesinato de un amigo del enemigo (Israel) o de un enemigo de nuestros amigos (musulmanes, fuerzas izquierdistas) será valorado positivamente. De manera similar, según este sistema de valores, las reacciones positivas ante el asesinato se volverían más importantes que las negativas (como las de Israel y de los Estados Unidos). Del mismo modo, otros periódicos pueden asignar una mayor importancia a las reacciones de otros Estados árabes (que a las de Israel y los EE.UU., adversarios aliados contra los Estados árabes en el conflicto mesoriental). En otras palabras: según nuestros conocimientos, creencias, opiniones o ideología, podemos asignar distintas macroestructuras al mismo discurso periodístico.

En esta última sección hemos visto que las macroestructuras pueden derivarse, con variantes subjetivas, de la información semántica expresada por el texto —junto con la información cognitiva asequible del lector— y que una macroestructura de ese tipo representa lo que llamamos los temas o asuntos principales del texto, así como lo que consideramos la información más importante o relevante implicada por el texto. Las macroestructuras representan así al mismo tiempo la coherencia global del texto: especifican los 'antecedentes' respecto de los cuales podemos o debemos establecer la coherencia local. Finalmente, también hemos visto que las macroestructuras tienen una importante función cognitiva: permiten al lector comprender globalmente un texto, y esta información dirigirá también la interpretación de las palabras y oraciones de un texto. En el capítulo 6 aportaremos más detalles sobre este papel cognitivo de las macroestructuras. Allí mostraremos que las macroestructuras tienen un papel importante en la representación del texto en la memoria, y que al mismo tiempo dirigen la recuperación de la información textual de la memoria en los procesos de evocación y reproducción. De todos modos es importante destacar aquí que esta asignación cognitiva de macroestructuras a un texto no es un proceso estructural, es decir, una aplicación de las macrorreglas que hemos discutido, sino más bien un proceso *estratégico*. Queremos decir que los lectores habitualmente no asignarán una primera macroproposición sólo después de haber leído toda una secuencia de oraciones. Más bien utilizarán todo tipo de información, tanto la que surge del texto, de los escritos almacenados en la memoria y de experiencias previas, como del contexto de la comunicación e interacción, con el fin de derivar una *macroproposición hipotética*. Con este «asunto provisional» en mente, un lector puede tratar de interpretar la nueva información adicional de manera lineal ('en línea', como decimos empleando una metáfora de la informática). Si la hipótesis era errónea, esta información adicional la falsificará, y se establecerá un nuevo asunto. En un artículo de periódico, el título y el encabezamiento son, como hemos visto, una información textual importante que *señaliza* cuál será la probable macroestructura del texto, y el lector utilizará efectivamente tales señales como parte de la batería de macroestrategias. En otras palabras, una señal de la estructura superficial de la presentación de las noticias (título, posición inicial, negritas) será empleada para trazar la conclusión semántica de que la información expresada por el título (o por el encabezamiento) será macro-relevante. El capítulo 6 no hace mucho hincapié en esta naturaleza estratégica de la comprensión del discurso, pero nuestra obra reciente (con Kintsch) ha prestado mucha atención a esta vital propiedad del procesamiento cognitivo. Es en este punto donde vemos la diferencia crucial entre una relación abstracta, gramatical o lingüística, y macroestructuras, basadas en propiedades estructurales (semánticas) del discurso y en reglas sistemáticas, abstractas, que operan en esta información semántica. La consecuencia de esta observación es que la «comprensión real» del discurso puede ser muy diferente del tipo de modelo abstracto tal cual ha sido esbozado en este capítulo.

Dado que los hablantes procesan óptimamente y evocan mejor las macroestructuras que las estructuras textuales superficiales y las estructuras semánticas locales (significados de palabras y oraciones), las primeras también tienen, desde luego, una importante *función comunicativa* y *de interacción*. Vale decir que en la comunicación las personas no siempre estarán interesadas en los detalles de lo que se dice o escribe, sino más bien en el *resultado*. Es este resultado lo esencial, y por ende el asunto macroestructural de un discurso lo que suministra la información más importante que será relevante para las reacciones y la interacción ulterior. Es esta macroestructura (subjetiva) lo que los individuos recordarán habitualmente de una conversación o de un artículo periodístico, y será también la información realmente *usada* en la comunicación e interacción posterior. En otros términos: las macroestructuras tienen no sólo un papel semántico o cognitivo, sino también uno comunicativo, de interacción y, por tanto, social. Definen cuáles son los asuntos más importantes de las conversaciones, definen lo que las personas típicamente evocarán de las interacciones y del discurso público (como las noticias), y definen también aquello a lo que la gente prestará atención, lo que evaluará y sobre lo que actuará. Dicho de otro modo, gran parte de la información social importante, como conocimientos, creencias y opiniones compartidos, serán a menudo de un tipo de nivel más general y elevado que el representado por macroproposiciones. Nuestro conocimiento político acerca del Oriente Próximo no suele presentar la información sobre el peso de una bomba o el número de pisos que destruyó, sino más bien sobre hechos generales, como las partes más importantes envueltas en el conflicto, sus objetivos políticos principales, los incidentes mayores (como el asesinato de un presidente), etc. Lo mismo vale para casi todos nuestros conocimientos sociales mutuamente compartidos. Unicamente solemos conocer y compartir los detalles de aquellos episodios cotidianos, triviales, en los que estamos regularmente envueltos y que están representados en la memoria a través de *scripts* o de estructuras de conocimiento similares. De hecho conocemos los detalles de cómo comer en un restaurante, de las fiestas de cumpleaños, de cómo tomar un tren, un autobús o un avión o de cómo viajar hasta el trabajo. Sin embargo, sobre todo nuestros conocimientos socio-políticos generales acerca de acontecimientos actuales serán de naturaleza más bien macroestructural.

Esto quiere decir que también en nuestra interacción cotidiana actuaremos sobre la base de tales conocimientos. Estos actos también serán actos «orales», es decir, los actos de habla de los que hablaremos en el capítulo siguiente. Allí veremos que podemos distinguir nuevamente entre un análisis local o microanálisis de los actos (y las secuencias de actos) de habla, y un análisis global de los actos de habla, es decir, en términos de macro-actos de habla. El contenido global de estos macroactos de habla tendrá que ser rellenado entonces con las macroproposiciones semánticas que hemos estudiado en este capítulo, de modo que tendremos establecido un vínculo entre la semántica y la pragmática, es decir, entre el significado y la acción en el discurso y la comunicación.

3. Pragmática: texto, actos de habla y contexto

3.1 ¿Qué significa pragmática?

3.1.1 A lo largo del último capítulo nos hemos ocupado ampliamente de la estructura 'interna' de los textos, sobre la que ahora volveremos desde otra perspectiva. Ciertamente hemos omitido un punto de vista al que ahora queremos referirnos: las realizaciones lingüísticas (con una estructura textual de este tipo) tienen, por regla general, la misión de contribuir a la *comunicación* y a la *interacción social*. Por lo tanto, no sólo poseen una naturaleza en cierta forma 'estática', sino que también tienen una *función* 'dinámica' en determinados *procesos*. Desde este punto de vista, el término «realización» *(utterance)* admite varias interpretaciones: puede referirse a un 'objeto' concreto —oral o escrito—, pero también puede hacer referencia a una *acción,* que es el hecho de manifestar, de «realizar» este objeto. Para evitar esta ambigüedad seguiremos llamando «enunciado» al objeto expresado, mientras que denominaremos las acciones realizadas *acciones lingüísticas* o *actos de habla.* —locutionary act

La *pragmática* como ciencia se dedica al análisis de los actos de habla y, más en general, al de las funciones de los enunciados lingüísticos y de sus características en los procesos de comunicación.

Esta ciencia, que tan sólo comienza a desarrollarse plenamente durante los últimos veinte años, tiene carácter interdisciplinario y la estimulan la filosofía, la lingüística y la antropología, pero también la psicología y la sociología.[1] En el presente capítulo nos ocuparemos sobre todo de la pragmática lingüística, con lo que nos acercaremos también a la descripción gramatical de los textos. En un principio, la pragmática fue uno de los tres componentes de la semiótica, una ciencia que se ocupa principalmente de los signos y de sus sistemas[2] (en símbolos, significados y comunicaciones) y que representa un componente al lado de la «sintaxis» (el análisis de las relaciones entre signos) y de la «semántica» (el análisis de las relaciones entre signos, significados y realidad). Por eso, la pragmática se consideró por de pronto como una descripción de las relaciones entre signos y quienes los emplean. No obstante, dado que el término «signo» no es precisamente específico, nos ocuparemos en su lugar de las estructuras normales, tal y como las describen la gramática (estructuras textuales), como base para un análisis de las relaciones con los usuarios de los signos, es decir: usuario de la lengua/usuario del texto.

3.1.2 Además queremos delimitar un poco más el ámbito del análisis de la pragmática al que acabamos de aludir. Pues si quisiéramos estudiar rigurosamente todas las relaciones que existen entre realizaciones lingüísticas y procesos de comunicación e interacción, tendríamos que incluir en la pragmática disciplinas como la psicolingüística, la sociolingüística y gran parte de la psicología y la sociología. No es nuestra intención extendernos tanto, a pesar de que, evidentemente, existen estrechas relaciones entre la pragmática y estas disciplinas.

Mientras que la sintaxis especifica en qué condiciones y según cuáles reglas los enunciados están «bien formados» y la semántica indica las condiciones para que los enunciados sean «interpretables» (tanto en lo relativo al significado como a la referencia), a la pragmática se le adjudica la tarea de ocuparse de las condiciones bajo las

---

[1] Para la introducción al campo de la pragmática, véase en primer lugar la importante obra de SEARLE (1969) y la de AUSTIN (1962), en la que se basa la primera. Para una serie de artículos y aportaciones sobre actos de habla y pragmática, véase COLE & MORGAN (comps.) (1975), BAR-HILLEL (1972), WUNDERLICH (comp.) (1972), MAAS & WUNDERLICH (1972), VAN DIJK (comp.) (1972) y SCHMIDT (comp.) (1976). Véase también WUNDERLICH (1976), SADOCK (1975), SASSE & TURK (comps.) (1978) y VAN DIJK (1980 b). SCHLIEBEN-LANGE (1975) y VAN DIJK (1978) aportan una primera introducción.

[2] La semiótica, o ciencia general del signo, goza de una popularidad relativamente grande entre los estudios literarios y artísticos, sobre todo bajo la influencia del estructuralismo francés (como, por ejemplo, por la obra de Barthes). No obstante, la semiótica es de origen anglosajón: Peirce (véase PEIRCE (1960), es considerado generalmente el 'fundador' de la semiótica moderna, y MORRIS (1938, 1964), el divulgador y elaborador más importante de estos principios en las ciencias filosóficas y sociales. ECO (1976) aporta una visión general sobre la semiótica actual. Véanse también las aportaciones en la revista *Semiótica*.

que las manifestaciones lingüísticas son *aceptables (acceptable), apropiadas* u *oportunas (appropriate)*; estos tres supuestos son válidos para la situación comunicativa en la que se expresa el hablante. Dado que para la semántica hemos trabajado con una reconstrucción abstracta muy útil de la 'realidad', a saber, con el concepto de «mundos posibles», también aquí queremos introducir una abstracción para el término 'situación comunicativa': el concepto de *contexto*. Así pues, la pragmática se ocupa de las condiciones y *reglas* para la idoneidad de enunciados (o actos de habla) para un contexto determinado; resumiendo: la pragmática estudia las relaciones entre *texto y contexto.*

3.1.3 Si queremos discutir de manera sistemática las relaciones entre texto y contexto, evidentemente habremos de conocer la *estructura contextual* además de poseer un conocimiento de la estructura textual. Tal y como ya expusimos anteriormente, el contexto es una abstracción de aquello que intuitivamente llamaríamos «situación comunicativa». Ahora bien, ¿qué elementos de la situación deberemos incluir en nuestro concepto de contexto? La respuesta es sencilla: únicamente aquellos elementos que determinan sistemáticamente la aceptación (o no), el logro (o fracaso) o la idoneidad (o no) de los enunciados. Desde nuestro punto de vista lingüístico podemos precisar aún más: se trata sólo de los elementos que determinan sistemáticamente la estructura y la interpretación de los enunciados (textos expresados), o bien de elementos determinados por éstos. La pragmática se ocupa, pues, de la relación entre la estructura textual y los elementos de la situación comunicativa sistemáticamente ligados a ella: todos estos elementos juntos forman el contexto.

El hecho de que el hablante esté constipado, cecee o sea pelirrojo no pertenece al contexto, aunque caracterice *su* utilización *ad hoc* de la lengua. Pero no existen relaciones sistemáticas que se apoyen en *reglas convencionales* que sostengan que 'la propiedad de ser pelirrojo' implique tal o cual tipo de construcción sintáctica o interpretación semántica.[3]

Las características sistemáticas de los procesos comunicativos, conforme las analizan la sociología o la psicología, tampoco pertenecen al contexto: p. ej., clase social, formación escolar, inteligencia, retentiva, rapidez de lectura, motivación, etc. Si bien todas estas circunstancias ciertamente influyen en el proceso comunicativo, tampoco aquí se trata de *reglas convencionales* aplicables a toda la comunidad comunicativa. Al fin y al cabo, toda persona con una

---

[3] En el presente libro se emplea a menudo el término «convención» y «convencional» en un sentido científico (y no con el significado de «tradicional pasado de moda»). El concepto de convención se define como concepto fundamental para otros términos como «regla», «ley», «acuerdo», «norma», etc. para un colectivo social determinado. Para más detalles, véase LEWIS (1968).

formación o una retentiva determinadas debe conocer y aplicar las mismas condiciones y reglas cuando produce o comprende unos enunciados. Si este no fuera el caso, se rechazará el enunciado como no adecuado o no apropiado, de modo que la interacción fracasa. A este respecto, las reglas pragmáticas tienen las mismas características que las sintácticas y semánticas. En seguida veremos que no sólo los actos de habla están sujetos a convenciones, sino que también lo están otras actividades sociales en distintos niveles y en diferentes ámbitos (tránsito, conversaciones, visitas, etc.).

Lo que sí pertenece al contexto, además del enunciado en sí, son categorías como hablante y oyente, la acción que éstos llevan a cabo al producir un enunciado o bien al escucharlo, el sistema lingüístico que emplean o conocen, y especialmente aquello que conocen *respecto* del acto de habla, lo que con él persiguen y proyectan; también pertenecen al contexto las 'actitudes' mutuas de los hablantes (como el tipo de relaciones sociales entre los 'roles') y frente a los sistemas de normas, obligaciones y costumbres sociales, por cuanto estos elementos determinan de manera sistemática y convencional la estructura y la interpretación del enunciado (en el sentido de reglas).

Nuestra intención en este capítulo no es dar una introducción completa a la pragmática, sino que queremos ofrecer una evaluación general de esta disciplina para dirigir la atención sobre las particulares características pragmáticas de los *textos* y no únicamente de las frases. ¿Qué otras condiciones han de cumplirse para que un enunciado, que ya posee, según se dijo, una estructura textual, cumpla además una *función* comunicativa adecuada y sea por ende aceptado por el interlocutor como correcto, apropiado o acertado?

En primer lugar daremos una descripción de los distintos componentes de un contexto, para luego relacionarlos con las características de los textos.

3.2 *Acción e interacción*

3.2.1 Uno de los descubrimientos más importantes de la moderna filosofía de la lengua, que aporta la base para el desarrollo de la pragmática, consiste en el reconocimiento de que la utilización de la lengua no se reduce a producir un enunciado, sino que es a la vez la ejecución de determinada *acción social*. Si por ejemplo, pronuncio la oración *Mañana te devolveré las dos mil pesetas,* no sólo he expresado una oración correctamente formada e interpretable, es decir, gramatical, de la lengua castellana, sino que al mismo tiempo *he hecho* algo que comporta ciertas implicaciones sociales: p. ej., he prometido algo. Existen así numerosas acciones que se llevan a cabo *mediante* la manifestación de una frase o un texto, es decir: 'con' la lengua, amenazar, rogar, sostener, preguntar, aconsejar, denunciar, absolver, congratular, lamentar, etc. El carácter social de este tipo de *actos de habla* se manifiesta, entre otros, en el hecho de que queremos modificar el conocimiento, los deseos y eventualmente el comportamiento de nuestro interlocutor, así como porque un acto de habla de esa índole conlleva ciertas *obligaciones*. Cuando doy mi palabra debo, en principio, atenerme a ella. Esto requiere que, al manifestar mi promesa, sepa o bien tenga razones de peso para suponer que estaré en condiciones de cumplirla. También he de saber que mi interlocutor tiene un cierto *interés* en la acción que estoy a punto de prometer: él también ha de desear esta acción. Si este no fuera el caso, como por ejemplo en una acción que anuncio mediante la enunciación de la oración: *¡Mañana te daré una buena tunda!*, no prometo nada, sino que expreso una amenaza o una advertencia.

Así como en semántica las oraciones (o los textos) pueden ser 'verdaderas' o 'falsas', también en pragmática los actos de habla pueden 'tener éxito' o 'fracasar' en un contexto concreto. La pragmática se ocupa, entre otras cosas, de la formulación de tales *condiciones* para el éxito de los actos de habla. Como ya hemos visto antes, estas condiciones están relacionadas con los conocimientos, los deseos y las obligaciones de los hablantes.

3.2.2 Para conocer mejor las condiciones que hacen que unos actos de habla tengan, o no, éxito, debemos saber más sobre la *acción* en general. La *teoría de la acción* proviene de la filosofía por lo que, en primer lugar, introduciremos algunos conceptos fundamentales de la misma.[4]

Para ello partimos de la hipótesis de que las acciones representan un determinado tipo de *sucesos*. El concepto de suceso se refiere, pues, a *modificación;* por ejemplo, a la modificación de un *estado* en otro, denominados respectivamente *estado inicial* y *estado final*. El concepto de estado nos lo hemos de imaginar tan abstracto como el de «mundo posible», es decir: compuesto de una serie de objetos con determinadas características y relaciones. Un suceso se produce cuando, en un determinado estado, se añaden o se suprimen objetos o cuando los objetos adquieren otras propiedades o pasan a relacionarse entre sí de otra manera. Esta modificación del estado es naturalmente una función del tiempo: el estado final de un suceso es posterior al estado inicial. Las modificaciones de los estados pueden ocurrir en varias *fases* sucesivas, es decir, a través de una serie de estados intermedios que duran un período de tiempo determinado. Si queremos referirnos a este tipo de series continuas de modificacio-

---

[4] Para una (breve) introducción a la teoría de la acción, véase VAN DIJK (1977 a); para la aplicación en la pragmática, véase VAN DIJK (1980 b). Esta teoría de la acción tiene su origen, entre otros, en los ámbitos de la filosofía y de la lógica filosófica, como por ejemplo de VON WRIGHT (1967). Para introducciones apropiadas, véase CARE & LANDESMAN (comps.) (1968), WHITE (comp.) (1968) y BRINKLEY, BRONAUGH & MARRAS (comps.) (1971).

nes de estados, sin tener especialmente en cuenta un estado inicial o final, hablaremos de *procesos*. De esta manera, 'llover' es un determinado tipo de proceso, mientras que 'comenzar a llover' o 'dejar de llover' es un suceso. Cuando una taza cae al suelo desde la mesa hablamos de un suceso, porque no ponemos una atención especial en las distintas fases intermedias, sino que únicamente nos preocupamos por la modificación del estado 'taza sobre la mesa' en 'taza en el suelo' y todo se caracteriza por la expresión 'caer (al suelo)'. En un nivel de abstracción superior, la modificación dentro de un suceso o un proceso vuelve a ser un suceso.

Si una acción es un tipo especial de suceso, también deberá tener un papel importante la 'modificación del estado' en las acciones. De hecho esto es así. Cuando *hacemos* algo sabemos que, por regla general, se produce una modificación del estado de nuestro *cuerpo*: movemos brazos y piernas cuando abrimos una puerta o cogemos una pelota. Con la palabra 'hacer' queremos indicar, en la mayoría de los casos, unas modificaciones del cuerpo que son 'externas' (visibles o perceptibles de alguna manera) y que en principio podemos *controlar,* es decir que dominamos su comienzo, su transcurso y su final. Naturalmente, un ataque al corazón también supone una modificación del estado de nuestro cuerpo, pero en circunstancias normales no podemos controlar este tipo de sucesos o procesos. Por eso tampoco podemos llamar acciones aquellas modificaciones del cuerpo que otros provocan en nosotros (cuando nos levantan del suelo, por ejemplo) o que realizamos durante el sueño, cuando no somos conscientes de ellas. El control de las modificaciones corporales requiere que seamos *conscientes* de estas acciones. Aunque podamos controlar, en principio, otras modificaciones corporales (p. ej., si guiñamos un ojo, si movemos los dedos de los pies, etc.), no siempre ejercemos este control conscientemente. En general tampoco llamamos acciones estas modificaciones del cuerpo. Sin embargo, ya que no se puede poner en duda que *hacemos* algo al guiñar el ojo, mover los dedos de los pies o girar o bajar la cabeza, aun cuando no seamos conscientes de ello, denominaremos tales modificaciones del estado del cuerpo, en principio controlables, un *hacer*.

Dado que un *hacer* únicamente puede tener lugar en una situación en la que el (auto-)control o la controlabilidad son importantes, no se trata sólo de un 'cuerpo', sino de una *persona* y un *sujeto*. Para simplificar supondremos que sólo los seres humanos vivos pueden ser personas, aun cuando pueda aceptarse que también muchos animales son 'conscientes' de su hacer y capaces de controlarlo.

3.2.3   Para la caracterización del hacer humano acabamos de emplear algunos conceptos que provienen del ámbito *mental* o *cognitivo*, como conciencia, controlar, etc. Estos conceptos son indispensables para una definición satisfactoria del concepto de acción. La diferencia típica entre el *hacer* 'guiñar los ojos' y la *acción* 'guiñarle el ojo a alguien' se manifiesta entonces también por la circunstancia de que, en la acción, llevamos a cabo un hacer determinado de una manera consciente y controlada. En otras palabras: cuando llevamos a cabo una acción tenemos el *propósito* o la *intención* de ejecutar un hacer. Para eludir en parte los problemas cognitivos y filosóficos más importantes que aquí se nos presentan y que no tienen una solución simple, caracterizaremos una acción simplemente como la combinación de una intención y un hacer. Algunos tipos de haceres son tan complicados que ni siquiera pueden tener lugar sin el control mental de una intención, como la compra de un libro o el pedir una cerveza en la taberna: por regla general estas acciones no pueden producirse 'por casualidad'. Por otro lado, tropezar es típicamente un hacer o incluso un mero suceso con nuestro cuerpo, ya que por lo común no tenemos la intención de tropezar. Tanto en la *ética* como en la *filosofía del derecho* siempre es importante que en principio seamos responsables de nuestras acciones, precisamente porque son conscientes, controlables e intencionadas.

Aquí no necesitamos seguir analizando el significado de las «intenciones». Suponemos que se trata de determinados estados mentales o sucesos que se refieren al hacer posterior de una persona. En este sentido se las puede comparar con un plan o un programa *('software')* que se necesita para activar y coordinar músculos, órganos, etc. *('hardware'),* según unos modelos más o menos estables.

Otro elemento fundamental de las acciones es que no las llevamos a cabo sin más, 'sólo porque sí', sino para conseguir con ello alguna *otra cosa.* Mientras llevamos a cabo una acción perseguimos determinada *finalidad,* tenemos fijado un *objetivo* o determinado *propósito.* El concepto de «propósito» implica que debemos distinguir entre propósitos e intenciones. Una intención se refiere únicamente a la ejecución de un hacer, mientras que un propósito se refiere a la *función* que este hacer o esta acción puedan tener. Puedo llevar a cabo conscientemente la acción de 'guiñar los ojos' aun cuando no pretenda hacerle ninguna señal a otra persona. La acción de 'abrir una puerta' la realizo para entrar o salir. Por eso, la mayoría de nuestras acciones está 'embutida' en un propósito. Un propósito de este tipo se refiere, pues, al estado o suceso que queremos o deseamos causar *con* o *a través* de nuestra acción. Un estado o un suceso que nos proponíamos debe haber sido *causado* por nuestra acción, concepto éste con el que ya nos habíamos encontrado en la semántica.

3.2.4 Ahora podemos describir mejor el concepto central del *logro* o *éxito* de las acciones. Considerada por separado, una acción ha salido bien cuando el estado final del hacer coincide con el estado final intencionado, y ha fracasado o no se ha conseguido cuando este no es el caso. Si tenemos el propósito de levantar una piedra y nuestro hacer consiste en mantener la piedra levantada en el aire, habremos logrado la acción de levantar. Por eso llamaremos también *resultado* al estado final de la acción.

Sin embargo, ya que por regla general queremos conseguir con nuestras acciones algo más que llevarlas a cabo, podemos hablar también del logro de una acción si con ella hemos hecho realidad nuestros propósitos. Así puedo ser capaz de ejecutar la acción de silbar, no consiguiendo no obstante el suceso que me había propuesto, como el de despertar a un amigo. Con frecuencia decimos que se ha logrado una acción en este sentido cuando realiza un fin determinado, es decir: cuando el resultado provoca determinada *consecuencia,* por ejemplo, cuando se tala un árbol o se convence de algo a una persona.

Por otro lado existe toda una serie de acciones que ejecutamos sin un fin especial (es decir, no sólo para satisfacer deseos o necesidades), tales como pasear, bailar, cantar. En estas acciones, propósito e intención coinciden, el objetivo y el resultado son lo mismo. Sin embargo, las acciones también pueden *tener éxito por casualidad,* cuando conseguimos el resultado que teníamos «en mente», pero no como consecuencia de nuestra acción: el amigo puede despertarse, pero no porque yo silbe sino porque las gallinas cacarean al haberse despertado por mi silbido. Tampoco se puede hablar de haber ejecutado la acción de 'reparar', si por casualidad he tocado el cable correcto del motor de mi coche. Por fin también hay que observar que muchas acciones implican una modificación simultánea del estado de otros objetos, p. ej., cuando abro una puerta. Si esta modificación del estado de otro objeto cae bajo el control de quien actúa (el *agente*), la modificación del estado pertenecerá también al hacer y, por tanto, a la acción. De todas formas, los fines son sólo una consecuencia indirecta de nuestro hacer y por ello se sustraen, en principio, a nuestro control (cuando no se trate nuevamente a su vez de acciones como cuando abro una puerta para poder entrar en una habitación).

3.2.5   Al comer, construir una casa o ir en coche se puede observar fácilmente que en la mayoría de los casos las acciones se *componen* de varias acciones (básicas). Esto suele significar que el estado final de una acción parcial es el requisito previo para el logro de la siguiente acción. En ese caso hablamos de *acciones parciales necesarias.* En otros casos se tendrán que ejecutar varias acciones a un mismo tiempo para conseguir un resultado determinado. Incluso en este caso se puede distinguir entre acciones necesarias y no necesarias (posibles, opcionales). Una acción compuesta se da por lograda cuando el resultado, es decir, el fin, coincida con la intención *global,* es decir, con el objetivo del agente.

Con esto hemos llegado a un punto de la descripción de la acción que recuerda la descripción de oraciones y textos compuestos, que tienen un significado tanto 'local' como 'global'. Además de las

intenciones locales para las acciones particulares, damos también
por supuesto la presencia de una intención y un propósito globales
previos. Llamaremos *plan* esta intención global. Un plan coordina el
decurso de todas las acciones particulares con vistas a determinado
resultado final que ha de lograrse. Hay que hacer hincapié en que
también una acción compuesta vale como *una sola* acción, a saber,
en relación con nuestra *percepción, descripción* o *interpretación* de
esta acción. A este respecto consideramos el fumar en pipa como
una acción, aun cuando se compone de distintas acciones parciales:
'llenar', 'encender', 'dar una fumada', etc. Contrariamente a las
acciones compuestas, las acciones parciales adoptan, en una serie de
acciones o *secuencia de acciones,* un papel o una función independientes para la percepción, descripción o interpretación, como en la
secuencia 'llegar a casa', 'colgar el abrigo', 'sacar una cerveza de la
nevera', 'encender una pipa'. En estos casos, no hace falta que una
acción precedente sea el requisito previo (necesario o habitual) para
la acción siguiente, por lo que tampoco tiene por qué existir una
intención global. Cuando una serie de acciones posee una intención
global y un fin global de este tipo, decimos que la serie tiene una
macroestructura. De ahí que las acciones complicadas (construir una
casa o viajar a Nueva York) puedan denominarse acciones globales
o *macroacciones.*
    Al otro lado del espectro distinguimos como acciones básicas o
acciones simples aquellas que pueden ejecutarse de manera independiente y que como tales pueden interpretarse convencionalmente.
Así, por ejemplo agitar la mano es una acción básica con una
función (p. ej. social) especial, mientras que el movimiento del brazo
solamente es un hacer: tengo la intención de saludar, pero no la de
mover mi brazo.
    Vamos a establecer un nuevo paralelo con la estructura de enun-
ciados lingüísticos: una acción básica se puede comparar con un
morfema (o 'palabra'), ya que es la unidad de acción mínima con un
significado o una función convencionales, pero en general sólo tiene
lugar en el marco (sólo tiene una función en el marco) de una acción
(compuesta o no) que tenga determinada finalidad o intención; bajar
el picaporte es una acción básica que es parte integrante de la simple
acción de abrir una puerta, que a su vez puede ser parte de una
acción compuesta de 'entrar' o 'salir', y esta última a su vez puede
querer representar un microcomponente de la macroacción de 'emprender un viaje de vacaciones'.

3.2.6   De esta caracterización de ningún modo exhaustiva del concepto de acción se puede deducir que las acciones son de tipo
intencional. Como tales, no son perceptibles o identificables como
por ejemplo un hacer. Se trata de unidades que, para la percepción
y la comprensión, se basan en la *interpretación* de un hacer, perfectamente comparables con los significados, los cuales también consti-

tuyen una interpretación, a saber, de sonidos del habla con una estructura convencional determinada. Cuando se percibe, interpreta y describe una acción, se *atribuye* esta acción a alguien, haciendo una suposición sobre las intenciones y los objetivos del agente. Cuando veo a alguien realizando un hacer, por ejemplo: escribir su firma, puedo interpretar este hacer como la acción de 'terminar una carta', pero también como la de 'cerrar un contrato' o 'comprar una casa'. Por eso, un hacer puede provocar varias interpretaciones, por lo que, sin más, podemos entender erróneamente a otras personas si no conocemos sus intenciones. También aquí vuelve a hacerse patente la influencia de las convenciones: al observar a alguien que baja un picaporte suponemos que quiere abrir la puerta, es decir, que quiere entrar o salir.

3.2.7   En lo referente a la descripción de condiciones mentales para las acciones aún no hemos llegado 'más allá' de los propósitos y las intenciones; sin embargo, normalmente sólo realizamos acciones basadas en una *decisión* mental que constituye la 'conclusión' de una argumentación o motivación mental, con nuestro *conocimiento* sobre el mundo y nuestros *deseos* y *preferencias* aplicados como 'premisas'. Al abrir una puerta respondemos a una decisión (en este caso casi inconsciente o automática) debida a nuestro conocimiento de que las puertas pueden abrirse y que mediante este acto se puede entrar o salir de una habitación o casa, o a nuestro deseo de entrar o salir. Sin embargo, muchos de nuestros deseos no llevan a la formación de intenciones, porque sabemos que mediante nuestro hacer tampoco las podremos realizar o que estas acciones serían incompatibles con las de otras personas y sus deseos o con los deseos de la comunidad (normas, leyes).

Para formar una intención *racional* resulta necesario poseer un cierto conocimiento previo sobre las posibles consecuencias, sobre el *ámbito de las acciones,* es decir, sobre la cantidad de acciones que en principio podemos llevar a cabo, y sobre las propiedades del mundo al que referimos nuestra acción (por eso seguramente no *intentaremos* levantar una casa con la mano).

3.2.8   Finalmente aún hemos de distinguir entre acciones que no realizan modificaciones en el mundo, sino que, al contrario, *evitan* o hacen cesar la modificación, p. ej., contener a una persona o aparar un vaso que se está cayendo, de manera que sin nuestra intervención el suceso o la acción *podrían* haber tenido lugar, así como en las acciones anteriormente descritas un suceso de este tipo no habría tenido lugar si no hubiéramos intervenido. Toda acción posee este elemento 'contrafáctico'.

También el *no-hacer* puede ser interpretado como una acción (como un 'dejar que ocurra'), si nuestro no-hacer es intencional y si normalmente realizaríamos o deberíamos realizar la acción. En este caso modificamos nuestras costumbres u obligaciones, pero seguimos siendo responsables de estas acciones 'negativas'.

3.2.9   No sólo la actuación es característica del comportamiento humano, sino, sobre todo, la *actuación social,* la *interacción,* que se define como una serie de acciones en las que varias personas se ven implicadas alternativa o simultáneamente como agentes. Al lado de los requisitos previos ya mencionados para el buen logro de las acciones se impone también una serie de requisitos sociales, a saber, *convenciones* de distinta especie.

En consonancia con la definición para el logro de una acción podemos decir ahora que una interacción es exitosa cuando el resultado coincide con las intenciones de las personas en cuestión. En la realidad, esta idea se complica todavía mucho más: las personas en cuestión pueden tener la misma intención (p. ej., cambiar una mesa de sitio), intenciones distintas (p. ej., *A,* o bien *B,* gana al ajedrez), las mismas o distintas intenciones, pero distintos o bien los mismos propósitos (p. ej.: *A* va al cine con *B*: *A* quiere distraerse, *B* quiere ver una película determinada). Así pues, la condición previa para el logro de una interacción es que tengamos, como mínimo, un acceso parcial al conocimiento, los deseos, las intenciones y los propósitos de nuestros interlocutores. Los interactuantes no sólo pueden llevar a cabo juntos la misma acción, sino también simultánea o sucesivamente. Cada uno también puede realizar una acción parcial de una acción compuesta o bien una macroacción (p. ej., la construcción de una casa). Si las intenciones y los objetivos son diferentes, o bien contrarios, *A* podrá llevar a cabo acciones con el fin de evitar las acciones de *B*. Al revés, *A* puede realizar meras *acciones auxiliares* para la acción de *B* (*A* ayuda a *B*), a saber, acciones que lleven al logro de las acciones (parciales) de *B*, sin que el propio *A* tenga la intención de *B* de conseguir un resultado determinado o un objetivo final. Otras acciones se definen exclusivamente como interacciones y sólo pueden realizarse con varias personas (casarse, despedir a alguien), aun cuando las demás personas no siempre estén de acuerdo, es decir: no tengan la misma intención.

La *sucesión* de acciones en la interacción puede sujetarse a *reglas convencionales.* Una acción *a* de *A* puede volver necesaria una acción *b* de *B*, como el saludo y su devolución, hacer regalos y agradecer el presente, violar las normas de la circulación y extender una multa, preguntar y contestar. En estos ejemplos hay que observar que determinados interactuantes asumen determinados *papeles* o *funciones*: un científico no puede penalizar una infracción, sino únicamente un policía. Por lo tanto, una función se puede definir como un conjunto de acciones posibles dentro del ámbito de acción social de la persona que dispone de esta función.

Por último deberíamos aludir a la diferencia entre las interacciones de personas, *instituciones* o personas e instituciones. Por ejemplo, puedo hacer una petición a una institución, ésta me puede despedir, y las instituciones pueden apoyarse mutuamente o competir unas con otras. También aquí los deseos, las preferencias, las decisiones, las intenciones y los propósitos tienen su papel, y la diferencia consiste a menudo en que todos estos factores son explicitados, de modo que los miembros y los afectados los conocen.

3.2.10 Esta breve disertación sobre conceptos como acción e interacción no sólo nos ha sido necesaria para la comprensión de los actos de habla, sino también para el conocimiento provisional de la importancia de los actos de habla para la interacción social en general; a la vez hemos sentado la base para el análisis del papel de los textos en la sociedad, que será ampliado en el capítulo 7.

3.3   Actos de habla e interacción comunicativa

3.3.1 Según la descripción del concepto de acción, los *actos de habla* son realmente acciones: *hacemos algo,* a saber, producimos una serie de sonidos o signos ortográficos que, como enunciado de una lengua determinada, tienen una forma convencional reconocible, y además ejecutamos este hacer con una *intención* correspondiente determinada, dado que normalmente no nos pronunciamos en contra de nuestra voluntad y sabemos controlar nuestra lengua. No obstante, los enunciados lingüísticos poseen una serie de características especiales. Para empezar, se trata casi siempre de enunciaciones compuestas: producimos varios sonidos que se organizan en grupos de sonidos sobre la base de reglas (gramaticales) convencionales para formas y combinaciones de sonidos y grupos de sonidos. Esta organización tiene lugar simultáneamente en distintos niveles. Mediante la producción de sonidos realizamos simultáneamente acciones fonológicas, morfológicas y sintácticas compuestas. Aunque no seamos conscientes de todas estas acciones al hablar, en principio son controlables (*podemos* actualizar fonemas y morfemas individuales, de entre varias construcciones sintácticas *podemos* elegir una posibilidad). Puesto que aquí se trata de acciones compuestas, poseemos un *plan* más o menos consciente para la ejecución de esta acción denominada *acto del habla (locutionary act).* Por lo demás, obtenemos una acción de orden superior, que ejecutamos mediante la realización de un acto del habla, un acto de significación o *acción semántica:* con nuestra enunciación lingüística expresamos un determinado significado, con lo cual podemos realizar además una acción referencial: hacemos referencia a un objeto concreto, le atribuimos determinada propiedad y de esta manera creamos una conexión entre el enunciado y una serie de hechos. Por regla general, tales acciones semánticas son conscientes: sabemos 'lo' que decimos, y lo controlamos precisamente a través de la forma del enunciado.

3.3.2 Si seguimos constatando hasta qué punto este tipo de actos de habla y de acciones semánticas también tiene un *objetivo* determinado, llegamos automáticamente a la pragmática. Por tanto, habremos de preguntarnos en qué medida los actos de habla son capaces de provocar modificaciones, sobre todo en otras personas. Cuando manifestamos algo, evidentemente tenemos, en la mayoría de los casos, la intención de que aquellos que nos oyen o leen, interpreten este 'hacer' como un acto de habla según las mismas reglas convencionales. Bien mirado, en el fondo pretendemos que el oyente dé al enunciado el mismo significado y la misma referencia que intentábamos expresar. Queremos ser «comprendidos» (captados). El acto de habla se ha conseguido si, de acuerdo con nuestros propósitos, modificamos los conocimientos del oyente, es decir: que él sepa que hablamos, que manifestamos este texto y que con ello expresamos un significado determinado aludiendo a algo determinado.

En suma, los actos de habla tienen propósitos más extensos de tipo más específicamente pragmático. Al remitir a una circunstancia en particular nuestra intención puede ser, por ejemplo, que el oyente sepa que esta circunstancia existe en un mundo determinado. Queremos *informar* al oyente de algo. Llamaremos *aseveración* un acto de habla que tiene la intención de informar al oyente de algo. Este acto de habla dará resultado si realmente el oyente amplía sus conocimientos según nuestras intenciones, o mejor dicho: si el oyente comprende en sentido estricto que nuestra intención es la de informarlo de algo. Aun cuando no nos crea, habremos aseverado un hecho. Fuera de la interpretación correcta de nuestros propósitos no incluiremos otras acciones del oyente en el verdadero acto de habla, aunque existan varios actos de habla que implican que el oyente también realice una acción (p. ej., ser persuadido). Contrariamente a los ya mencionados actos de habla, que en inglés se llaman «speech acts» o «illocutionary acts», estas acciones se denominan «perlocutionary acts».[5]

3.3.3 Cada modalidad de acto de habla dispone de sus propias *condiciones* convencionales gracias a las cuales una acción da resultado. Para realizar un acto de aseveración se requieren ciertos conocimientos: si no sabemos que lo que ocurre es *p*, no podremos comunicar nada al respecto, a no ser que *mintamos*. La condición para mentir será, pues, que digamos que ocurre *p*, pero sepamos que

---

[5] La diferencia entre *perlocutionary* e *illocutionary acts* (p. ej.: convencer *versus* recomendar), considerada por AUSTIN (1962) y SEARLE (1969) ha causado gran sensación. El quid de la cuestión se plantea a partir de la pregunta de si las consecuencias posibles de un acto de habla deben o no incluirse en la definición, es decir: en las condiciones o requisitos del acto de habla. Por ejemplo, en un *perlocutionary act* también se provoca en el oyente una modificación (mental), de acuerdo con las intenciones del hablante y como consecuencia de un *illocutionary act* (acción lingüística).

ocurre~ p, con la intención de conseguir que el oyente piense que sí ocurre p.

Para la acción de una promesa (p. ej., formulando la oración: *Mañana te visitaré)* importan otras condiciones: el hablante tiene que saber que *podrá* hacer una visita al día siguiente, debe *planear* verdaderamente (tener la intención de) hacer la visita, tiene que saber que el oyente está *interesado* en que se lo visite, etc.

Podemos darle hábilmente un consejo a alguien si queremos que haga o deje de hacer una acción concreta, si damos por supuesto que no realiza la acción por sus propios motivos, si suponemos que la acción recomendada es de interés para el oyente y si además tenemos el derecho o la autoridad de juzgar sobre lo que el oyente debe o no hacer en un campo determinado (p. ej.: en lingüística, jardinería, cocina). De ello se desprende que tales presuposiciones o condiciones nos permiten *clasificar* diversos actos de habla: al dar un consejo, pedir un favor, dar una orden, el enunciado se refiere a una acción futura deseada del oyente, y al hacer una promesa, amenazar o aceptar se refiere a una acción futura del hablante. Con una aseveración, una comunicación, una explicación y unas instrucciones de manejo el hablante quiere informar.

A partir de los pocos ejemplos que aquí se exponen resulta que todas las condiciones pueden ser definidas mediante una serie de conceptos, denominados primitivos (su significado se supone conocido): p. ej.: *conocimiento, voluntad* o *preferencia, creencia* o *fe, intención, obligación* y *posición* (p. ej., autoridad) del hablante y el oyente. Es muy posible que se necesiten más conceptos primitivos.

3.3.4   En general, los interlocutores de una conversación no son pasivos —a excepción de las manifestaciones publicadas, los discursos, las conferencias, etc.— sino que también adoptarán el papel del hablante para que pueda tener lugar una *interacción* lingüística. La interacción resulta de una serie de actos de habla de diferentes interlocutores, ordenados, entre otras cosas, según unas reglas convencionales. Al igual que las interacciones en general, también en el caso de los actos de habla debe coincidir el estado final de un acto con las condiciones iniciales del siguiente. Para las comunicaciones rige la condición bastante trivial de que en general no aseveramos la misma cosa dos veces seguidas: el resultado de la primera aseveración tiene por consecuencia que el oyente ya sabe p, y como nosotros lo hemos de suponer o de saber, la aseveración repetida de p no es correcta. Si congratulamos a alguien, estamos creando un ligero compromiso al oyente para que nos lo agradezca. Las condiciones que determinan la interacción no son lingüísticas en estos casos (pragmáticos), sino que más bien se fundamentan en *normas de comportamiento* mucho más generales, p. ej.: las de la *cortesía*.

3.3.5   Por consiguiente, se puede decir que los actos de habla deben cumplir en general ciertos *principios de cooperación* que cuidan del decurso óptimo de la interacción lingüística.[6] Es decir: partimos de la base de que alguien dice la verdad, damos todas las informaciones deseadas, no muchas menos, pero tampoco muchas más, nuestro enunciado se refiere al tema de conversación (como ya se había definido anteriormente para los textos), y no somos ni demasiado parcos ni demasiado prolijos. En cuanto estos vagos principios se quiebren, se produce un *efecto especial* para el que también existen determinadas reglas convencionales. Así por ejemplo puedo expresar mediante una respuesta que no viene al caso, que no tengo ganas de hablar de un determinado asunto.

3.4   *Texto y contexto*

3.4.1   El concepto de «contexto» se caracteriza como la reconstrucción teórica de una serie de rasgos de una situación comunicativa, a saber, de aquellos rasgos que son parte integrante de las condiciones que hacen que los enunciados, den resultados como actos de habla. El objetivo de la pragmática es formular estas condiciones, es decir: indicar qué vinculación existe entre los enunciados y este contexto. Y puesto que describimos los enunciados teóricamente como textos, se trata aquí de la especificación de las relaciones entre *texto* y *contexto*. Estas relaciones se extienden en ambas direcciones: por un lado, ciertos rasgos textuales pueden 'expresar' o incluso constituir aspectos del contexto, y por otro, la estructura del contexto determina, hasta un cierto grado, de qué rasgos deben disponer los textos para ser aceptables —como enunciado— en el contexto. Estas consideraciones todavía muy generales se concretarán ahora mediante una serie de ejemplos.

3.4.2   En primer lugar hay una serie de relaciones entre la oración (texto) y el contexto que aún se adscriben al campo de la semántica, la *semántica contextual*, a saber, las expresiones *indiciales*.[7] Se trata de expresiones que remiten a componentes del contexto comunicativo (a él le deben su interpretación), p. ej.: hablante, oyente, momento de la manifestación, lugar, etc. Esto significa que estas expresiones tienen cada vez un referente distinto según el contexto (cambiante). Son expresiones indiciales: *yo, tú, aquí, allí* (todos los compuestos

---

[6] Estos principios elementales de cooperación social se encuentran, entre otros, en GRICE (1967).

[7] Para la «semántica contextual», véase la nota 20 del capítulo anterior. Las expresiones deícticas o indexicales remiten a determinados aspectos del contexto comunicativo, p. ej., al hablante *(yo)*, al oyente *(tú, Vd.)*, al tiempo *(ahora, hoy)*, al lugar *(aquí, allí,* etc.*)*. Estos elementos contextuales también determinan el valor de verdad de una oración.

con *aquí* y *allí* como *hasta aquí, desde allí,* etc.), y también *ahora, hoy, ayer, mañana* y los artículos y pronombres demostrativos *el, la, lo, este, esta, esto, aquel, aquella, aquello,* etc. También mediante los tiempos verbales (presente, etc.) se crean relaciones con el contexto actual; si digo: *Pedro está enfermo,* la oración es cierta en el momento en que la digo, y probablemente sería falsa si la hubiera pronunciado una semana antes. De esta manera también se define el pasado y el futuro en relación al AHORA del contexto comunicativo. En todos estos casos se trata de relaciones referenciales, por muy especiales que sean, por lo que su análisis le corresponde a la semántica.

3.4.3 Tanto las relaciones semánticas como las pragmáticas entre texto y contexto forman los denominados *verbos performativos,*[8] como por ejemplo *prometer, ordenar, aconsejar,* etc. Se trata, pues, de verbos que en la primera persona del singular y del plural del presente pueden formar oraciones performativas, es decir: oraciones que se interpretan como las acciones que se llevan a cabo —en un contexto adecuado— debido a la enunciación de las oraciones. Si digo: *Te recomiendo que escribas una carta al ministro,* el pronunciar la oración es a la vez una recomendación (si el contexto es apropiado: si esa es realmente mi intención, si el contenido de la recomendación es de interés del oyente, etc.). Naturalmente, esto sólo tiene sentido si el verbo está en primera persona (es decir que remite al hablante) y en presente (o sea que remite al AHORA del contexto). La oración: *Pero si yo te había recomendado...,* no es una recomendación, sino más bien una constatación o incluso un reproche. Lo mismo sirve para *El te recomienda/él te ha recomendado...,* que es una comunicación de tipo especial. En los últimos ejemplos, así como en todos los verbos que remiten a un acto de habla, se trata de la *descripción* de un acto de habla y no del hacer de un acto de habla como en las frases performativas.

3.4.4 La observación de los actos de habla no puede coincidir sin más con una observación (semántica) de los significados de verbos como 'prometer', 'rogar', 'amenazar' y 'congratular', que remiten a actos de habla.[9] En primer lugar existe una serie de actos de habla

---

[8] Para el análisis de los verbos performativos, véase GROENENDIJK & STOKHOF (1976) y sus referencias bibliográficas.

[9] Con frecuencia se ha intentado reducir determinados aspectos pragmáticos a un análisis sintáctico o semántico (SADOCK (1975) y LEWIS (1970), suponiéndose que el acto de habla correspondiente estaría ya suficientemente representado por un verbo performativo ('te prometo que mañana vendré' en lugar de 'vendré mañana'). Si bien de esta manera puede justificarse una serie de aspectos pragmáticos, esta reducción propuesta no resulta adecuada por muchas otras razones. Lo más razonable es elaborar un nivel independiente del análisis pragmático y ligarlo sistemáticamente con la sintaxis y la semántica, para poder dar una explicación de diferentes fenómenos lingüísticos. Para una discusión amplia de este problema, véase VAN DIJK (1980 b).

que no se llevan a cabo mediante la pronunciación del verbo explícito. Si bien decimos *¡Cuidado con el coche!* no diremos *¡Te aviso, ten cuidado con el coche!* En muchos casos también se puede prescindir del verbo y sin embargo llevar a cabo el acto de habla: *Mañana te devolveré el dinero,* o bien *Yo escribiría una carta al ministro,* que son una promesa y un consejo, respectivamente.

Los verbos en cuestión tampoco se usan en *actos de habla indirectos,*[10] es decir, en expresiones que a la primera interpretación aparecen como una acción A_i, pero a la segunda, como una acción A_j. Si, por ejemplo, un padre le dice a su hijo que vuelve a casa con los zapatos sucios: *¡Acabo de fregar el suelo!,* no sólo se trata de una información, sino a la vez de una amenaza o de un ruego. En general solemos expresar las peticiones corteses de una manera indirecta: *¿Puede alcanzarme la revista? ¿Podría ayudarme un momento? ¿Le importaría correrse un poco?* En ninguno de estos casos el hablante (sólo) quiere saber si el oyente puede, quiere o tiene algún inconveniente en hacer algo. El hablante únicamente pretende que el oyente haga algo, y la acción indirecta se efectúa en tanto que el hablante expresa una condición previa (necesaria) a la acción deseada.

3.4.5   El hecho de que la oración (texto) y el contexto estén ligados sistemáticamente entre sí, resulta de las relaciones entre el *significado* de una oración y las condiciones para el logro de los actos de habla. Una de las condiciones de la promesa es que el hablante tenga la intención de realizar una acción en el futuro a favor del oyente. En la mayoría de las promesas, esta 'acción futura' se expresa explícitamente: *Mañana te haré una visita.* A la inversa, un oyente que escucha una frase con un significado de este tipo, puede deducir, junto con más información del mismo contexto, que el hablante le promete alguna cosa. Por eso una oración como *Ayer estuve en el cine,* por regla general no puede funcionar como promesa. También una oración que remite a una acción futura del oyente *(Por qué no me das un beso, por qué no me traes el libro mañana,* etc.), se interpretará según el contexto como una petición, una orden o una recomendación.

3.4.6   Uno de los factores centrales que determinan las características pragmáticas de los enunciados, es el conocimiento (o la creencia) del hablante, tanto del 'mundo' en general como también del contexto y, en especial, del oyente en particular. Si digo: *Pedro quizás esté enfermo,* comunico algo. Sin embargo, esta comunicación tan sólo es *correcta* si no sé si Pedro está enfermo (o no).[11] Lo que sí he de saber es la *posibilidad* de que podría estar enfermo. En términos

---

[10] Para el concepto «acto de habla indirecto», véase SEARLE (1975) y FRANCK (1975).

[11] Para el término «corrección», véase nota 19 del capítulo anterior.

semánticos: desde mi punto de vista, y *por lo que yo sé,* existe un mundo posible en el que Pedro está enfermo. Si uso las palabras *necesario* o *seguro,* Pedro deberá estar enfermo en todos los mundos posibles que coinciden con lo que yo sé. Tales condiciones sirven en general para todas las expresiones *modales,* como por ejemplo *seguro* y *probablemente* y para todos los verbos modales *(Podría estar enfermo).*

3.4.7   Como última de la serie de expresiones que señalizan relaciones típicas entre enunciado y contexto pragmático, citaremos las denominadas *partículas pragmáticas,* que se emplean muy a menudo en idiomas como el alemán, el ruso, el neerlandés y el griego [T.: pero mucho menos es castellano].[12] Difícilmente se puede hablar de un 'significado' fijo, sino que más bien se acostumbra a hablar de una determinada *función* pragmática. Estas partículas aparecen sobre todo en la lengua hablada y especialmente en las conversaciones: *simplemente, vaya, pero, por qué, pues, de todas maneras, ¿no es cierto?,* etc.: *Simplemente lo haré; Vaya, quisiera saber dónde se ha metido; ¿Por qué no me ayudas? ¡Pues dale el libro de una buena vez!; ¡Pero si yo tampoco lo sé!,* etc.

En muchos casos tales partículas señalizan relaciones especiales (p. ej. 'actitudes' del hablante) frente a acciones (lingüísticas) contiguas del hablante y el oyente. Una manifestación como esta: *Pero si ya te he dicho donde vive,* implica que de hecho el comunicado es superfluo, dado que el hablante debe suponer que el oyente ya posee la información. Al recordar al oyente una información ya conocida, el hablante le puede hacer un (ligero) reproche. Empleando la partícula *seguro,* el hablante puede tranquilizar al oyente *(seguro que está bien),* mientras que la utilización de *pero* indica impaciencia o preocupación del hablante *(Pero, ¿dónde se ha metido?).* No resulta fácil describir las condiciones exactas del empleo de estas partículas, porque aún sabemos demasiado poco sobre los factores concretos que tienen un papel en la interacción comunicativa.

3.4.8   No solamente las palabras y las expresiones pueden adquirir una función pragmática especial, sino también determinadas *estructuras sintácticas.* Los modelos típicos son las construcciones que nosotros conocemos por «oración afirmativa», «oración interrogativa» e «imperativo», como en *Le he dado el dinero, ¿Le has dado el dinero?, ¡Dale el dinero!* En la oración interrogativa se produce en algunas lenguas una inversión de sujeto y verbo (auxiliar) y en el imperativo la elisión del pronombre de la segunda persona *(tú, vosotros).* Si bien estas formas de oración no corresponden a los

---

[12] Para el análisis de las partículas y sus implicaciones pragmáticas, véase FRANCK (1979).

actos de habla «comunicado», «pregunta» y «orden», caracterizan clases de actos de habla que poseen algunas características básicas comunes, y que pueden parafrasearse, por ejemplo, con: *Quiero que lo sepas, Quiero saberlo, Quiero que me lo des a conocer* o *Quiero que lo hagas.*

Estas condiciones básicas, sin embargo, también pueden expresarse mediante la *entonación* o las partículas: *¿Verdad que le has dado el dinero?*

3.4.9 Mientras que los anteriores ejemplos de rasgos funcionales pragmáticos de enunciados pueden describirse en el nivel oracional, en la teoría del texto nos preocupan especialmente las características pragmáticas más específicas de las *estructuras textuales.*

Volvamos a comenzar por las *conexiones* y los *conectivos* que caracterizan las secuencias de oraciones o proposiciones. En la semántica hemos elucidado que dos proposiciones están ligadas entre sí (son conexas) cuando las circunstancias que representan están ligadas entre sí. Esta conectividad es relativa, referida a un determinado tema (macroestructura) del texto o a uno de sus pasajes, pero también a los que participan en la interacción verbal. Si bien existen unas reglas convencionales generales para establecer relaciones entre proposiciones y circunstancias, una relación es conexa, en última instancia, cuando estas relaciones existen *tanto para* el hablante *como para* el oyente. Dado que, por lo demás, las personas pueden tener las razones más extrañas para hacer o dejar de hacer una cosa, secuencias como *Sólo he pagado 10 marcos por este libro; eres pelirroja,* pueden ser aceptables, p. ej., como enunciado de un hombre a su esposa, cuando el librero la ha mirado con detenimiento, porque tiene una debilidad por las mujeres pelirrojas. En general, en estos casos se necesita una descripción de la situación particular para interpretar razonablemente la secuencia, de manera que la conectividad vuelve a existir a través del conjunto de proposiciones de la descripción de la situación. Si generalizamos, diremos que la conectividad es relativa al *conocimiento* de hablante y oyente, y no sólo al conocimiento *ad hoc* específico en una situación determinada, sino también al conocimiento estándar más bien general y convencional del mundo, tal y como viene organizado por los *marcos* anteriormente descritos.

Otra característica interesante de los textos se manifiesta en los conectivos mismos, a saber, en la diferencia entre *oraciones compuestas y secuencias de oraciones.* En la semántica sólo hemos tratado las relaciones entre proposiciones, omitiendo el hecho de que algunas series de proposiciones deben o pueden expresarse mediante una oración compuesta y otras mediante una secuencia de oraciones:

(1) Dado que Juan estaba cansado, se quedó en casa.
(2) Juan estaba cansado. Se quedó en casa.
(3) Juan se quedó en casa. Estaba cansado.

(4) Juan estaba cansado. Por lo tanto se quedó en casa.
(5) Juan estaba cansado. Por eso se quedó en casa.

Estas secuencias son hasta cierto punto semánticamente equivalentes. Y sin embargo, en el uso lingüístico hacemos una distinción sistemática entre estas enunciaciones, por lo que debemos suponer que como mínimo, tienen funciones pragmáticas diferentes. En la oración compuesta (1) se une causalmente (o mejor dicho: fundamentadamente) el hecho de que Juan estaba cansado con el de que se quedara en casa. Esto también es aplicable a todos los demás ejemplos, pero con (1) se puede expresar que la primera mitad de la oración representa una proposición que el oyente ya conocía (presuposición) y que el hablante retoma para indicar de qué circunstancia era una consecuencia la circunstancia de que Juan se quedara en casa. En los otros textos, ambas circunstancias son desconocidas, de manera que ambas oraciones siempre se expresan como *aseveraciones* separadas. La primera observación que se puede hacer en los textos (2) y (3), consiste en que el *orden* de los textos en una secuencia puede expresar las relaciones entre las circunstancias. En la oración (3) se menciona en primer lugar la consecuencia y luego la causa, mientras que (2) hace valer la típica relación causa-consecuencia. Una de las razones para (3) puede ser que no se quiera expresar, o al menos no primariamente, una relación entre circunstancias, sino más bien una relación entre proposiciones (aseveradas), es decir: entre actos de habla. Mientras que las dos oraciones de (3) son aseveraciones, a la segunda oración se le puede adjudicar además la *función* de una *explicación*. Una 'explicación' de este tipo puede tener un doble papel: en primer lugar señala la causa o el motivo de una determinada circunstancia, pero a la vez puede servir de apoyo a una aseveración determinada, que ya se ha hecho antes, como se puede ver más claramente en:

(6) Juan debe de haber estado en casa. Su luz estaba encendida.

En este caso, la última frase funciona en cierta manera como *premisa* para una *consecuencia* ya mencionada, cuya 'necesidad' se expresa mediante *debe*.

A partir de estos ejemplos podemos inferir que las relaciones entre oraciones no son sólo de naturaleza *semántica,* sino también *pragmática.* No se trata únicamente de expresar conexiones entre circunstancias, sino también entre actos de habla. Esta doble función se evidencia en los propios conectivos. Mientras que en (4) podemos decir que *por lo tanto* expresa una relación entre circunstancias, cosa que también se puede hacer en una sola oración *Juan estaba cansado, por lo tanto se quedó en casa,* o como en (1), el *por eso* de la oración (5), entonado generalmente con cierto énfasis, tiene más bien una función pragmática. Este *por eso* pragmático expresa en cierta medida la *conclusión* de la aseveración anterior. Por ese motivo distinguimos

un *uso semántico* y un *uso pragmático* de los conectivos: el primero
remite a relaciones entre circunstancias y el segundo a relaciones
entre actos de habla.[13] Un rasgo muy característico de los conectivos
pragmáticos es el papel que tienen en el contexto comunicativo: se
emplean típicamente cuando un acto de habla posee una importancia especial para la situación actual, por ejemplo, como condición
para las siguientes acciones e interacciones de los interlocutores.
Esto se manifiesta claramente en el siguiente diálogo, al comienzo de
un encuentro:

(7) A: Juan está enfermo. No viene.
    B: ¿Conque podemos empezar?

donde B saca una *conclusión* de la aseveración de A.
Esto también se puede observar en otros conectivos. En lugar de
una disyunción de circunstancias, *o* expresa en el texto siguiente más
bien un matiz, una duda o una corrección de una acción de habla
anterior:

(8) ¿Vendrás tú también esta noche? ¿O no tienes ganas?
(9) Pedro está borracho. O a lo mejor ha fumado.

De la misma manera, el conectivo *y* puede expresar no sólo una
conjunción semántica, sino también el *complemento* o la *continuación*
de una aseveración:

(10) Fuimos al zoo. Y (y entonces...) allí compramos un helado.

Pero acaso sea uno de los conectivos pragmáticos más típicos y por
ello funciona a menudo como partícula especial:

(11) A: ¿Vienes con nosotros al cine?
     B: ¡Pero si sabes que mañana tengo un examen!

En este caso, *pero* no sólo remite a una excepción de una relación
normal entre circunstancias, sino a una *objeción* contra una acción
(lingüística) anterior, o incluso a un *reproche*. El conectivo *de todos
modos* tiene un papel similar, y se emplea para contradecir argumentos anteriores:

(12) A: ¡Acompáñanos! El tiempo está hermoso.
     B: Me quedaré en casa de todos modos.

Mientras que, desde un punto de vista semántico, los conectivos *pero*
y *de todos modos* representan excepciones de *'courses of events'*
normales, su función pragmática comparable resulta del *desencanto*
de una *expectativa* despertada en el oyente:

(13) Se sentía muy débil. De todos modos aún pudo alcanzar la orilla.

---

[13] En VAN DIJK (1977 a) y en varios artículos de VAN DIJK (1980 b) se sigue
elaborando la diferencia entre los conectivos semánticos y pragmáticos.

De esta manera podemos ver claramente que el sistema lingüístico no sólo tiene la función de expresar el estado de cosas (funciones referenciales, emocionales o expresivas), sino también la de causar o indicar relaciones entre actos de habla en la interacción comunicativa.

3.4.10   Anteriormente ya nos habíamos ocupado de los aspectos pragmáticos de las demás *relaciones de coherencia*. El principio general que establece que siempre debemos decir algo 'nuevo' en una secuencia, se plasma en la condición de que los predicados de oraciones sucesivas, si bien pueden estar conceptualmente vinculados, por regla general no pueden ser idénticos.

Esto también se puede aplicar a la inversa: en principio toda oración ofrece nuevas informaciones; sin embargo, para estructurar esta información y relacionarla cognitivamente con la información conocida que el oyente ya posee, una parte de la oración deberá ofrecer esta información ya conocida. Esto ocurre habitualmente a través de la estructura *tópico-comento* ya comentada, o a través de expresiones y estructuras sintácticas especiales, por ejemplo, a través de subordinadas de primer grado, es decir, a través de la manifestación de *presuposiciones*. Su carácter pragmático se encuentra en las descripciones de las presuposiciones del *hablante* sobre el *conocimiento del oyente*. Unicamente si estas presuposiciones son correctas, los actos de habla siguientes del hablante pueden ser aceptables para el oyente. También aquí resulta que los procesos de información y el control de la interacción pragmáticos determinan siempre claramente las características de la estructura oracional y textual y viceversa.

3.4.11   En una serie de ejemplos expuestos anteriormente se pone de manifiesto que las relaciones entre texto y contexto tienen lugar, entre otras cosas, en la dependencia mutua de las *secuencias de oraciones* y las *secuencias de actos de habla*. La oración (1) en 3.4.9 puede expresarse antes de la ejecución de una acción lingüística, posiblemente compuesta, a saber, una aseveración sobre una relación causal entre dos circunstancias. Sin embargo, en los ejemplos siguientes se pone de manifiesto que el empleo de varias oraciones a la vez ofrece la posibilidad de llevar a cabo diferentes acciones lingüísticas, no sólo aseveraciones sucesivas, sino también una aseveración a la que sigue una explicación, una corrección o una conclusión, o bien una aseveración a la que sigue un reproche, aunque no provenga del mismo hablante.[14] Así llegamos a la importante conclusión de que la

---

[14] Aquí, de hecho se trata de aseveraciones; no obstante, pueden tener *funciones* especiales con relación a actos de habla anteriores. Este tipo de relaciones funcionales también existe en la semántica de las secuencias de oraciones, cuando decimos que una oración es la especificación de otra oración. En lo referente a las relaciones entre actos de habla, podemos hablar, por ejemplo, de 'preparación', 'motivación' o 'explicación' con respecto a otra acción lingüística.

Véase GRIMES (1975) para una serie de relaciones funcionales entre oraciones y VAN DIJK (1977 a, 1980 b) para las relaciones funcionales entre actos de habla.

oración no sólo es una unidad esencial sintáctica y semántica, sino que también tiene un papel fundamental en la ejecución de acciones lingüísticas, es decir que puede servir como base para las estructuras pragmáticas.

Con esto llegamos a un punto al que ya se había hecho referencia en el primer capítulo, a saber, la posibilidad de reducir secuencias de oraciones a oraciones compuestas. Una de las razones por las que esto no siempre es posible, siempre y cuando se quieran mantener aceptables los enunciados, es el hecho de que algunas secuencias de oraciones adoptan un papel especial en la enunciación de una secuencia de actos de habla:

(14) ¿Me ayudas un momento? Solo no me aclaro.
(15) ¡Pasa un día de estos! ¿Verdad que no me tienes miedo?
(16) ¡Espera! ¡En seguida estoy listo!

Además de los requisitos habituales para la coherencia semántica, estas oraciones también están pragmáticamente vinculadas en estos textos a causa de las acciones lingüísticas que manifiestan: a la petición de la primera oración de (14) le sigue una aseveración que funciona como *motivación* de la petición. Una petición resulta tanto más aceptable cuanto más claro esté para el oyente que el hablante/suplicante no puede ejecutar la acción por sí solo. La invitación en la primera oración de (15) se completa igualmente con una pregunta (más o menos retórica) que expresa la condición que deben cumplir las invitaciones, a saber, que el hablante da por supuesto que al oyente le gustaría visitarlo. En (16) se complementa la petición que se expresa en la primera oración con la aseveración de que no hace falta esperar tanto tiempo, con lo que se manifiesta que la petición es relativamente fácil de cumplir. Este tipo de *atenuación,* sobre todo de actos de habla que piden algo —referida a las acciones que el hablante espera y desea del oyente— también se manifiesta con el empleo de partículas y expresiones modales (de todos modos, casualmente, podrías, habrías, etc.). Esta atenuación es necesaria para disponer al oyente favorablemente, a la manera retórica clásica, para dejarle la libertad, en general sólo aparente, de satisfacer, o no, la petición. La caracterización aquí expuesta limita con la descripción de las normas sociales para la interacción en general.

Otra observación de los ejemplos (14) a (16) finalmente nos conducirá al *macronivel* de los actos de habla. Resulta sorprendente que, a pesar de que cada ejemplo esté compuesto de dos oraciones que en sí son una acción lingüística, de hecho esté en juego un solo *acto de habla principal* en cada ejemplo, a saber, un pedido en (14), una invitación en (15) y una petición/exhortación en (16). Esto significa que la segunda acción lingüística en estos ejemplos está *pragmáticamente subordinada* a la acción principal. Y realmente es este el caso porque estas acciones cumplen sendas condiciones, o intentan cumplirlas, para el logro de la acción principal; a saber: la motivación, la

averiguación de presuposiciones y la atenuación de la acción principal. En una serie de casos, tales acciones lingüísticas compuestas
pueden llevarse a cabo mediante *una* sola oración:

(17) Vengo a hacerte una visita porque me sobra tiempo.
(18) Si no te callas enseguida te sacaré de clase.

La primera oración puede emplearse para cumplir con una promesa,
pero una parte de esta acción consiste en comunicar (o en presupo-
ner), que uno de los requisitos para la realización de la promesa se
ha cumplido, lo que da mayor *credibilidad* a la acción lingüística
principal en sí. Tanto en esta como en casi todas las oraciones
compuestas, la relación semántica sigue teniendo una función central:
se trata de una vinculación condicionante entre 'sobrarle el tiempo a
alguien' y 'visitar a alguien'.

En (18) tenemos un ejemplo típico de *amenaza condicionada;* también existen promesas condicionadas. Aunque la amenaza tiene lugar, su ejecución depende de unas condiciones concretas. En otras
palabras: la circunstancia 'saldrás de clase' o 'te sacaré de clase'
solamente existe en las situaciones posibles en las que también se
lleve a cabo la circunstancia de que 'no te callas'. Así podemos
limitar discrecionalmente el 'contenido' de determinadas acciones
lingüísticas en tiempo, lugar, circunstancias, modo, etc. La promesa
de la oración (17), sin embargo, es ilimitada y se llevará a cabo en
todos los posibles 'decursos de las cosas' futuros, dado que el hablante asevera saber de antemano que se cumple o bien se cumplirá una
condición esencial (tener tiempo).

Si bien hasta ahora hemos considerado una serie de ejemplos en
los que las acciones lingüísticas se manifiestan como oraciones compuestas o como secuencias de oraciones, esto no significa en absoluto que ya seamos capaces de captar las normas exactas, y la mayoría
de las veces sutiles, que determinan la diferencia entre oraciones y
secuencias. Además de factores estilísticos o retóricos, sociales y
psicológicos que también determinan esta diferencia en la utilización
de la lengua, una serie de requisitos semánticos y pragmáticos tiene
un papel importante en el nivel del sistema lingüístico y de las reglas
convencionales. Semánticos son, por ejemplo, el cambio a un mundo
posible, un cambio de *discourse referents,* esto es, su introducción, el
cambio de *topic of discourse* o de perspectiva, como por ejemplo de
lo particular a lo general *(Juan vuelve a llevar sus pantalones viejos.
Nunca se pone algo que esté de moda).* Las razones pragmáticas para
comenzar una oración nueva están dadas fundamentalmente por la
posibilidad así creada de llevar a cabo una nueva acción lingüística,
dependiente o no de la anterior. Las condiciones y limitaciones de la
ejecución de las acciones a las que hacemos referencia a través de los
actos lingüísticos son más bien de tipo semántico, por lo que pueden
volver a expresarse mediante una oración compuesta. Por lo general
se emplean oraciones compuestas para la ejecución de acciones

lingüísticas compuestas del mismo tipo, por ejemplo, de dos comunicaciones *(Visito a mi tía y le pregunto si no quiere cuidar de nuestro
gato).* En otros casos, así como en las frases subordinadas, por
ejemplo, en (17), se debería hablar entonces de *una* sola acción
lingüística que hace referencia a una proposición compuesta. Así
pues, si digo:

(19) Visito a mi tía, o voy al cine.

proporciono una (única) comunicación de mis futuras acciones alternativas, y no la primera *o* la segunda comunicación. La disyunción
de acciones lingüísticas queda excluida por definición, porque de
cada acción he de saber que la realizo, y la disyunción sólo es posible
en circunstancias que todavía no son conocidas.

En este punto no discutiremos otros problemas que hacen referencia a las implicaciones pragmáticas de oraciones o secuencias de
oraciones compuestas.[15]

3.4.12 Después de haber desarrollado el análisis de las propiedades
textuales pragmáticas paralelamente a la semántica textual, podemos
plantearnos la cuestión de hasta qué punto también las *macroestructuras* poseen una función pragmática. Y, a la inversa, se plantea la
cuestión de si, basándonos en las mismas reglas que se aplican a las
informaciones semánticas complejas, podemos hablar de *macroacciones lingüísticas.*

En los ejemplos anteriores ya vimos que una serie de acciones
lingüísticas puede tener una *estructura jerárquica,* de manera que
una acción lingüística funcione como acción principal, y las demás,
como acciones auxiliares. En ese caso se puede sostener a la vez que
la acción realizada, desde un punto de vista *global,* es del mismo tipo
que la acción lingüística principal. Esto resulta de la macrorregla n.º
III (véase el capítulo anterior): la circunstancia más importante se
selecciona de una secuencia, suprimiendo requisitos, componentes o
consecuencias habituales.

Según las mismas reglas, por ejemplo la n.º IV (CONSTRUIR),
también deberá ser posible llevar a cabo una macroacción lingüística, sin que este tipo de acción lingüística se ejecute directamente en
un momento determinado de la conversación, a saber, no sólo en los
casos en los que se habla de acciones lingüísticas indirectas (p. ej.,
una serie de comunicados: *El pasillo está sucio. Las maderas están
podridas...,* que funciona como una orden para arreglar estos 'estados de cosas'). Esto significa que la acción lingüística global debe
componerse de acciones lingüísticas que tienen que realizar las condiciones, los componentes y las consecuencias correspondientes, co-

---

[15] Para las relaciones entre oraciones compuestas y secuencias de oraciones, véase
VAN DIJK (1977 a, 1980 b).

mo también sucede en general, para la descripción e interpretación de macroacciones (p. ej.: construir una casa, ir a París). El siguiente diálogo telefónico de Pedro y Juan puede considerarse un *pedido* (o una *pregunta)* de Juan a Pedro para que asista en su lugar a una conferencia, es decir: para que le facilite notas o apuntes:

(20) Pedro: 1 ¿Hola?
Juan: 2 Eh, Pedro, ¿eres tú?
Pedro: 3 ¡Eh! ¡Hola, Juan! ¿Cómo estás?
Juan: 4 Muy bien. Escucha. La semana próxima hay una conferen-
5 cia de John Searle; ya sabes, aquel de los «*Speech*
6 *Acts*» (...).
Pedro: 7 Sí, ya lo he oído. ¿Dónde la hacen?
Juan: 8 En el edificio central; no sé en qué aula, pero está
9 anunciado en el tablón del vestíbulo.
Pedro: 10 Ah, sí.
Juan: 11 Lo que pasa es que para la semana próxima tengo que hacer un
12 informe sobre la última obra de Searle, para el semi-
13 nario de «pragmática»; por eso de hecho debería ir a su
14 conferencia, pero también tengo que
15 mudarme la semana que viene...
Pedro: 16 Oh, sí. ¡Tienes razón!
Juan: 17 Bueno, entonces yo había pensado que si tú vas de todos modos,
18 y tomas apuntes...
Pedro: 19 Claro que sí. Naturalmente. No hay ningún problema.
20 Si tienes que hacer algo más práctico
21 que la pragmática...
Juan: 22 (se ríe). Ya lo creo que sí. Estupendo, qué bien que
23 puedas hacerlo. ¿Me pasarás tus apuntes?
Pedro: 24 Te los enviaré a tu nueva dirección.
Juan: 25 Fantástico, te lo agradezco.
Pedro: 26 No te preocupes que habría ido igual. Bueno, pues hasta pronto.
27 Un día de estos iré a ver tu nueva casa.
Juan: 28 Sí, hazlo. Pero llámame antes porque si no a lo mejor no
29 nos encuentras en casa.
Pedro: 30 Bien, hasta entonces, y no te olvides de darles mis recuerdos.
Juan: 31 Oh, sí. Tú también. Y muchas gracias de antemano. Adiós.

Este breve diálogo sigue siendo un tanto artificial: las conversaciones reales discurren de otra manera, incluso por teléfono, donde no existe una interacción visual.[16] Pero aquí lo que nos preocupa es la serie de acciones lingüísticas.

Lo que llama la atención en esta conversación es que una acción lingüística global se define, entre otras cosas, por su 'incrustación' en otras acciones sociales: llamar por teléfono, ir a la conferencia, ayudarse mutuamente, visitarse, etc.

Este carácter social también lo posee la estructura de la secuencia de actos de habla. En primer lugar requiere una *identificación* de los interactuantes *(pregunta* y *comunicación* en la línea 2), después de haber establecido la comunicación en sí y haber solicitado la identi-

[16] Para el estudio de conversaciones y de interacciones conversacionales véase capítulo 7 y las correspondientes notas.

ficación. Las *salutaciones* siguientes de distintos tipos son los requisitos normales de interacción entre interactuantes que se conocen y que no se han visto/oído desde hace algún tiempo. Este comienzo de la conversación no habría sido posible si Pedro ya hubiese llamado media hora antes. La construcción de la verdadera acción lingüística global, es decir, del pedido, comienza en la línea 4, cuando Juan habla por segunda vez, donde la manera de expresarse *Muy bien, escucha* no es tautológica, sino una manera convencional de dirigir la atención hacia un (nuevo) *topic of conversation,* o hacia una acción lingüística especial. La comunicación que tiene lugar a continuación 'establece' una presuposición para formular un pedido. En el plano ahora alcanzado se puede seguir preguntando (precisión) y contestando (información), sin que el oyente, Pedro, sepa cuál es el verdadero motivo de la acción lingüística global. Seguidamente vemos, cuando Juan habla por cuarta vez (línea 11) una serie de *comunicaciones* que preparan la motivación del pedido: la obligación de Juan de hacer algo que lamentablemente le impide otra acción necesaria, con el resultado de que la obligación siga en pie. En su texto siguiente, Juan presenta el 'centro' de la petición expresado indirecta y condicionalmente, a saber, la *propuesta indirecta* de que Pedro le puede ayudar a cumplir la obligación contraída. El pedido se reviste de la 'atenuación' habitual, situando en primer lugar la suposición de que Pedro no tendrá que realizar un esfuerzo *adicional,* sino que bastará con que permita que Juan participe de su acción: lo único que tiene que hacer es enviarle los apuntes de la conferencia. Pedro interrumpe a Juan, mostrándole que ya ha entendido la petición, y así se adelanta a la situación un tanto 'penosa' para Juan de tener que formular un pedido completo y explícito. Además *tranquiliza* a Juan al hacerle llegar una intensificación de la motivación de su ruego mediante un pequeño juego de palabras ('no te queda otro remedio'), en las líneas 20-21, confirmado luego por Juan en la línea 22. A esto le sigue una manera típica de *dar las gracias,* a saber, una valoración positiva de la futura acción de Pedro o bien de la suposición correspondiente (líneas 22-23). Ahora, Juan está en condiciones de *asegurar* la consecuencia concreta de la acción prometida (línea 23), lo cual no requiere una confirmación directa de Pedro, sino simplemente una *comunicación* (línea 24) que presuponga esta *confirmación.* Sigue el *agradecimiento* de Juan y el principio de la *finalización* de la conversación (línea 25), donde Pedro vuelve a atenuar esta obligación de agradecimiento (línea 26), al recordarle a Juan que de todas maneras tendría que realizar la acción solicitada y que el envío de los apuntes no constituye una molestia especial. También Pedro inicia entonces unos giros de despedida, cuando, entre otras cosas, se refiere a una próxima visita a la nueva vivienda, a la que ya se había aludido anteriormente en la conversación. Juan confirma esta propuesta con una leve *recomendación* (líneas 28-29) que pretende preservar a Pedro de ciertas molestias. El final de la conversación se produce mediante *saludos* dedicados también a otras personas (implícitas) y la anticipación del *agradecimiento* de Juan por la acción prometida por Pedro.

Esta descripción no formal de la serie de actos de habla muestra que las acciones lingüísticas globales pueden llevarse a cabo mediante la ejecución de acciones lingüísticas necesarias y opcionales preparatorias, constitutivas y consecutivas en el micronivel: ruego de identificación, identificación, saludo, comunicación como presuposición para una motivación, confirmación/pregunta referente a esta comunicación, especificación de una comunicación, comunicación que constituye la motivación de una petición, pregunta indirecta *(si de todos modos...)* como parte de una propuesta incompleta, confirmación y promesa, tranquilización, agradecimiento, pregunta explícita por las consecuencias de la acción previamente prometida, promesa, agradecimiento, atenuación de la obligación de agradecer, aviso, aceptación e invitación, recomendación, saludos, agradecimiento, final.

Una parte de los actos de habla sólo tiene una función limitada, por ejemplo, asegurar presuposiciones y hacer una recomendación acerca del aviso de una visita como parte final de la conversación/petición. Otros actos poseen una función directa como parte de la petición en sí, a saber, mediante la sugerencia de un requisito para la realización de una acción *(tú vas de todos modos),* que el otro cumple, lo que sigue a una importante motivación de la petición y es seguido de la confirmación y el agradecimiento. Las demás acciones lingüísticas se ocupan de los factores de interacción más bien generales: el contacto, la confirmación de unas relaciones amistosas, el aviso de unas acciones posteriores (la visita) y de la *estructuración global* (iniciar/concluir). Además de la *conexión pragmática,* la acción lingüística global «Juan le pide a Pedro que asista a una conferencia en su lugar» garantiza a la vez la *coherencia semántica* de esta conversación en su conjunto. Con esto queremos decir que también a los *diálogos* hay que reconocerles una *macroestructura* debido tanto a las secuencias de actos de habla como a las relaciones temáticas: de una manera coherente se remite a estados de cosas vinculados entre sí, a condiciones, partes y consecuencias de la asistencia a conferencias y a la interacción amigable/cortés entre conocidos/amigos en general. Un acto de habla global, igual que cualquier otro acto de habla, posee un 'contenido' semántico. En este caso, este contenido debe ser la macroestructura del texto, lo que nos aporta un nuevo argumento para apoyar la hipótesis de que hay que postular macroestructuras en la descripción de textos. Aquí la macroestructura puede describirse como las proposiciones 'Pedro va a una conferencia en lugar de Juan y le deja sus apuntes', eventualmente precisada por 'Juan no tiene esta posibilidad, pero necesita los apuntes'. Estas proposiciones se pueden deducir del texto en cuestión mediante las macrorreglas.

Por tanto se deduce que, hasta el nivel global de la descripción textual inclusive, existe una estrecha unión entre el significado y la función de la interacción lingüística. Se demuestra, pues, que texto y contexto guardan una dependencia recíproca.

4. Estructuras estilísticas y retóricas

4.1 *Objetivos y problemas del análisis estilístico*

4.1.1 En el primer capítulo hemos discutido brevemente que la ciencia del texto ofrece un marco más amplio tanto para la retórica clásica como para la disciplina científica que de alguna manera tiene su origen en ella: la estilística. En el presente capítulo estudiaremos con mayor detalle hasta qué punto es necesario un análisis estilístico y retórico más amplio de los textos. De entrada supondremos que los objetivos y problemas de la estilística pueden distinguirse de los de la retórica, postulando una variante actual de la retórica clásica que, no obstante, también denominaremos 'retórica'. A continuación investigaremos qué rasgos textuales especiales tienen un carácter estilístico o más bien uno retórico. En este capítulo la discusión se moverá en un plano bastante general.[1]

---

[1] En este capítulo se consideran las estructuras estilísticas y retóricas de una manera menos sistemática que las demás estructuras en los otros capítulos. El presente capítulo se limita a dar algunas relaciones breves sobre el *tipo* de estructuras y problemas, sobre todo porque la bibliografía es ya muy abundante en el ámbito de la ciencia del estilo y en especial en el de la retórica. Lo mismo ocurre con el estudio de la literatura y las llamadas estructuras 'literarias' de los textos.

4.1.2 Dado que el ámbito de investigación de la estilística, o ciencia del estilo, se concentra mayormente en las estructuras textuales que hemos descrito a lo largo de los capítulos anteriores, por ejemplo en conceptos gramáticos y pragmáticos, comenzamos aquí con una breve descripción de los verdaderos objetivos del análisis estilístico. Nos limitaremos sobre todo a lo que llamaremos directamente *estilística textual,*[2] es decir, a las investigaciones que se dedican a la descripción del *estilo* de textos en lengua natural. De esta manera queda fuera de consideración el estilo de otros 'artefactos' (dibujos, cuadros, objetos de uso, vestimenta, arquitectura, etc.), aunque pudieran ser de interés para una estilística general y comparada, que habría que incluir entonces en los estudios de arte o en la semiótica.[3]

Existen pocos términos tan vagos y ambiguos como el de 'estilo', por lo que un estudio serio, aunque breve, impone aquí una rigurosa restricción en su empleo. La utilización del concepto de estilo (como término técnico) lleva implícitos, por regla general, otros conceptos como 'especificidad', 'caracterización', 'desviación', etc., que se aplican tanto a artefactos particulares como a conjuntos de artefactos que se caracterizan por tener el mismo productor, el mismo grupo de productores, por el tiempo, el lugar o la cultura. Tales explicaciones del término convierten el concepto de estilo en un concepto esencialmente *relativo;* un artefacto o conjunto de artefactos poseen un 'estilo' determinado *en relación a* otros artefactos o conjuntos de artefactos o en relación a otras características, reglas, normas o convenciones generales según las que han sido producidas estas clases de artefactos. El estilo mismo puede basarse en reglas generales o particulares, pero siempre en reglas de naturaleza *específica*, es decir: en relación a otro sistema de reglas. En lugar de emplearlo para artefactos o conjuntos de artefactos, el término 'estilo' también se emplea metonímicamente para aquellos que los han producido.

Para concretar diremos que un determinado enunciado de un hablante determinado puede poseer un estilo respecto de sus demás enunciados, o la totalidad de sus enunciados puede caracterizarse como un estilo respecto de los de otros hablantes; un grupo de hablantes puede tener un estilo en sus enunciados que sea específico respecto de los de otros grupos y/o respecto del uso lingüístico de toda la comunidad. Injustificadamente, a veces sólo se presta aten-

[2] Para el estudio de fenómenos literario- y lingüístico-estilísticos, véase SEBEOK (comp.) (1960), KERKHOFF (1962), FOWLER (comp.) (1966), FREEMAN (comp.) (1970), RIFFATERRE (1971), CHATMAN (comp.) (1971), ENKVIST (1973), SANDERS (1973), SOWINSKI (1973). SANDIG (1978) ofrece una estilística pragmática. Las relaciones entre la variación estilística y retórica y sus funciones estratégicas en el diálogo se discuten en FRANCK (1979) mediante el ejemplo de las partículas modales alemanas. Para la perspectiva de tipo más bien sociolingüístico, véase BENEŠ & VACHEK (comps.) (1971). La lingüística cuantitativa se estudia, entre otros, en DOLEŽEL & BAILEY (comps.) (1969).

[3] El concepto de «estilo» en otras artes es estudiado por BEARDSLEY (1958, passim.)

ción al estilo de los textos escritos y en especial a los textos escritos con una función particular (ensayos, novelas). Además, en estos casos el concepto de estilo es tan general que sólo se emplea para designar unos rasgos característicos de estos tipos de textos (p. ej.: 'estilo literario').

4.1.3   La siguiente tarea consiste en explicar estas descripciones un tanto generales y en delimitar un poco más el concepto de estilo, para evitar confusiones entre estilística, gramática, poética y retórica.

La primera aproximación al concepto de estilo puede efectuarse en relación a la estructura *gramatical* de oraciones y textos. Tiene aquí un papel importante el concepto de *elección* u *opción;* por ejemplo: la elección de unidades, categorías o reglas que, desde un punto de vista determinado, son *equivalentes.* Esta equivalencia viene frecuentemente determinada por términos semánticos; se habla de *variantes estilísticas,* cuando dos o más enunciados poseen la misma interpretación —es decir, significado y referencia iguales— pero estructuras diferentes. Esto significa que han sido producidos con otras reglas fonológicas, morfológicas o sintácticas y/o con otros lexemas ('palabras'), como en:

(1) Fue a un especialista en enfermedades de la mujer.
(2) Se dirigió a un ginecólogo.
(3) Dijo que al día siguiente iría al médico.
(4) Al día siguiente iría al médico, dijo.

En (1) y (2) se trata de variantes léxicas; en (3) y (4) de variantes sintácticas, admitiendo que los significados de (1) y (2) y los de (3) y (4) sean idénticos.

Además se admite la hipótesis de que la elección de una variante determinada tiene una *función* determinada, de manera que podemos hablar de *variantes funcionales.* Sin embargo, ¿qué se entiende por 'función'? En primer lugar se puede circunscribir ese término diciendo que dos enunciados semánticos equivalentes poseen una función diferente en el *texto* o *diálogo:* así, la oración (3) es posible como contestación a la pregunta *¿Qué dijo?,* pero no la (4). De esta manera también se podrían etiquetar de 'variantes' las oraciones semánticamente equivalentes con distintas estructruras de *tópico-comento* de presuposición/aserción.

Otras diferencias funcionales resultan de la pragmática: están determinadas por las diferencias de *contexto* en el que se emplean las oraciones:

(5) ¡Escucha!
(6) ¿Tendría Vuestra Alteza la inmensa bondad de prestar un momento de atención a su muy humilde servidor?

Sin duda alguna se trata de diferencias semánticas; no obstante, la intención de esta variante es mostrar que la misma acción lingüística, en este caso una petición, puede manifestarse prácticamente con el mismo contenido de maneras muy distintas, que dependen de la posición de hablante y oyente y de la respectiva sociedad y cultura.

Además, las diferencias funcionales se refieren al determinado *tipo de texto;* entonces las denominamos diferencias *tipológicas* (textuales). Por norma general, (1) aparece en conversaciones cotidianas, mientras que (2) posiblemente sólo exista en textos escritos con cierta 'formalidad'. En este caso tienen una importancia directa las diferencias funcionales *sociales* y *situacionales*, que se derivan de las características sociales de hablante, oyente (público) y grupo o clase al que pertenecen, como en (5) y (6). Las distintas funciones situacionales también pueden diferir *psicológicamente* e indicar diferentes disposiciones de ánimo del hablante u oyente:

(7) ¡Cierra el pico de una vez!
(8) ¿Quieres callarte la boca de una vez?

Al lado de las diferencias pragmáticas (orden versus ruego), tienen aquí un papel importante p. ej. la impaciencia, el enfado y el comportamiento previo del oyente.

A partir de esta breve enumeración de diferencias funcionales posibles de expresiones que varían estilísticamente en relación al texto, al tipo de texto, al contexto y a la situación, se deduce que en todos estos casos se trata de diferencias en el *uso lingüístico,* es decir: de diferencias de opciones posibles entre categorías y reglas gramaticales y pragmáticas: existen 'maneras' diferentes de expresar el 'mismo' contenido o de efectuar la 'misma' acción lingüística. Sin embargo, se trata todavía de diferencias *sistemáticas* y *convencionales* del uso de la lengua: esto quiere decir que se asignan diferentes variantes a las diferentes funciones en virtud de interpretaciones universalmente aceptadas.

Además de este tipo de estilo convencional y funcional que, en principio, el hablante puede controlar, existen aspectos estilísticos en la utilización de la lengua que, por regla general, no se emplean de manera consciente en la comunicación. Se trata, por ejemplo, de características *cuantitativas* de la realización: el número de palabras por oración, la frecuencia de determinadas categorías, la frecuencia de determinadas construcciones sintácticas, etc. En tal caso se indica lo *característico* de un estilo concreto (de un enunciado, de un hablante) mediante valores medios, que tienen en cuenta el tipo de texto, de lenguaje, etc. Podemos decir, pues, que los hablantes pueden variar dentro de las 'posibilidades' de un lenguaje y un tipo de texto basado en reglas y convenciones: uno empleará frases más largas, dispondrá de un vocabulario más extenso o empleará otras construcciones sintácticas que otro. Si bien, por lo general, esta variación no es consciente, seguramente no siempre es arbitraria: puede, por ejemplo, depender del 'estilo de uso lingüístico' de un grupo o clase determinados, o estar determinada por el origen social, la formación cultural, etc.[4] También la situación comunicativa específica puede contribuir a tales características estilísticas: si estamos de mal humor o impacientes posiblemente formulamos frases más cortas que 'de costumbre' o que en otras situaciones, como en una conferencia, en la que se admiten oraciones más largas. En este punto se produce, por así decirlo, una transición al estilo 'funcional' antes descrito: precisamente mediante la formulación de frases cortas podemos eventualmente llegar a hacer sentir que estamos impacientes. No es fácil delimitar estas dos 'formas' de estilo. Para simplificar sólo hablaremos de variantes estilísticas funcionales cuando una forma determinada del uso de la lengua se puede interpretar más o menos convencionalmente (funcionalmente) en un contexto determinado. En general no es este el caso para tipos de diferencias como el uso de quince en lugar de dieciséis palabras por oración o el de cuatro sustantivos en lugar de tres. No obstante, estos rasgos más bien inconscientes del uso lingüístico pueden caracterizar a un hablante determinado, igual que pueden hacerlo su letra o sus movimientos.

En la llamada *estilística cuantitativa* se analizan estadísticamente estas características de estilo, y sobre todo se intenta averiguar hasta qué punto se diferencian significativamente de determinados valores medios (suponiendo que se conozcan).[5] Al elaborar el 'perfil estilístico' de un texto o de una serie de textos, en principio también se puede averiguar si estos textos fueron producidos por un hablante/autor determinado cuyas características cuantitativas de estilo ya nos eran conocidas. También se pueden medir las diferencias de estilo que no se perciben conscientemente, que se perciben sólo un poco o bien de manera sólo muy intuitiva: así, por ejemplo, un poeta puede emplear relativamente muchos adjetivos, mientras que otro apenas les concede importancia, pero emplea frases subordinadas. El hecho de que un estilo sea 'breve y conciso', 'fluido', 'enérgico', etc., depende, entre otras cosas, de estas diferencias, que evidentemente en no pocos casos pueden ser también de tipo cualitativo, como por ejemplo si se emplean o no los adjetivos.

4.1.4   Volvemos ahora sobre el problema que aún no quedó del todo claro antes: hasta qué punto podemos averiguar que tales 'diferencias' entre enunciados son estilísticas. De entrada ya hemos dado por supuesto que por lo menos algo debe seguir siendo 'lo mismo'; también hemos aceptado que la variación estilística se basa, entre otras cosas, en una (cuasi-)equivalencia semántica: dos expresiones

---

[4] Las diferencias de estilo de los sociolectos, que se manifiestan en, entre otros, el llamado código restringido o elaborado, se discuten e investigan por BERNSTEIN (1971), se someten a una discusión crítica por AMMON (1973), HAGER, HABERLAND & PARIS (1973) y (casi) se rechazan por LABOV (1972 a, 1972 b).
[5] Véase DOLEŽEL & BAILEY (comps.) (1969) para la estilística estadística.

tienen más o menos el mismo significado, pero una es, por ejemplo, más 'decorosa', la otra, 'menos decorosa'; una es 'prudente' y la otra no lo es. Tienen, pues, diferentes *funciones* comunicativas: las diferentes interpretaciones de un oyente no se basan en significados distintos (en un sentido más estricto: no se basan en significados 'denotativos'), sino en diferentes funciones de los enunciados (p. ej. en conexión con significados asociativos especiales de las palabras). Si una variante estilística posee una función particular, podremos suponer que el hablante también tiene la *intención* de que su expresión cumpla adecuadamente esta función y que sus características estilísticas especiales sean una expresión clara de sus intenciones (p. ej.: ser descortés, parco, impaciente). De ahí resulta que el hablante no es *libre* a la hora de elegir las variantes estilísticas. En otras palabras: con respecto a un determinado significado de base se habla de variantes equivalentes, pero con respecto a diferencias de intenciones, funciones y efectos se distinguirán variantes estilísticas funcionales. Ahora bien, si entre dos enunciados no pueden señalarse diferencias funcionales, los denominaremos variantes (estilísticamente) libres, lo que únicamente significa que son intercambiables en cualquier contexto posible.

Algo similar se puede observar también en otros niveles: se puede mantener constante la misma 'acción lingüística de base', pero variar el grado de autoridad, empeño, cortesía, etc., como en ruego versus orden, ruego urgente/cortés, etc. (véanse los ejemplos dados). En estas variantes, según veremos, puede variar también, en mayor o menor grado, el contenido semántico de las realizaciones. Podemos mantener constantes todas las estructuras sintácticas, semánticas y pragmáticas de un enunciado y llevar a cabo una mera variación fonética, p. ej., cuando imitamos un deje dialectal o una pronunciación intencionadamente distinguida.

4.1.5   Lo anteriormente dicho sobre oraciones se puede aplicar análogamente a las *secuencias de oraciones* y a los *textos:* cuando dos secuencias tienen estructuras diferentes (elección de las palabras, sintaxis), pero el mismo significado, hablamos de variantes estilísticas. Son de tipo funcional cuando la diferencia tiene una relación sistemática con una diferencia convencional dentro del contexto comunicativo. Pero si exigimos que además el 'significado' pragmático sea el mismo, estas diferencias en el contexto comunicativo no deben ser de tipo pragmático, puesto que en tal caso más bien deberíamos hablar de dos enunciados (diferentes) y no de variantes (estilísticas) del 'mismo' enunciado. Por ello, de hecho, no podemos hablar de variantes estilísticas en el ejemplo siguiente:

(9) (i)   María estaba enferma aquella noche. Pero aun así fue a la reunión.
    (ii) A pesar de que María estaba enferma aquella noche, fue (no obstante) a la reunión.

(iii) A pesar de su enfermedad, María fue aquella noche a la reunión.
(iv) María fue a la reunión aquella noche a pesar de que estaba enferma.

La diferencia pragmática entre estos enunciados consiste, entre otras cosas, en que en el primer ejemplo (9) (i) se expresan dos aseveraciones sobre María, mientras que en los otros dos ejemplos probablemente no se trate más que de una aseveración, en la que, o bien ya se da por supuesto una cierta información, a saber, que María estaba enferma aquella noche (9) (iii), o en la que se asevera la otra información tan sólo indirectamente o, mejor dicho, 'de manera subordinada' como parte de la aseveración principal. Si en el texto o en la conversación ya se mencionó la enfermedad de María, (9) (i) no es aceptable; lo son, en cambio, (9) (ii-iv). Además, (9) (i) parece poder seguir a una pregunta como: *¿Qué hizo María aquella noche?*, pero no a *¿Vino también María a la reunión aquella noche?*, que sin embargo aceptaría las contestaciones (9) (ii-iv). Las otras diferencias entre (9) (ii-iv) aún son más sutiles. Así como en (9) (ii y iii) lo 'más importante' parece la aseveración de que María fue a la reunión, (9) (iv) se interpreta más bien en el sentido de que lo más importante es el hecho de que asistiera a pesar de su enfermedad. Esta última diferencia también se obtiene si la expresión *a pesar de su enfermedad* en (9) (iii) no estuviera en la primera parte de la oración, o si esta parte se pronunciase con un énfasis especial. Tan pronto como dejen de poder demostrarse diferencias semánticas o pragmáticas de este tipo, los diferentes enunciados se convierten en variantes estilísticas entre sí, según nuestro concepto «estricto» de estilo. Suponiendo que en (9) dejáramos de considerar las diferencias pragmáticas, se trataría más bien de variantes estilísticas (con el mismo significado), pudiendo equipararse eventualmente las diferencias pragmáticas con las diferentes 'funciones' de estas variantes. Sin embargo, nos atendremos a diferenciar entre funciones estilísticas y pragmáticas de los enunciados.

4.1.6   Las diferencias entre características textuales de 'estilo' también pueden emplearse significativamente para las diferentes formas de *narración*. Así, por ejemplo, se puede explicar la misma serie de sucesos desde *perspectivas* diferentes, como en:

(10) (i) Pedro tenía hambre. ¿Debía o no debía soplar un plátano? En aquel momento el verdulero estaba despachando a un cliente. Pedro no pudo contenerse más. Rápidamente sacó un plátano de la caja. (...)
(ii) Mientras el verdulero estaba ocupado en servir a un cliente, Pedro se preguntó si debía robar un plátano, ya que tenía mucha hambre. Rápidamente cogió un plátano de la caja porque ya no podía contenerse más. (...)

Si por un momento prescindimos de que la información del primer fragmento se expresa mediante oraciones simples y en el segundo mediante un número más reducido de oraciones compuestas, observamos que también existe una diferencia de perspectivas, ya que en la oración (10) (i) el suceso se describe más desde el punto de vista de Pedro.[6] En tal caso, sus pensamientos ya no necesitan ser 'descritos' como tales, como por ejemplo en (10) (ii) —*él se preguntó*— sino que pueden 'expresarse' directamente. Comúnmente se emplean en esos casos aquellas expresiones que son una reconstrucción de los propios pensamientos de Pedro *(soplar),* en lugar de las expresiones 'más formales' y descriptivas del narrador *(robar).* Este tipo de diferencia de perspectiva se emplea generalmente en la transmisión del *estilo directo:*

(11) (i) Juan aseguraba estar loco perdido por esa tía.
(ii) Juan dijo que esa mujer le interesaba mucho.

Tanto (i) como (ii) pueden ser un informe de la afirmación de Juan: *Tengo un gran aprecio por esta mujer.* De todas formas, en el primer caso el hablante puede dar a entender, mediante la utilización del verbo *asegurar,* que duda de la veracidad de lo dicho por Juan, en tanto que designa con sus 'propias' palabras los sentimientos por una mujer y por la mujer en sí, lo cual posiblemente implique a la vez una cierta *valoración.* Si este fuera el caso y si, como en la oración (10), existen diferencias en la perspectiva narrativa, entonces ya sólo se habla de variantes *estilísticas* (en este caso con unas funciones claramente diferentes) de un significado (básico) semántico más o menos equivalente.

4.1.7 Ahora, pues, hemos reducido el concepto de «estilo» a lo que podemos llamar «forma característica de la utilización de la lengua», tanto en el nivel oracional como en el textual, y hemos dirigido nuestra atención sobre todo a las «formas de expresión» de la lengua, es decir: a las características fonéticas, morfológicas, sintácticas y léxicas de los enunciados. Como delimitación ulterior también se han discutido como «estilo» las diferencias características en el uso de la lengua que no expresen a la vez diferencias semánticas o pragmáticas. Sin esta delimitación, *todas* las diferencias entre enunciados deberían ser de por sí «estilísticas». Por ello tenemos muy presente que no se puede emplear rigurosamente un concepto de estilo sin mantener algo implícita o explícitamente constante o equivalente, p. ej. el significado, la función pragmática (acto de habla) o determinadas categorías, reglas o convenciones, *en relación a las que* pueda definirse un estilo característico.

Después de resumir todas nuestras consideraciones con respecto al concepto de estilo, podemos comenzar a definirlo también en otros niveles de la descripción lingüística y textual. ¿Se podría, por ejemplo, hablar también de un *estilo semántico,* después de habernos ocupado anteriormente sobre todo del estilo sintáctico? Precisamente

---

[6] El concepto de «perspectiva» en la narración supone una parte importante de la teoría clásica de la novela. Véase HAMBURGER (1968) y STANZEL (1964), entre otros. KURODA (1975) lo amplía desde puntos de vista más lingüísticos.

las formas tan esenciales del *estilo léxico,* es decir: del estilo que resulta de una determinada elección de palabras, acaso nos proporcionarían la posibilidad de definir también las formas 'de contenido' del estilo. El estilo léxico también se basa en el principio de que dos morfemas m_i y m_j pueden ser estilísticamente variantes en relación a un componente de significado común $c,$ como por ejemplo en las variantes ya mencionadas de «robar» y «soplar». Además del componente común de «apropiarse de algo ilícitamente» se puede decir también que mediante los dos enunciados se señala el mismo 'referente', a saber, una acción determinada. Por eso la diferencia se reduce a la *situación* concreta en la que realmente se emplea o podría emplearse este modo de expresión. Lo que aquí reviste un interés especial es una serie de propiedades características del hablante (así como de sus suposiciones sobre el oyente), al igual que el *tipo* de situación o interacción, p. ej.: una conversación cotidiana, una conversación con amigos de la misma generación, etc. En nuestro ejemplo (10), Pedro podría decir a sus amigos que ha *soplado* un plátano, mientras que en otra situación, por ejemplo, delante de un funcionario policial, aseguraría que no ha *robado* ningún plátano. En ello reconocemos una vez más una serie de *determinantes situacionales* para la variación estilística.

A la pregunta que acabamos de formular sobre si puede hablarse de un estilo semántico, podemos contestar, pues, que deben de existir también variantes de significado en los niveles oracional y textual, originadas por las características situacionales ya mencionadas u otras. Esto significa que las implicaciones proposicionales y pragmáticas de una oración o de una serie de oraciones deben ser las mismas y por ello también sus referencias, las circunstancias aludidas y los actos de habla intencionados. Un ejemplo muy típico lo aportan las variaciones estilístico-semánticas de las peticiones. Si un hablante quiere pedirle a un oyente que devuelva lo antes posible una determinada cantidad de dinero, existen incontables posibilidades semánticas, con un componente proposicional común, cuyas diferencias son un *indicio* o expresión de diferencias situacionales, como por ejemplo la cortesía, la sumisión, la paciencia, la impaciencia, la osadía, el poder, la autoridad, la comprensión por el oyente, etc. Estos tipos de *actitudes* estilísticas expresadas de manera diferente por el hablante frente al oyente, a menudo también se denominan *tono* de la realización. A continuación mostramos algunos ejemplos:

(12) (i)   Haz la transferencia enseguida (pronto/rápido/inmediatamente/sin demora/de prisa...).
     (ii)   Haz la transferencia lo más pronto posible.
     (iii) Haz la transferencia en cuanto puedas.
     (iv)   Haz la transferencia en cuanto tengas un poco de tiempo.
     (v)   Haz la transferencia en cuanto tengas el dinero.
     (vi)   Haga la transferencia ... (véase i-v).
     (vii) ¿Harás la transferencia enseguida (de inmediato/lo antes posible/etc.)?

(viii) ¿Querrías hacer la transferencia (...)?
(ix) Te ruego hagas la transferencia/tengas a bien hacerla.
(x) Quiero pedirte que hagas la transferencia (...).
(xi) Si no te importa, podrías hacer que el dinero...
(xii) Quiere Vd./Querría Vd. ... (vii-xi).
(xiii) ¿Puedo llamarle la atención sobre el hecho de que aún me debe algún dinero?
(xiv) Le recuerdo que todavía no ha cumplido con sus obligaciones.
(xv) Como yo mismo estoy pasando por un mal momento económico, quiero preguntarte si...
(xvi) Aún me debes cinco mil pesetas.
(xvii) ¿Te acuerdas de que me debes dinero?
(...)

De esta manera, estos ejemplos pueden variar extensamente con la variación de *tu/Vd.* y la diversidad de modos de expresión formales. Hay que tener en cuenta que se puede pasar paulatinamente desde la directiva 'más dura' (i) a la forma 'más suave', según las categorías situacionales ya mencionadas como cortesía y posición social/poder. Además de las órdenes/peticiones directas también son posibles las *indirectas* (xiii y siguientes), por las que el oyente puede deducir el contenido exacto de la petición. Una de las razones por las que las peticiones indirectas, por regla general, son más corteses o de mayor tacto en las interacciones, es que el oyente dispone, al menos aparentemente, de una cierta libertad para interpretar la petición. Tal y como ya se ha visto antes, puede realizarse un acto de habla indirecto cuando se pregunta o comunica uno de sus supuestos. Mientras que en todos los casos se puede hablar de variaciones léxicas y semánticas, se produce adicionalmente una variación *pragmática* entre las órdenes (i-vi) y las peticiones de los demás ejemplos; en tal caso la base común consiste en la directiva «yo quiero que tú hagas algo/que Vd. haga algo», con lo que la diferencia contextual se traduce en una diferencia de autoridad.

Además de las ya mencionadas variaciones estilísticas en el nivel semántico de la oración, pueden producirse también diferencias semánticas en los textos, igual que en las relaciones de conexión y de coherencia ya discutidas. Una forma de variación posible es la que se basa en el grado de 'explicitud'. Intuitivamente sabemos que podemos expresar una información de modo claro o menos claro, puesto que, como ya vimos, una gran parte de la información queda implícita, a saber, aquello que el hablante supone que el oyente ya sabe o puede deducir de lo anteriormente dicho:

(13) (i) Pedro está enfermo. No viene.
     (ii) Pedro está enfermo. Así pues/por ello no viene.

En principio, estas secuencias pueden considerarse variantes estilísticas; la diferencia consiste en que en (ii) se expresa la conexión causal (mejor dicho: constitutiva), lo que no ocurre en (i), donde el oyente debe deducir por el texto (i) que la circunstancia mencionada es el motivo de la segunda. De esta manera pueden llegar a adquirir una importancia estilística los diferentes *grados de «explicitud»* (evidentemente dentro de las fronteras de las reglas lingüísticas: tampoco hay que ser demasiado explícito o implícito, ya que de lo contrario el enunciado resulta demasiado redundante o incoherente, lo cual lleva en ambos casos a una falta de aceptabilidad).

Estrechamente emparentadas con este tipo de diferencias estilísticas posibles se encuentran aquellas que se basan en la *integridad relativa* del enunciado, con respecto a las circunstancias descritas.[7] Ya hemos visto que podemos describir un suceso mencionando sólo los aspectos más importantes, pero también haciendo una relación de toda una serie de detalles, inclusive las reacciones resultantes del hablante. Según la situación comunicativa, se reconoce un límite inferior y uno superior de esta integridad (se supone, por ejemplo, que le explicaré más detalles a mi esposa que a la de otro), pero dentro de esos límites la variación estilística es posible. En concreto: uno 'da la lata' y otro es 'parco de palabras'. Las diferencias estilísticas que surgen de esta manera pueden describirse en términos de semántica textual, como se ha esbozado en los últimos capítulos.

No obstante, en este nivel deben explicarse conceptos intuitivos que hacen referencia al estilo de un texto, como por ejemplo 'claridad', 'concisión', etc. Así se puede calificar de «conciso» el estilo de un texto si de las circunstancias que son importantes para la interpretación e interacción (contexto) se menciona *todo lo necesario y lo menos posible.* La claridad debe cumplir sobre todo el primer criterio, y además, las condiciones de un determinado *orden* de la información, como las premisas en una argumentación, o las presuposiciones y oraciones que son requisito indispensable de una presuposición de este tipo.

Hay casos especiales en los que se quebrantan intencionadamente determinados criterios mínimos de coherencia y conexión semánticas, por ejemplo, para conseguir un efecto pragmático concreto o, en el caso de la literatura, para funciones literarias determinadas. Por ejemplo, la descripción de una persona en una novela puede ser 'sobrecompleta' en relación con descripciones comparables en narraciones cotidianas, mientras que en determinadas formas de la poesía con frecuencia no se cumplen condiciones mínimas de «explicitud», con lo que se puede impedir una interpretación unívoca o demasiado rápida. En tal caso no se debería hablar de estilo, sino de unas características semánticas típicas de la comunicación literaria, aunque por regla general lo característico, es decir, en relación con el uso no literario de la lengua, lo llamaríamos 'estilístico'. Ya no se trata de la variación entre textos, textos de determinadas personas o grupos, sino de la variación entre *tipos de texto.*

---

[7] Conceptos como «explicitud», e «integridad» en las descripciones, etc., son tratados brevemente por VAN DIJK (1977 a).

Mientras que los ejemplos arriba expuestos se referían sobre todo a la estructura de la información semántica (*cómo* se dice «algo»), con el distintivo de la integridad ya se traspasa la barrera hacia la próxima dimensión de variación semántica (precisamente, a *qué* se dice). Esto quiere decir que el hablante tiene determinada posibilidad de elección para decir o no ciertas cosas; estas opciones deben moverse dentro de unos límites de naturaleza pragmática y social, designados por la actitud, la posición social, los tabúes, etc. Existen culturas en las que, vistas globalmente, se habla poco y otras en las que se habla mucho y en detalle, o culturas en las que las mujeres y los niños hasta cierta edad no 'pueden' hablar en determinadas situaciones o en las que los *temas* de los que pueden hablar están sometidos a cierta limitación. [8] Algo similar ocurre en la interacción entre hombres y mujeres, maridos y esposas, señores y criados, niños y adultos, etc. En el presente capítulo se estudia el hecho de que las posibles diferencias estilísticas entre textos vienen dadas por una selección de *temas* u objetos de conversación, es decir: de macroestructuras semánticas. Por eso, lo característico de un hablante puede indicarse a través del *ámbito* y de la *frecuencia* de un campo temático y de sus objetos, determinados a su vez por los intereses, deseos conscientes o inconscientes, etc. Precisamente a este respecto, la estilística se ha ocupado tradicionalmente del análisis del estilo para extraer de él características personales, como por ejemplo en las ciencias sociales.

Con esto ya casi desbordamos el concepto de estilo. Si bien, aún podemos decir simplemente que el hecho de que alguien hable principalmente de mujeres, coches deportivos y copas es característico de su estilo, este concepto requiere en nuestro empleo científico que 'algo' se mantenga constante o sea equivalente, es decir que requiere un criterio por el cual se lo defina. En este caso lo serían los textos y temas de conversaciones 'habituales' que siempre surgen en determinadas situaciones. Inmediatamente se observa que conceptos como *norma, habitual, preponderantemente* y otros similares, como características problemático-convencionales del uso de la lengua, constituyen la descripción de estilo, aun cuando no existe ningún motivo para reducir el concepto de estilo, en el análisis del uso lingüístico, a fenómenos 'superficiales' como el sonido, la construcción de la frase o la elección de palabras: los textos, las personas o los grupos individuales pueden variar igualmente en lo que respecta al significado, la conexión o la temática.

Y, por fin, la sistemática del modelo de descripción lingüística requiere que nos preguntemos hasta qué punto podemos hablar razonablemente del estilo *pragmático* de textos o conversaciones; así

---

[8] Para los diferentes estilos de lenguaje en culturas distintas, véase GUMPERZ & HYMES (comps.) (1972) y BAUMAN & SCHERZER (comps.) (1974).

como hemos hablado de posibilidades variables de elección de temas, tal vez se puede decir que el hablante puede elegir entre los diferentes tipos de *actos de habla,* siempre que se atenga a las condiciones pragmáticas normales de aceptabilidad en un contexto dado. En primer lugar existe la posibilidad, ya mencionada, de actos de habla *directos* e *indirectos,* como por ejemplo:

(14) (i) ¡He olvidado mi reloj!
     (ii) ¿Qué hora es?

o bien:

(15) (i) ¡Acabo de encerar el suelo!
     (ii) ¡Límpiate los zapatos!

Además se podrían diferenciar las realizaciones, en las situaciones en que ambas posibilidades son aceptables, según representen una petición o una orden, un consejo o una propuesta, etc.

De esta manera vuelve a surgir la pregunta de cuál es la *base* común para la variación estilística; en el presente caso se mantienen constantes las *intenciones* y las *consecuencias* correspondientes, aproximadamente de la siguiente manera: se pretende que el oyente haga *p.* Si existe una determinada intención interactiva, el hablante puede elegir entre varios actos de habla posibles de un contexto dado, de manera que la *consecuencia* de todas formas siempre sea idéntica. Si bien existen diferencias de probabilidad debido a la variación estilística en los textos por lo que se realizan las consecuencias deseadas, a la vez esto supone uno de los aspectos más fundamentales de variantes estilísticas, a saber, el *efecto* o la *eficacia* de diferentes características estilísticas. Mientras que la pragmática, en principio, especifica las condiciones previas para que una manifestación sea la *adecuada* en un contexto dado, la estilística da un paso más al describir las condiciones para que una manifestación sea *eficaz,* es decir, que contribuya *óptimamente* para que se realicen las actitudes e intenciones del hablante en una situación determinada.

A pesar de la diferencia sistemática entre el objeto de la pragmática y el de la estilística se hace patente que ambas disciplinas están muy interrelacionadas. En la mayoría de contextos, las variantes (5) y (6) no son intercambiables sin más, por lo que no sólo existe una diferencia en cuanto a la efectividad, sino también en lo que se refiere a la conveniencia. Esto se debe a que determinados requisitos contextuales, como por ejemplo la «cortesía» o «la posición social del oyente, más elevada que la del hablante», parecen desempeñar un papel tanto pragmático como estilístico, lo cual se expresa también en la propia enunciación. Ahora bien: la pragmática indica cuándo un hablante expresa o puede expresar una aseveración, una petición, una promesa, etc., es decir, que une el *enunciado lingüístico* con un *acto de habla.* Pero es en las diferentes variantes estilísticas donde se concreta cómo se puede realizar de diferentes maneras el mismo *tipo* de acto de habla (del mismo modo que se puede llevar a cabo la misma acción de maneras diferentes). Desde luego, esta variación generalmente no es casual en una observación funcional de los fenómenos lingüísticos. Como decíamos, el hablante desea configurar su acción lingüística lo más eficazmente posible, para poder modificar la actitud del oyente según su intención original: el hablante quiere que el oyente crea en su aseveración, que considere su petición, y lo que más quiere es que, como consecuencia de la interacción, su petición, recomendación o propuesta se lleve a cabo. Estas modificaciones en el oyente —cambios de conocimientos, opiniones, deseos e intenciones— no sólo son realizadas por las características del acto de habla, sino también por determinadas características *del hablante,* como se comunican durante el acto de habla en cuestión. Así, por ejemplo, se llevará a cabo con mayor éxito una petición formulada 'cortésmente' que una formulada con 'descortesía'; (véanse los ejemplos de (12)). Desde el *punto de vista de la interpretación* lo importante no es tanto si el hablante *realmente* tiene una actitud cortés o si sólo la da a entender, de manera que el oyente pueda *suponer* que el hablante es amable. Si partimos de esta suposición del oyente sobre la actitud interactiva del hablante, el oyente puede dejar penetrar este factor en sus pensamientos que finalmente lo llevarán a tomar una decisión favorable para el hablante. Por cierto que en las situaciones en las que el oyente ya sabe o supone que el hablante se le presenta amablemente o como mínimo con una postura benevolente, y viceversa, son menos necesarias las formas de expresión estilísticas especiales. Entre amigos o entre cónyuges puede ser 'apropiada' una petición como *Dame el periódico,* siendo además neutral en cuanto a la condición de amabilidad. Se sabe que tales condiciones, de importancia en la conversación cotidiana, se modifican en las situaciones en que los amigos o cónyuges se enfadan; entonces una petición de este tipo puede ser contestada por un *¡Cógelo tú mismo!*

4.1.8 En nuestra discusión hemos aludido varias veces a diferentes *funciones* (efectos) del estilo, por ejemplo, a las modificaciones específicas del oyente como consecuencia del acto de habla. Sin embargo, a la vez resultó que estas modificaciones que se dan en el oyente dependen de suposiciones sobre características del hablante. Por lo tanto, a este respecto hay que buscar las funciones del estilo no sólo en los efectos o las consecuencias, sino también en las *razones* o los *motivos* de una determinada variación estilística como *expresión* de determinadas características del hablante. Por ello, la descripción tradicional del estilo más difundida une el estilo con una caracterización general del hablante. En ella puede constatarse una diferencia entre las características (semi-)permanentes de un hablante y las que únicamente caracterizan la situación comunicativa en cuestión. Por ejemplo, una persona puede ser antipática 'por naturaleza', o serlo sólo en aquel preciso momento; algo parecido ocurre con la impaciencia, la precaución, la cortesía, etc. Por un lado se trata de un rasgo característico general de una persona, y por otro, de los rasgos particulares de una situación comunicativa y de un enunciado determinado. En una descripción lingüística no podemos, por así decirlo, establecer una diferencia entre ambos.

Más adelante veremos que en las demás ciencias del texto precisamente interesa la manera en que los enunciados y en particular su estilo pueden llegar a poner de manifiesto las propiedades permanentes 'escondidas' del hablante.

Así llegamos a una segunda diferencia en las características del hablante, que supone condiciones previas para las variaciones estilísticas: la cuestión de si estas propiedades son, o no, *conscientes* o *controlables* y, lo que es aun más importante, si la elección de las variantes estilísticas es *intencional* o no. A menudo se parte del hecho de que precisamente las características de estilo *involuntarias,* no controladas e incontrolables, permiten conocer el carácter y la personalidad del hablante, p. ej.: los deseos y las intenciones callados, las posturas y opiniones. En el otro caso, el hablante precisamente quiere que el oyente se dé cuenta de cuál es su postura (p. ej., la amabilidad), con la que la intención del hablante (p. ej., la satisfacción de una petición) pueda realizarse. Mientras que decimos que una acción lingüística es apropiada *(appropriate)* o no en relación a ciertos conocimientos, deseos y actitudes de los interlocutores, podemos decir que una realización lingüística o un acto de habla son adecuados *(adequate)* o no en relación a otros factores situacionales como la *actitud* del hablante frente al oyente. Por ello denominamos el primer caso el *contexto pragmático,* y el segundo, el *contexto estilístico* del enunciado. De esta manera resulta como contexto estilístico una estructura de precondiciones situacionales sistemáticas que determinan la adecuación (o eficacia) del enunciado. Ya hemos dado algunos ejemplos de actitudes estilísticamente relevantes: la amabilidad, la condescendencia, la paciencia, la cortesía, la seguridad, el enfado, etc., así como sus contrarios. Y no solamente la actitud en sí es importante, sino sobre todo la actitud frente al oyente, ya que al fin y al cabo es la decisiva para el tipo de interacción comunicativa. De momento no nos interesan las características psicológicas precisas de estas actitudes, ni los procesos cognitivos (estrategias, etc.), que tienen un papel en la producción y la interpretación estilísticas. La verdadera tarea de la estilística consiste en describir las relaciones sistemáticas entre el mencionado contexto (estilístico) y las variantes estructurales pragmáticas, semánticas, sintácticas y morfológico-fonológico/léxicas del enunciado. Por ahora podemos dejar sin aclarar hasta qué punto se manifiestan aquí *reglas de estilo* (por ejemplo en la forma de que si S manifiesta la estructura gramatical $G,$ en un contexto c esto expresará la actitud a), puesto que no sabemos a ciencia cierta si estas reglas son comparables con otras reglas del sistema lingüístico. De todas maneras, a menudo se distingue entre *reglas* y *estrategias;* así existen reglas para jugar (correctamente) al ajedrez, pero existen estrategias concretas, es decir, *aplicaciones* de las reglas, para hacer rápidamente jaque mate; también existen reglas para una configuración correcta de una petición y estrategias para conseguir que alguien reaccione ante una petición, orden o recomendación. El estilo de un texto, que se plasma tanto en la 'forma' y el 'contenido' de cada oración como en la 'forma' y el 'contenido' de todo el texto, parece estar íntimamente ligado a estas estrategias comunicativas.

4.1.9   Anteriormente hemos discutido sobre todo las características concretas de los hablantes precisamente en su calidad de determinantes en el contexto estilístico, como por ejemplo actitudes u opiniones en relación al oyente. No obstante, se puede introducir toda una serie de categorías que pueden determinar la variación estilística. Aquí presentamos como relación provisional:

(i)   condiciones ad-hoc (condiciones situacionales) del hablante (por ejemplo: excitación, enfado);

(ii)   actitudes ad-hoc del hablante en relación al oyente (cortesía, respeto);

(iii)   características (semi-)permanentes del hablante (rasgos de su carácter, como impaciencia, comportamiento dominante, etc.);

(iv)   características sociales y situacionales del hablante en su relación con el oyente (rol, postura, etc.);

(v)   características sociales (semi-)permanentes del hablante (*status,* poder, etc.);

(vi)   tipo de interacción/situación/institución social (autobús, clase, iglesia, oficina, etc.);

(vii)   tipo de enunciado y función pragmática (conversación cotidiana, anuncio, narración, etc.);

(viii) situación socio-económica (clase, capa social, formación);

(ix)   tipo del modo/medio comunicativo (oral, escrito, carta, periódico, televisión, etc.);

(x)   situación socio-cultural (costumbres, tradiciones, convenciones).

Esta lista se podría estructurar y especificar aun más, pero aquí sólo se trata de indicar que en las variaciones estilísticas se pueden manifestar factores situacionales muy diversos y que, a la inversa, al interpretar enunciados, el oyente puede sacar conclusiones con respecto a estos factores sobre la base de rasgos de estilo, *además* de la interpretación semántico-pragmática del enunciado. En algunas situaciones, esta *interpretación estilística* puede ser incluso más importante que la semántico-pragmática; lo que interesa no es *lo que* se dice sino *cómo* se dice; no es lo que el hablante quiere expresar o lo que pretende con su enunciado, sino que son otras propiedades/características primarias del hablante las que despiertan el interés del oyente.

   En los próximos capítulos se caracterizarán con mayor detalle estas relaciones, entre estilo y situación comunicativa, entre otras cosas. En este capítulo intentamos mostrar fundamentalmente que un texto —además de su estructura gramatical— también puede poseer otras características estructurales que son de importancia para la interacción comunicativa.

4.2 La estructura retórica del texto

4.2.1 La *retórica* está estrechamente emparentada con la estilística, e incluso en algunos casos coinciden. En muchos aspectos se puede considerar la estilística actual como la continuación de la 'retórica' clásica, que desde finales del siglo XIX prácticamente ya no existe como disciplina científica autónoma.[9] En la Antigüedad, la Edad Media y la Edad Moderna clásica, la retórica tenía en cambio una función muy importante al lado de la «gramática», la «poética» y la «dialéctica». Mientras que la gramática actuaba como «ars recte dicendi (loquendi)», es decir, como el arte del correcto hablar, la retórica representaba el «ars bene dicendi (loquendi, scribendi)», es decir, el arte de la «buena» utilización de la lengua. Originalmente, la retórica, como su nombre lo indica, tenía especial importancia para el *hablar* del orador, por ejemplo ante un tribunal o en una asamblea popular. Por eso, los rasgos cualitativamente 'buenos' del hablar también se consideraban en relación con su *eficacia* para *convencer* al juez o a la parte contraria. Con estas intervenciones 'estratégicas' ya nos habíamos encontrado al caracterizar las variantes estilísticas, a través de las cuales también se expresa el componente común de la retórica y de la estilística moderna. La retórica se preocupa precisamente de la manipulación consciente, perseverante para conseguir sus fines y dependiente de ellos, de los conocimientos, las opiniones y los deseos de un auditorio, mediante rasgos textuales específicos, así como de la manera en que ese texto se realiza en la situación comunicativa. Por consiguiente, la retórica no analiza el uso de la lengua como realización (involuntaria), que depende de los factores situacionales mencionados en el apartado 4.1.9, y en especial del orador; una parte de la estilística se ocupa de esta tarea.

Puesto que también se pueden estipular otras diferencias sistemáticas entre la estilística y la retórica en cuanto al objeto y los fines perseguidos, introduciremos una forma moderna de la *retórica,* a menudo también denominada 'nueva retórica', siguiendo una evolución que viene delineándose desde hace ya unos diez años. Aquí, sin embargo, seguiremos utilizando el nombre antiguo.[10]

---

[9] El, sin duda, más amplio manual de la retórica clásica es el de LAUSBERG (1960).

[10] Una forma más reciente de la retórica se debe, entre otros, a DUBOIS e.a. (1970). Para tener una idea general sobre la evolución de la retórica clásica y sus formas actuales, véase *Communications,* 16 (1970), KOPPERSCHMIDT (1973) y UEDING (1976). Para los «*new rhetorics*» en los EE.UU. véase STEINMANN (comp.) (1967). La «*nouvelle rhétorique*» de PERELMAN es más bien una doctrina de la argumentación; véase el próximo capítulo.

4.2.2   Aunque no resulte fácil (y acaso tampoco demasiado razonable), separar la retórica de la estilística y la pragmática, puede decirse que la primera se ocupa especialmente de una serie de fenómenos y características textuales de carácter ciertamente diferente al de las variantes de uso lingüístico que denominamos estilísticas.

En primer lugar, las variantes estilísticas tratadas siempre resultan variantes descriptibles por categorías y reglas gramaticales y pragmáticas; desde el punto de vista del texto se trataba de la elección característica de unidades léxicas, estructuras sintácticas, relaciones semánticas, etc. A este respecto, el estilo también es una forma (típica) del *uso de la lengua* en un sentido estricto, es decir: un procedimiento del sistema lingüístico tal y como lo explica la gramática. Pero además existen estructuras textuales que deberán caracterizarse mediante categorías y reglas de otra índole, aunque éstas vuelvan a referirse a unidades gramaticales. Las estructuras especiales las denominaremos *estructuras retóricas.* Especialmente las figuras estilísticas (figurae) han sido un tema central en cierto nivel de la descripción retórica en los libros de texto hasta nuestros días, y con frecuencia se ha limitado injustificadamente la retórica a la consideración de estas figuras y sus modos de procedimiento.

Una segunda distinción entre retórica y estilística se evidencia en el hecho de que la retórica no sólo se ocupa de estructuras específicas en el ámbito de las oraciones o series de oraciones, sino también de la estructura textual *global.* Así pues, la retórica aporta reglas y categorías para la *división* de determinados tipos de texto, como por ejemplo de un discurso o de una argumentación, en partes funcionales, y para un posible *orden* de estas partes. Esta estructura global no es siempre la misma que la macroestructura semántica que introdujimos en un capítulo anterior, pero puede estar basada en ella. En el capítulo siguiente presentaremos diferentes estructuras globales de textos con la ayuda de ejemplos de tipos particulares (p. ej.: una narración), por lo que aquí nos limitaremos a las características textuales retóricas en el marco de las oraciones y secuencias.

Tracemos, *grosso modo,* un resumen de las relaciones entre estilística y retórica: con la retórica hemos abandonado la caracterización gramatical propiamente dicha de los textos, por lo que debemos introducir nuevos conceptos teóricos para las unidades y reglas específicas. Así como en general se puede decir que las estructuras retóricas se *basan* en estructuras gramaticales, determinadas variantes estilísticas pueden poseer también una *función retórica*, a saber, como parte de las estructuras con las que se intenta provocar una modificación eficaz sobre el oyente. Mientras que la estilística pone de relieve formas lingüísticas gramaticalmente diferentes y las relaciona con propiedades del contexto estilístico como postura, actitud, carácter y factores sociales, la retórica permitirá reconocer también otras estructuras como características y estará más bien dirigida al elemento cualitativo por el cual un texto posee una eficacia óptima;

con ello, el significado se basa mucho menos en la postura que en las *intenciones* comunicativas del hablante, es decir, en la modificación que él desea provocar en el oyente. Por tanto, uno de los conceptos básicos de la estilística es el de la 'adecuidad', mientras que la retórica se preocupa más bien de la 'eficacia (óptima)', de las realizaciones: una realización no sólo debe ser correcta o apropiada en determinadas situaciones para resultar *aceptable*, sino que también debe encajar *bien* para que realmente se *acepte* como condición para una actuación posterior. Con este primer ensayo ciertamente no se han aclarado todas las relaciones entre dos disciplinas científicas estrechamente emparentadas (concordancias y diferencias); no obstante, vamos a limitarnos aquí a esta discusión general; ahora sólo discutiremos las estructuras retóricas más específicas.

4.2.3 Sería absurdo concebir una retórica moderna sin tener en cuenta los objetivos, las clasificaciones y los principios de la retórica clásica, que ciertamente ya poseía un sorprendente nivel de 'sofisticación'. Si bien no es posible dar una visión de la retórica clásica en un espacio limitado, nos ocupamos aquí de una serie de principios básicos de la descripción específicamente retórica de los textos.
La retórica clásica no es tanto una teoría, es decir, una ciencia *(epistèmè, scientia)*, sino que más bien tiene un carácter descriptivo-normativo, como un arte o una técnica *(tejné, ars)*. Por eso, sus reglas son más bien prescripciones con respecto a un discurso o un hablar óptimos. El arte de hablar se analizaba especialmente con respecto a su *función* en el contexto jurídico de un proceso, aun cuando las prescripciones también resultaban válidas para otras ocasiones, como por ejemplo las asambleas populares o una laudatoria. Como ya se indicó anteriormente, la retórica se ocupa sobre todo de la modificación de las condiciones por las que una situación concreta puede luego modificarse, en general se ocupa de las opiniones y apreciaciones del juez o del público; de allí proviene el carácter esencialmente *persuasivo* de la retórica.
Si bien para esta interacción comunicativa/persuasiva se emplea un cuidado especial en la estructura del texto (del discurso), también se tienen en cuenta los demás aspectos del *proceso* general, por ejemplo, unas fases determinadas para 'encontrar' la temática correcta *(inventio)*, la selección y el orden de determinados objetos dentro de la temática *(dispositio)*, la estructura (estilo, etc.) de la actuación en sí *(elocutio)* y la manera en que se expone *(pronuntiatio)*, así como las estrategias y estructuras cognitivas de la memoria (al hablar de memoria).
En este capítulo nos interesa en primer lugar la estructura retórica del texto en sí *(elocutio)*, en tanto que posponemos hasta el próximo capítulo el tratamiento de las estructuras globales (retóricas y demás) del texto como cierre de la descripción textual.

4.2.4 El carácter normativo de la retórica acarrea el hecho de que las reglas que se refieren a la estructura del texto deben obedecer a una serie de *criterios* generales que fijan la 'idoneidad' del texto. Cuando discutimos ciertos conceptos intuitivos de estilo, como la claridad o la transparencia, ya nos encontramos con una serie de criterios; también en los trabajos más recientes sobre las interacciones comunicativas surgen estos principios básicos. Por lo demás, la utilización de la lengua debe ser 'pura', es decir que debe concordar con la gramática habitual y otras convenciones del uso de la lengua; además hay que adaptarse a las normas y los valores del público.

Además de estos criterios aún formulados un tanto vagamente en esta parte: la elocutio, importa sobre todo lo que habitualmente se denomina la 'elegancia' del discurso, tanto en lo que se refiere a los objetos tratados como al uso lingüístico en sí. Son ante todo las estructuras retóricas las que deben aportar esta 'ornamentación' *(ornatus)* y cuyo fin práctico es el de conmover o entusiasmar al público. De ahí que resultara casi obvio que especialmente esta parte de la retórica fuera rápidamente admitida en la poética como rasgo distintivo de la obra de arte literaria. Este estado de cosas ha llevado con frecuencia e injustificadamente a suponer que sólo el texto literario posee estas estructuras especiales, «olvidándose» que tienen una función comunicativa mucho más general y que pueden presentarse en los más diversos tipos de textos.

Las estructuras retóricas se basan, como decíamos, en estructuras gramaticales, por lo que resulta apropiado basar su sistemática en los diferentes niveles habituales como la fonología, la morfología, el léxico, la sintaxis y la semántica. Además se puede señalar el 'dominio' de las estructuras retóricas, a saber, el de la palabra, el grupo de palabras, la oración, la secuencia y el texto. La retórica clásica se ocupaba sobre todo de la palabra y del grupo de palabras y dedicaba una atención mucho menor a la sintaxis y a la semántica de oraciones y secuencias enteras *(compositio)*.

4.2.5 Generalmente se pueden caracterizar las estructuras retóricas mediante una serie de *operaciones básicas* que tienen lugar en los niveles mencionados y dentro de las unidades que en ellos se encuentran:

A. ADJUNCION
B. OMISION
C. INVERSION
D. SUSTITUCION

Mediante estas operaciones básicas en principio también se pueden definir otras modificaciones estructurales (transformaciones), como por ejemplo la REPETICION, mientras que a la inversa también puede definirse la operación de la SUSTITUCION como OMISION y ADJUNCION de un elemento. Este tipo de operación, aunque sólo se haya definido con relación a las estructuras sintácticas, también surge en la lingüística generativa transformacional. No obstante, las operaciones retóricas recién introducidas no son en sí de tipo 'gramatical' aunque operen en niveles y unidades gramaticales.

Estas operaciones pueden interpretarse de dos maneras: en primer lugar, como operaciones *teóricas*, abstractas, para la descripción de determinadas estructuras y sus interrelaciones; pero también como ciertos *procedimientos cognitivos* para la producción e interpretación de enunciados que posean estas estructuras retóricas. En este capítulo nos ocupamos del aspecto abstracto de la descripción estructural.

Por lo demás, también se puede especificar en qué *medida* se realizan estas operaciones y en qué *lugar* y *orden*, p. ej.: al principio, en el medio o al final de una unidad estructural determinada.

El *output* de las operaciones, es decir, las estructuras retóricas, puede o no ser *gramatical;* en el primer caso éstas asignan una 'extra'-estructura a una manifestación por lo demás gramatical; en el segundo, se puede modificar una estructura gramatical 'normal' de una manera específica más o menos pronunciada. La diferencia entre las estructuras retóricas gramaticales y el estilo radica en la cuestión de hasta qué punto se aplican o no las operaciones retóricas mencionadas.

En este punto nos abstendremos de comentar cómo, en una teoría general de la lengua, se puede deducir la relación exacta entre las estructuras gramaticales y las retóricas, por ejemplo, en un modelo generativo.[11] Si queremos generar una estructura de aliteración, el esquema de la identidad de sonidos aportará una limitación de la selección léxica (es decir: de la elección de las palabras), por lo que en este caso la adjunción retórica de una limitación fonológica precede a una operación gramatical de selección léxica. Omitiremos otros ejemplos de este tipo de *coordinación* mutua entre operaciones retóricas y gramaticales.

4.2.6   Otro problema que merece nuestra atención pero que, sin embargo, aquí no puede tratarse a fondo, es el de la base *empírica* de las operaciones retóricas. Como condición general para ello se podría recordar que las estructuras retóricas, igual que las estructuras gramaticales, se basan en reglas *convencionales*. Esto significa lo siguiente: los hablantes conocen estas reglas implícitamente, las dominan y las emplean en la producción e interpretación de enunciados. Un gran número de 'figuras' retóricas (véase más adelante) de la retórica clásica seguramente poseía este carácter convencional, por lo que casi siempre tenían nombres especiales. Sin embargo, el sistema operacional tiene un carácter productivo, lo cual posibilita un núme-

---

[11] Para las operaciones arriba descritas y que pueden especificarse aún más en el caso de la literatura, véase también VAN DIJK (1972 a) y PLETT (1975). Para la metáfora véase VAN DIJK & PETOEFI (comps.) (1975), y, entre otros, VAN DIJK (1975 c).

ro infinito de estructuras retóricas. No obstante, existen ciertas limitaciones empíricas, por ejemplo, cognitivas: para seguir siendo *perceptibles* como tales, las unidades y relaciones, como por ejemplo las
rimas, deben cumplir con unas condiciones que a su vez se basan en
las capacidades cognitivas de elaboración.

También cabe preguntarse cómo se *adquieren* estas reglas retóricas
bajo aspectos sociopsicológicos: ¿cómo se aprenden o controlan
implícita o explícitamente? O de manera más general: ¿qué estructuras retóricas se emplean de hecho regularmente en la utilización
'normal' de la lengua, qué hablantes las utilizan y en qué tipo de
situaciones?

Un problema que tiene implicaciones tanto empíricas como teóricas, es la *identificación* de las estructuras retóricas especiales. Sólo
podemos hablar de estructuras especiales, que se añaden a las estructuras gramaticales, cuando se da una cierta *regularidad* convencionalmente determinada y, por lo tanto, no casual. Esto requiere, entre
otras cosas, que poseamos implícitamente (en la utilización de la
lengua) y explícitamente (en una teoría del texto) ciertas suposiciones
sobre *normas* y *reglas* no retóricas, a partir de las cuales pueden
identificarse las estructuras retóricas. Si, por ejemplo, en un periódico, dos palabras seguidas casualmente tienen la misma consonante
inicial, no necesariamente hablaremos en la descripción textual de
una estructura retórica (aliteración). Por consiguiente, las hipótesis
sobre las intenciones del hablante, el tipo de texto y las funciones
convencionales del texto tienen un papel en la asignación de las
estructuras retóricas. Por eso, tanto la descripción estilística como la
retórica requieren la discusión de conceptos como 'norma', 'utilización neutral de la lengua', etc., con los que se pretende describir
variantes estilísticas y estructuras retóricas especiales. Por todo ello
hay que mencionar de nuevo que las estructuras estilísticas y retóricas siempre tienen un significado *relativo* en cuanto a su descripción
y percepción, referido a lo que, en una situación determinada, para
un hablante u oyente determinados o para un tipo de texto concreto,
posee validez como norma convencional (ligada a reglas) o como
norma probabilística (lo que ocurre «la mayoría de las veces»). Con
estas reflexiones rozamos los problemas de naturaleza metodológica
sobre las relaciones entre el conocimiento 'ideal' de sistemas lingüísticos o de otra índole semiótica por un lado, y el empleo real de estos
sistemas y de las hipótesis que se obtienen a partir de este empleo,
por otro.

Así como aquí no pueden discutirse las relaciones exactas entre
las reglas o estructuras gramaticales y retóricas, tampoco podemos
indicar el status exacto de las reglas o estructuras retóricas en comparación con otros sistemas semióticos (literarios, estéticos, visuales, formales, etc.). Por eso nos limitaremos a los sistemas y
estructuras importantes para la descripción de textos de una lengua
natural.

4.2.7   Con las reflexiones generales que acabamos de hacer sobre la historia y el sistema de la retórica, pero sobre todo, sobre el tipo de operaciones que son la base de las estructuras retóricas (en el nivel de las oraciones y secuencias), podemos ahora dar una serie de ejemplos de estas operaciones.

Por tradición se distingue entre las operaciones que se refieren a una sola *palabra* y aquellas que se refieren a *combinaciones de palabras*. Sin embargo estas diferencias resultan problemáticas como mínimo en una serie de casos. Podemos decir de manera superficial que el empleo de un *sinónimo* supone la SUSTITUCION —o variación— de una palabra, y que una rima siempre requiere un mínimo de palabras; pero cuando optamos por emplear *tropos,* de los que probablemente los más conocidos son las metáforas, se complica mucho más esta distinción. Incluso cuando se trata de la SUSTITU-CION de una palabra por otra usada metafóricamente, esto será válido solamente en un 'contexto' metafórico especial. En otras palabras: una metáfora en sí sólo es perceptible, descriptible e inter-pretable con relación a otras expresiones de la oración o del fragmen-to de texto. Así como probablemente *casa* y *hogar* sean sinónimos en determinados textos y situaciones, ello no será válido para otros textos y contextos estilísticos. Por eso, las transformaciones retóricas están (con-)textualmente limitadas; puede decirse, pues, que uno o varios elementos de una estructura concreta experimentan una ope-ración con relación a otros elementos de esta estructura, como ya ocurre en un sentido estrictamente gramatical con muchos sinónimos (p. ej.: *te amo ⇒ me gustas*).

De ahí se deduce que una 'sintaxis' retórica seria debe apoyarse en 'combinaciones de palabras' *(in verbis conjunctis)* y que de hecho todas las operaciones se incluyen en el concepto clásico de las *figurae,* como se conocen tradicionalmente bajo el término «figuras estilísticas» y en la teoría literaria estructuralista bajo el término de «artificios».[12]

La sistemática de las *'figurae'* o estructuras retóricas se basa, por lo tanto, en los siguientes parámetros:

(i)   nivel (fonología, morfología/léxico, sintaxis, semántica)
(ii) tipo de operación (adjunción, omisión, inversión, sustitución)
(iii) ámbito de la operación (unidades que se ven afectadas)
(iv) otras limitaciones de la operación (lugar, frecuencia, etc.).

Sin pretender ofrecer la clasificación completa de la retórica clásica ni mucho menos, podemos indicar los siguientes *fragmentos* del sistema:

---

[12] El concepto de «artificios», con una función menos literaria que 'estética', proviene, entre otros, del Formalismo ruso (especialmente del teórico de la novela Šklovskij). Véase también ERLICH (1955) para una visión general, y STRIEDTER (comp.) (1969), para los textos.

I. ESTRUCTURAS MORFO-FONOLOGICAS

A. ADJUNCION
  1. (repetición) idéntica
     a. Fonemas
        i. vocales: asonancia [contexto: acentuación, límite de morfema]
        ii. consonantes: aliteración [principio de palabra, etc.]
     b. Grupos de fonemas
        i. vocales/consonantes: diferentes tipos de rima
           [acentuación; lugar; métrico/no métrico, etc.]
     c. Morfemas: reduplicación, etc.
        [lugar en la oración y en la secuencia oracional o en la
        estructura métrica]
  2. casi idénticas
        p. ej.: repetición de palabras de igual raíz
  3. no idénticas
     a. Morfemas: enumeración, etc. [misma categoría sintáctica]
B. OMISION
     a. Fonemas
        i. vocales: elisión [átona, estructura métrica o lenguaje hablado]

II. ESTRUCTURAS SINTACTICAS

A. ADJUNCION
  1. idéntica (repetición): paralelismo
B. OMISION: elipsis, zeugma, asíndeton [contexto sintáctico parcialmente idéntico;
   gramatical/agramatical]
C. INVERSION: inversión, hipérbaton [lugar en la oración; gramatical/agramatical]

III. ESTRUCTURAS SEMANTICAS

A. ADJUNCION
  1. componentes semánticos: clímax [en serie], hipérbole
  2. lexemas: acumulación, ampliación [idéntica: repetición]
  3. grupos de lexemas: especificación, corrección, definición; comparación,
     descripción
B. OMISION
  1. componentes semánticos: anticlímax; lítote
  2. lexema/grupos de lexemas: elipsis (semántica)
C. INVERSION
  oración/proposición: especificación posterior de presuposiciones; quebrantamiento del orden natural de narración (fábula versus sujeto [véase capítulo 5])
D. SUSTITUCION
  1. componentes semánticos/lexemas: metáfora, metonimia, ironía [identidad
     semántica, relación, etc.]
     /adjunción: hipérbole (véase III A 1, B 1)
     /omisión: lítote
  2. proposiciones: quebrantamiento de conexiones/coherencia; digresión

En esta relación fragmentaria de una serie de figuras estilísticas
tradicionales se trata no tanto de dar una descripción satisfactoria
sino más bien de mostrar qué niveles, operaciones y otras limitaciones posibles existen para caracterizar posibles estructuras retóricas
(entre otras, las tradicionales). En especial las operaciones dentro de
sistemas métricos estrictamente regulados (p. ej.: la rima) y operacio-

nes semánticas como las metáforas, deben de requerir otras especificaciones más amplias de condiciones, contextos, etc., lo que sin embargo no entra en el objetivo de este libro ni de este capítulo. En el capítulo siguiente se estudiará una serie de operaciones más 'amplias' que han sido mencionadas anteriormente, mientras que el gran grupo de las operaciones sintácticas (elipsis, zeugma; pero también el empleo del estilo directo o indirecto, así como el 'discurso vivido', etc.) requeriría una mayor discusión, sobre todo dentro de una sintaxis oracional, lo que sin embargo también sobrepasa el marco del presente libro.

4.2.8 Si bien las estructuras retóricas no están ligadas por principio a las oraciones, hemos podido ver que en muchos casos, y también en la retórica clásica, la descripción se produce en palabras o grupos de palabras, es decir, en términos de una sintaxis oracional. En esta obra nos ocupamos ante todo de la descripción de textos, aun cuando la descripción en el nivel oracional sea también un componente integral de aquélla. Por consiguiente, todavía prestaremos cierta atención a aquellas operaciones retóricas que sobrepasan (o puedan sobrepasar) los límites de la oración, es decir: a las que son características de las *secuencias de oraciones*. En el próximo capítulo se discutirán las estructuras globales del texto completo.

En principio casi todas las operaciones retóricas pueden ser eficaces más allá de los límites de la oración, naturalmente a excepción de las que se refieren a la sintaxis de la oración (p. ej. el zeugma). Pero la asonancia, la rima, la enumeración, la elipsis, el clímax, etc., muy bien pueden extenderse a dos o más oraciones, aunque no sin las barreras (cognitivas) antes mencionadas para las estructuras retóricas en general. Incluso existen operaciones que de hecho requieren el límite de la oración o, como mínimo, el de una oración incluida, como por ejemplo la figura en la que la última palabra de una oración debe ser idéntica a la primera palabra de la oración siguiente o en la que las palabras iniciales o finales deben ser idénticas (anáfora, epífora).

Más interesantes todavía son las operaciones en las que las relaciones entre oraciones forman la base para las operaciones retóricas. Un ejemplo de esto es el paralelismo sintáctico, en el que las estructuras sintácticas de oraciones sucesivas son al menos parcialmente idénticas (con otras limitaciones, como la longitud y complejidad de las categorías correspondientes). Su «técnica» la emplea el siguiente texto de un anuncio en el periódico para un Fiat 127 de Lujo:

(16) «Tiene un motor de 47 DIN HP.
     Alcanza fácilmente los 140 km/h, y
     tiene espacio para 5 personas y equipaje.
     Tiene una caja de seguridad (...)»

Por regla general, este paralelismo sintáctico también supone una identidad léxico/semántica o un paralelismo léxico/semántico, como la repetición del verbo «tiene», que remite al mismo referente textual, a saber, al Fiat 127 de Lujo. Lo notable es que estas estructuras realmente llaman la atención (como la repetición en esta oración). En realidad, y acaso en otro contexto (una narración cotidiana), la continua repetición del esquema V/OD como en (16) no tiene por qué ser algo 'especial' y difícilmente podría funcionar de modo retórico: si se hace la relación de una serie de propiedades de un objeto, de entrada se puede esperar también una estructura de este tipo. Lo sutil, sin embargo, consiste en que, sobre todo en el lenguaje escrito, conocemos una serie de limitaciones que prescriben una cierta *variación* (estilística u otra) o que una variación comparable surja por casualidad. Tan sólo en presencia de tales reglas y regularidades de la utilización cotidiana de la lengua pueden funcionar las estructuras retóricas como tales.

Además de las mencionadas operaciones sintácticas en las secuencias de oraciones, las relaciones entre oraciones, ya vistas en capítulos anteriores, son del dominio de la *semántica* y de la *pragmática*. También aquí, pues, se pueden asignar a las estructuras ya existentes unas estructuras 'especiales' o bien desviaciones sistemáticas de las reglas semánticas habituales. En este caso esto debería de referirse en especial a las reglas de la conexión, coherencia, de *tópico/comento* y perspectiva en lo que respecta a la semántica, y a relaciones entre actos de habla en cuanto a la pragmática. En el nivel de proposiciones podemos, pues, construir las siguientes operaciones semánticas:

ADJUNCION:
1. Repetición de proposiciones
2. Información superflua, redundancia
3. Ampliación (digresión)

OMISION:
1. De presuposiciones
2. De consecuencias (esperadas)
3. De elementos - proposiciones, p. ej.:
   — predicados
   — argumentos
   — cuantificadores/artículos
   — expresiones modales
4. Ruptura de conexiones/cuasi-conexión (sin relaciones entre circunstancias)
5. Ruptura de coherencia
   — ningún 'tema' (macroestructura)
   — cambio de tema improcedente
   — ninguna identidad referencial
   — ninguna relación entre mundos (posibles)
6. Desviación del tópico-comento/distribución de información
7. Cambio de perspectiva

PERMUTACION:
1. Las presuposiciones vienen después de la oración
2. Las consecuencias vienen antes de la oración
3. Desviaciones del orden habitual de las proposiciones (tiempo, dimensiones, general-particular, etc.)

SUSTITUCION: Véase omisión: empleo de otras proposiciones que las necesarias/esperadas
1. Oraciones metafóricas; alegorías
2. Tipos de expresión irónica

Unas divisiones esquemáticas parecidas también pueden hacerse para las estructuras retóricas posibles de base pragmática. También en este caso la razón explícita se fundamenta en unos conocimientos que poseemos a través de la estructura pragmática de la lengua y el texto, por lo que, como mucho, podemos dar un nombre a los fenómenos más simples, puesto que una pragmática del texto de hecho apenas ha comenzado a dar los primeros pasos.

Vamos, pues, a enumerar las siguientes operaciones pragmáticas (se omiten eventuales denominaciones tradicionales para las operaciones, de la misma manera que antes tampoco hemos empleado las designaciones latinas de la retórica: se trata de conocer el sistema, sus reglas y principios, y no de una enumeración de nombres o una clasificación):

ADJUNCION:	1. Repetición del (mismo) acto de habla
	2. Acto de habla 'superfluo', cuasi-acto de habla
	3. (Auto-)corrección, p. ej.:
	— aseveración de presuposiciones/ presuposición de aseveraciones.
OMISION:	1. (Véase semántica) omisión de presuposiciones que se habrían tenido que especificar
	2. Omisión de actos de habla necesarios/esperados, especificadores/motivadores
	3. Ruptura de condiciones pragmáticas (omisión de condiciones) para determinados actos de habla
	4. Ruptura de conexiones de parejas de actos de habla
	5. Ruptura de la coherencia pragmática
	— ningún macroacto de habla
	— cuasi-cambio de hablante
PERMUTACION:	1. Los actos de habla presupuestos vienen después del acto de habla
	2. Las consecuencias del acto de habla vienen antes del acto de habla
	3. Otras desviaciones del orden habitual de actos de habla
SUSTITUCION:	1. Empleo incorrecto de un acto de habla en lugar de otro, que de hecho se habría ajustado al contexto (p. ej.: como hipérbole o lítote pragmáticas)
	2. Empleo de cuasi-actos de habla

Esta relación de una serie de operaciones es provisional debido a las razones ya mencionadas: tiene cierto carácter in-formal, por un lado por la manera general de presentarlas, y por otro, por la falta de conocimientos de la misma pragmática. Por tanto, no podemos todavía dar el paso siguiente, a saber, el de integrar las desviaciones sistemáticas de las reglas pragmáticas por razones retóricas en el inventario descriptivo.

Tanto de las 'figuras' pragmáticas como de las semánticas daremos al final una serie de ejemplos extraídos de textos típicamente persuasivos: de textos publicitarios de los periódicos. Muchos otros aspectos (figuras fónicas, repeticiones léxicas, propiedades sintácticas como la omisión de artículos, verbos o sustantivos, desviaciones de las habituales divisiones de secuencias oracionales en oraciones, etc.)

quedan sin analizar. Tampoco entraremos en detalle en las características globales, típicas de los anuncios, tales como el nivel de la
argumentación, los aspectos visuales (dibujos, fotografías) y sus
relaciones con el texto.[13] La tarea específica de una ciencia del texto
socio-psicológica consiste en averiguar hasta qué punto las estructuras estilísticas y retóricas dependen de los requisitos para la modificación de opiniones, posturas e intenciones.

Un caso claro de OMISION lo hallamos en el título de otro anuncio
de una marca de coche, el Marina Mark II:

(17) «PORQUE NO LE GUSTA CORRER RIESGOS»

Este título de un anuncio, impreso en letras grandes y gordas,
simplemente reproduce la parte constitutiva de una frase, o mejor
dicho, la explicación de una circunstancia que se da por supuesta. En
estos anuncios, por regla general, se trata de la proposición/aseveraa-
ción: «Vd. compra un X/Vd. debe comprar un X», donde la variable
representa el producto correspondiente. Esta suposición vuelve a
confirmarse con el texto del anuncio, que al final de la exposición
reza:

(18) «Evidentemente, quien no quiera correr riesgos piensa ahora en un Marina
Mark II antes de comprar un coche.»

También resulta típico que aquí el mensaje central implícito de 'Vd.
compra X', se exprese sólo *indirectamente,* como una *condición previa normal* de la acción (antes de comprar algo se reflexiona). En el
mismo anuncio también aparece una serie de operaciones pragmáticas. Por de pronto, el lema de la casa (en los anuncios holandeses):

(19) ¡PERO SI ES OTRO BUEN PRODUCTO LEYLAND!

en el que se imita el lenguaje hablado, cosa habitual en los anuncios
actuales (un tipo de cambio de sistema [de registro o código], que
funciona retóricamente al sugerir el contexto de una conversación
honesta y digna de confianza), y en el que además, y mediante el
empleo de *pero (si es otro),* se da una cuasi-contestación a la refuta-
ción o a la débil protesta de una expresión (implícitamente) negativa
u opiniones de otros, por ejemplo, del lector. Desde el punto de vista
pragmático se deberá, pues, hablar de OMISION. Tanto en estas
operaciones como en las semánticas de este tipo, la función cognitiva
de la OMISION consiste en que el mismo lector aporta mentalmente la
información ausente (proposición, acto de habla) con lo que se
procura una información mediante unas conclusiones que el anuncio
en sí no explica, dado que la información en sí podría ser no del

---

[13] Para la estructura y la función de los anuncios véase, entre otros, LEECH (1966),
NUSSER (comp.) (1975), ROEMER (1968), FLADER (1974) y HAUSWALDT-WINDMÜLLER
(1977). SANDELL (1977) escribe sobre la influencia más generalizada del estilo.

todo correcta o demasiado directa. La actuación indirecta es un medio muy apreciado en la utilización persuasiva de la lengua.

Después del título, el texto del anuncio para el Marina Mark II comienza (17) como sigue:

(20) «A Vd. le gusta observar bien todo lo que hace»

Además de la extraña estructura semántica (lo normal sería: «le gusta observar bien todo lo que compra») se produce aquí una excepción pragmática específica, dado que el hablante le da una información al oyente sobre el propio oyente, información que éste ya debe de poseer. Estos enunciados también se producen en conversaciones/argumentaciones, sobre todo si se quieren fijar condiciones o premisas: «Si Vd..., tendrá que...». Esta es también la estructura de la argumentación de nuestro ejemplo del anuncio; por eso se trata aquí de la ADJUNCION de 'información superflua'.

Mientras que por un lado se pueden dejar implícitas ciertas informaciones importantes, por otro también puede expresarse la información en una posición subordinada, p. ej.: en una oración subordinada/tópico, y realizar de esta manera una forma de 'lítote' o 'subvaloración', actuando como si una característica buena determinada fuese en realidad bastante casual:

(21) «Por eso el agradable aspecto exterior del Marina no le distraerá de lo que en realidad busca. Y es que Vd. quiere un coche y no preocupaciones y lo tendrá.»

El agradable aspecto exterior del coche aún no había sido mencionado; por eso el efecto pragmático que acabamos de discutir se basa en la ruptura de la habitual estructura de tópico/comento o de presuposición/aserción. En la segunda parte de la segunda oración sigue una omisión gramaticalmente más o menos incorrecta del verbo auxiliar *querer,* con lo que se produce un zeugma.

Así como en el mismo ejemplo, hasta el momento, la perspectiva siempre ha sido la del oyente, o sea, una especificación de sus acciones y deseos (que el hablante daba por supuesto), en la última oración de (21) se produce un cambio de *perspectiva:* sólo el hablante puede saber, desde su punto de vista, que el oyente tendrá un coche, como mínimo, si se sigue la interpretación normal de la última oración. Así, ya llegamos a la próxima estructura retórica de base semántica: la exageración. Es evidente que el lector no tendrá (no se le regalará) un coche, sino que se lo tendrá que comprar. Esto significa que lo recibirá (en propiedad) si lo compra. Este tipo de limitación de un componente semántico es, por ende, una forma de OMISION. No obstante, como a la vez se habla del precio, también se puede hablar de una PERMUTACION, y lo normal sería: «Tendrá un coche por... ptas.»

Ya habíamos discutido una cuasi-refutación contra una aseveración implícita en este anuncio, y ahora nos encontramos con una típica *pregunta retórica,* es decir, una pregunta que no cumple con los requisitos habituales de las preguntas. También en este caso se asevera indirectamente algo evidente, con lo que se pretende subvalorar una cierta manifestación cualitativa, que ha de dar pie al lector a *corregirla* implícitamente y predisponerlo a recibir bien precisamente la característica decisiva:

(22) «¿Por qué un coche sólido no habría de tener también un aspecto excelente?»

Finalmente, y en el mismo ejemplo, encontramos un ejemplo de REPETICION semántica (que no es a la vez sintáctica ni léxica) en el nivel de las proposiciones:

(23) «Una auténtica garantía para conducir tranquilo (...)
Podrá estar seguro de conducir libre de toda preocupación.»

Si bien este ejemplo de anuncio que acabamos de tratar aún nos permitiría muchos más análisis, ya después de esta breve observación nos muestra toda una serie de operaciones generalmente esenciales de los textos publicitarios.

En el anuncio de una agencia de viajes seguramente también hallaremos notas con respecto a lo que puede o debe encontrar, es decir: se cambia de perspectiva (lo que normalmente es incorrecto), con lo que se produce una aseveración incorrecta:

(24) «[En el catálogo de verano] también Vd. encontrará algunas propuestas seductoras»

La omisión de presuposiciones (necesarias) se encuentra en el clásico ejemplo del compararativo sin función comparativa, uno de los 'trucos' más notorios de los textos publicitarios:

(25) «CON VIAJES SÜD-EUROPA LLEGARA MAS LEJOS»

con lo que queda implícito que otras organizaciones de viajes o bien el lector en general suelen quedarse en un lugar más cercano a su hogar. Un paradigma típico, en este sentido, es el siguiente:

$$(26) \quad X, \text{(para)} \left\{ \begin{array}{c} V \\ N_{inf} \end{array} \right\} \text{ADJ./COMP.}$$

«*X*, para un café mejor», «*Y*, para un cabello más sedoso», «*Z*, para una conducción más segura», etc.

Estas comparaciones implícitas, en las que el producto ofrecido se presenta como mejor o único, también se pueden presentar mediante determinados enunciados sin comparativo, como en el siguiente anuncio de un seguro de vida:

(27) «Para Concordia todos los asegurados son iguales»

Aquí se asevera implícitamente —si se lee acentuando en *Concordia*— que tal vez este trato igualitario lo brinda sólo esta compañía; en el mismo anuncio, algo más tarde, esto se explicita, y además, con un comparativo:

(28) «porque Concordia hace las cosas de otra manera, más cerca del asegurado».

Con frecuencia en los anuncios se omiten no sólo las presuposiciones, sino también las consecuencias y conclusiones, y el lector debe introducirlas mentalmente. Un buen ejemplo lo aporta el deseo aparentemente 'universal', en el anuncio de Año Nuevo de la empresa Opel:

(29) «DESEAMOS A TODAS LAS PERSONAS QUE COMPREN UN COCHE NUEVO EN 1977, QUE TENGAN BUEN OJO Y SEPAN DECIDIR CORRECTAMENTE»

en el que se sustituye pragmáticamente una invitación/exhortación («Compre Vd....») por un deseo, y sólo aparentemente se desea sabiduría, es decir, algo en interés del comprador/lector; más bien se desea indirectamente que compre un Opel. También se da indirectamente una motivación a través de la *enumeración* de los éxitos de venta y rendimiento de los coches Opel:

(30) «1969: El coche más vendido en los Países Bajos: Opel Rally; campeón de
            Holanda: Opel Kadett
       1970: El coche más vendido en los Países Bajos: Opel Rally; campeón de
            Holanda: Opel Kadett
       [etc] (...)»

Como implícitamente se supone que la enumeración de estos hechos ya es razón suficiente para comprar un Opel, no hace falta dar una argumentación más detallada, y el deseo en sí puede expresarse de manera vaga.

Volkswagen-Audi empleó en su anuncio de Año Nuevo una figura similar: se dirige a todos los conductores según sus marcas:

(31) «Querido conductor de Maserati, querido conductor de Alfa-Romeo,...»

De esta manera se enumeran unas treinta marcas/conductores, después de lo cual se le desea *metafóricamente* al mundo automovilístico: «Les deseamos un buen comienzo para el año 1977». En este caso, el quid de la cuestión aparece en una postdata:

(32) «P.D.
       Los conductores de Volkswagen y Audi ya han recibido una felicitación
       personal.
       El año próximo, también Vd. puede tenerla...»

con lo que el mensaje esencial se presenta casi como de pasada y la conclusión, que se indica por medio de puntos (..., si compra un VW o un Audi), debe ser deducida por el lector. El empleo de una expresión como «personal» es característico de una serie de expresiones léxicas distintivas de los anuncios en lo que respecta a su valor, digamos, asociativo/emotivo.

De momento nos contentaremos con estos pocos ejemplos de la aplicación específicamente retórica de relaciones pragmáticas y semánticas entre proposiciones/oraciones/actos de habla dentro de secuencias. A primera vista estas figuras apenas se reconocen, debido a lo acostumbrados que estamos a las típicas formas de lengua y comunicación de los anuncios y mensajes persuasivos en general. Hemos visto que un texto publicitario trabaja sobre todo con OMISIONES semánticas y pragmáticas, quedando implícitas las presuposiciones y las consecuencias/conclusiones; sólo se ejecutan actos de habla indirectos o cuasi-actos de habla, a menudo conforme al uso lingüístico de una conversación familiar, personal (o del anuncio público como en el circo, p. ej., en un anuncio de Fiat: «¡Entre y mire! ¡Entre y mire!») o sobre la base de la omisión sintáctica (artículo, etc.).

De este resumen no debe deducirse que sólo los textos publicitarios emplean intensivamente las operaciones retóricas. Bien al contrario, dado que la mayor parte de nuestro uso lingüístico cotidiano es de tendencia más o menos persuasiva, por lo que emplea las mencionadas estructuras retóricas. Como medio para la interacción, y como acción que debe dirigir otras acciones —es decir: influir en el interlocutor—, un acto de habla finalmente no sólo debe ser correcto o estilísticamente adecuado en un contexto específico, sino que también exige un efecto óptimo en sentido *estratégico*. Esta estrategia es determinada y posibilitada por la aplicación de estructuras retóricas.

5. Superestructuras

5.1 ¿Qué son las superestructuras?

5.1.1 Para finalizar provisionalmente la discusión sobre los diferentes tipos y niveles de estructuras textuales, vamos a dedicarnos a una serie de estructuras *globales* especiales, a las que denominaremos *superestructuras.* Dado que para estas estructuras todavía no se ha acuñado un concepto generalizado y obligatorio, también podría emplearse el término «hiperestructura». Incluso el ya mencionado concepto de macroestructura podría servirnos en este caso; no obstante, y para evitar evidentes posibilidades de confusión, mantendremos el término macroestructuras *semánticas* para la explicación del significado global —del objeto del texto—, e introduciremos las superestructuras como concepto nuevo.

5.1.2 La manera más sencilla de ilustrar las superestructuras es hacerlo a través de una *narración*. Una narración puede tratar de un tema determinado, p. ej., de un robo. Sin embargo, además del hecho de que el texto posea este tema global, tiene a la vez la característica global de que se trata de una 'narración'. En otras palabras: después de haber escuchado o leído una narración, sabemos que se trata de una narración y no de un anuncio o una conferencia. Ahora bien: para demostrar que el tema o el objeto y la típica estructura narrativa son independientes entre sí, podemos muy bien imaginarnos un texto que si bien también trata de un robo, no es en absoluto una narración, sino un informe policial o una declaración hecha después del robo, un informe de los daños habidos a una casa de seguros junto con la denuncia del robo, etc. Estos diferentes tipos de textos se diferencian todos entre sí, no sólo por sus diferentes *funciones* comunicativas y, por ello también, por sus funciones sociales, sino que además poseen diferentes tipos de *construcción*. Denominaremos superestructuras a las estructuras *globales* que caracterizan el *tipo* de un texto. Por lo tanto, una estructura narrativa es una superestructura, independientemente del *contenido* (es decir: de la macroestructura) de la narración, aun cuando veremos que las superestructuras imponen ciertas limitaciones al contenido de un texto. Para decirlo metafóricamente: una superestructura es un tipo de *forma del texto,* cuyo objeto, el tema, es decir: la macroestructura, es el *contenido del texto.* Se debe comunicar, pues, el mismo suceso en diferentes 'formas textuales' según el contexto comunicativo.

5.1.3   Aunque no existe una teoría general de las superestructuras, sí se conoce una teoría sobre determinadas superestructuras, particularmente sobre la narración y la argumentación. Por esta razón no podemos ofrecer una teoría general, sino que hemos de limitarnos a una serie de observaciones sobre las hipotéticas características de estas estructuras. Discutiremos en detalle algunos tipos de estructuras textuales para demostrar de qué manera se relacionan las superestructuras con otras estructuras, textuales; por ejemplo, con las semánticas.

De la misma manera que en las estructuras retóricas en el nivel de oraciones y secuencias, con la introducción de las superestructuras dejaremos de lado la gramática y la lingüística propiamente dichas. Por esta razón, las superestructuras tradicionalmente sólo tenían cabida en los campos de la retórica, la poética y la filosofía, o —en las asignaturas más modernas— sólo en aquellas disciplinas en que la importancia de determinadas estructuras textuales específicas era evidente, como el texto propagandístico en la politología o el texto periodístico en las ciencias de la información. Esta fragmentación de la investigación del uso de la lengua y del texto precisamente se evita mediante la delimitación de una ciencia del texto interdisciplinaria, que coloca el estudio de diferentes textos, sus estructuras y funciones en un denominador común.

Las superestructuras y las macroestructuras semánticas tienen una propiedad común: no se definen con relación a oraciones o secuencias aisladas de un texto, sino para el texto *en su conjunto* o para determinados fragmentos de éste. Esta es la razón por la que hablamos de estructuras *globales*, a diferencia de estructuras locales o microestructuras en el nivel de las oraciones. Si decimos de un texto que se trata de una narración, nos estamos refiriendo a todo el texto y no a la primera oración ni a las siguientes, de las que a primera vista probablemente tampoco podría decirse que forman parte de una narración.

Las superestructuras no sólo permiten reconocer otra estructura más, especial y global, sino que a la vez determinan el *orden* (la *coordinación*) global de las partes del texto. Así resulta que la propia superestructura debe componerse de determinadas *unidades* de una *categoría* determinada que están vinculadas con esas partes del texto previamente ordenadas. La expresión formal sería la siguiente: una superestructura se *plasma* en la estructura del texto (como la hemos construido hasta ahora). Es decir que la superestructura es una especie de *esquema* al que el texto se adapta. Como esquema de producción esto significa que el hablante sabe: «Ahora contaré un cuento», mientras que como esquema de interpretación esto significa que el lector no sólo sabe de lo que trata el texto, sino, sobre todo, que el texto es una narración. En el próximo capítulo discutiremos estos aspectos cognitivos de las superestructuras en la elaboración de los textos.

Acabamos de mencionar que las superestructuras existen independientemente del contenido y que, por regla general, estas estructuras no se describen con la ayuda de una gramática lingüística. Podríamos decir, dentro de ciertos límites, que una persona puede hablar y entender su lengua, sin que por ello tenga que estar capacitada para narrar. Por otro lado tampoco sería muy útil para un hablante conocer las reglas de la gramática sin saber reproducir los sucesos cotidianos con una narración correcta o sin poder comprender lo que otros cuentan. Es decir que también hay que dominar las *reglas* en que se basan las superestructuras, y estas reglas pertenecen a nuestra capacidad lingüística y comunicativa general. Por consiguiente supondremos que como mínimo una serie de tipos de superestructuras posee un carácter *convencional*, es decir que la mayoría de hablantes de una comunidad lingüística las conoce o reconoce. En seguida veremos que esa comunidad lingüística puede ser bastante limitada, como por ejemplo las comunidades de técnicos, ya que no todo el mundo puede escribir un soneto, predicar o redactar y comprender un artículo psicológico.

Si bien las superestructuras pueden tener también un carácter convencional y manifestarse en textos de la lengua natural, resultará conveniente considerarlas y describirlas en primera instancia como independientes de las estructuras textuales 'lingüísticas'. En otras palabras: en primer lugar podemos analizar el *esquema abstracto* y posteriormente investigar hasta qué punto se manifiesta en los textos de una lengua natural. La lógica nos ofrece unos procesos parecidos;

también en ese caso se trata de estructuras de argumentación abstractas, cuyas variantes formales se pueden explicitar en sistemas lógicos de fórmulas y reglas de deducción, igualmente independientes del 'contenido' de las fórmulas. El reconocimiento de que este modo 'abstracto' de proceder no sólo es conveniente sino incluso necesario debería de resultar del hecho de que las mismas superestructuras, los mismos esquemas, pueden *manifestarse* en diferentes sistemas *semióticos*. Una estructura de relato se puede expresar tanto a través de un texto como a través de dibujos o películas. Es decir que aquí se mantiene la típica estructura de relato —que a partir de ahora denominaremos *estructura narrativa* para evitar confusiones con el relato narrado (el texto)— en los diferentes 'mensajes' de los sistemas semióticos. Dado que un sistema de categorías y reglas narrativas típicas que define la estructura narrativa no puede manifestarse directamente, sino que siempre necesita de otro sistema, de una 'lengua', podemos llamar *secundarios* a estos sistemas.[1] Otro ejemplo conocido de un sistema secundario de este tipo nos lo ofrece la métrica: también un determinado sistema métrico sólo puede manifestarse mediante formas fónico/gráficas de la lengua natural (o de la música). Aquí nos limitaremos en un futuro a los sistemas que puedan representarse en textos de la lengua natural.

5.2   ¿Cómo se describen las superestructuras?

5.2.1   Después de haber adquirido esta primera noción de superestructura, surge la cuestión de cómo describir formalmente una estructura de este tipo. Esta descripción puede tener un carácter más o menos intuitivo, como por ejemplo en la ciencia tradicional de la narración o de la argumentación, o ser más o menos explícita, como puede verse en los ejemplos de la gramática y la lógica.

Las propuestas para una descripción sistemática de este tipo ya resaltan del último párrafo: una superestructura es un tipo de esquema abstracto que establece el orden global de un texto y que se compone de una serie de categorías, cuyas posibilidades de combinación se basan en reglas convencionales. Esta característica produce un paralelismo con la *sintaxis*, con la que describimos una oración (no en balde hablábamos de una 'forma textual'). La formulación sugiere, para este tipo de sistemas semióticos abstractos, un procedimiento que funciona análogamente a la gramática y la lógica. Esto requiere, en primer lugar, que formulemos (i) una serie de *categorías* para las diferentes superestructuras y (ii) una serie de *reglas* mediante las que pueden combinarse las categorías entre sí. Estas *reglas de*

---

[1] Sobre todo en los estudios literarios estructuralistas rusos se ha discutido con frecuencia el concepto de «sistemas secundarios», como por ejemplo, la literatura frente a la lengua natural. Véase p. ej. LOTMAN (1972 a, b).

formación deben establecer, por ejemplo, que, dadas las categorías *a, b, c,* sólo son aceptables las combinaciones *ab, bc, ac* y no *ba, cb, ca* o *abc, bac, cab,* etc. Estos fenómenos ya los conocemos de la escuela, como *esquemas* de la rima. Además de estas categorías y reglas que generan las estructuras básicas elementales de los distintos sistemas (es decir: que los describen explícitamente) también conocemos reglas que relacionan estas estructuras entre sí o que las combinan. Se trata de las *reglas de transformación.* Esta regla de transformación podría, por ejemplo, significar que si combinamos las estructuras *ab* y *bc* entre sí, también podremos poner en su lugar la estructura *ac*, es decir que desde un punto de vista dado, ⟨*ab, bc*⟩ y *ac* son equivalentes. Las reglas de transformación también pueden determinar que en ciertas circunstancias podemos desviarnos de una estructura básica. También este fenómeno nos resultará conocido de la métrica y la teoría de la versificación, como cuando, por ejemplo, una estructura métrica de repente se vuelve 'irregular' porque la palabra de la rima no es la última palabra de una parte sintácticamente independiente de la oración (como en el encabalgamiento). De la misma manera también veremos que en la estructura narrativa 'canónica', por ejemplo en la literatura, a menudo tienen lugar ciertas modificaciones. Estas modificaciones tienen el mismo *status* que las operaciones retóricas: ADJUNCION, OMISION, INVERSION y SUSTITUCION. Para evidenciar la naturaleza abstracta del esquema, las *unidades* ('palabras') del sistema se compondrán sólo de letras, por ejemplo *x, y, z...* o *a, b, c...,* como ya se ha mencionado anteriormente. Según la superestructura en cuestión, estas letras podrán interpretarse como unidades fónicas, gráficas o semánticas. De hecho ya hicimos algo similar en el nivel oracional con las estructuras retóricas, que también son 'secundarias' y que se describen junto con las superestructuras en la retórica clásica.

5.2.2   Esta aproximación 'formal' a las superestructuras es provisional en muchos sentidos, dado que la problemática en sí todavía no puede ser valorada en su justo punto. En primer lugar hay que subrayar que la formación explícita de la teoría sólo puede realizarse adecuadamente sobre la base de observaciones sistemáticas. Incluso una gramática moderna se fundamenta en la tradición de un estudio de la lengua de casi dos mil años. Durante este período se han ido desarrollando las categorías y reglas 'intuitivas' más importantes, y hay que añadir varias décadas de análisis estructural de la lengua. Aún sabemos muy poco acerca de las superestructuras, por lo que estas observaciones y análisis también suponen un primer requisito para una descripción más bien formal.

Por lo demás, en el nivel formal de la descripción surge una serie de problemas. Incluso si tuviéramos una 'sintaxis' elemental para un determinado sistema de superestructuras, nos haría falta una *semántica* que aportase el 'contenido', el 'significado', la 'referencia' o la 'función' a las estructuras. Sin embargo, todavía no se ha aclarado hasta qué punto se puede hablar en realidad del 'significado' de una estructura narrativa, excepto en la manera formal-abstracta en que se podría decir que el 'significado' de una estructura narrativa sería la 'narración', de modo análogo al que un esquema *a b b a* puede interpretarse como una combinación de unidades de rima. Aquí nos limitaremos a esta discusión para dedicarnos en primer lugar a las bases empíricas y los diferentes tipos de superestructuras.

5.3 *Las bases empíricas de las superestructuras*

5.3.1 Dado el carácter abstracto de las superestructuras se nos plantea la cuestión de cómo *se manifiestan* concretamente. Esta manifestación sólo puede producirse indirectamente, dado que las superestructuras forman parte de sistemas secundarios. Para la descripción textual, por ejemplo, esto supone que nos encontramos con ciertas *limitaciones* o *regularidades* que como tales no se producen sobre una base gramatical (si tomamos la lengua natural como el sistema respecto del cual las superestructuras son sistemas secundarios). Tracemos una comparación: podemos observar que en determinados textos aparece una identidad fónica regular, por ejemplo, una rima, que no se basa en las reglas fonológicas de la lengua. Por ello suponemos que hay *además* de la gramática, otro sistema que determina la estructura de tales tipos de textos, como por ejemplo un sistema métrico o un sistema que se basa en la teoría de la versificación, de modo que esta regularidad no es en absoluto *casual*.

5.3.2 Admitimos además que este sistema no sólo establece la estructura textual en abstracto, sino que los *hablantes* lo conocen y pueden aplicarlo adecuadamente. Por lo tanto, un hablante debe ser capaz de producir y de interpretar textos *de acuerdo* a este sistema. Si un sistema de este tipo es *convencional*, se podrá deducir, entre otras cosas, que un hablante puede establecer *grosso modo* una diferencia entre los textos que manifiestan una superestructura 'correcta' y aquellos en los que esto no se produce. Si volvemos a restringirnos a las estructuras narrativas, resultará que un hablante sabe, en principio, si un enunciado dado es una narración o no, o si simplemente es 'más o menos' una narración. Por ello, una teoría de las superestructuras debe tematizar determinadas particularidades del comportamiento lingüístico de los hablantes; y la teoría realmente lo hace al postular un sistema convencional de categorías y reglas que parcialmente también co-definen este comportamiento. La 'existencia' de un sistema de superestructuras puede también explicarse, además de por medio de esta observación sistemática de expresiones, textos y demás usos de la lengua, sobre la base de la aplicación o calificación más o menos consciente del propio hablante: éste puede aportar ciertos juicios sobre los textos en conceptos del sistema, clasificar los textos sobre la base de estos conceptos así como dar un nombre convencional a los tipos de texto específicos; p. ej.: esto es una narración, aquello se encuentra en un texto publicitario, alguien daba una conferencia, etc.

5.3.3   Si hablamos de que los hablantes 'conocen' un sistema de reglas implícitamente y que lo aplican, ello significará que este sistema debe poseer una base psicológica en forma de reglas/procesos, categorías, etc., *cognitivos*. Sin embargo, no significa que una teoría formal, que genera superestructuras de textos, deba coincidir con una teoría de los procesos cognitivos de la elaboración de textos, es decir, de la producción y la interpretación de superestructuras. Queda en suspenso en qué consiste exactamente la relación entre estas dos teorías. Una teoría cognitiva no sólo debe explicar cuáles representaciones de superestructuras tenemos en nuestra memoria, sino también cómo se producen en un determinado proceso de interpretación. No obstante, en una teoría más abstracta se asigna una determinada superestructura *como un todo* a un texto en virtud de determinadas reglas de reproducción, por lo que quedan fuera de toda consideración aquellas estrategias concretas que un hablante emplea para una construcción lo más eficaz posible de una representación de superestructuras. Con todo, una teoría del texto rigurosa también debe ser cognitivamente *relevante* en el sentido de que como mínimo una parte de sus categorías y reglas debe ser parte integrante de una teoría cognitiva más amplia, si realmente quiere tomarse en serio la utilización real de la lengua. Más tarde volveremos sobre la importancia de las macroestructuras y superestructuras introducidas para la formación de la teoría psicológica.

5.3.4   Finalmente cabrá preguntarse hasta qué punto las superestructuras realmente son una propiedad *general* de los textos. Si bien ya hemos mencionado una serie de ejemplos, como la narración, la argumentación y el poema, no puede deducirse de ello que *todos* los textos posean una superestructura. También los textos de una sola frase o incluso de una sola palabra caen bajo esta categoría (por ejemplo, la orden «*¡Ven!*»). Unos problemas parecidos también surgieron durante la observación de las macroestructuras semánticas. Sin embargo, en este caso resulta que las micro- y macroestructuras pueden muy bien coincidir, mientras que podemos suponer que todo texto coherente tiene un 'tema' global, es decir, una macroestructura, aunque sólo se exprese con una frase.

No obstante, es posible que las superestructuras específicas, como por ejemplo un esquema narrativo, impongan ciertas limitaciones a la forma de un texto. Por ejemplo, enseguida se verá que *por principio* no se puede hacer ninguna narración sobre la base de una única oración/proposición. Con la argumentación ocurre lo mismo. En ambos casos el esquema debe plasmarse en secuencias, con lo que las diferentes unidades de estas secuencias caen 'bajo' diferentes categorías del esquema.

Sin embargo, persiste la pregunta de hasta qué punto todos los textos tienen una superestructura. Si así fuera, esto supondría que cada texto pertenece a un *tipo convencional*, y no sólo por su contenido o simplemente por cierta función pragmática o social (como una orden, una petición o una excusa), sino debido a una estructura esquemática global dada que se manifiesta en el texto. Esta hipótesis parece, al menos a primera vista, bastante problemática para un texto del tipo del ya mencionado «¡*Ven*!», a no ser que se quiera admitir este enunciado como parte de una *conversación* y distinguir a su vez determinadas superestructuras en esta conversación; las categorías pueden, en ciertas circunstancias, también estar 'vacías', lo cual puede darse de manera similar en la construcción de oraciones.

Sin embargo, no queda excluido de entrada que haya textos que, aunque se reconozcan como tales por otras razones (semánticas, pragmáticas y retóricas), apenas posean o acaso no posean ninguna superestructura convencional. Aparentemente, un anuncio o un poema pueden poseer una forma global casi arbitraria, y tampoco podemos imaginarnos directamente y sin más de qué manera tienen una superestructura convencional una noticia de la prensa o un spot publicitario de la televisión. A la inversa, también hay textos cuyas formas están *institucionalmente* establecidas o fijadas, como por ejemplo los rituales religiosos, las leyes, los contratos o determinados documentos. Nuestro problema de si todos los textos tienen superestructuras, es pues sobre todo empírico, y debe solucionarse mediante la observación y la descripción sistemáticas.

5.4   *Tipos de superestructuras*

5.4.1   Con los ejemplos expuestos habrá quedado claro que seguramente hay que distinguir entre diferentes *tipos* de superestructuras. Una primera división puede llevarse a cabo si tomamos como base aquellas estructuras que componen un sistema primario (por ejemplo, la lengua natural), en el que se manifiestan las superestructuras. Los sistemas métricos o bien los que se basan en la teoría de la versificación se manifiestan ante todo como ciertas limitaciones de la estructura fonológica/morfológica/léxica y parcialmente también sintáctica de un texto; dichas limitaciones son, en principio, independientes del contenido del texto. A la inversa, habitualmente una estructura narrativa se plasma en la estructura *(macro-)semántica* de un texto. Finalmente también podemos suponer que la superestructura se basa en la estructura pragmática de un texto o una conversación, por ejemplo en la secuencia de actos de habla, como puede ocurrir en una discusión argumentativa.

5.4.2 Eventualmente también podríamos intentar dividir las supe-restructuras sobre unas bases puramente *formales,* y no, como se ha hecho anteriormente, según su manifestación o sus funciones (como enseguida veremos). Esta división formal puede llevarse a cabo según el tipo de categorías, reglas y otras limitaciones —internas— de los diferentes sistemas. Los sistemas pueden distinguirse, pues, según varios tipos de *recursividad,* es decir, a través de la posibilidad de repetir la misma categoría o regla. Sin embargo, en este caso se trata únicamente de propiedades teóricas, ya que los textos, desde un punto de vista empírico, sólo tienen una longitud limitada. Dados los símbolos de categorías *A* y *B,* podemos imaginarnos sistemas que por ejemplo permitan una serie *A A A A A A B,* pero no una serie *A B B B B B B,* o viceversa. Así pues, una argumentación o una demos-tración formal será del primer tipo y no del segundo (si *B* representa la categoría de la conclusión), en tanto que el segundo tipo de estructura más bien representa un informe periodístico (en el que *A* es la categoría del título). Otras diferencias formales similares se hallan en la posibilidad de poder «empotrar» una superestructura dentro de sí o no, de la manera en que se puede «empotrar» un cuento dentro de un cuento, o una demostración como 'lema' dentro de una demostración. Aquí no intentaremos presentar una teoría formal que, por ejemplo, pudiera basarse en la lingüística matemáti-ca o la teoría de las lenguas formales; nuestra tarea consiste más bien en juntar algunos fragmentos (informales) para una teoría de esta índole.

5.4.3 Finalmente podemos plantear la cuestión de si resulta posible diferenciar las superestructuras sobre la base de las *funciones* o los *efectos sociales* y *pragmáticos.* Hay que tener en cuenta que las superestructuras nunca pueden poseer *directamente* (es decir, «en sí») estas funciones, dado que únicamente se manifiestan a través de la estructura de una lengua. Por eso, el efecto o la función de una narración nunca pueden considerarse desvinculados de otras estruc-turas semánticas, retóricas o estilísticas. Así parece, pues, que un esquema narrativo 'vacío' nunca puede tener una función determina-da por sí mismo, o por lo menos no como esquema *narrativo,* si bien existe la posibilidad de que la estructura específica del esquema posea una función de este tipo en un texto determinado. Concretan-do diremos que la manera en que se cuenta una historia puede tener cierto efecto estético, pero incluso en tal caso persiste la pregunta de si tales efectos no se basan también en otros factores, sobre todo semánticos. Además, persiste el hecho de que la función específica de los textos está vinculada con su superestructura. Ya hemos visto que en principio podemos describir el 'mismo contenido', por ejemplo, un robo, tanto en una narración como en una declaración policial o en una reclamación por daños y perjuicios dirigida a la compañía de seguros. Por regla general, estos tipos de texto funcionan en diferentes contextos, por lo que podemos suponer que determinadas propiedades cognitivas y sociales de los contextos están relacionadas con categorías específicas en las superestructuras. Vamos a dar un ejemplo muy gráfico: si un fiscal, debido a una serie de reflexiones, llega a hacer una *petición,* ésta tendrá una función institucional muy específica; para el juez, por ejemplo, tendrá un *status* muy diferente que las 'reflexiones' del fiscal que, consideradas por separado, acaso se hayan realizado ad hoc, por lo que no tienen una función institucional específica. Lo mismo puede aplicarse al *fallo* específico del juez frente a la fundamentación del fallo. De esto parece poder deducirse que el 'hallar' determinadas categorías para la descripción de las superestructuras puede ser determinado, aunque, en sentido estricto, indirectamente, por un análisis de las posibles funciones que tienen estas categorías en el contexto comunicativo.

5.4.4   Otra cuestión interesante para la tipología y la teoría de las superestructuras es la de la posible *base común:* ¿resulta posible reducir las diferentes superestructuras con que nos hemos encontrado hasta ahora, como la narración y la argumentación, a una superestructura más elemental o a un pequeño número de superestructuras más elementales? El problema se reconoce fácilmente si esta pregunta ha de referirse tanto a superestructuras de base fonológica como de base semántica: una estructura que se basa en la teoría de la versificación y una estructura narrativa son, quiérase o no, de índole totalmente distinta, por más que alguna vez se empleen metáforas de la teoría de la música o de la métrica para describir estructuras narrativas, o a la inversa, como ya lo insinúa el vago concepto de «composición».

Estas preguntas no se pueden contestar sin una amplia investigación de todas las superestructuras posibles. No obstante, la formación de hipótesis es necesaria de entrada para que semejante análisis tenga la necesaria coherencia. Ya nos sería de gran ayuda si las categorías de distintos tipos de superestructuras fueran comparables entre sí, lo cual podría llevarnos, a través de la generalización y la abstracción, a una teoría general de las estructuras globales de textos.

Al buscar una base común para las estructuras globales no nos queda más remedio que tener presente que los esquemas muy probablemente no son arbitrarios y que están en estrecha relación con los aspectos semánticos y pragmáticos de los textos y de la comunicación o que, como mínimo, en un principio, existía esta relación. Acto seguido, y en el nivel global de la descripción textual, en el que se distingue entre superestructuras y macroestructuras, se puede reconocer una diferencia que ya surge en el nivel de las oraciones, entre, por un lado, la estructura semántica de la oración, y por otro, la estructura de tópico/comento o presuposición/aserción de la oración, que está dirigida a la pragmática de la comunicación. De esta manera existe la estructura oracional 'canónica' de que el primer constituyente nominal (o sujeto) adopta la función del tópico, es decir: la función que indica sobre qué 'objeto' ya introducido o conocido dentro del resto de la frase 'se dice algo', como en la sencilla frase: *Juan está en el cine*. La estructura de tópico/comento tiene algo que ver con la distribución de la información dentro del texto, donde, en principio, un concepto (una cosa, una persona o un hecho) siempre sirve de 'punto de partida' al que a lo largo del texto se asignan determinadas características o propiedades.

Por lo que la lingüística moderna ha podido descubrir hasta ahora, una estructura de tópico/comento no puede generalizarse sin más en el nivel del texto. De entrada sería absurdo decir que al principio del texto aparece un único tópico global y en el resto un comento global, por lo menos no en el sentido arriba indicado. En la medida en que pueda hablarse de una relación, no hay que verla con el texto como secuencia de oraciones, sino con la macroestructura del texto. En segundo lugar, como decíamos, la división binaria tópico/comento en el nivel de la frase afecta a la distribución de la información en el texto. En el nivel del texto como un todo a buen seguro no siempre se puede argumentar en estos conceptos, puesto que los objetos 'ya introducidos en textos/oraciones previos' aparecen a lo sumo en secuencias textuales, por ejemplo en conversaciones (diálogos, discusiones, cartas, etc.). Algo similar vale para la división presuposición/aserción, que se basa en proposiciones previas y actuales expresada en oraciones.

A pesar de estos avisos en contra de una adopción demasiado directa del par conceptual tópico/comento, también se pueden fijar, con un poco de fantasía y en el nivel del significado global de un texto —es decir, en el nivel de la macroestructura— posibles distinciones en las *funciones* de la información. Este paso incluso es necesario para los casos en que el texto realmente sólo se compone de una única frase. Si alguien llama por teléfono y pregunta por Juan y si yo (parco de palabras) le contesto simplemente con la ya mencionada frase: *Juan está en el cine,* también mi contestación pertenecerá como *texto* a la división de funciones tópico/comento, aun cuando sólo sea porque aquí las estructuras micro- y macrosemánticas de oración y texto coincidan.

En los textos más complejos, en los que ya no se da este caso, podemos seguir, sin embargo, razonando de la siguiente manera: si se quiere saber 'de qué trata el texto' hay que mencionar en primer lugar una serie de objetos, personas o circunstancias sobre los que se quiere decir algo. En algunos contextos estos objetos, personas o circunstancias pueden ser ya conocidos por el oyente/lector (como por ejemplo, las personalidades políticas en los artículos de periódicos), mientras que en otros contextos primero deben introducirse en el texto. Una introducción habitual se realiza, por ejemplo, mediante «érase» o «había»: *'érase una vez un rey'* o *'había una niña sentada en la acera'*. En ambos casos y desde un punto de vista global, existirá una forma textual canónica tal que las primeras macroestructuras o la primera parte de ellas funcionen como 'tópico' en el nivel textual. (Para evitar confusiones recordemos que en este caso *no* hay que pensar en un concepto de 'tópico' que sea equivalente a un concepto de objeto o tema, es decir: a la totalidad de la macroestructura del texto.) En un tópico de este tipo se introduce, por ejemplo, una persona, de manera que en el texto en sí pueda describirse ampliamente esta persona. Además, dentro del mismo 'tópico' pueden introducirse otras personas a la vez que el lugar y tiempo del suceso sobre el que se informa. Esta información *reunida* puede adoptar la función de *introducción* de una narración o un informe. A lo largo del resto del texto se dirá lo que es pragmáticamente necesario informar sobre las personas mencionadas, de manera que esto funciona como 'comento' en el nivel textual. Con unas expresiones aún muy vagas y en analogía con la semántica oracional/pragmática oracional hemos dado el primer paso para distinguir determinadas *funciones* en la macroestructura de un texto. Dado que ya hemos aclarado que las superestructuras a buen seguro no son arbitrarias, sino que 'reflejan' determinadas funciones cognitivas, pragmáticas o sociales en la comunicación textual, vamos a suponer ahora que las 'funciones informativas' globales introducidas paso a paso son formas básicas en el nivel de la macroestructura, para, como mínimo, una parte de las superestructuras. En seguida veremos que la estructura de una narración en el fondo no es más que otra diferenciación de tales estructuras elementales.

Algo similar se constata en la misma distribución funcional en el nivel de las proposiciones, a saber, en la estructura de presuposición/aserción de oraciones (complejas). En este caso se hace una manifestación con relación a una circunstancia ya conocida que se fundamenta, por ejemplo, en algo ya manifestado en el texto o el contexto. También aquí nos movemos en el campo límite entre semántica y pragmática: las circunstancias y los mundos son el dominio de la semántica, mientras que el 'conocimiento' de circunstancias en el oyente y el 'hacer' del 'enunciar' son sin duda de orden pragmático. Además de hablar de estas relaciones entre proposiciones, podemos discutir sobre las relaciones de *condiciones* y *consecuencias* más generales entre las circunstancias o proposiciones 'sobre' las circunstancias. Una forma fácilmente reconocible de estas relaciones, que se basan en diferentes tipos de 'necesidad', es la relación de implicancia, que en la oración se expresa mediante conectivos: *porque, de manera que, por ello, por eso,* etc. En el nivel del texto existe una distribución 'funcional' similar entre 'supuestos' y 'consecuencias', y en la estructura de la argumentación, de *premisa* y *conclusión,* sobre lo que volveremos más adelante.

Las 'consecuencias prácticas' representan una forma específica de esta clásica estructura silogística de un texto: las premisas tienen una consecuencia que se refiere a una acción práctica a ser llevada a cabo: si ocurre *A*, HAZ *B,* es una estructura básica que conocemos en una serie de tipos de textos (preguntas, peticiones o recomendaciones, por ejemplo en los anuncios).

Finalmente conocemos otra variante más de este tipo de estructura de 'requisito/conclusión': la estructura de *problema* y *solución,* que a menudo se encuentra incrustada en una narración (y que con ello permite reconocer evidentemente una estructura más compleja) y que caracteriza todas las formas de reseñas, publicaciones científicas, etc.

Después de estos intentos más o menos especulativos para llegar a generalizaciones interesantes mediante la búsqueda de formas elementales de la construcción de los textos, realmente parece como si sólo nos las tuviéramos que ver con un pequeño número de formas funcionales básicas; por ejemplo, se pueden manejar conceptos como «tópico-comento» o «condición-consecuencia»; incluso este primer par de conceptos posiblemente pueda reducirse al segundo, si consideramos la estructura tópico/comento y la estructura presuposición/aserción como variantes en el nivel oracional. De ahí se deduce que la estructura funcional más general de los textos, y por ello la menos informativa, posiblemente pueda considerarse como una diferencia binaria entre *condición* y *consecuencia* (posible/necesaria). Así hallamos en el nivel textual una diferencia que también existe en formas diferentes en el nivel de la oración: como sujeto/predicado, tópico/comento, etc. Esto nos lleva a suponer, no sin ciertas reservas, que podrían existir razones cognitivas análogas de la elaboración informativa tanto para oraciones como para estructuras textuales globales.

Ahora, sin embargo, hemos de fijarnos más detalladamente en cómo se han ido diferenciando estas estructuras básicas elementales para los diferentes tipos de textos, como consecuencia, entre otras cosas, de diferencias en funciones pragmáticas y sociales.

5.5   *Estructuras narrativas*

5.5.1   Sin duda alguna, los textos narrativos son 'formas básicas' globales muy importantes de la comunicación textual.[2] Con «textos narrativos» se hace referencia, en primer lugar, a las narraciones que se producen en la comunicación cotidiana: narramos lo que nos pasó (a nosotros o a otros que conocemos) recientemente o hace tiempo.

---

[2] Para referencias sobre el campo de la teoría narrativa, véase también VAN DIJK (1972 a, b, 1976 a, b). En particular pensamos en la llamada teoría narrativa estructuralista, inspirada por la obra de PROPP (1968 [1928]), que se ha introducido en el estudio estructuralista de la literatura a través de la antropología; véase *Communications* 8 (1966) para artículos de BARTHES, BREMOND, GREIMAS, TODOROV y otros, y también BREMOND (1973). Para análisis de estas orientaciones, véase entre otros a CULLER (1975) y GÜLICH & RAIBLE (1977).

Esta narración sencilla y 'natural' es, si tenemos en cuenta el contexto de la situación conversacional, primariamente *oral* y *única* en su tipo, aun cuando podamos anotar los sucesos en cartas o diarios o las podamos grabar y por ende reproducir con cintas magnetofónicas (esto lo hace sobre todo el científico o el investigador). En el contexto conversacional, en el que transmitimos 'la misma' narración a otros interlocutores, produciremos por lo general una variante de la primera narración, es decir, un texto con la misma macroestructura.

Después de estas narraciones 'naturales' aparecen en segundo lugar los textos narrativos que apuntan a otros tipos de contexto, como los chistes, mitos, cuentos populares, las sagas, leyendas, etc., y en tercer lugar, las narraciones a menudo mucho más complejas que generalmente circunscribimos con el concepto de 'literatura': cuentos, novelas, etc. Dado que en primer lugar no nos preocupan los textos ni los contextos literarios, ni sus propiedades específicas, discutiremos aquí ante todo las características básicas de la narración natural. La estructura de las narraciones literarias deriva de los textos naturales a través de transformaciones bastante complicadas.[3]

5.5.2 La primera característica fundamental del texto narrativo consiste en que este texto se refiere ante todo a *acciones* de personas, de manera que las descripciones de circunstancias, objetos u otros sucesos quedan claramente subordinadas. A este respecto, un texto narrativo se diferencia sistemáticamente de, por ejemplo, una catálogo.

Esta característica semántica de un texto narrativo se junta con otra de orden pragmático: por regla general, un hablante sólo explicará unos sucesos o acciones que en cierta manera sean *interesantes*. Evidentemente, este criterio hay que considerarlo relativamente y de acuerdo a cada contexto; sin embargo presupone que únicamente se explican el suceso o las acciones que hasta cierto punto se desvían de una norma, de expectativas o costumbres. No se narra una historia adecuada sobre el desayuno, el mecanografiado de una carta o el abrir una puerta si con ello no va ligado algo especial. En otras palabras: un texto narrativo debe poseer como referentes como mínimo un suceso o una acción que cumplan con el criterio del interés. Si se convencionaliza este criterio, se obtiene una primera categoría de superestructura para los textos narrativos, la COMPLICACION.[4] Aquí se trata de una superestructura dado que el suceso

[3] Para la teoría de la novela de orientación más bien literaria véase HAMBURGER (1968). STANZEL (1964) y también BOOTH (1961) y la antología de STEVICK (comp.) (1964) para la teoría norteamerica de la novela, así como finalmente también LÄMMERT (1955). No examinaremos en detalle los límites de esta teoría 'clásica' de la novela (ni los de la teoría narrativa estructuralista).

[4] Las categorías que aquí se emplean proceden parcialmente de LABOV & WALETZKY (1967), quienes son casi los únicos autores que no analizan narraciones 'primitivas' ni literarias, sino narraciones cotidianas 'naturales'.

discutido posiblemente pueda ser descrito en un fragmento más largo (raras veces en una oración) del texto; si hacemos referencia a ello podemos formar una o más macroproposiciones. Es decir que existe una parte del texto/de la macroestructura cuya *función* específica consiste en expresar una complicación en una secuencia de acciones.

Mientras que esta complicación, por principio, puede ser un suceso en el que no intervienen personas, como un terremoto o una tormenta, el principio anterior requerirá que a lo largo del texto se vean implicadas algunas personas en su *reacción* ante el suceso. En términos generales, esta reacción a menudo podría ostentar el carácter de una 'dilución' de la complicación. Por eso, la categoría narrativa tradicional correspondiente es la RESOLUCION (en inglés: *resolution*). Por lo demás, una resolución puede ser tanto positiva como negativa: nuestra reacción ante otra acción u otro suceso puede tener éxito o fracasar, por lo que la narración puede acabar 'bien' o 'mal'. Para la fundamentación teórica de estos conceptos de acción véase el capítulo 3.[5]

Con estas dos categorías de COMPLICACION y RESOLUCION ya disponemos del núcleo de un texto narrativo cotidiano. Llamaremos SUCESO a este núcleo conjunto.

Cada SUCESO tiene lugar en una situación determinada, en un lugar determinado, a una hora determinada y en determinadas circunstancias. Denominaremos MARCO a la parte del texto narrativo que especifica estas circunstancias (en inglés: *SETTING*). El MARCO y el SUCESO juntos forman algo que podemos llamar EPISODIO. Surge de suyo que dentro del mismo MARCO pueden darse varios sucesos. En otras palabras: la categoría SUCESO es recursiva. Lo mismo vale para el EPISODIO: los sucesos pueden tener lugar en sitios diferentes. Esta serie de EPISODIOS se llama TRAMA del texto narrativo.

Si bien hemos introducido ahora las categorías narrativas superestructurales que constituyen la parte más importante de un texto narrativo, existen otras categorías que aparecen regularmente en las narraciones cotidianas. La mayoría de los narradores no sólo reproduce los sucesos, sino que también aporta su reacción mental, su opinión o valoración (p. ej.: que tenían miedo, estaban asustados o impresionados por los sucesos). Esta categoría se denomina generalmente EVALUACION. Junto con la TRAMA, la EVALUACION forma la verdadera HISTORIA, empleada aquí como término técnico. Obsérvese que la EVALUACION en sí no pertenece a la TRAMA, sino que se trata de una reacción del narrador frente a la misma.

Finalmente, muchos textos poseen también un ANUNCIO y un EPILOGO, que son de naturaleza más bien pragmática que semántica, por lo que se refieren a las acciones actuales y futuras del hablan-

---

[5] Véase por ejemplo VAN DIJK (1976 a, b) sobre todo para la fundamentación teórica de las estructuras narrativas.

te/narrador y/o del oyente. Un típico ejemplo de esta categoría de epílogo lo aporta la fábula, en la que al final se extrae una 'lección' o una 'conclusión', la MORALEJA, en cierto sentido una conclusión práctica: ¿qué se tendría/tendrá que hacer o no en el futuro si se tienen presentes los sucesos de la historia? La superestructura de un texto narrativo, es decir, la estructura narrativa NARR) que acabamos de esbozar de manera no formal, puede esquematizarse mediante un diagrama arbolado como sigue:

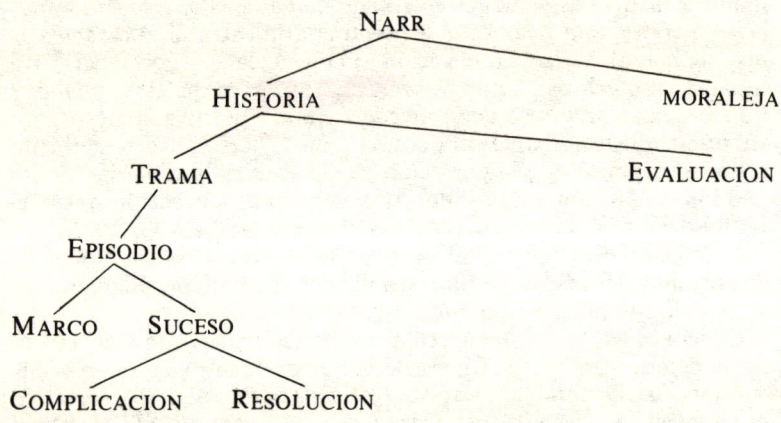

En lugar de esta reproducción esquemática de la estructura narrativa también podemos apuntar las respectivas *reglas de formación* para esta estructura, por ejemplo en analogía con las reglas generativas sintácticas:

(2) NARR ⟶ HISTORIA   MORALEJA
    HISTORIA ⟶ TRAMA   EVALUACION
    TRAMA ⟶ EPISODIOS (S)
    EPISODIO ⟶ MARCO   SUCESO (S)
    SUCESO ⟶ COMPLICACION   RESOLUCION

Estas reglas deben leerse de las siguiente manera: una categoría a la izquierda de la flecha se 'sustituye' o se 'reescribe' con las categorías a la derecha de la flecha. Las categorías que aparecen en singular o en plural son recursivas, por lo que pueden aparecer varias veces [aquí se indica mediante ( )]. No vamos a entrar en detalles sobre otras observaciones con respecto a un formalismo de este tipo, así como tampoco vamos a hablar sobre otras posibles diferenciaciones en textos narrativos más complejos.

    Mucho más importante —especialmente para la descripción empírica de tales textos narrativos— es el hecho de que algunas catego-

rías, por ejemplo el MARCO, la EVALUACION y la MORALEJA puedan
quedar implícitas: el oyente ya sabe cuándo o dónde se produce el
episodio, por lo que puede sospechar la evaluación del hablan-
te/narrador, así como también las consecuencias, la MORALEJA,
para ese contexto comunicativo. A la inversa, en las narraciones
(orales o escritas) 'fijadas', y en especial en los casos de personas
ficticias, deberá efectuarse primero una descripción detallada del
lugar, el momento, las personas y sus características, etc. Además es
posible que la estructura narrativa básica (o canónica) arriba definida pueda ser modificada mediante ciertas *transformaciones*. Así podemos imaginarnos narraciones, por ejemplo, literarias, que comien-
cen con la COMPLICACION y que sólo después aporten las especificaciones necesarias de las personas y de sus 'trasfondos'.

El tipo de categorías introducidas lleva implícito que la estructura
semántica del texto tenga limitaciones específicas. Por ello, los sucesos pertenecerán a la categoría de la COMPLICACION, y en la categoría de la RESOLUCION deberán generarse por lo menos también
acciones en el macronivel; por el contrario, el MARCO consistirá
principalmente en descripciones de circunstancias y procesos, y la
EVALUACION, en un estado de ánimo.

Sobre la base de la primera regla de formación podemos ver que
la estructura narrativa asume de hecho la estructura de la 'consecuencia práctica', puesto que una serie de circunstancias termina en una
conclusión final práctica: la relevancia de la narración para el contexto narrativo. La descripción de las circunstancias en sí posee
entonces la estructura binaria de tópico-comento, aun cuando el
'comento' debe cumplir evidentemente el criterio pragmático de lo
'nuevo' de la información: tiene que resultar interesante (intrigante,
sensacional, extraño, extravagante, etc.). En el suceso en sí resulta de
nuevo la estructura básica de condición/consecuencia manifestada
por la COMPLICACION y la RESOLUCION. De ahí resulta para los
textos narrativos en general, y cuando surgen limitaciones específicas
(a saber, acciones 'interesantes'), que se trata de una combinación de
posibles estructuras elementales, a las que ya hemos aludido antes de
manera especulativa.

Vamos a pasar por alto otras limitaciones, por ejemplo, las que se
producen con relación a las posibles características de las personas
(valentía, hombre/mujer, etc.) o bien constelaciones válidas para
narraciones especiales (cuentos populares, relatos policíacos), al igual
que las operaciones estilísticas, retóricas o de otra índole, que también determinan la eficacia (p. ej.: estética) del texto narrado. Por lo
demás, las antes citadas limitaciones de naturaleza semántica también
pueden ser *convencionales,* es decir que pueden ser aptas tan sólo
para determinado tipo de narración. La primera teoría de la narración estructuralista también discutía una 'morfología' de estos temas
fijos (a veces también denominados 'funciones'): las regularidades
estructurales derivadas quedaban plasmadas entonces como invarian-

tes, como por ejemplo 'ruptura de un equilibrio', 'solicitud al héroe', 'llegada del héroe', 'partida del héroe', 'puesta a prueba del héroe' (*n* veces), 'ayuda al héroe', 'el héroe se hace dueño de la situación', 'restablecimiento del equilibrio' y 'recompensa del héroe'.[6] Aquí se trata en verdad de una realización semántica especial para cada caso del esquema narrativo antes discutido, y en parte también de una diferenciación más amplia de la categoría de la COMPLICACION, así como de partes 'normales' de una secuencia de acciones en general (véase capítulo 3). Para cada *tipo* de texto narrativo se pueden deducir más exactamente estas limitaciones *de contenido* especiales, como se insinuó para mitos/cuentos populares (y para los modernos relatos policíacos).

5.6 Estructuras argumentativas

5.6.1 Las superestructuras que sin duda han sido las más ampliamente consideradas tanto en la filosofía como en la teoría de la lógica son la *argumentación* y la *demostración*.[7] El esquema básico de estas estructuras es muy conocido: se trata de la secuencia HIPOTESIS (premisa)-CONCLUSION. Esta estructura la encontramos tanto en las conclusiones formales como en las enunciaciones argumentativas del lenguaje familiar de cada día:

(3) Estoy enfermo. Luego no puedo venir.
(4) Pedro ha sacado un cuatro. Luego no ha aprobado el examen.

La palabra *luego* no es de tipo semántico en estos ejemplos, es decir que no reproduce una relación causal entre dos circunstancias, sino que es un *luego* pragmático, que se refiere a la acción de quien saca la conclusión. Por eso la estructura argumentativa de un texto debemos verla, sobre todo si procedemos de manera histórica, sobre el fondo del *diálogo* persuasivo. Contrariamente a la aseveración directa, aquí la tarea consiste en convencer al oyente de la corrección o la verdad de la aseveración, aduciendo suposiciones que la confirmen y la hagan plausible, o bien suposiciones a partir de las que pueda deducirse la aseveración. A diferencia de la demostración en el sentido lógico estricto, la argumentación cotidiana (y también la científica) se ocupa en muy pocas ocasiones de una relación 'necesaria' entre hipótesis y conclusión (es decir, de una implicación), sino que más bien se dedica a una relación de probabilidad, credibilidad, etc. No obstante podemos diferenciar las estructuras argumentativas

---

[6] Véase nota 2 (capítulo 5).
[7] Los libros que sin duda alguna más han influido sobre la teoría de la argumentación, aun cuando en su construcción y método elegido se diferencian bastante entre sí, son los estudios de TOULMIN (1958) y PERELMAN & OLBRECHTS-TYTECA (1968 [1958]). Para una discusión renovada, véase la introducción de GOETTERT (1978).

sobre la base del tipo de *relación* entre HIPOTESIS y CONCLUSION: la derivabilidad (sintáctica) en un cálculo formal, la *implicación* (semántica) o *entailment* y finalmente las *conclusiones* (pragmáticas). En estos tres niveles de relaciones argumentativas también se puede hacer una distinción en cuanto al carácter estricto de estas relaciones, partiendo de la necesidad lógica, y pasando por otras formas de la *necesidad* (física, biológica, psicológica, etc.) y de la *probabilidad* a la *posibilidad*.

5.6.2 La estructura del texto argumentativo puede seguir analizándose más allá de las categorías convencionales de HIPOTESIS y CONCLUSION. En particular, la categoría de las HIPOTESIS puede seguir dividiéndose en categorías de distinta índole y tipos de suposiciones, igual que en la doctrina clásica de la argumentación se distinguía entre una premisa 'mayor' y una 'menor'. Si consideramos las formas cotidianas de la argumentación, tal y como aparecen superficialmente en los ejemplos (3) y (4), veremos que estas categorías también pueden no existir, o mejor dicho, pueden estar implícitas. En estos casos se partirá de la base de que una circunstancia determinada es una condición suficiente para otra circunstancia. Pero no hay que olvidar que en cada caso semejante relación condicionante entre circunstancias presupone una hipótesis implícita de tipo más *general* (por ejemplo, una regla o regularidad). El hecho de que Pedro no haya aprobado como consecuencia de su cuatro (la nota), resulta *también* del hecho de que existe una regla que estipula que un cuatro no es suficiente para una prueba, y que todo aquel que no aporte un rendimiento suficiente, suspende (esto es aplicable a los exámenes, los deberes, los tests, etc.). En otras palabras: si se desea explicar la estructura argumentativa, debe existir una base para la relación de las conclusiones y para la relación semántica condicional entre circunstancias en las que se basa la conclusión. Una categoría de este tipo podría denominarse 'garantía' o 'legitimidad' que 'autoriza' a alguien a llegar a una conclusión determinada (para esta categoría de la argumentación se aplica también frecuentemente la expresión inglesa «*warrant*»).[8] Puesto que aquí nos ocupamos de una base general para la argumentación, denominaremos esta categoría la LEGITIMIDAD de la argumentación. Así deducimos o justificamos que Pedro ha suspendido con su cuatro, *precisamente* debido a la relación general (la regla) que existe entre la nota cuatro y el suspenso de una evaluación. Eventualmente podamos *explicar mejor* esta legitimidad mediante la *explicación* de que en nuestro sistema de evaluación de exámenes un cuatro no es suficiente, con lo que la relación que se crea entre 'insuficiente' y 'suspender' representa la legitimidad de nuestra demostración. De esta manera damos un

---

[8] Para una serie de estas categorías, véase TOULMIN (1958).

REFUERZO *(backing)* a nuestra demostración, al indicar claramente *qué* y *cómo* tiene que ver un cuatro con un suspenso. Para seguir desarrollando este ejemplo un poco más, podemos decir también que la relación entre una nota insuficiente y un suspenso sólo es importante en una situación determinada, a saber, en la situación de examen. Al menos implícitamente hay que partir entonces de la suposición de que Pedro se ha presentado a un examen final, donde el examen en particular tiene un papel más o menos importante. Igual que en los textos narrativos denominaremos MARCO del argumento a esta especificación.

Sin embargo, en la superestructura de la demostración hasta ahora sólo esquematizada, podemos establecer diferencias más precisas. Si, por ejemplo, se necesitase una *explicación* más precisa de las circunstancias, a saber, que Pedro tuvo un cuatro/un insuficiente, ciertamente habría que incluir un ARGUMENTO en la demostración: que Pedro no ha trabajado (hecho/suposición), que no se consigue una nota suficiente si no se trabaja lo necesario para un examen (justificación). De esta manera se puede, pues, complejizar una estructura argumentativa mediante la recursividad de la categoría ARGUMENTO.

Finalmente, todas las argumentaciones cotidianas encierran la posibilidad de una 'cláusula de pretexto'. Dado que la relación entre el precedente y las consecuencias, en un contexto habitual, usualmente no es 'necesaria', sino a lo sumo 'probable', resulta muy posible que existan 'excepciones'. En nuestro ejemplo, Pedro puede, *a pesar* de no haber obtenido una nota suficiente, tener tantas otras notas buenas antes del examen o bien en la evaluación general, como para que los 'jueces' lo aprueben. A esta conclusión se le puede añadir además la siguiente LIMITACION: «Sólo en el caso de que las demás notas sean buenas». Esta limitación de *sólo en el caso de que* también puede formularse como SUPOSICION, como: «Pedro *no* tiene otras notas buenas», por que *en el caso de que no,* es equivalente a la conjunción de la frase condicional *si.*

Después de nuestra discusión de la estructura global de una argumentación podemos intentar situar las categorías en un esquema jerárquico (un diagrama arbolado):

(5)

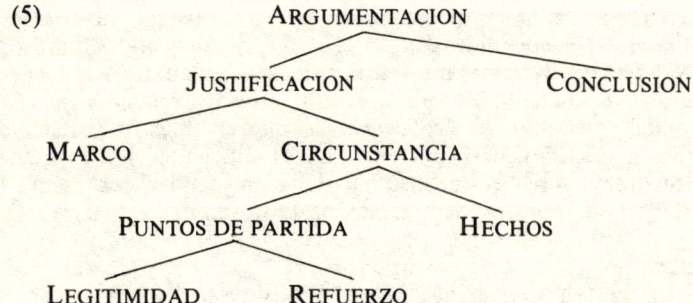

Las denominaciones de las diferentes categorías son provisionales y probablemente puedan ser sustituidas por otras, en especial según el *tipo* de argumentación. El tipo de argumentación también depende del *contexto institucional* de la demostración. Puesto que en la vida cotidiana y el lenguaje familiar, como en los ejemplos (3) y (4), simplemente bastaría una relación superficial o general de las circunstancias condicionantes para la justificación de una aseveración, en la sala de audiencia y especialmente en la lógica formal se ha de precisar la legitimidad, el marco y todas las demás categorías, y entre éstas también las que han pasado al lenguaje familiar y que ahora forman parte del *marco de conocimiento* general de todos los hablantes (la denominada lógica natural), y por razones pragmáticas ya no necesitan mencionarse expresamente en la comunidad lingüística. En análisis de interacción empírica incluso se demostró que las preguntas sobre la justificación en forma de reglas o 'evidencias' se consideraban no aceptables o incluso socio-patológicas (y llevaban a un conflicto comunicativo).[9]

5.6.3   La estructura canónica de las argumentaciones puede modificarse sobre la base de *transformaciones:* determinados puntos de partida pueden quedar implícitos (dependiendo del contexto), y una JUSTIFICACION también puede seguir a una aseveración expresada anteriormente, cuando es evidente que esta aseveración es una CONCLUSION del hablante. Cuando se argumenta *indirectamente,* puede ser suficiente nombrar una circunstancia dada y no ya la conclusión en sí: si me preguntan si podré venir esta noche, basta con que conteste: «*estoy enfermo*». Sobre la base de texto y contexto, y aun más sobre la del conocimiento general, el oyente podrá sacar sus propias conclusiones.

5.6.4   A partir de un texto demostrativo no sólo se puede justificar una aseveración con respecto a circunstancias generales, sino también con respecto a *acciones* que, por regla general, requieren de una justificación más exacta; en este caso, las circunstancias representan las consideraciones, los motivos, las decisiones, los deseos, etc., del actuante *(agens).* El *argumento práctico,* cuya CONCLUSION es una orden, una prohibición, un consejo, una recomendación o una propuesta (HAZ *p*) es una variante específica de estas argumentaciones de acciones. De manera análoga a la de la discusión general de las argumentaciones, aquí no entraremos en detalle en los problemas filosóficos y lógicos de tales consideraciones, dado que nos interesan sobre todo las características básicas de algunos tipos convencionales de superestructuras y no de cada teoría que se preocupa por analizar los detalles correspondientes.

---

[9] GARFINKEL (1972) ha demostrado con la ayuda de unos experimentos, que ser demasiado explícitos en la comunicación cotidiana puede provocar conflictos.

Como ejemplo típico de una conclusión implícita e indirectamente práctica volveremos a usar un ANUNCIO, cuya estructura básica, como vimos, es la conclusión implícita: COMPRA x o, aún más general: HAZ p.

Ilustrémoslo con un ejemplo concreto; para el fin de año de 1976/77 apareció en los periódicos holandeses un gran anuncio de la compañía Shell, en el que se metía mucho ruido acerca de una 'nueva' sustancia en la gasolina, el ASD (Amsterdam Super Detergent), un producto que, si se quiere dar crédito a los experimentos, mantiene más limpio el motor. El anuncio pretende ofrecer una demostración relativamente detallada de por qué el ASD en la gasolina, o sea, en la gasolina de Shell, mantiene el motor más limpio, repercutiendo en un ahorro de gasolina. Vamos a reproducir los pasos de la argumentación en orden inverso, o sea realmente como justificación, empezando por la conclusión pragmático/práctica de «COMPRA gasolina Shell».

(6) (i)   *COMPRA GASOLINA SHELL (conclusión)
    (ii)   LA GASOLINA SHELL CONTIENE ASD (hecho)
    (iii) ASD LIMPIA EL MOTOR (justificación)
    (iv)   UN MOTOR LIMPIO CONSUME MENOS GASOLINA (refuerzo)
    (v)   (iii-iv) DEMOSTRADO MEDIANTE EXPERIMENTOS (ARG$_2$, hecho)
    (vi)   *MENOS GASOLINA ES MAS BARATA (refuerzo$_2$)
    (vii) *VD. QUIERE CONDUCIR POR POCO DINERO (motivación = justificación$_2$)
    (viii) *VD. NO QUIERE GASTAR MAS PORQUE SI (justificación$_3$)
    (ix)   *VD. CONDUCE UN COCHE (marco).

Entre paréntesis ( ) se indican las categorías (en los distintos niveles) que constituyen los 'pasos' del contenido de la argumentación que está en versalitas porque la argumentación es reproducida por la macroestructura del anuncio (y no por las respectivas oraciones originales). A partir de esta argumentación 'desmontada' resulta claramente que casi todos los puntos de partida generales quedan normalmente implícitos en el anuncio (caracterizados aquí por un asterisco), inclusive el hecho (del marco) de que el anuncio se dirige únicamente a los conductores de automóviles. La justificación sobre la que se basa el hacer o dejar de hacer una acción la hemos llamado *motivación;* sin embargo podemos ver en el anuncio que esta diferencia entre 'justificación' y 'refuerzo', no siempre es muy marcada, sobre todo en los casos en los que el argumento se vuelve más complejo y cuando una argumentación (implícita) realmente está incluida en la argumentación real. Así, la justificación (iii) es en realidad un hecho tomado del experimento mencionado, un componente de una argumentación 'científica', en la que (iv) representa una justificación explicativa de la conclusión final: (iia) LA GASOLINA ASD ES MAS ECONOMICA.

Está claro que estos anuncios 'cuasi-científicos' producen cierta confusión por el hecho de que ya hace tiempo que Shell tiene ASD en su gasolina (por lo que aquí no se ofrece nada 'nuevo') y, sobre todo, porque no sólo la gasolina de Shell contiene ASD, con lo que simplemente no existe ninguna motivación válida para *precisamente por eso* comprar gasolina Shell. Por eso, la macroproposición (ii) es incompleta y sólo podría expresar una circunstancia condicionante si SOLO GASOLINA SHELL CONTIENE ASD fuera una afirmación verdadera, a la vez que la aseveración de que otras sustancias no mantienen el motor limpio en las mismas condiciones, fuera igualmente verdadera.

5.6.5   Este último ejemplo de un anuncio desconcertante nos aclara a la vez que existen condiciones expresas para una demostración *correcta*. El hecho de omitir circunstancias que puedan influir negativamente sobre la conclusión final, el no garantizar la *validez* general de una justificación, o el hecho de ser irrelevante debido a la ausencia de un refuerzo especial, como en el presente 'caso', puede llevar a una estructura argumentativa incorrecta. Debido a la complejidad de muchos argumentos, en el contexto de la comunicación diaria no siempre resulta posible detectar esta incorrección, de manera que las demostraciones encaminadas a justificar una aseveración y que por lo tanto se emplean persuasivamente en un contexto activo, representan un instrumental frecuentemente empleado para la manipulación de conocimientos y opiniones de los hablantes. Por eso consideramos que una de las tareas más importantes de la *ciencia crítica del texto* es analizar esta forma de influir en los conocimientos, las opiniones y las actitudes como consecuencia de determinadas estructuras textuales y concienciar a los hablantes (por ejemplo en la educación escolar) sobre estas relaciones. Como preparación a estos aspectos *socio-psicológicos* de la ciencia del texto hemos analizado en este libro una serie de ejemplos en los que el estilo, la estructura retórica y ciertas superestructuras pueden dar pie a una manipulación de los sentimientos, las opiniones y las posturas de lectores y oyentes. Evidentemente, una manipulación de este tipo no aparece *directamente:* el lector/oyente primero percibirá las estructuras textuales correspondientes, las entenderá y las almacenará en la memoria (véase próximo capítulo), y luego sacará sus conclusiones, que podrán modificar los conocimientos, las posturas y las intenciones de acción. En este proceso desempeñan un papel importante los conocimientos previos, las suposiciones sobre las intenciones del hablante (y su credibilidad, etc.), los criterios, las posturas existentes, los deseos y los proyectos. La elaboración extremadamente complicada y sin embargo hasta cierto punto sistemática del texto decide si un texto potencialmente persuasivo o manipulativo en realidad cumple con el efecto deseado. Por todo ello sería demasiado fácil pensar que existe una relación directa entre las estructuras textuales y el comportamiento social real. [10]

---

[10] Véase nota 8 del capítulo 1.

5.7 *El tratado científico*

5.7.1 En los discursos científicos se presenta una variante especial de las superestructuras argumentativas, de las que aquí daremos un breve ejemplo. La estructura básica del discurso científico no (sólo) consiste en una CONCLUSION y su JUSTIFICACION, sino también en un PLANTEO DEL PROBLEMA y una SOLUCION.

Esto se puede ilustrar mediante un tipo de artículo científico cuya estructura (convencional) es bastante común: se trata del *informe experimental* que suele publicar los resultados de experimentos (p. ej., en psicología).

5.7.2 Desde un punto de vista global, un informe experimental parte de una o varias OBSERVACIONES, como por ejemplo del hecho de que un hablante no es capaz de reproducir literalmente un texto de cinco páginas después de haberlo leído una sola vez. Se intentará encontrar una EXPLICACION para esta circunstancia, recordando el funcionamiento general de la elaboración informativa en el cerebro humano. Esta 'propiedad' general se formulará luego como HIPOTESIS. De esta hipótesis se puede derivar una serie de expectativas (PREDICCIONES) que se refieren a las regularidades esperadas en el comportamiento lingüístico de los hablantes; estas regularidades pueden comprobarse experimentalmente (TEST). Dado que un EXPERIMENTO de este tipo debe cumplir generalmente unas exigencias comunes, también el informe deberá prestar atención a estos criterios: a las PERSONAS DE ENSAYO que se necesitan, a la ESTRUCTURACION del experimento, a las diferentes CONDICIONES DE INVESTIGACION, a la EJECUCION del experimento, al comportamiento de las personas de ensayo, a los RESULTADOS del experimento, a la DISCUSION de los resultados y la CONCLUSION o las CONCLUSIONES, sobre cuya base la hipótesis se confirma o no y mediante las que se demostrará si se ha hallado o no una explicación adecuada de las observaciones originales (SOLUCION). La estructura jerárquica de un informe de este tipo sería más o menos la siguiente:

(7)   INFORME EXPERIMENTAL

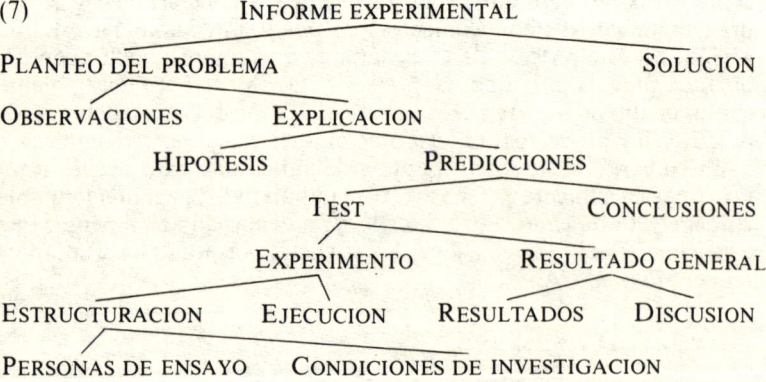

Tampoco aquí se puede esperar una denominación definitiva o precisa de las categorías; lo que sí se puede exigir es que los esquemas globales den a estos textos una estructura de forma convencionalizada. Mientras que en el texto narrativo o la demostración este esquema convencional se basa en primera instancia en factores pragmáticos (fascinar a alguien, convencer a alguien), en el informe experimental no sólo interesan las funciones argumentativas, sino también las convenciones científicas del 'ritual' experimental, que tiene claramente prescritas una serie de acciones a seguir para que la acción experimental global sea 'exitosa'.

5.7.3 Otros discursos científicos pueden muy bien ser distintos, sobre todo en las disciplinas científicas no experimentales. Pero aunque la construcción global esté claramente modificada, la *aceptabilidad* de la publicación depende de una serie de criterios que exigen métodos e informes adecuados. Contrariamente a las argumentaciones cotidianas, la institucionalización de la ciencia requiere que las presuposiciones en principio se hagan explícitas, que se definan todos los conceptos, etc. Vamos a suponer, sin dar aquí otros ejemplos, que estos 'criterios' institucionalizados también se basan en categorías y reglas como las que refleja el texto científico en su estructura global.

5.8   Otros tipos de texto

5.8.1 Sin profundizar demasiado en la teoría de la narración, la argumentación o la ciencia, hemos discutido brevemente una serie de características básicas de superestructuras construidas bastante convencionalmente. Así surge de nuevo la pregunta que ya se nos planteó una vez, de si realmente *todos* los textos o tipos de texto disponen de una estructura global y característica. En primer lugar se trata de una pregunta de carácter empírico, cuya contestación tan sólo podrá darse después de observaciones sistemáticas y de un análisis de un gran número de tipos de textos (de una determinada sociedad o cultura). Sin embargo podemos imaginarnos, a partir de unas reflexiones sencillas, que una superestructura debe existir *necesariamente* en cada texto, como ocurre también con las macroestructuras en un texto coherente. Pero existen algunas diferencias entre macro- y superestructuras: las macroestructuras semánticas son indispensables para que se produzcan conexiones lineales entre oraciones y para la comprensión del tema de un texto: por eso tienen cierto carácter de necesidad cognitiva. Las macroestructuras semánticas como tales no son convencionales, aun cuando existan algunas limitaciones sobre lo que se puede, o no, decir en unos contextos determinados. Las superestructuras, por el contrario, se comportan a este respecto más bien como estructuras 'sintácticas': se basan en reglas convencionales y no necesariamente todo tipo de texto posible tiene que estar convencionalizado por fuerza en el nivel de las superestructuras. Ya hemos visto el anuncio del periódico como ejemplo de un tipo de texto para el que no existe una superestructura clara y fija. En este caso, sin embargo, el tipo de texto viene determinado por el tipo de contenido, es decir, por la proposición implícita de 'Compra X'. De aquí parece deducirse que la macroestructura, en algunos casos, es obviamente suficiente como estructura global de un texto. A esto se añade que en esos casos se puede hablar también de un *orden* de tipo semántico. Pero esto significa que la estructura del texto es un reflejo de determinadas estructuras de la realidad, como por ejemplo el decurso de los sucesos, el orden causa/efecto, etc.

5.8.2   A partir de las reflexiones arriba expuestas se puede deducir que las superestructuras no son una característica necesaria de los textos y que para una división global del texto también puede servir el orden de las macroestructuras. No obstante, con los ejemplos de las superestructuras tratadas hemos podido ver que este orden semántico y pragmático puede llegar a ser más o menos convencional y que puede fijarse como un esquema cuasi-sintáctico. En este caso, no obstante, se producen exactamente las superestructuras cuyas reglas subyacentes son determinantes para la producción e interpretación de tipos específicos de textos. Con todo hay que subrayar que una diferenciación empírica de los tipos de texto por parte del hablante, y por ello también una *tipología* teórica *de los textos*, no sólo se basan en las superestructuras, sino también en el contenido, es decir, en la macroestructura, en estructuras estilísticas y retóricas, en funciones pragmáticas y funciones sociales. Una tipología textual seria sólo puede pasar al orden del día después de otras investigaciones sociológico-textuales. Por ahora no podemos hacer otra cosa que establecer diferencias en el nivel meramente 'textual', es decir: según criterios que han sido sacados de la propia estructura del texto en los diferentes niveles aquí descritos.

5.8.3   Entre toda la serie de ejemplos ofrecidos de superestructuras típicas, hemos descuidado unas estructuras globales que acaso sean las más frecuentes y también las más importantes —las estructuras de la *conversación*—. En este caso ya no se trata de un texto (monológico), sino de una organización de una *serie* textual de varios hablantes en el marco de una conversación. Pero esta organización también puede derivarse primariamente de las características de la *interacción* comunicativa; este tema se trata ampliamente en el capítulo 7. A este respecto también habrá que discutir la 'superestructura' de la conversación, aun cuando se podría aseverar que aquí se trata de la estructura inherente de un 'texto dialogístico'. A la inversa también resulta posible que se fije una serie de características de las superestructuras (y otras estructuras textuales) aquí tratadas a través de propiedades pragmáticas, cognitivas y sociales de la interacción. No obstante, este tema aún se discutirá.

5.8.4 Existe un gran número de estructuras textuales globales que no son únicamente convencionales, sino sobre todo *institucionales*: se basan en reglas/normas de una determinada institución social, como por ejemplo la escuela, una organización, la Iglesia, la comunidad, el Estado, etc. En estos casos, las estructuras pueden estar casi completamente fijadas e incluso expresamente descritas en un esquema, como en el caso típico de los documentos y de los formularios para rellenar. Lo mismo vale para la estructura de leyes, disposiciones y pactos, aun cuando en estos casos la estructura global pueda quedar implícita. No obstante, la institucionalización se refiere a la estructura global no sólo de los textos, sino también de las secuencias textuales, los diálogos, las interacciones, etc. Esto se evidencia claramente en el *ritual* del servicio religioso pero también en el desarrollo de una asamblea o reunión o durante un debate parlamentario.

5.8.5 Finalmente queremos enunciar en un orden arbitrario una serie de tipos de textos que posiblemente tengan una típica superestructura propia. En muchos casos se podrán reunir en tipos más amplios. Una gran cantidad de ellos se podrá incluir, por ejemplo, en la argumentación (en un sentido ahora más general): tanto en una conferencia de oposición a una cátedra como en un discurso acusatorio del fiscal o en un informe de la defensa se justifica una conclusión sobre la base de unas circunstancias, motivaciones, observaciones, etc. Damos aquí una relación provisional (entre paréntesis consta una *x* en los tipos de textos que aparecen típicamente en un contexto institucionalizado):

(8)   1. conferencia académica (p. ej.: una oposición) (x)
        2. sermón (x)
        3. informe del defensor (x)
        4. acusación (x)
        5. atestado (x)
        6. demostración [(x)]
        7. orden de pago (x)
        8. orden penal (x)
        9. acta de declaración (x)
       10. ley (x)
       11. disposición (x)
       12. conferencia [(x)]
       13. informe
       14. petición
       15. noticias
       16. comentario
       17. discurso público
       18. artículo
       19. conferencia universitaria
       20. instrucciones para el uso (de un artefacto)

5.9   Otras características del texto

5.9.1   Además de las características sistemáticas que hemos discutido hasta ahora, los diferentes tipos de texto tienen una serie de características menos universales, que a menudo pertenecen menos al texto propiamente dicho que a la *presentación* del texto; entre éstas se cuentan sobre todo las características que forman parte del aspecto *exterior* del texto, la imagen con que aparece en lo que se podría llamar *portador del texto* (es decir, formas de mediación como los medios de comunicación: la radio, la televisión, los periódicos, las revistas, los libros, los carteles, etc.). Aquí no vamos a intentar desarrollar una metodología, sino que daremos una breve caracterización de las repercusiones de estas características.

5.9.2   *La identificación pragmática: escribiente/hablante, lugar, fecha.* Si el contexto pragmático no especifica quién es el hablante, ni cuándo ni dónde se ha producido el texto, tales parámetros pragmáticos a menudo se introducen en el mismo texto o, mejor dicho, *al lado* del texto. Esto suele ocurrir en los textos escritos; sin embargo también puede revestir cierta importancia en los textos orales: en un texto emitido por la radio o la televisión o en la alocución de un hablante desconocido por el oyente. En estos casos se adelanta o añade al texto el *nombre* del *hablante* o la *entidad* correspondiente. También el oyente puede quedar especificado, como persona o como grupo, según a quién esté destinado o dirigido el texto: una ley se refiere con frecuencia a un grupo determinado (p. ej.: a alumnos, conductores, asalariados), o una orden de pago a personas individuales.

Dado que la verdad o la validez de los enunciados de un texto vienen determinadas también por el lugar y el tiempo de la producción textual, con frecuencia se indican el lugar y la fecha correspondientes al texto: al empezar una carta o al comienzo de un informe de la prensa. La validez de un documento puede establecerse eventualmente para un cierto *período* (un pasaporte, pólizas de seguro) o también para un lugar determinado y un tiempo limitado (las entradas para el cine, las letras de cambio).

5.9.3   *Características semánticas.* Para garantizar una recepción óptima del significado (global) de un texto, los textos escritos también pueden expresar directamente una parte de la macroestructura, p. ej.: en el o los *títulos, subtítulos* o *títulos intermedios.* De esta manera el lector sabrá aproximadamente cuál es el objeto del texto y podrá decidir si lo encuentra interesante o no, o se preocupará por conseguir una información general sobre la macroestructura, que entonces guiará su comprensión del texto. Algunos experimentos han demostrado que los títulos poseen una importante función cognitiva para la comprensión del texto cuando éste es un tanto vago, ambiguo o difícil.[11]

Esta función se hace aún más evidente en los *resúmenes* parciales o completos de los textos al principio o al final de un fragmento o del texto entero. Los artículos de periódico suelen dar un breve resumen —generalmente en negritas— del texto en sí. Este resumen suele funcionar al mismo tiempo como una especie de 'introducción' mediante la cual se introducen las cosas, personas o sucesos más importantes (véase también capítulo 6).

5.9.4 *Indicaciones referentes al tipo de texto y a la superestructura.* Los textos pueden presentar indicaciones sobre el tipo de texto —por ejemplo, en forma de subtítulos— para una identificación más efectiva del tipo de texto y, con ello, de las funciones específicas y la importancia del texto para el lector. El subtítulo 'novela' o 'poesía' caracteriza claramente diferentes textos literarios, mientras que los textos institucionales se sirven de determinadas denominaciones: disposición, ley, certificación, etc.

Lo que es válido para el texto en su conjunto, puede aplicarse también a determinadas categorías de la *superestructura*. Con frecuencia nos encontraremos en los textos argumentativos con indicaciones especiales como 'introducción' o 'conclusión', mientras que la ya mencionada estructura de un informe científico suele reflejarse en 'títulos' (tantos como categorías haya) de párrafos o capítulos.

5.9.5 Algunas características especiales de los niveles pragmático, semántico y superestructural a veces pueden reunirse en lo que se denomina textos *acompañantes*. Por de pronto, un texto impreso de una cierta extensión, por ejemplo en formato de libro, no sólo posee una INTRODUCCION, sino también un PROLOGO o un EPILOGO. Por lo general, el PROLOGO debe cumplir con la tarea pragmática de brindar al lector/comprador una información sobre el contexto: causas, razones y motivos para escribir este texto, intenciones relativas al contenido y a la función del texto, indicación de problemas específicos en su producción y, finalmente, los lectores/el público a los que se destina. Dado que aquí se trata en cierta manera de un texto 'sobre' el texto y el contexto, se puede hablar también de *metatextos*. Un EPILOGO, que no necesariamente ha de ser del mismo autor, puede a su vez asumir una parte de estas funciones, con frecuencia en forma de un *comentario* sobre el contenido, la realización lograda o no de las intenciones o el contexto interpretativo posiblemente modificado del texto (p. ej.: después de una serie de años en el caso de reimpresiones o reediciones).

---

[11] Para el significado del título en la comprensión textual, véase también el capítulo 6.

Los textos o títulos acompañantes también pueden cumplir una función de *etiqueta* (rótulo), como las solapas, los títulos de cubierta o las reseñas.

En este último caso se trata de textos acompañantes más sistemáticos, casi siempre escritos por otras personas y que tienen la función de *anunciar* el texto como tal (como libro, etc.), por ejemplo en emisiones de radio y televisión, para una lectura de la obra realizada por el autor. Una reseña de este tipo puede comprender el título, un resumen, el tipo de texto, el nombre del autor y el público al que se supone que va destinado. En las reseñas de cierta extensión también se podría hablar de *secuencias textuales* en las que se establecen relaciones particulares entre textos. En el capítulo 7 se discutirá una serie de estas relaciones, con especial atención al análisis conversacional.

5.9.6 *Fórmulas.* De manera similar a la fijación 'esquemática' de la estructura textual global y a su consiguiente manifestación en la estructura superficial del texto, tales estructuras fijas existen también en el nivel más 'local' de la oración individual o de la secuencia oracional; se las puede denominar *fórmulas*. En primer lugar conocemos estas fórmulas a través de las cartas que tienen un PRINCIPIO y un FINAL establecidos (categorías de la superestructura), y que con frecuencia muestran giros léxico-sintácticos como: «*por la presente le comunico que...*» o «*con nuestro escrito queremos llamarle la atención sobre...*», que a la vez explicitan la función pragmática del texto (una comunicación, una petición, etc.). También las cartas de instituciones suelen tener un carácter de fórmula en este nivel: disposiciones, leyes y contratos se introducen y finalizan con fórmulas estándar, o a veces tan sólo consisten en éstas, pudiendo especificarse las variables según el contexto (usuarios, lugar, tiempo, tema, objeto, etc.). También los *formularios* que se han de rellenar cada vez con mayor frecuencia ilustran estas disposiciones en el terreno de lo cotidiano. Estos ejemplos han sido tomados del —socialmente determinado— manejo de informaciones, es decir, de un tipo de *elaboración social de la información.*[12]

Las fórmulas fijas no sólo actúan en el sentido institucional que acabamos de describir, sino también de manera socio-pragmática y cognitivo-pragmática. Tradicionalmente, los textos acompañantes o introductorios atraen la *atención benevolente (captativo benevolen-*

---

[12] Desgraciadamente no puede tratarse en este libro el problema de la elaboración social de la información, al que ya aludimos brevemente en el primer capítulo. Estamos pensando tobre todo en la manera en que una sociedad 'categoriza' a sus miembros mediante textos y documentos, p. ej.: en ficheros, en la higiene pública (el hospital), en los organismos sociales (residencias de ancianos), en los interrogatorios policiales y en las fichas personales computarizadas. Para algunos aspectos de este problema, véanse, entre otros, los trabajos de SUDNOW (comp.) (1972). Véase también CICOUREL (1968).

tiae') del público, que luego habrá de centrarse en el 'verdadero'
texto; de manera similar podemos intentar atraer favorablemente al
oyente o lector mediante *fórmulas de cortesía* o *deferencia* para que
éste acepte nuestra acción lingüística; también podemos expresar la
posición social del hablante frente al oyente con estas fórmulas.

5.9.7 Así llegamos de nuevo a la estructura superficial del texto y
dirigimos nuestra atención brevemente a las estructuras *fonológicas* y
gráfico-tipográficas globales y locales. Sin duda, un título ocupará un
lugar determinado y resaltará con letra gruesa en comparación con
el resto del texto. Para poner de manifiesto la particularidad de la
macroestructura no sólo disponemos de títulos intermedios sino
también de *demarcaciones de párrafos,* como las sangrías u otras
marcas gráficas (p. ej., un orden numérico). Además existen divisiones por *partes, capítulos, libros, tomos,* etc. Con frecuencia, estas
divisiones gráficas son reproducciones de la articulación de la macroestructura, por ejemplo, el paso a un nuevo tema.
   La división fonológica/gráfica del texto también se puede conven-
cionalizar e institucionalizar. Los ejemplos más extendidos de estos
esquemas son la *métrica* y los *versos* en la poesía; en estos últimos,
también la impresión (elección de la letra, etc.) y la disposición
(tipo-)gráfica puede adoptar funciones especiales: pensemos en una
poesía concreta.

5.9.8 La distinción entre los textos por un lado y los diferentes
soportes de textos, canales y *medios* por otro resulta absolutamente
adecuada y necesaria. En este sentido, los libros, los periódicos, las
revistas, los carteles, los documentos, etc., no son tipos de textos
sino soportes. Sin embargo, en muchos casos, la diferencia entre
texto, soporte y contexto no es tan clara como por ejemplo entre
'carta' o 'discusión': una carta no sólo es una forma de texto, sino
también una forma de comunicación. Por el contrario, las fichas
(sistemas de fichas DIN), las etiquetas o los sobrescritos son claros
soportes textuales. Los *canales textuales* hay que distinguirlos, por
regla general, sobre la base de sus características técnicas y audiovi-
suales de comunicación (televisión, radio, teléfono, prensa, carteles,
etc.), cosa que con el concepto de *medio* suele no quedar clara;
habitualmente se usa este concepto para los canales *y* para los
soportes textuales cuando se trata de una 'macrocomunicación', es
decir: cuando el oyente es un público amplio y numeroso. La solución de estos problemas de hecho corresponde a una *teoría de la
comunicación* más amplia, que excede con mucho el marco de nuestro tema.[13]

---

[13] Para las indicaciones referentes a la teoría de la comunicación, véase nota 12 en
el capítulo 1.

5.10 *Estructuras textuales: resumen*

5.10.1 En este punto intentaremos trazar un breve resumen de las estructuras textuales más importantes que aquí hemos tratado, antes de pasar a 'situar' el texto más exactamente en el contexto, la comunicación y la interacción. Desde esta perspectiva más amplia resulta necesaria una diferenciación de distintos tipos de estructuras textuales, dado que tienen que ver con parámetros cognitivos, comunicativos, sociales y culturales diferentes.

Análogamente a las divisiones habituales en gramática, teoría de la lengua, filosofía de la lengua y semiótica, hemos distinguido las diferentes estructuras textuales en primer lugar según sus *niveles:* fonología, sintaxis, semántica y pragmática. Después hemos distinguido en cada nivel entre microestructuras (locales) y macroestructuras (globales), es decir, según la *amplitud* y el *ámbito/alcance.* En otras disciplinas científicas también suele hacerse unas distinciones parecidas, como por ejemplo en la economía, donde se distingue entre la microeconomía de la familia y la macroeconomía de la comunidad, la provincia, el Estado o la comunidad de Estados. Finalmente se analizó en cada nivel *cómo* pueden *emplearse* las diferentes reglas y categorías de manera *significativa* (el estilo) y qué *estructuras adicionales* globales o locales u *operaciones* pueden manifestarse en la estructura lingüística del texto (estructuras retóricas), como *esquemas, fórmulas* o *formas de presentación* convencionalizados o institucionalizados o no convencionalizados ni institucionales.

Si bien la descripción de la estructura gramatical de la oración es parte integrante de una descripción del texto, hemos omitido aquí este ámbito más restringido, dado que normalmente es el objeto de la lingüística (gramática); la ciencia del texto se basa en la lingüística, pero intenta proceder sobre todo de manera más 'amplia'.

Suponemos que se habrá hecho patente que a medida que nos hemos alejado de la descripción 'lingüística', las observaciones y los métodos descriptivos se han hecho más vagos, fragmentarios y menos sistemáticos: sabemos más de la semántica de las secuencias que de la pragmática, y también sabemos más de las estructuras estilísticas y retóricas que de las (super-)estructuras globales y demás características textuales, como las formas de presentación, de las que no hemos podido dar más que una enumeración no sistemática.

Ahora bien: la cuestión de hasta qué punto hemos discutido realmente *todos* los tipos importantes de estructuras textuales tendrá que demostrarla un análisis más amplio de las condiciones, las funciones, los efectos y otros parámetros de la comunicación (oral). Pero esto significa que desde el punto de vista metodológico consideramos que empírica y teóricamente sólo son 'importantes' aquellas estructuras textuales y lingüísticas que guarden relación con las características del contexto cognitivo social y cultural. No obstante, el hecho de si actualmente estamos capacitados para desarrollar sistemática y explícitamente todas estas relaciones en una teoría es una cuestión bien diferente.

5.10.2   Finalmente, y con las naturales reservas con respecto a la posibilidad de representar gráficamente unas estructuras complejas, intentaremos integrar las diferentes estructuras textuales en un esquema; para ello nos serviremos de las tres dimensiones *nivel, ámbito/alcance* y *forma/manera.* En principio, todas las características que se han tratado en este libro deberían aparecer en uno de los 96 paralelepípedos de este 'cubo de la estructura textual' (o bien en las relaciones entre los paralelepípedos).

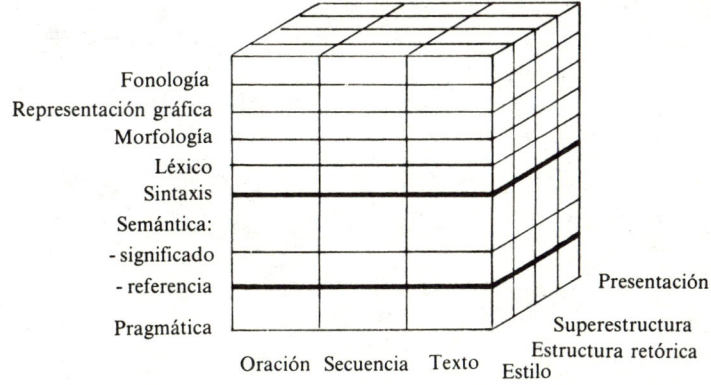

Fonología
Representación gráfica
Morfología
Léxico
Sintaxis
Semántica:
- significado
- referencia
Pragmática

Presentación
Superestructura
Estructura retórica
Estilo

Oración   Secuencia   Texto

6. Psicología de la elaboración del texto

6.1 *El planteamiento*

6.1.1 En los anteriores apartados de este libro hemos discutido los diferentes tipos de estructuras textuales. Nos hemos acercado un paso hacia el *contexto* precisamente cuando nos ocupábamos de los actos de habla que se llevan a cabo cuando un texto se manifiesta en un contexto concreto. En este y en el próximo capítulo proseguiremos las reflexiones sobre las relaciones entre el texto y el contexto. Procederemos de manera sistemática, comenzando por el contexto 'más inmediato', el *contexto psíquico,* en el que se realizan la producción, la comprensión y la posterior 'elaboración'. A continuación observaremos la interacción social en el micronivel, es decir: en el nivel de la conversación y de la comunicación textual en grupos reducidos. En un libro posterior esperamos poder estudiar el papel que desempeñan los textos y documentos en el macronivel de las estructuras sociales, por ejemplo, los textos en los medios de comunicación y de las instituciones, para concluir con el contexto cultural más amplio (antropológico) del texto y uso lingüístico.

6.1.2   El problema capital que se discute en este capítulo se refiere a la verdadera *interpretación* de los textos. El concepto de «interpretación» también se emplea de manera mucho más formal en semántica y pragmática, cuando se trata de adjudicar estructuras de significado y referencia, así como acciones lingüísticas, a un texto. Sin embargo, ahora se trata de elucidar los aspectos psicológicos que desempeñan un papel en la *comprensión* de los textos. Para diferenciar la interpretación formal de la interpretación psicológica emplearemos en el caso de esta última los conceptos de «comprender», «comprensión» así como «interpretación (cognitiva)». A partir de esta concepción de texto se puede decir que la información del texto o sobre el texto se almacena en la memoria. El problema consiste en saber qué información o qué tipo de información se guarda en la memoria y cómo se relaciona este proceso con la comprensión del texto. ¿Qué ocurre con la información almacenada en la memoria? Sin duda, después de algún tiempo 'olvidamos' buena parte de las informaciones, mientras que otras quedan precisamente a nuestra disposición. Por eso debemos preguntarnos cuáles son las informaciones que ante todo se olvidan y cuáles ante todo se retienen. Y también: si es cierto que ciertas informaciones quedan almacenadas en la memoria, ¿cómo podemos volver a hallarlas de manera eficaz para aplicarlas en otras tareas, como por ejemplo la comprensión de otros textos? Después de todo, una de las funciones más esenciales de nuestro 'mecanismo' psicológico consiste en que en determinadas circunstancias podemos 'evocar' informaciones: nos acordamos de algo. De aquí surge la próxima pregunta: ¿qué es realmente aquello que recordamos de un texto después de haberlo leído u oído?

En estos problemas se ocupa la *psicología cognitiva*.[1] A grandes rasgos, el ámbito de la psicología cognitiva puede describirse como el campo de las funciones psíquicas más 'complejas' o 'elevadas', tales como entender, hablar, pensar, solucionar problemas, planear, etc. En este capítulo veremos sobre todo los aspectos cognitivos de la psicología de la elaboración de los textos. Esto no significa en manera alguna que al producir o elaborar textos no entren también en juego otros factores psíquicos, por ejemplo, los *emotivos/afectivos*: podemos estar enfadados, tristes, alegres o tensos cuando leemos u oímos un texto, mientras que a la inversa, estos factores emotivos también pueden ayudar a establecer las características del texto (propiedades textuales), como ya observamos en el tratamiento de las estructuras estilísticas. A este respecto ya habíamos señalado la especial importancia que tienen los estados emotivos y los traumas o neurosis conscientes (o sub- o inconscientes) para el *análisis* de textos, dado que ayudan a averiguar ciertos aspectos de la persona-

---

[1] Entre los numerosos manuales sobre psicología cognitiva queremos mencionar sobre todo el de LINDSAY & NORMAN (1972), además de las monografías de NEISSER (1967) y KINTSCH (1977 a).

lidad, convirtiéndose en algo importante en la tradición del *psicoaná- lisis*. Ultimamente también se emplea el análisis y la aplicación de la estrategia de *conversaciones* en el marco de diversas técnicas psicote- rapéuticas. Aquí no vamos a considerar todas estas implicaciones emotivas, psicoanalíticas o psicoterapéuticas del análisis textual: por un lado, nuestros conocimientos de estos procesos aún son escasos, pero sobre todo tienen aún poca base sistemática o empírica (experi- mental) y, por otro, tales investigaciones se ocupan en el uso de la lengua como un todo (por ejemplo: en el problema de la elección de palabras, que luego se interpreta 'simbólicamente') y en un grado mucho menor, en las estructuras textuales. Además existen numero- sas introducciones al psicoanálisis y a la psicoterapia en las que se estudia el análisis de los sueños, pero también el análisis de las conversaciones, el sostener una conversación, etc. Aquí, pues, nos concentraremos en la elaboración cognitiva del texto.[2]

6.1.3   La elaboración del texto se refiere no sólo a la comprensión, a la conservación y al recuerdo de los textos, sino también a otros procesos cognitivos, como por ejemplo al establecimiento de lazos entre las informaciones de un texto y los *conocimientos/informacio- nes* que ya poseemos, para aumentar o corregir nuestro saber. Ade- más somos capaces de responder a preguntas sobre los textos, de describirlos/parafrasearlos, resumirlos o incluso comentarlos. Con la ayuda de informaciones textuales podemos solucionar problemas o guiar nuestras acciones de manera distinta; por ejemplo, con la ayuda de instrucciones para el uso de una máquina. Una serie de estas tareas cognitivas son los *procesos de aprendizaje* en general: ¿de qué manera obtenemos conocimientos a través de las informaciones textuales? ¿Cómo se almacenan estos conocimientos, y cómo se los halla de nuevo y se los aplica?

6.1.4   Las estructuras y los procesos psicológicos que desempeñan un papel en la comprensión de textos suelen ser de tipo más general. También en la comprensión de escenas (visuales) y episodios reales reproducidos (fílmicamente) o representados, se emplean con frecuen- cia las mismas reglas, estrategias y categorías. Estas caracterizan la *elaboración de la información compleja*[3] en general.

---

[2] Para la problemática de la conversación en general, véase el capítulo 7 y la nota 20 del capítulo 1.
[3] Para la utilización de estos y otros conceptos de la elaboración cognitiva de la información, véase LINDSAY & NORMAN (1972).

6.2   *Principales procesos de la elaboración informativa*

6.2.1   Antes de dedicarnos a la comprensión de los textos, queremos mencionar algunos puntos referentes a la comprensión de la *lengua* y la elaboración de *informaciones* en general. ¿Qué niveles de análisis, qué conceptos y qué preguntas y problemas tienen aquí un papel? En este marco, evidentemente sólo podemos discutir los conceptos más importantes de la psicolingüística y de la psicología (lingüística) cognitiva.[4]

6.2.2   Si queremos analizar la elaboración de las informaciones, partiremos por de pronto del hecho de que un 'organismo que comprende', por ejemplo, un hombre, se ve confrontado con señales portadoras de información de manera que *percibe* estas señales. Esta percepción se realiza mediante los órganos sensoriales. En la comprensión lingüística, esta percepción suele ser visual o auditiva. Ahora bien: para poder atribuir informaciones a una serie de señales visuales o auditivas, se requiere una serie de procesos fundamentales. Si bien estos principios también tienen su validez en la comprensión de imágenes, aquí nos limitamos a la comprensión de enunciados lingüísticos, tanto orales como escritos.

El primer principio consiste en que un hablante es capaz de aislar unidades discretas del 'flujo' (fonético) continuo de la lengua; esto significa que puede *segmentar* señales de ese flujo. De hecho, en la escritura ya ha tenido lugar esta segmentación: las letras y las palabras se separan unas de otras en forma de unidades.

El segundo principio es la *categorización*. Para comprender las señales hay que hacer una abstracción: si bien un sonido se pronuncia o se oye fonéticamente de distintas maneras, el sonido siempre puede interpretarse como la misma *forma de sonido*. Después de todo, es esta la diferencia decisiva entre la fonología y la fonética (esto ya lo discutimos al comienzo). Este principio implica psicológicamente que los sonidos que aparezcan serán siempre comparados con una forma de sonido 'abstracta' pero ya conocida, a lo que entonces sigue la decisión de si se trataba p. ej. de una *a* o una *o*. Desde luego, este proceso se realiza a gran velocidad y sólo muy pocas veces de manera consciente: en este nivel elemental, la comprensión lingüística está automatizada casi por completo. La categorización, sin embargo, no se limita a la comprensión de fonemas, sino que también tiene lugar en otros niveles: reconocemos aquellas 'palabras' que ya conocemos, es decir: a una determinada configuración de sonidos le asignamos una *forma de palabra* (morfema). A la

---

[4] Para el campo de la psicolingüística/psicología del lenguaje aconsejamos la colección en un volumen de FLORES D'ARCAIS & LEVELT (comps.) (1970); para las implicaciones psicológicas de la gramática generativa, véase FODOR, BEVER & GARRET (1974). SLOBIN (1971) y CLARK & CLARK (1977) ofrecen introducciones simples.

vez tiene lugar una primera categorización sintáctica: determinadas formas de palabras se asignan a determinadas categorías sintácticas, como artículos o sustantivos. Así puede demostrarse enseguida un tercer principio: las unidades se 'reúnen', se *combinan* con otras unidades y esta combinación vuelve a considerarse como una unidad. El principio de combinación tiene, pues, validez para la comprensión de morfemas, porque los fonemas se yuxtaponen, y para la comprensión de (partes de) oraciones, porque los morfemas se yuxtaponen. El hablante conoce los principios de combinación posibles de su lengua (reglas), y por eso generalmente reconoce cuáles combinaciones *posibles* son aceptables. También vuelve a aplicar la categorización necesaria en el nivel de las combinaciones, de manera que un grupo de morfemas puede funcionar, por ejemplo, como 'sujeto' de la oración.

En el nivel de la comprensión de la palabra y de la oración interviene simultáneamente el principio siguiente, el de la *interpretación:* a las formas de palabras, partes de oraciones u oraciones se les asigna determinado *significado* convencionalmente establecido. Esto significa que un hablante, cuando entiende una palabra, no sólo extrae de su memoria la forma de palabra correspondiente (ámbito de conocimiento lingüístico), sino a la vez el(los) significado(s) posible(s) o actual(es) que va(n) acoplado(s) a la forma de la palabra. También en este nivel el principio de categorización ejerce su influencia: si bien un hablante puede tener una gran cantidad de asociaciones al interpretar formas de palabras o (fragmentos de) oraciones, debemos suponer que en principio es capaz de asignarles un significado específico y convencional; es precisamente esta convención la que ha hecho que el hablante haya querido expresar con seguridad exactamente este significado. Pero como numerosas formas de palabras poseen varios matices de significado o incluso varios significados, puede producirse muy fácilmente un malentendido si no se dispone de más información proveniente del texto o del contexto, y el oyente puede asignar a una palabra u oración un significado distinto del pretendido por el hablante.

Vemos que la elaboración de la información se basa en realidad sobre todo en la adjudicación de significados a señales (perceptibles) y que esto tan sólo es posible como consecuencia de operaciones mentales: la segmentación, la categorización y la combinación de lo percibido. Además, hemos de tener presente que no sólo se interpretan las 'unidades', sino también las *relaciones* entre éstas, que establecen sus combinaciones posibles si también en la psicología de la comprensión de la lengua distinguimos entre 'estructura superficial' y 'estructura profunda' de un enunciado, es decir, entre las estructuras morfo-fonológico-sintácticas y las estructuras semánticas, esto supone que, por ejemplo, las relaciones sintácticas también pueden poseer una relación semántica como correlato significativo. Sin embargo hay que hacer hincapié en que los citados cuatro principios de la elaboración informativa no son sucesivos, sino que en muchos casos están interrelacionados. Con frecuencia se puede proceder a una categorización sintáctica cuando ya se han comprendido las formas de palabras de las partes de la oración correspondientes, es decir, cuando se les ha asignado una forma de significado. Lo mismo resulta válido para la segmentación de morfemas y el reconocimiento de determinadas combinaciones. Contrariamente a la gramática, tanto la producción como la comprensión de la lengua tiene lugar *en varios niveles a la vez:* las unidades u operaciones en un nivel posibilitan frecuentemente operaciones a otro nivel o, como mínimo, las apoyan.

6.2.3   Hasta ahora se ha hablado de manera muy general sobre lo que un hablante 'hace' mentalmente para poder comprender un enunciado. Para ello hemos partido del hecho de que él *conoce* una serie de formas de palabras más los significados, igual que también conoce una serie de reglas de combinación e interpretación, y del hecho de que el uso real del lenguaje (hablar o comprender) se basa de tal manera en estos conocimientos, que los fragmentos de percepción que surgen se comparan constantemente con estos conocimientos. Lo característico de la elaboración cognitiva de la información es, sin embargo, que fuera de estos conocimientos de las reglas de validez general hay también *estrategias* para una *aplicación* eficaz de las reglas. Para entender adecuadamente la diferencia que existe entre estrategias y reglas puede observarse como ejemplo análogo el juego de ajedrez. En primer lugar existen reglas generales y fijas para jugar al ajedrez, reglas que en principio todo jugador debe observar si realmente quiere jugar. Pero además, todo el sentido del juego consiste en que un jugador intenta hacer jaque mate al otro. Para conseguir este fin no sólo debe saber jugar 'correctamente' al ajedrez, sino también conocer una serie de estrategias 'óptimas' para realmente hacerle jaque mate al otro. Algo similar ocurre con el uso de la lengua y la comunicación: se trata de intentar realizar lo más eficazmente posible los objetivos comunicativos de la interacción, como por ejemplo conseguir que el oyente entienda qué se quiere decir o qué funciones pragmáticas posee el enunciado. En el caso concreto, el oyente debe establecer para la comprensión de las oraciones una serie de *hipótesis* que se refieran a la segmentación, categorización, combinación e interpretación más inmediatas, incluso en el caso de que, sobre la base de estas reglas, esta hipótesis plausible tenga que modificarse en el curso de la posterior elaboración de la oración. Una de las estrategias ampliamente extendidas se basa, por ejemplo, en la suposición de que en el uso de la lengua el primer sustantivo, el primer constituyente nominal, actúa en la mayoría de las oraciones como sujeto y a la vez, en el nivel semántico-textual, como 'tópico' de la oración. Esta estrategia también significará que ya se puede comenzar con la categorización provisional, es decir, con la estructuración, aun cuando el resto de la oración todavía no se haya seguido elaborando; de esta manera se acelera la elaboración de la oración, con lo cual se favorece una comprensión más rápida.

6.2.4 La *memoria* constituye un importante componente de un modelo de elaboración cognitiva de la lengua. Si, dicho a grandes rasgos, se quiere elaborar la segunda mitad de una frase, hay que saber lo que había en la primera mitad. Durante la elaboración hay que *guardar* la información sobre la estructura y comprensión de palabras o partes de oraciones hasta que se la vuelva a necesitar, por ejemplo, para establecer relaciones gramaticales necesarias. El lugar cognitivo para el almacenamiento de tales informaciones es la memoria.

En general se distinguen dos tipos de memoria, una 'a corto plazo' *(short term memory)* y la otra 'a largo plazo' *(long term memory)*. Esta diferencia se hace evidente cuando nos planteamos que muchas formas de la información almacenada deben quedar disponibles sólo un breve momento, mientras que otras informaciones acaso sean necesarias para más tiempo o incluso para siempre, si pretendemos que el organismo funcione adecuadamente. La información fonológica, morfológica y sintáctica precisa, relativa a la estructura de partes de la oración, se necesita sólo para la oración en sí y acaso para la oración anterior o la posterior. Ningún lector que lea esta página será capaz de reproducir literalmente la primera oración, aun cuando la haya entendido y aun cuando estas estructuras oracionales hayan estado temporalmente en su memoria. Por eso admitimos que estas informaciones de 'poca vida' se almacenan en la memoria a corto plazo durante cierto tiempo, y precisamente mientras quede suficiente espacio en esta memoria. Sin embargo, el contenido de una oración, es decir, su estructura semántica, por lo general deberá quedar disponible durante un tiempo mucho más largo, para, por ejemplo, establecer relaciones de conexión y coherencia con significados anteriores o posteriores, pero también para (trans-)formar nuestro conocimiento a largo plazo. Por lo tanto, al menos una parte de estas informaciones se transporta a la memoria a largo plazo. Por esta razón también se la denomina memoria *semántica* o *conceptual.*[5] Si observamos todo el proceso, veremos que la memoria a corto plazo funciona de hecho como una especie de 'taller' en el que las informaciones que entran reciben un primer tratamiento, de manera que a continuación se las pueda almacenar en la memoria semántica (a largo plazo). Hemos visto que, en el fondo, este tratamiento apunta a una interpretación cognitiva de las señales que se reciben, es decir: a una traducción a conceptos o relaciones entre conceptos a

---

[5] Para la teoría de la memoria, véase KINTSCH (1977 a), así como TULVING & DONALDSON (comps.) (1972).

una *proposición* (o a una *red* de conceptos). Cuando estudiemos los mecanismos de la comprensión textual, nos ocuparemos exclusivamente en esta elaboración semántica de la información, es decir: con conceptos y proposiciones, admitiendo que las oraciones y sus partes ya han sido traducidas a informaciones semánticas en la memoria a corto plazo. Por lo demás, todo lo que hemos expuesto acerca de la memoria y su función para la comprensión de las realizaciones lingüísticas, vale igualmente para cualquier otra percepción y elaboración de informaciones, por ejemplo, para la comprensión de imágenes: la percepción gráfica de una silla se analiza en la memoria a corto plazo (se segmenta, categoriza, etc.) y luego se interpreta semánticamente como el concepto de 'silla' o la combinación de conceptos 'la silla se cae'. A veces incluso se admite que los principales procesos que conducen y fijan la interpretación de los enunciados, y aquellos que conducen la interpretación de otras 'impresiones', son en gran parte idénticos; así, por ejemplo, la manera en que 'componemos' la estructura semántica de una oración a partir de la comprensión de sus partes, debe de estar estrechamente emparentada con la percepción y elaboración de imágenes y escenas. Un punto litigioso es por ejemplo la cuestión de si en nuestra memoria sólo tenemos estructuras conceptuales abstractas que sirven como base de interpretación y almacenamiento tanto para la lengua como para las imágenes o si poseemos conceptos 'lingüísticos' antes que 'imágenes'.[6] Sea como fuere, resulta indudable que la elaboración lingüística y visual de la información están estrechamente interrelacionadas: con un enunciado podemos describir sin grandes esfuerzos una imagen o una escena percibida en aquel momento o antes, y a la inversa, después de un enunciado podemos hacernos una 'imagen' de una cosa. A veces ocurre que algún tiempo más tarde ya no sabemos si hemos visto nosotros mismos un suceso determinado o si tan sólo hemos oído hablar o leído sobre él, o incluso si nos lo hemos 'inventado' o 'imaginado' todo.

La diferencia entre la *short term memory* (STM) y la *long term memory* (LTM) todavía es muy vaga. Una identificación completa de la LTM con la memoria 'semántica' a veces parece llevar a confusión, puesto que en la LTM también podemos almacenar informaciones 'de estructura superficial' (como por ejemplo un texto oral dicho por alguien, una consigna o la letra de una canción, el estilo hablado o escrito de alguien en particular, o bien la melodía o el ritmo de una canción o de otra pieza de música). A la inversa también se puede suponer que debe de haber informaciones semánticas disponibles en la STM o por lo menos por un 'breve espacio de tiempo' y que posiblemente dispongamos de ellas por muy poco tiempo para la

---

[6] PAIVIO (1971) ofrece una amplia visión sobre las relaciones entre lengua e imagen y sus elaboraciones respectivas.

comprensión de oraciones y secuencias de oraciones. Incluso si hemos entendido una oración determinada al principio de este capítulo, en general no seremos capaces de reproducir esta oración 'en cuanto a su contenido', es decir, mediante una paráfrasis, y ni siquiera la reconoceríamos. Esta reflexión nos servirá de punto de partida para un tratamiento de los problemas cognitivos específicos que se producen en la comprensión de textos e informaciones semánticas complejas en general.

Para poder diferenciar aún más los diferentes 'tipos' de memoria se ha introducido además de la STM y LTM el concepto de *memoria episódica*. La característica particular de la memoria episódica, que mayormente se considera como una parte de la memoria a largo plazo, estriba en el registro especial de una serie de rasgos del *input* informativo: dónde, cuándo y cómo se percibió y comprendió una cosa. Así no sólo podremos recordar en general que Allende, el presidente de Chile, fue asesinado por fascistas, sino que además todavía 'sabremos' cómo y cuándo obtuvimos esa información. Esto significa, sin embargo, que la restante LTM más bien sirve como almacén de nuestro *conocimiento* de circunstancias más generales y que a través de nuestra memoria episódica *recordamos* más bien sucesos concretos vividos por nosotros (se incluye la lectura o el haber oído ciertas cosas). Resulta, pues, muy posible que la 'breve' información semántica que necesitamos para la comprensión de una oración o un texto, se almacene de manera característica en esta memoria episódica.

6.2.5 Con estos problemas de la teoría de la memoria se vinculan dos operaciones mentales emparentadas aunque muy distintas entre sí, a saber, el *(re-)conocer* y el *recordar*. Ante todo debemos suponer que la información almacenada en la memoria puede *volver a encontrarse*. Pero también es posible que alguna vez hayamos almacenado una información determinada en la memoria semántica, y que no volvamos a encontrarla. En este caso se habla de *olvido*. Se puede olvidar temporalmente o para siempre, lo que en el primer caso quiere decir que en determinadas circunstancias aún puede hallarse un 'camino' para acceder a la información que antes no obteníamos.

La diferencia fundamental entre (re-)conocer y recordar consiste en que en el curso del reconocimiento disponemos de información actual y lo único que tenemos que hacer es averiguar si ya existe en algún lugar de nuestra memoria. Sobre la base de este 'modelo' podemos registrar rápida y eficazmente nuestra memoria; sólo debemos decidir con más o menos seguridad si ya existe esta pieza de información. Para recordar hay que poner en marcha el mecanismo memorístico de manera mucho más potente, dado que en el marco de una tarea dada se exige reproducir una pieza de información sin un modelo anterior. Naturalmente, este proceso se puede facilitar con ciertos 'indicios' *(cues),* por ejemplo, indicando una serie de propiedades características de la información.

Sin embargo, ambos procesos requieren que la información no esté arbitrariamente almacenada en la memoria. En otras palabras: sólo somos capaces de retener en la memoria la enorme cantidad de información sobre circunstancias generales y particulares que necesitamos para nuestro 'funcionamiento' cognitivo y social, si las informaciones están más o menos eficazmente *estructuradas.* Podemos suponer, por ejemplo, que todo lo que sabemos sobre mesas, sillas y lámparas está almacenado en conexión con nuestro conocimiento general sobre el mobiliario y los enseres de la casa. Nuestro conocimiento sobre otras personas y sobre las relaciones sociales funciona de manera parecida. Por eso, los diferentes conceptos que se encuentran en la memoria semántica forman ciertos *conglomerados (clusters)* que pueden actualizarse, por ejemplo, en los tradicionales tests asociativos. Estas estructuras de conglomerados pueden estar articuladas, por lo menos parcialmente, de manera jerárquica: distintas cosas que sabemos acerca de Pedro, también son aplicables en general a personas, hombres u objetos concretos: Pedro puede estar enfermo, puede ser padre y es visible. Las estructuras jerárquicas de este tipo son condición indispensable para una elaboración efectiva de la información (almacenamiento, *output*): no es necesario que almacenemos todas las propiedades (posibles) de cada concepto que tengamos en la memoria, puesto que las podremos *deducir* de las propiedades de conceptos más 'elevados' cada vez que necesitemos esas informaciones. En general, respecto del concepto de 'Pedro' no habremos almacenado conscientemente informaciones sobre el hecho de que tiene un corazón; sin embargo, esta información puede ser inmediatamente asequible por deducción (del concepto de 'ser vivo') en cuanto debamos interpretar un suceso o un enunciado para los que el hecho de que Pedro tenga un corazón resulte *relevante.* Por lo demás, esto no permite concluir que en la memoria no existan también la 'multiplicación' o la 'redundancia': si se desea elaborar informaciones rápidamente y sin rodeos, muchas veces hará falta disponer de algunos detalles directa e inmediatamente, en lugar de tener que deducirlos primero. Así sabemos que el gato es un animal sin que tengamos que deducir este hecho del hecho general de que el gato es un mamífero. En resumen, podemos decir de la estructura de la memoria que en ella se almacenan informaciones de manera estructurada y frecuentemente jerárquica y que existen determinadas *reglas* para ligar unas informaciones con otras; sobre la base de estas reglas puede procederse a determinadas *deducciones.* A esto se le debe añadir un *principio de elaboración* básico: la manera en que se almacenan informaciones en la memoria y, por ende, la manera en que más tarde estas informaciones son asequibles o pueden reproducirse, *dependen de la manera en que las informaciones hayan sido elaboradas al principio.* En otras palabras: la estructura que se adjudica a una información durante la percepción y la comprensión, establece en qué 'cajón', a qué 'nivel' y dentro de qué estructura más amplia se mantiene esta información en la memoria. A continuación descubriremos que este principio es básico para comprender la manera en que se entienden y retienen las oraciones de un texto.

6.2.6 En los capítulos sobre la coherencia local y global de los textos ya se ha introducido un concepto más bien cognitivo, que tiene que ver muy directamente con el tipo de articulación de las funciones de la memoria: el concepto de *marco (frame)*.[7] Como ya se ha dicho, los marcos son determinadas formas de organización del *conocimiento convencionalmente establecido* que poseemos del 'mundo'. Por esta causa, los marcos forman una parte de nuestra memoria semántica general, en la que más bien se almacenan informaciones como «las mujeres pueden ser madres» pero no «María ha tenido un niño». En un análisis más preciso veremos que los marcos no (sólo) se refieren a regularidades o normas físicas, biológicas y psicológicas generales, sino sobre todo a las numerosas regularidades, convenciones, normas, personas, roles, funciones, actitudes, etc., que desempeñan un papel en las *situaciones sociales*. El conocimiento del marco es necesario para la interpretación correcta de los más diversos sucesos sociales, para la propia participación adecuada en estos sucesos y, en general, para la razón de ser de nuestro propio comportamiento y el de los demás. Por ejemplo, «comer en un restaurante», «viajar en tren» e «ir de compras» son marcos que establecen las acciones que debemos llevar a cabo, en qué orden y con qué grado de necesidad, si queremos lograr determinado objetivo social. Con lo cual se evidencia que estos marcos suponen una forma de organización mental para acciones y sucesos complejos y estereotipados: simplemente sabemos que antes de viajar en tren tendremos que comprar el billete (en la taquilla o en el tren), y que no nos traerán comida en un restaurante si no la pedimos o si no vamos a buscarla nosotros mismos. También sabemos que en los trenes habitualmente hay revisores que tienen ciertos deberes y derechos, y que en una tienda solemos encontrar a una persona que nos atiende o que cobra.

Un marco puede describirse, pues, como una estructura de conceptos en la memoria semántica; esta estructura se compone de una serie de proposiciones que se refieren a sucesos estereotípicos. Estas proposiciones están, entre otras cosas, ordenadas jerárquicamente de

---

[7] La teoría de los marcos o *frames* desarrollada por MINSKY (1975) se estudia sobre todo en los *papers* de BOBROW & COLLINS (comps.) (1975). Véase también CHARNIAK (1972), que ya empleó esta idea para el análisis de los cuentos infantiles, y SCHANK & ABELSON (1977), que provienen de la denominada *artificial intelligence*, o sea, de la simulación de computadoras. Para la discusión de las relaciones entre los marcos y las macroestructuras para la comprensión textual, véase VAN DIJK (1977 e).

tal manera que las propiedades necesarias y comunes de estos sucesos prevalezcan sobre las informaciones acerca de los detalles subordinados. Un marco no sólo se compone de unas partes 'fijas' o
'necesarias', sino también de una serie de 'conclusiones' variables,
que permiten aplicar el mismo marco a un gran número de situaciones parecidas; por ejemplo, la circunstancia de que en el tren se
llegue a conocer a una persona agradable, puede ser incluida como
variable en el marco. Se trata aquí de la transformación de una
información que ya figura en el marco, o bien de la aparición de
sucesos compatibles (encontrar una persona en el tren, y no un
elefante o una nave espacial). Enseguida veremos la importancia que
revisten los conocimientos del marco para la comprensión de la
lengua o de textos.

6.3 Comprensión textual I: la comprensión de secuencias de oraciones

6.3.1 Después de haber estudiado una serie de conceptos y principios básicos que caracterizan la elaboración de la información y la
comprensión de la lengua en general, en el resto de este capítulo nos
dedicaremos sobre todo a la comprensión de textos y a otros aspectos de la elaboración textual, como la (re-)producción, el resumen,
etc.

Mientras que nuestra comprensión de precisamente aquellos procesos y estructuras que desempeñan un papel importante en la
elaboración de la información y la comprensión de la lengua es aún
muy fragmentaria, hay que observar en primer lugar que en la
actualidad no sabemos prácticamente nada sobre la elaboración de
estructuras semánticas complejas como los textos, en particular porque las investigaciones experimentales en este campo no han hecho
más que empezar.[8] Durante los últimos años, la psicolingüística y la
psicología cognitiva experimental, frecuentemente demasiado escla-
vas de los desarrollos teóricos de la lingüística, se han ocupado sobre
todo de la percepción de sonidos, la comprensión de palabras y la
formación de conceptos, el recordar palabras 'sin sentido' y la elaboración de estructuras sintácticas. Si bien se ha llegado a descifrar en
estos campos una cantidad considerable de procesos de la comprensión y de las estructuras de la memoria, ya mencionados en este
capítulo, se ha demostrado como imposible una verdadera comprensión de los mecanismos del proceso de elaboración lingüística sin un
modelo de elaboración informativa *semántica*. En tanto que actual-

---

[8] Actualmente, la bibliografía sobre la psicología de la adquisión textual es bastante amplia. De la bibliografía aparecida en forma de libro, véase KINTSCH (1974, 1977
a), MEYER (1975), FREEDLE (comp.) (1977) y VAN DIJK & KINTSCH (1977), KINTSCH
& VAN DIJK (1978) y JUST & CARPENTER (comps.) (1977), también para otras referencias bibliográficas.

mente se están conociendo algunos resultados sobre la comprensión (semántica) de fragmentos de oraciones y oraciones enteras,[9] creemos que el siguiente paso a dar está bastante claro: las oraciones se elaboran y comprenden en relación a otras oraciones de un texto y/o en relación a un contexto no verbal. Una teoría cognitiva de la elaboración lingüística deberá disponer, pues, de un modelo en el que se tenga en cuenta cómo se comprenden, almacenan, reproducen y producen las unidades más complejas, como los textos, y cómo se guían mentalmente los diálogos.

A pesar de la ya mencionada escasez de resultados 'contundentes' de las investigaciones, conocemos algunas circunstancias seguras de propiedades específicas de la elaboración cognitiva del texto. Puesto que estos factores, por regla general, parecen apoyar la descripción teórica de las estructuras textuales bosquejada en los capítulos anteriores, lo cual subraya sobre todo su posible relevancia psicológica, podremos añadir en lo sucesivo también un componente teórico a un modelo de elaboración cognitiva del texto. Por lo tanto, lo que aquí estudiamos, de hecho constituye una combinación de ideas generales, más o menos confirmadas, sobre la elaboración semántica de la información, resultados más específicos de investigaciones experimentales a base de materiales textuales y, finalmente, una serie de hipótesis plausibles sobre operaciones y estructuras posibles que desempeñan un papel en la elaboración del texto.

6.3.2 Partíamos de la suposición de que la elaboración del texto se basa en estructuras que se asignan a los enunciados lingüísticos durante su incorporación y elaboración en la memoria a corto plazo. Este principio también rige para la elaboración de textos. Ya hemos podido constatar que aquello que caracteriza los textos es sobre todo de índole semántica (y pragmática). Hacíamos, además, una distinción entre la estructura local —o microestructura, es decir: la estructura de proposiciones y secuencias de proposiciones— y la macroestructura, más global, de un texto. Debemos suponer que esta diferencia teórica también tiene su importancia para un modelo psicológico de la elaboración textual: por un lado, un hablante comprende oraciones y combinaciones (cortas) de oraciones, y por otro comprende (en conexión con éstas) un texto o fragmentos de un texto de manera más global. Estas suposiciones se ven apoyadas por hechos psicológicos, p. ej., por el hecho de que un hablante puede recordar sin esfuerzo el contenido global de un texto (macroestructura), pero que en lo que respecta a la microestructura este recuerdo suele ser breve y muy fragmentario. Por eso nos ocuparemos en primer lugar de la comprensión de estas microestructuras.

---

[9] Para la comprensión de oraciones, véase la bibliografía mencionada en la nota 4, aunque también a CLARK (1976).

6.3.3   La comprensión de secuencias y la de oraciones (compuestas) comparten una serie de rasgos. En primer lugar, el proceso de elaboración está orientado sobre todo semánticamente, es decir: un hablante quiere registrar en su memoria sobre todo informaciones relativas al contenido «extraídas de» oraciones o secuencias, y no informaciones morfológicas, fonológicas, léxicas o sintácticas. Estas últimas normalmente son, como hemos visto, 'instrumentales': se elaboran en la medida que en ellas se plasme o exprese la información semántica. Resulta bastante fácil comprobarlo pidiéndoles a personas de ensayo que repitan inmediatamente, y después de unos cuantos segundos o minutos, oraciones que acaban de oír o leer. De esta manera se comprueba que después de cierto tiempo ya no es posible la repetición literal de frases o secuencias largas o complicadas, pero sí lo es una reproducción por lo menos parcial del contenido mediante perífrasis.[10] No obstante, veremos que en la memoria también existen limitaciones para las informaciones semánticas.

Por lo demás, se ha comprobado que la unidad sintáctica de la oración en la elaboración del texto sólo tiene un papel marginal en este nivel semántico. Si, por ejemplo, damos a personas de ensayo textos como los siguientes:

(1) Cuando Pedro llegó a casa, tomó un baño y se puso el traje nuevo.
(2) Pedro llegó a casa. Tomó un baño. Después se puso el traje nuevo.

no sabrán, si les preguntamos (por ejemplo en un test de reconocimiento), si han leído determinada información (por ejemplo, una proposición) en forma del texto (1) o del texto (2). La información de varios fragmentos u oraciones se *integra* en una única estructura semántica, p. ej., en una proposición (compleja). Tal y como lo han demostrado los tests memorísticos con oraciones activas y pasivas, tanto en la estructura de la oración como en la segmentación en una secuencia se trata principalmente de cómo está repartida la información en el texto, cómo se ha introducido, cómo está ordenada (tanto con respecto a lo que se supone conocido como con respecto a la perspectiva de la descripción) y jerarquizada. Si bien estas características de estructura superficial también determinan la estructura semántica, cuando ésta se ha formado, la estructura superficial original ya no es relevante, por lo que puede olvidarse.[11] De ahí se deduce que para nuestro modelo de la elaboración lineal (local) de textos emplearemos exclusivamente términos de las estructuras conceptuales, como proposiciones, elementos de proposiciones y relaciones entre proposiciones o elementos proposicionales.

---

[10] BRANSFORD & FRANKS (1971, 1972), entre otros, estudian las limitaciones de la reproducción de estructuras oracionales y por ello la determinación semántica de la comprensión.

[11] SACHS (1967) y CLARK (1976) describen las limitaciones de la capacidad para recordar oraciones activas y pasivas.

6.3.4 Una teoría parcial de la *capacidad* inmediata de la *memoria semántica a corto plazo* es un componente esencial para un modelo de la elaboración textual. Ya se ha señalado que los hablantes no son capaces de almacenar más que una determinada cantidad de 'unidades' de las informaciones estructurales morfológicas, fonológicas, léxicas y sintácticas en la memoria a corto plazo. A la vista de las funciones semántico-pragmáticas de la comunicación tampoco resulta necesario; además, esta capacidad es suficiente para transformar las estructuras superficiales en estructuras semánticas. En el uso habitual de la lengua ocurre sin embargo algo similar en el plano semántico: no hace falta recordar todos los aspectos de las informaciones semánticas para poder comprender un texto. Para simplificar diremos que un hablante sólo extraerá del texto y almacenará en la memoria la información que le resulte importante. Pero en la comprensión de las secuencias de oraciones, lo fundamental es que el hablante esté en condiciones de retener las relaciones *necesarias* entre las proposiciones. Por eso, las proposiciones han de ser asequibles por lo menos durante un breve espacio de tiempo, en la que podemos llamar «memoria semántica a corto plazo» (SSTM). Tan pronto como se ha llenado este espacio de almacenaje, tendrán que eliminarse algunas informaciones, es decir que deberán enviarse a la memoria a largo plazo.[12] Unicamente podemos hacer conjeturas acerca de la capacidad de la memoria semántica a corto plazo necesaria para la comprensión de oraciones (compuestas) y combinaciones de oraciones; por lo menos debe ser lo suficientemente grande para que el hablante pueda vincular oraciones consecutivas sin ninguna dificultad. En otras palabras: los componentes del significado de S_i deben ser directamente asequibles para poder comprender una oración S_{i+1}. En este modelo cognitivo volvemos a encontrarnos con el concepto de *interpretación relativa* de la semántica textual. Si suponemos que un hablante puede comprender normalmente una oración compuesta por entre diez y veinte proposiciones atómicas, esto significará que si la oración siguiente a aquella con la que debe ligarse tiene la misma extensión, en la SSTM deberá haber espacio para un mínimo de entre veinte y cuarenta proposiciones. Pero esto todavía no basta. Enseguida veremos que para poder unir coherentemente estas proposiciones, también se añaden proposiciones extraídas de las existencias de conocimientos de la LTM, además de una serie de proposiciones más globales —a saber, macroproposiciones— que determinan el tema continuo del fragmento textual. Sumándolo todo acaso lleguemos a una cantidad de unas cincuenta proposiciones como capacidad máxima de la memoria semántica a corto plazo: con este espacio de almacenamiento, un hablante debe ser capaz de

---

[12] Para los aspectos teóricos del proceso de la elaboración textual, véase KINTSCH & VAN DIJK (1978).

producir, sin más recursos ni la intervención de la LTM, la coherencia local de un texto.

Esto no parece poco, y por ello tampoco tenemos que creer que un hablante es capaz de (re-)producir sin más estas cincuenta proposiciones. En primer lugar no sólo se trata del recordar 'activo', sino sobre todo del reconocer 'pasivo': para comprender en una oración S_i la expresión *él*, el hablante por de pronto no tendrá más que rastrear en una oración anterior una persona o un objeto que lo remitan muy probablemente al mismo objeto o persona. Enseguida volveremos sobre este tema.

El factor más importante que establece la capacidad (relativamente voluminosa) de la memoria semántica a corto plazo es, como siempre, la *estructuración* de las informaciones. Por regla general hay que tener presente que retener —y, con ello, reproducir— trozos de información arbitrarios, es decir, palabras u oraciones que nada tienen que ver entre sí, es mucho más difícil que retener y reproducir informaciones con una cierta relación estructural sintáctica, semántica o de otro tipo de esquema (p. ej., narrativo). Lo mismo vale para la SSTM. Las proposiciones no tienen que retenerse por separado, sino que forman una estructura que consiste en las *relaciones de conexión* mencionadas en los anteriores capítulos:

(3) (i) RELACIONES DE CONEXION entre proposiciones (como un todo): condiciones/consecuencias posibles, probables y necesarias;
    (ii) RELACIONES DE COHERENCIA entre elementos proposicionales:
        (a) identidad referencial (p. ej.: *Juan... él... el chico*)
        (b) relaciones referenciales (p. ej.: *Juan... sus manos*)
        (c) relaciones de predicado, entre otras sobre la base de marcos de conocimientos ([Juan] *compró un billete... se dirigió al tren...*)
        (d) relaciones temporales *(... compró... se dirigió...)*
        (e) relaciones modales *(quizás aún venga y traiga flores)*: el mismo mundo o mundos posibles relacionados entre sí;
    (iii) TEMA (macroestructura).

Además de estas relaciones que un hablante debe elaborar para poder entender una secuencia —y que a la vez la estructura que posibilita 'asimilar' tantas informaciones a la vez— probablemente también exista una serie de *relaciones funcionales* entre las proposiciones que se ocupan de las estructuras jerárquicas inmediatamente superiores. Ya nos habíamos encontrado con tales relaciones funcionales en la descripción de secuencias de actos de habla: una acción lingüística puede servir de preparación, componente, apoyo, explicación, corrección, etc., de otra acción lingüística. Algo parecido también puede ocurrir en el nivel semántico: una proposición es un componente, una especificación, una limitación, etc., de la información aportada por otra proposición, por ejemplo:

(4) María quiere casarse con un sueco. Mide dos metros.

La segunda oración nos da una proposición que se puede interpretar como especificación de la información de la primera. Aunque sobre este tipo de relaciones todavía no haya una investigación teórica abundante,[13] podemos suponer que estas relaciones contribuyen a la estructuración de la información, por lo que pueden ejercer una influencia sobre el almacenamiento de la información en la memoria y también sobre su reproducción.

Finalmente también debemos suponer que no sólo existe una estructura que se basa en las mencionadas relaciones de coherencia entre proposiciones, sino que hay también una 'configuración' semántica más específica de proposiciones atómicas en un «case-frame», es decir: una estructura semántica de relaciones funcionales entre argumentos/participantes.[14] De esta manera podemos articular la siguiente oración en una serie de proposiciones atómicas, aunque éstas puedan seguir ordenándose en algunas lenguas sobre la base de relaciones entre casos gramaticales:

(5) Pedro afirmó que ayer fue amenazado por un ladrón con un cuchillo, de modo que tuvo que entregar su billetero con dinero.

(6) 1. Pedro = x_1
   2. afirmó $(x_1, (3))$
   3. (4) de modo que (9)
   4. fue amenazado por (x_1, x_2)
   5. ladrón (x_2)
   6. ayer $((3))$
   7. *tener* (x_2, x_3)
   8. cuchillo (x_3)
   9. tuvo que $(x_1, (10))$
   10. entregar (x_1, x_4)
   11. billetero (x_4)
   12. *en* (x_4, x_5)
   13. dinero (x_5)

Como ya lo insinúa la estructura de la oración (5), estas trece proposiciones atómicas —que por lo demás no reproducen en absoluto explícitamente las informaciones de la oración— forman un HECHO complejo, el HECHO de que Pedro asevera algo sobre dos HECHOS relacionados entre sí (el atraco y la entrega del billetero). El concepto de HECHO (escrito en versalitas) que aquí se emplea designa la representación *cognitiva* de circunstancias en el mundo.

La estructura semántica funcional de la oración es la representación de la estructura de los papeles de los *participantes* en el suceso —en términos como «agente», «paciente», «objeto», «instrumento», «objetivo», etc., tal como se relacionan a través del predicado (verbo)— para nuestro ejemplo aproximadamente como en (7):

---

[13] MEYER (1975), basándose en GRIMES (1975), emplea las relaciones funcionales en la elaboración textual, como por ejemplo en la formación de las estructuras jerárquicas.
[14] La estructura oracional de casos, tal como la describe FILLMORE (1968), también repercute en la elaboración de oraciones; véase entre otros a KINTSCH (1974).

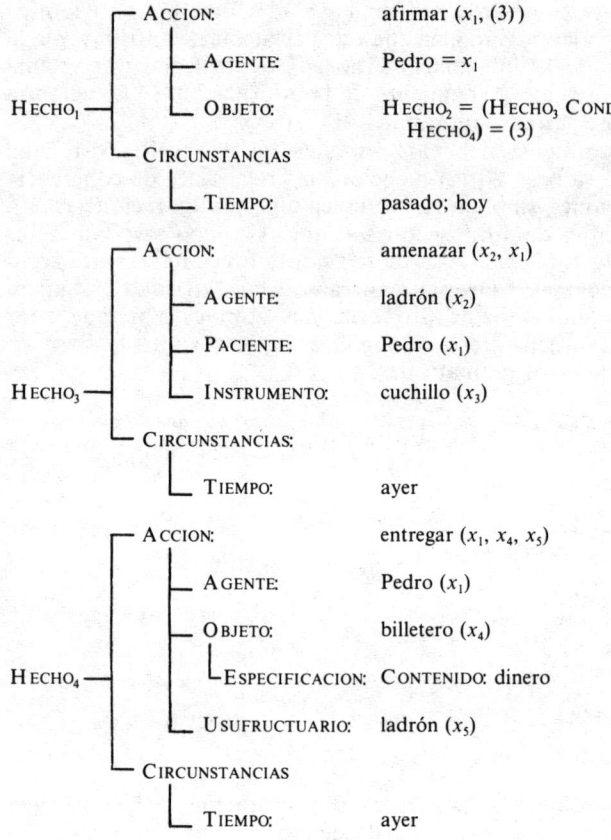

ACCION: afirmar $(x_1, (3))$

   AGENTE: Pedro $= x_1$

HECHO$_1$ OBJETO: HECHO$_2$ = (HECHO$_3$ COND
                              HECHO$_4$) = (3)

   CIRCUNSTANCIAS

   TIEMPO: pasado; hoy

ACCION: amenazar (x_2, x_1)

   AGENTE: ladrón (x_2)

   PACIENTE: Pedro (x_1)

HECHO$_3$ INSTRUMENTO: cuchillo (x_3)

   CIRCUNSTANCIAS:

   TIEMPO: ayer

ACCION: entregar (x_1, x_4, x_5)

   AGENTE: Pedro (x_1)

   OBJETO: billetero (x_4)

HECHO$_4$ ESPECIFICACION: CONTENIDO: dinero

   USUFRUCTUARIO: ladrón (x_5)

   CIRCUNSTANCIAS

   TIEMPO: ayer

Si bien esta estructura —es decir, las diferentes categorías y sus relaciones— es aún provisional, dado el limitado conocimiento que poseemos de una semántica funcional, podemos admitir la hipótesis de que los hablantes, al comprender las oraciones y secuencias, organizan las mínimas porciones de información expresadas por las proposiciones atómicas en 'unidades' fácilmente dominables, es decir, en unidades como los HECHOS[15] recién introducidos. Sin embargo, hay que tener en cuenta que en este capítulo se trata de HECHOS *cognitivos*, y no de circunstancias o hechos de la realidad, que en los capítulos anteriores considerábamos como denotados de proposicio-

---

[15] En conexión con la semántica lingüística y lógica hemos utilizado proposiciones para la representación de estructuras textuales y de conocimiento. Sin embargo, existen también otros sistemas de representación para reproducir los conceptos y sus estructuras. Véase, por ejemplo, el sistema de Schank en SCHANK & ABELSON (1977), y también NORMAN & RUMELHART (comps.) (1975).

nes. Con esta ambigüedad terminológica se persigue un propósito: tenemos razones para suponer que no sólo al entender una lengua, sino también al percibir e interpretar circunstancias y sucesos, se aplica un ESQUEMA DE HECHOS para relacionar de alguna manera los numerosos datos.

Volvamos a nuestra problemática fundamental: para poder comprender una oración compuesta o una serie de oraciones, el hablante deberá interrelacionar una serie de proposiciones; estas proposiciones ($\pm$ 50) son admitidas en la SSTM de manera que se construyan simultáneamente en diferentes niveles distintos tipos de estructuras (de contenido, referenciales, funcionales, de acuerdo con el marco, etc.) entre las proposiciones o sus elementos; la unidad informativa global en este nivel es un HECHO, que consiste en una estructura de relaciones funcionales entre participantes en una circunstancia, un suceso o una acción determinados. En nuestro ejemplo se puede ver que trece proposiciones atómicas constituyen cuatro HECHOS. Si se quiere evaluar la capacidad de almacenamiento en la memoria semántica hay que partir del hecho de que para vincular esta oración con una anterior y una posterior, cada una de las cuales se compone igualmente de cuatro HECHOS, el número de unidades de este tipo es aproximadamente de doce. A pesar de que calculamos que la memoria a corto plazo tiene capacidad para unas cincuenta proposiciones, y, por tanto, para unos quince HECHOS, no podemos concluir de esto que un hablante siempre usará esta capacidad de almacenamiento en su totalidad. En la mayoría de los casos ya es posible una comprensión local del texto cuando se ligan fragmentos de oraciones u oraciones enteras relativamente consecutivos. Incluso una oración bastante larga como la (5) finalmente no comprendía más que cuatro HECHOS. Aquí todavía se puede añadir que otras investigaciones de la capacidad de la memoria a corto plazo y de las unidades de la elaboración de la información han dado como resultado que hay una frontera natural en la zona del 'mágico' número siete;[16] en caso de existir más unidades, se requiere una estructuración ulterior en otros niveles. Sin ningún tipo de esfuerzo podemos, pues, captar números de hasta siete cifras y retenerlos, y algo semejante valga quizá también para una lista de palabras, una serie de oraciones o fragmentos en una estructura sintáctica, una serie de proposiciones (no estructuradas) y una serie de HECHOS. Ya vimos anteriormente que las categorías de un HECHO no suelen ser más de siete. De ahora en adelante no seguiremos ocupándonos en estas especulaciones numéricas sobre la capacidad de elaboración y retentiva de la memoria a corto plazo. Lo esencial es que esta capacidad es limitada, pero que debido a las numerosas relaciones estructurales para la elaboración

---

[16] El «magical number seven» es una expresión del psicólogo George Miller, que pretendía indicar que el número 'siete' es un importante valor límite en la elaboración informativa a niveles distintos. Véase MILLER (1956).

inmediata podemos almacenar un número relativamente grande de unidades de información semántica.

6.3.5 Las observaciones del párrafo anterior implican que la comprensión de secuencias de oraciones de un texto debe poseer una especie de carácter *cíclico*: registramos una serie de proposiciones, las interrelacionamos, luego aceptamos una nueva serie de proposiciones (p. ej., de la oración siguiente) y, a ser posible, la ligamos con la serie anterior; en este punto la SSTM ya está muy cargada, por lo que deberemos decidir qué información de la SSTM borraremos antes de poder captar nuevas informaciones. La pregunta es, pues, la siguiente: ¿qué ocurre en ese ciclo?

A grandes rasgos podemos decir que el principio cíclico de la elaboración textual de las informaciones tiene como objetivo unir informaciones *nuevas* con las *viejas* (es decir, con informaciones ya conocidas). Se ha demostrado que esto sólo es posible si los diferentes ciclos se solapan. Para poder establecer relaciones, sin embargo, se requiere algo más; en primer lugar, un tema, es decir, una o varias macroproposiciones, con relación a las cuales se logre establecer las relaciones de conexión y coherencia. Por lo demás, también se requiere la necesaria información de marco, que proviene de la LTM, para aportar *'missing links'*, es decir, proposiciones que no aparecen en la base textual enunciada (explícita), y que sin embargo se necesitan para establecer una conexión en la base textual. Por consiguiente, un ciclo interpretativo presenta el siguiente contenido:

(8) a. condiciones de interpretación necesarias (presuposiciones) de información 'vieja';
b. información vieja; p. ej., las proposiciones de la oración anterior;
c. información nueva; p. ej., las proposiciones de una oración a interpretar;
d. macroproposiciones, para ligar *b* con *c*;
e. proposiciones del marco, para ligar *b* con *c*;
f. implicaciones plausibles de *b* y *c* (y asociaciones);
g. información esquemática (de superestructura) en relación a la función global de *b* y *c*;
h. estructura de conexión y coherencia de ⟨*b, c, d, e*⟩.

Así pues, no se trata de un conjunto desordenado de proposiciones, sino de una serie de proposiciones estructuralmente ordenadas, lo que se especifica en *h*. Por lo demás, algunas proposiciones pueden ser idénticas: hay presuposiciones que pueden coincidir con macroproposiciones; algunas macroproposiciones pueden coincidir con microproposiciones, mientras que las implicaciones plausibles a menudo son idénticas a los *'missing links'* dados por el marco de conocimientos. El punto *a* incluye las proposiciones que se necesitan para la interpretación relativa correcta de información vieja; se trata de proposiciones restantes de un ciclo anterior y que sirven para una conexión lineal permanente, p. ej., a través de la identidad referencial. A la oración (5) le podemos añadir, por ejemplo, la siguiente:

(9) Sin embargo, no creo que pueda haber sido asaltado, sino que él mismo ha hecho desaparecer el dinero.

En este caso disponemos de las proposiciones de la oración (9) más las de la oración (5), de las relaciones entre ellas, además de las presuposiciones de (5) —Pedro existe, el oyente conoce su existencia, respective; existe un billetero con dinero, se habla de él, respective—, de una macroproposición como 'Pedro tuvo que entregar dinero en alguna parte', y, finalmente, de información de marco que hace referencia a que lo que por regla general le interesa a un ladrón es el dinero y que una amenaza supone una condición probable para su entrega; además, el empleo de la palabra «afirmó» parece implicar que el hablante duda de la veracidad de lo que Pedro dice, cosa que se evidenciará claramente en la nueva oración (9).

Ahora bien: si a (9) le siguiera otra oración, la información de la oración (5) podría eliminarse por lo menos parcialmente. No obstante, se conserva la información que se convierte en presuposición para (9), a saber: «Pedro existe», «Pedro fue asaltado», «El dinero fue robado» y «Se habló de dinero». En este momento ya no importa que Pedro fuera amenazado y que el ladrón tuviera un cuchillo, por lo que, por lo menos provisionalmente, estas informaciones pueden eliminarse. Supondremos entonces que la información de un ciclo anterior que ya no se queda en la SSTM para el ciclo siguiente, se almacena en la memoria semántica (episódica). Tan pronto como esa información vuelva a necesitarse, podrá volvérsela a la SSTM. Esto significa, en nuestro ejemplo que en un texto posterior podremos aludir nuevamente al ladrón o al cuchillo. Según el tipo de información y la distancia (es decir, el tiempo que haya entre los ciclos), existen barreras naturales que impiden volver a encontrar detalles ya mencionados: si las oraciones citadas están al principio de una novela policíaca, puede muy bien ocurrir que el lector, al final del libro, ya no sepa que la amenaza se hacía con un cuchillo, aun cuando el lector pueda deducir verosímilmente, del concepto de 'amenaza', el hecho de que había un arma en juego y que esta arma posiblemente fuera un cuchillo. En breve volveremos sobre tales operaciones de reconstrucción en el proceso de recordar informaciones de los textos.

6.3.6 Ahora poseemos una noción general acerca de cómo se comprenden las oraciones en un texto y de cómo las interrelaciona el hablante. Para ello hemos tenido que formular una serie de supuestos sobre el contenido y la estructura de la memoria semántica a corto plazo, supuestos que constituyen condiciones hipotéticas para este proceso de comprensión de informaciones complejas. Aquí podemos llevar a cabo una serie de experimentos para probar las diferentes hipótesis. En primer lugar podemos esperar que la disponibilidad de informaciones es mayor en la SSTM, medida en unidades de tiempo, que la de aquellas informaciones que primero deben (volver a) recuperarse de la LTM. También podemos suponer que las informaciones que se encuentran en la SSTM en un lugar jerárquicamente superior —por ejemplo, las presuposiciones y macroproposiciones—, serán más rápidamente asequibles que, p. ej., detalles de la oración anterior. Se puede comprobar experimentalmente qué volumen semántico máximo y qué complejidad llegan a ser elaborados por la SSTM, y cómo se reduce el grado de comprensión a medida que la longitud o complejidad vayan superando un valor determinado.[17]

En resumen, lo que queremos obtener es un conocimiento de la manera en que un hablante lleva a cabo las diferentes operaciones, es decir, cómo produce una conexión lineal u otras relaciones asociativas. Tomemos, por ejemplo, las siguientes secuencias:

(10) Pedro fue asaltado por un ladrón. Por suerte sólo llevaba poco dinero consigo.
(11) Pedro fue atacado por un ladrón. Por suerte fue detenido el mismo día.

A un hablante no le cuesta ningún esfuerzo interpretar que el sujeto elíptico de la segunda oración de (10) se refiere a Pedro y que en (11) se refiere al ladrón, aun cuando desde el punto de vista sintáctico pueda hablarse de ambigüedad. Las reglas aplicadas entonces por un hablante también se basan en conclusiones extraídas de la información semántica de ambas oraciones, por ejemplo:

(12) Si y ataca a x, es porque y cree que x lleva algo valioso.
(13) (i) Si y lleva a cabo un atraco, y está cometiendo con ello una acción criminal.
     (ii) Si y ha cometido una acción criminal, la policía intentará capturar a y.

Con la ayuda del conocimiento del marco de la proposición (12), el hablante sabe que en (1) el sujeto elíptico deberá remitir al mismo referente que *Pedro,* mientras que las proposiciones de (13) cuidarán de que el hablante sepa que la segunda oración describe una consecuencia posible de la circunstancia descrita por la primera oración, y que el ladrón participa de estas circunstancias conexas en ambos casos. Estas deducciones se comprenden como conocimiento convencional del mundo, por lo que tampoco son deductivas o al menos no siempre. Se trata de *suposiciones* más o menos *plausibles* del hablante, por lo que también son posibles los errores y las correcciones posteriores.

Si bien la decisión sobre la interpretación correcta de enunciaciones correferenciales se basa en la información semántica de las oraciones conexas y en los conocimientos que la memoria tiene del marco, debemos recalcar que de todas formas existen propiedades de las estructuras superficiales que posibilitan o aceleran estratégicamente estas interpretaciones. De esta manera, *Pedro* y el *sujeto elíptico*

---

[17] La elaboración de secuencias de oraciones y de su complejidad se discute en conexión con algunos experimentos de KINTSCH (1974). Véase también la discusión de este libro en VAN DIJK (1975 a).

son sujeto y tópico en ambas oraciones de (10), cosa que no ocurre con *ladrón* y el *sujeto elíptico* en (11). En (11) tiene lugar, en cierta manera, un *cambio de perspectiva:* primero trata de Pedro, después, del ladrón. En un caso como éste, en la segunda oración de (11) se empleará más bien una expresión como *éste,* puesto que el empleo del sujeto elíptico en posición de sujeto/tópico sugiere una correferencia con el sujeto/tópico anterior. Con todo, los ejemplos muestran que se trata de una *estrategia* y no de una *regla.* También observamos que ni desde el punto de vista lingüístico ni desde el cognitivo existen una regla o una estrategia que interpreten un sujeto elíptico correferencialmente con respecto al último sustantivo mencionado, como suele creerse.

Pese a que en el caso de una información semántica compleja, la medición del tiempo que se necesita para la comprensión de oraciones y secuencias de oraciones es un problema metodológicamente complejo, podemos afirmar que, en general, la comprensión de aquellas secuencias en las que intervienen más macroproposiciones, proposiciones del marco, implicaciones y, por lo tanto, más consecuencias para una construcción adecuada de las conexiones insumen más tiempo.[18] Desde este punto de vista se requiere más tiempo para comprender (11) que (10), sobre todo si una estrategia hiciese necesario que el sujeto elíptico de la segunda oración de (11) se interpretase primero erróneamente como referido a Pedro, antes de quedar claro que tiene que señalar al ladrón. Lo mismo vale para la comprensión de secuencias como las siguientes:

(14) A Pedro le robaron todo su dinero. El dinero todavía no ha sido encontrado.
(15) A Pedro le robaron todo su dinero. El ladrón aún no ha sido detenido.
(16) Pedro fue asaltado ayer mientras iba al banco. El dinero aún no ha sido encontrado.

Probablemente, en principio la secuencia (14) puede comprenderse más fácilmente y, por tanto, más rápidamente que la (15), y la (15) más rápidamente que la (16), dado que en ambas oraciones de (14) se habla explícitamente de dinero, mientras que en (15) las implicaciones sólo se pueden actualizar gracias al conocimiento del marco (Pedro ha tenido que ser asaltado por un ladrón), mientras que en (16) hay que emplear tanto el concepto de 'asaltar' como el de 'banco' para deducir la implicación de que se trataba de dinero.

Todo lo anteriormente dicho sobre una posible comprobación psicológica de las diferentes hipótesis de nuestro modelo de la elaboración textual en lo que se refiere a las relaciones de referencia o de tópico/comento entre oraciones, también puede aplicarse a la com-

---

[18] En el Laboratorio Psicológico de la Universidad de Amsterdam se comenzó en 1977, en colaboración con psicólogos (BREUKER, VAN DIJK, VAN OOSTENDORP, DEN UIJL y otros) con una serie de experimentos de elaboración textual, en los que se investigan las relaciones entre marcos de referencia, las expectativas derivables de ellas y la comprensión de narraciones.

prensión de otras relaciones de conexión. Los predicados (verbos) se unen a través de la compatibilidad de circunstancias, es decir, a través de conexiones de condiciones/consecuencias 'posibles', 'probables' o 'necesarias', así como a través de estados o procesos 'normales', como se especifican en el marco de los conocimientos. «Ser detenido» es una consecuencia posible de «asaltar a alguien», o mejor dicho: el hecho de que «x cometa un atraco» conlleva la posible consecuencia de que «x sea detenido».

Finalmente, un hablante también debe preocuparse por la comprensión lineal de lugar, tiempo y circunstancias. En el ejemplo (5), las circunstancias de que Pedro fue amenazado y que le quitaron el dinero tienen lugar en un mundo posible, a través del cual se accede al mundo posible en el que Pedro asevera 'algo', mundo al que el oyente a su vez accede a través del contexto pragmático actual en el que el hablante comunica algo. El oyente también supone que los sucesos tuvieron lugar rápidamente uno tras otro en el mismo lugar, aunque esto no se mencione expresamente: la conexión causal de las circunstancias exige este tipo de 'unidad de tiempo y lugar'.

6.3.7   Lo que muy bien puede ocurrir es que oraciones consecutivas en un texto no presenten relaciones de conexión, es decir que no aporten indicaciones correferenciales ni describan relaciones condicionales de conexión entre circunstancias. En este caso podemos suponer que el hablante retiene ambas oraciones (o como mínimo los hechos más importantes, es decir, las macroproposiciones) en la SSTM siempre que le sea posible, y que primero pasa a la oración siguiente, que probablemente proporcionará una unión *indirecta* de las oraciones no directamente interrelacionadas. Esto también sucederá cuando comience un párrafo nuevo con un tema nuevo.

6.4   *Comprensión textual II: la comprensión del contenido global del texto*

6.4.1   Tanto los capítulos teóricos sobre la estructura textual como los apartados sobre la comprensión de las secuencias de oraciones han dado como resultado que también debamos postular estructuras semánticas en otro nivel más global; se trata precisamente de las *macroestructuras*. La circunstancia de que Pedro fuera amenazado por un ladrón, y la circunstancia de que Pedro entregara su dinero al ladrón, se unen en la circunstancia de orden superior de que Pedro fuera asaltado. Por lo tanto, en la interpretación de la secuencia ⟨5,9⟩ el hablante construye una macroproposición hipotética «Pedro es atacado» sobre la base de lo mencionado en las oraciones del texto (proposiciones) y de los conocimientos convencionales (marco) sobre los atracos. En cada oración siguiente (ciclo interpretativo) se revisará hasta qué punto las nuevas proposiciones especifican más exactamente la macroproposición supuesta, p. ej., introduciendo condiciones habituales, componentes, consecuencias, características de los participantes, circunstancias, etc. En cuanto una oración ya no pueda ser interpretada dentro del marco de una macroproposición, eventualmente se introducirá una nueva macroproposición, y así sucesivamente. Si resultase necesario, la macroproposición 'vieja' o algunas de sus presuposiciones más importantes pueden permanecer en la SSTM; de lo contrario, se almacenan en la LTM. Más tarde esta macroproposición puede volver a actualizarse, cuando una serie de macroproposiciones se plasma, mediante el empleo de macrorreglas, en macroproposiciones aún más globales. Este procedimiento prosigue hasta que se haya interpretado el texto íntegro.

6.4.2   Así pues, vemos que los principios de la semántica abstracta del texto también se toman como base de la comprensión real del texto. Suponemos que al lado de la comprensión de oraciones y secuencias tiene lugar un proceso *paralelo* mediante el cual un texto también se comprende 'globalmente'. Esta comprensión global resulta importante no sólo para la organización de la información de todo el texto en la memoria (a largo plazo), sino también para la posibilidad de interpretaciones de las conexiones lineales y otras relaciones de coherencia entre las proposiciones de la base textual.

Supondremos, además, que las *macrorreglas* de la semántica textual también están presentes en un modelo del proceso psicológico; la organización y reducción informativa se basan, durante la comprensión de oraciones, en las siguientes operaciones:[19]

(17) I   OMITIR. Se omiten todas aquellas proposiciones que el hablante no considera importantes, p. ej. como presuposiciones, para la interpretación de las proposiciones siguientes.

II GENERALIZAR. Toda la secuencia de proposiciones en la que aparecen conceptos abarcados por un superconcepto común se sustituye por una proposición con este superconcepto.

III CONSTRUIR. Toda secuencia de proposiciones que indica requisitos normales, componentes, consecuencias, propiedades, etc., de una circunstancia más global, se sustituye por una proposición que designe esta circunstancia global.

Téngase en cuenta que aquí ya no se trata de reglas abstractas, sino de operaciones mentales: el hablante lleva a cabo una estructuración (jerárquica) mediante estas operaciones y a la vez se ocupa de que la información no incorporada por la macroestructura pueda reducirse. Estas operaciones permiten deducir la instrucción del proceso que tiene lugar al eliminarse informaciones de la SSTM: precisamente aquellas proposiciones que no siguen desempeñando un papel ma-

---

[19] Las reglas II y IV del capítulo 2 son variantes de la macrorregla III que se ha estudiado aquí.

croestructural se almacenan lo más rápidamente posible en la LTM, mientras que hay que seguir trabajando con las macroproposiciones.

La formulación informal de las macrorreglas en (17) ya indica que en un modelo del proceso cognitivo se ponen en juego las *suposiciones* del hablante: una vez almacenada una serie de proposiciones, el hablante construirá una macroproposición provisional (o la seleccionará de la base textual) respecto de la cual puedan comprenderse las proposiciones y sus relaciones. Desde luego, un hablante también puede incurrir en errores, por lo que nuevas informaciones pueden hacerle desechar la macrohipótesis y construir una nueva.

6.4.3   Para poder aplicar las macrorreglas y macroestrategias no sólo se requiere un conocimiento semántico general, como por ejemplo en la regla II (GENERALIZAR), sino que también hay que recurrir a los *marcos de conocimientos*. Un hablante sólo será capaz de decidir qué tipo de información seguirá siendo probablemente importante en el texto o qué tipo de circunstancia global se describe en el texto, cuando las proposiciones añadidas se comparen con proposiciones en las situaciones de marco habitualmente esperadas. Así, conceptos como 'estación', 'billete' y 'subir' muy probablemente pertenecerán al marco del viaje en tren, de modo que podrá deducirse la macroproposición «a coge el tren» o, generalizando, «a viaja».

La comparación de proposiciones provenientes del texto con componentes del marco de conocimientos no sólo da como resultado los conceptos característicos de este marco (p. ej.: «viaje en tren»), sino que a la vez produce una serie de *expectativas* sobre el decurso ulterior de los sucesos y sobre el *posible* desarrollo ulterior del texto. Cuando Pedro ha ido a la estación y ha comprado un billete, esperamos que también vaya al andén y suba al tren, que el tren parta, etc. Estas expectativas se denominan *expectativas de marco* y se basan en nuestro conocimiento convencional sobre procesos y desarrollos normales. En el ejemplo citado incluso se trata de expectativas de marco más o menos *necesarias* o *esenciales:* si Pedro no sube al tren (o si nadie lo sube al tren), tampoco podrá hacer un viaje en tren. Además de estas expectativas también existen expectativas de marco *posibles* u *opcionales:* hacen referencia a situaciones, sucesos o acciones que con frecuencia pertenecen a circunstancias de marco globales (o a un episodio), pero que no constituyen una parte necesaria. Un claro ejemplo sería la compra de un periódico en el quiosco de la estación antes de emprender el viaje.

Por lo demás, también existen sucesos y circunstancias que no se esperan, o por lo menos no a partir del marco, pero que coinciden con los sucesos del marco: en la estación podemos ir al lavabo, encontrar a un amigo en el andén o incluso caer debajo del tren. Precisamente son estos los sucesos que definen la *información específica* de un texto, porque no se esperan ni se pueden prever, por lo cual se vuelven *importantes* para la comunicación por razones pragmáticas. Sin embargo, hay que observar que aunque tales sucesos específicos no se esperen a partir del marco concreto, sí pueden esperarse, debido a otros sucesos específicos que se manifiestan en el micro- y macronivel del texto, como, digamos, consecuencia posible o probable. Una vez que estos sucesos surgen regularmente en el episodio del marco, pueden incorporarse al propio conocimiento del marco, como por ejemplo la compra de algo para leer antes del viaje en tren o en avión; el quiosco será entonces una parte 'convencional' de nuestra idea de estación o aeropuerto.

Las macroestructuras, los marcos y las expectativas, esenciales o no, que de ellos se deducen tienen un papel esencial en el complejo proceso de la comprensión textual: esto se demuestra al observar que, en cuanto aparecen proposiciones que no se ajustan a la macroestructura, no aparecen en un marco ni son componentes posibles, hipótesis o consecuencias de circunstancias ya conocidas, y que además son *incompatibles* con las expectativas ya construidas, se produce un 'cortocircuito' en el proceso de comprensión. El texto se vuelve incomprensible, o bien se supone que se trata de una tontería o de algo muy poco habitual:

(18) En la estación compré un billete y fui al baño.
(19) Delante de mí, en el compartimiento, había un elefante rosa.

Observamos que la 'rareza' de un texto va estrechamente ligada a la 'rareza' de circunstancias posibles en mundos posibles. En otras palabras: la interpretación del texto presupone una interpretación del mundo.

También estos aspectos de la comprensión textual son comprobables experimentalmente en el sentido de que podemos suponer que para las distintas proposiciones se requiere tanto más tiempo, cuanto menos relación tengan con las macroproposiciones, las microproposiciones, los marcos y las expectativas deducidas ya actualizados. Debido al principio pragmático-comunicativo general de que se puede esperar que un texto sea una enunciación lingüística de una base textual correcta e interpretable y con la intención de serlo, el hablante procurará 'buscar un significado' incluso en secuencias evidentemente inconexas o sin sentido, es decir: intentará construir relaciones de coherencia indirecta —por ejemplo, un tema concreto— que hagan finalmente comprensible la secuencia.

Estas operaciones mentales de búsqueda pueden demostrarse experimentalmente, p. ej., variando el material textual ofrecido. Se puede partir de textos muy *explícitos,* en los que no hay que actualizar prácticamente ninguna información del marco y en los que las macroproposiciones mismas aparecen explícitas, pasando a textos progresivamente más *implícitos,* en los que se omiten cada vez más proposiciones así como indicaciones con respecto al tema del texto (por ejemplo, el título). En este último caso seguramente se requerirá más tiempo para la elaboración de un mismo número de proposiciones; además deberá de aumentar la frecuencia de errores.[20]

6.5   La comprensión de otras estructuras textuales

6.5.1   En la actualidad todavía se sabe muy poco acerca de los procesos psicológicos en que se basan la percepción, interpretación y reelaboración de otras estructuras textuales, como los *esquemas,* y en particular, de estructuras textuales *estilísticas, retóricas* y *literarias.* A la vista de la experiencia de que la comprensión textual se dirige esencialmente hacia las informaciones semánticas y pragmáticas, por lo menos en los procesos interpretativos normales, es de suponer que las estructuras que no aportan nada a la organización de la información semántica, simplemente son perceptibles ad hoc y que como mucho pueden subrayar o reducir la importancia de determinadas informaciones semánticas. Por cierto que en procesos de comunicación especiales —por ejemplo, en los literario-estéticos— la atención del hablante puede dirigirse, incluso fundamentalmente, a estas estructuras especiales, tanto más cuanto que en estos casos no puede hablarse, o sólo indirectamente, de funciones pragmáticas prácticas (¡del uso de la lengua!). [21]

6.5.2   Las *superestructuras esquemáticas,* como la estructura de la narración o la de un tratado psicológico, son de gran importancia para la estructuración global de las informaciones semánticas. [22] Esto significa que durante el proceso de interpretación se intenta plasmar las proposiciones y, sobre todo, las macroproposiciones que de ellas se derivan, en categorías de un tipo de texto importante. Este tipo de texto con frecuencia ya se conoce por una información anterior: por el título, el subtítulo, anuncios, el tipo de medio o de soporte del texto, las intenciones ya conocidas del hablante, el tipo de situación comunicativa, etc. De esta manera se mantienen preparadas categorías de este determinado tipo de texto en forma de '*slots* abiertas' (ranuras abiertas), en las que pueden insertarse fragmentos del texto, o mejor dicho, macroproposiciones que 'representan' a estos fragmen-

---

[20] KINTSCH (1974) trata la cuestión de la presencia explícita de informaciones en los textos.

[21] Sobre todo en los estudios literarios se concede particular atención a las estructuras del propio texto. Véase, por ejemplo, JAKOBSON (1960).

[22] Para la comprensión de las estructuras narrativas, véase VAN DIJK (1975 b, 1976 b), KINTSCH, & VAN DIJK (1975), VAN DIJK & KINTSCH (1977), KINTSCH (1976, 1977 b), RUMELHART (1975), THORNDYKE (1975), MANDLER & JOHNSON (1977) y SCHANK & ABELSON (1977). Respecto de la compensión de otros tipos de textos véase MEYER (1975) y FREDERIKSEN (1972, 1975 a, b) (para descripciones). En VAN DIJK (1976 c) y KINTSCH & VAN DIJK (1978) se trabaja con un texto sociopsicológico. Véase también el número extra de *Poetics,* 9 (1980) sobre la comprensión de las narraciones.

tos. Un fragmento al comienzo de una narración, en el que se describe el lugar, el tiempo, las personas, las circunstancias, etc., lo podemos interpretar esquemáticamente como MARCO de una narración. Estos procesos tienen, además, un carácter probabilístico: a la vista de la ulterior intrepretación del texto puede resultar que no se trataba del MARCO sino de la situación final de la narración, con lo que tendremos que modificar nuestra hipótesis estructural.

6.5.3   Dado que las superestructuras con frecuencia imponen ciertas limitaciones al contenido (global) de fragmentos textuales, el hablante posee determinados 'indicios' para poder construir hipótesis particulares sobre la categoría esquemática de importancia en aquel momento. Así, en una narración la COMPLICACION suele introducirse con la ayuda de *pero entonces... o de repente...,* etc. Por consiguiente, la CONCLUSION de un esquema argumentativo se prepara en frases como *de esto se deduce* o bien *podemos inferir que,* etc.

No sabemos con qué exactitud los hablantes pueden derivar tales interpretaciones esquemáticas a partir de las estructuras superficial y semántica de un texto. Tan sólo podemos suponer que disponen de esquemas convencionales, de reglas y categorías de superestructuras y de importantes limitaciones (plasmaciones) sobre otras estructuras textuales, y que pueden actualizar estos conocimientos (específicos del marco) tan pronto como el texto ofrezca indicaciones suficientes para la categorización esquemática de la información. Actualmente todavía no se ha podido contestar hasta qué punto el hablante, durante la interpretación, mantiene preparados estos conocimientos categoriales en la SSTM para el ciclo siguiente, o si estas informaciones son más bien importantes en la LTM, para poder almacenarlas.

6.5.4   Sobre la elaboración de las *estructuras estilísticas* y *retóricas* sabemos aún menos. Sin duda alguna puede hablarse de una especie de 'coherencia estilística', a partir de la cual un hablante puede reconocer una cierta 'ruptura estilística' en un texto, es decir: una modificación del 'registro' (el problema de la selección de palabras) o de la estructura sintáctica típica (extensión y complejidad de las oraciones, etc.). Quizá podamos admitir especulativamente que durante la recepción de un texto en este plano se construye cierta *actitud.* Esta actitud del hablante se basa en sus expectativas sobre una selección léxica y una estructura sintáctica *posibles,* de manera que durante la comprensión de las oraciones se mantienen en principio preparadas determinadas 'regiones' léxicas y marcos para la interpretación; podemos imaginarnos, por ejemplo, que para cada marco/cada región funciona una *selección* que actualiza palabras del mismo *registro* personal, social, etc. Esto no sólo ocurre en el nivel de las estructuras superficiales, sino también en el de las estructuras semánticas. Ya hemos visto que las descripciones pueden ser más o menos *completas* y que unos tipos de texto específicos requieren un nivel específico de integridad, que depende de las funciones pragmáticas y comunicativas del enunciado. En un artículo sobre la visita de un jefe de Estado extranjero —en un periódico serio— seguramente no encontraremos la información de que en el aeropuerto fue al lavabo. En otras palabras: también tenemos expectativas sobre la *integridad* y el *nivel* de las descripciones de sucesos o circunstancias.

6.5.5   En la discusión sobre las *estructuras retóricas* pudimos ver que éstas se emplean menos por razones estéticas que por razones de *eficacia*. Este es, indudablemente, un concepto psicológico, que, por lo tanto, también debe ser explicado en un modelo psicológico de la elaboración del texto. Lo único que podemos decir, a la luz de la teoría arriba mencionada, es lo siguiente: (i) a través de las estructuras retóricas, las microestructuras quedan marcadas para la relevancia, es decir, adquieren un papel de macroestructura; (ii) las proposiciones adquieren una estructura más amplia, por lo que permanecen asequibles en la LTM más prolongada y fácilmente.

6.6   *Las estructuras textuales en la memoria semántica*

6.6.1   Hemos supuesto que las informaciones semánticas que no se puedan o deban almacenar por más tiempo en la SSTM son traspasadas a la memoria semántica a largo plazo (LTM). Ahora deberemos intentar averiguar *cómo* y *bajo qué requisitos* se da este proceso. También en este caso nos basamos en una serie de hipótesis de trabajo.

La primera hipótesis consiste en que, *en principio,* todas las proposiciones de un texto, tal y como han sido comprendidas —es decir, elaboradas— por la SSTM, pasan a la LTM. Esta es una suposición muy amplia, que no debería llevarnos a pensar que, por lo tanto, un hablante es capaz de recordar y reconocer todas las proposiciones de un texto. Al contrario: enseguida veremos que recordar y reconocer se basan en operaciones que presuponen la *recuperabilidad (retrievability)* de informaciones en la memoria. Con ello, nuestra hipótesis implica el ingreso de casi todas las proposiciones en la memoria, pero no su recuperabilidad ilimitada. En la propia formulación de la hipótesis encontramos otra limitación más: únicamente las informaciones que han sido estructuradas en la SSTM (mediante la interpretación del texto) pueden ser admitidas por la LTM. Aunque esto nos pueda parecer absolutamente evidente, hay que tener presente que suele ocurrir que un hablante 'pase por alto' ciertas informaciones. En tal caso no se forma ninguna proposición o hecho en la SSTM, por lo que la LTM tampoco puede registrar nada. Estos factores de 'interferencia' se conocen parcialmente: falta de atención, distracción debida a otras informaciones (p. ej., otros pensamientos), etc. Los factores en los que determinados detalles se pierden *casualmente* en la SSTM son de tipo más bien estructural. No obstante, para saber que una parte determinada de las informaciones es sólo un 'detalle', el hablante deberá haber comprendido estos detalles, es decir, tendrá que haber formado proposiciones. Según nuestra hipótesis, esta información debería entonces ser admitida en la LTM.

Sin embargo, la hipótesis de trabajo no presenta una forma tan absoluta: suponemos que, *en principio,* todas las proposiciones entran en la LTM, pero también admitimos que una proposición se pierda casualmente ya en la SSTM. Esto parece remitir a que una persona de ensayo, en un experimento, a veces ni siquiera es capaz de reconocer una proposición determinada inmediatamente después de la interpretación de una frase. Pero en este caso no tendríamos ninguna posibilidad de decidir si el hablante realmente ha interpretado la porcioncita de información situada en la SSTM, o si simplemente hay que hablar del mencionado 'pasar por alto'. Con respecto a este punto mantenemos flexible nuestro modelo: sólo supondremos que la SSTM no siempre es 'perfecta', dado que ciertas estructuras superficiales no son en absoluto percibidas ni elaboradas por la SSTM, por lo que a veces ya se pierden informaciones en la SSTM, antes de que una operación de almacenamiento pueda transportarlas a la LTM. En todos los demás casos damos por supuesto que la información ingresa en la LTM.

6.6.2   La segunda hipótesis general de trabajo probablemente sea la más importante en un modelo cognitivo de la elaboración textual. Dice así: *el almacenamiento de información en la LTM es una función de la estructura asignada a esta información en la SSTM.* Esto implica que la estructura de la información textual es construida en la memoria semántica durante la comprensión del texto.

También esta hipótesis es muy amplia, puesto que parece dar por probado que en la propia LTM ya no se realizan más operaciones de interpretación. De ahí se deduce que *si* la información tiene que ser almacenada en otro lugar que el original o *si* a un texto o a un fragmento de texto se les debe asignar otra estructura, ello no debe ocurrir en la LTM, sino de nuevo en la SSTM: el resultado es una *reinterpretación* de la información. Y no sólo tiene lugar durante la lectura de un texto —por ejemplo, si nuevas informaciones nos obligan a corregir una hipótesis estructural anterior—, sino también durante el recuerdo, cuando reproducimos informaciones de un texto en contextos posteriores naturales o experimentales.

Esta hipótesis de trabajo evidentemente dejaría de tener sentido si nuestra suposición anterior —de que la SSTM y la LTM son dos tipos distintos de memoria semántica: una 'memoria de trabajo' y un 'lugar de almacenamiento', respectivamente— resultase ser incorrecta. De momento nos basamos en el hecho de que esta diferenciación tiene, con todo, una serie de ventajas. Significa, por ejemplo, que todas las *inferencias* que se necesitan para la producción e interpre-

tación de enunciados lingüísticos tienen lugar en la SSTM, tanto
sobre la base de la información que llega y la que ya está presente,
como sobre la de la información extraída de la LTM. Por eso, en la
LTM no puede producirse información 'nueva' mediante inferencia
u otros procesos de razonamiento o pensamiento.

Si bien nos hemos pronunciado bastante vagamente sobre una
serie de características específicas de la SSTM, debemos suponer que
no todos los procesos en la SSTM se desarrollan de manera *consciente*. Intuitivamente y muy de repente podemos comprender cosas al
'hallar' una deducción concreta o la combinación de una serie de
unidades informativas. Según nuestras hipótesis, este proceso tiene
lugar en la SSTM, es decir: después de haber actualizado en la SSTM
la información proveniente de la LTM, lo que no tiene por qué
ocurrir de modo 'consciente' y mucho menos 'voluntario', de la
misma manera que muchos otros procesos de interpretación, deducción y similares no, o no siempre, pueden manejarse conscientemente. Aquí no trataremos esta cuestión.

6.6.3 La segunda hipótesis de trabajo está destinada a hacernos
comprender la manera en que las informaciones textuales se almacenan en la memoria. Una estructura textual en la memoria se compone de diferentes niveles interrelacionados: una serie de proposiciones
ligada por conexiones y relaciones lineales de coherencia, una macroestructura jerárquica, con la que se asigna una macroestructura
como 'etiqueta' a las secuencias parciales de las proposiciones en
distintos niveles, y finalmente, una estructura esquemática específica
que asigna a las macroproposiciones una función determinada para
la totalidad del texto.

Una estructura textual de este tipo en la memoria a buen seguro
no es idéntica a la estructura textual abstracta como la que una
gramática o una teoría textual abstracta asignan a un texto. Si bien
el hablante construye la estructura textual en la memoria sobre la
base de reglas lingüísticas (convencionales), de realidades textuales,
también lo hace sobre la base de sus propios *intereses, prejuicios,
conocimientos, comprensión, deseos, objetivos,* etc. Tales disposiciones
psicológicas (en el sentido más amplio) pueden llevarlo a comprender equívocamente determinadas partes del texto, conferir un carácter macroestructural a ciertas proposiciones sin que existan razones
objetivas para ello, etc. Aunque, dependiendo del texto y del contexto, después de la elaboración del mismo texto se encuentre en las
memorias de diferentes hablantes una serie de características estructurales coincidentes, sin lugar a dudas también hallaremos no-coincidencias. Enseguida nos ocuparemos con mayor detalle de estas
diferencias con la ayuda de la hipótesis de que el hablante puede
aplicar una serie de *transformaciones* a informaciones nuevas, es
decir, a informaciones extraídas de la memoria.

6.6.4   Antes de profundizar más en el tema de la representación de textos en la memoria será conveniente formular la tercera hipótesis de trabajo: *la recuperación, o bien la accesibilidad o la posibilidad de reconstruir una información textual en la memoria, es una función de la estructura informativa en la memoria.* Esta hipótesis puede formularse más exacta y concretamente diciendo que una proposición se reencuentra tanto más fácilmente en la memoria cuanto mayor sea su *valor estructural.* Mediremos el valor estructural de una proposición simplemente como el número de relaciones que esta proposición (o bien, una parte de ella) guarda con otras proposiciones (o con partes de ellas).

De aquí se deduce que a una proposición se le asignará necesariamente un elevado valor estructural en la LTM, cuando dicha proposición haga falta repetidas veces en la SSTM para establecer conexiones necesarias. También veremos enseguida que este valor estructural es precisamente uno de los criterios para retener o reencontrar una proposición de este tipo. Se puede ver de inmediato que una *macroproposición* relacionada con una gran cantidad de proposiciones de la base textual comprendida acaso posea un gran valor estructural. Algo similar, aunque en menor grado, también se puede aplicar a las *presuposiciones,* cuando no entran en juego funciones macroestructurales: si una secuencia parcial trata particularmente de Juan y de la enfermedad de Juan, y si esta información es un supuesto para la interpretación de todas las oraciones siguientes, esta proposición (que en cierta manera siempre se vuelve a 'repetir' en la SSTM) tiene un valor estructural relativamente elevado en la LTM. Las que poseen un valor mínimo son aquellas proposiciones que se reducen inmediatamente en la SSTM mediante macrorreglas, que por lo tanto sólo están ligadas a una macroproposición y que, por lo demás, no (o apenas) guardan relaciones de conexión directas con las proposiciones de su entorno inmediato, es decir: no poseen referentes comunes o relacionados, ni una relación de causa/efecto, ni tampoco una relación funcional (como por ejemplo la 'especificación' de lo que les precede).

Además hay que añadir que el valor estructural no sólo viene determinado por relaciones semánticas, sino también por relaciones *esquemáticas.* Cuando una proposición tiene a la vez una clara función en una categoría superestructural, o bien cuando fija la relación entre las categorías o el tránsito de una categoría a otra, se le asigna un valor estructural especial (frecuentemente se trata de una macroproposición). Puesto que los esquemas constituyen a la vez indicios de recuperabilidad y desempeñan un papel importante en la producción de textos, no resulta fácil demostrar que la mejor 'accesibilidad' de la información esté determinada por un mayor valor estructural gracias a la importancia esquemática de una proposición.

6.6.5 Una hipótesis de trabajo mucho más problemática es la que se refiere a la manera en que se almacena la información en la memoria. No se trata tanto de la estructura 'objetiva' del texto o de la forma más general, convencionalmente establecida, de cómo un hablante interpreta un texto, sino de una serie de factores que, tanto en general como de caso en caso, codeterminan el proceso de interpretación y la retención. Estos factores, como el *interés*, los *objetivos* o las *tareas*, las *opiniones*, los *deseos*, etc., que ya han sido mencionados anteriormente, abarcan la *postura cognitiva* frente al contenido del texto.[23]

Queremos mencionar de nuevo la importancia que tienen los *conocimientos* del hablante sobre el 'objeto' del texto. Hemos visto que los *marcos* convencionales tienen un papel fundamental por el hecho de aportar informaciones gracias a las cuales las proposiciones pueden ser ligadas mutuamente y porque sólo ellas posibilitan el empleo de macrorreglas. Por tanto se puede suponer que los marcos empleados con mayor frecuencia son más rápida y fácilmente asequibles que los que se usan rara vez. Esto no sólo es aplicable a la comprensión textual, sino también a la elaboración más general de la información (percepción, actuación, solución de problemas, etc.).

Sin embargo, la manera en que se extraen y reelaboran informaciones de un texto también depende de otras situaciones cognitivas (y afectivas) del hablante. Estas situaciones pueden ser más bien *generales* o (semi-)permanentes, o *específicas* para cada contexto y objetivo. Un hablante puede tener, por ejemplo, un interés permanente por los aviones, la energía nuclear, la contaminación o el sexo; y estos intereses deben de influir en cómo comprende y elabora los textos en los que se habla de estos temas. Tal como lo describimos anteriormente, un componente de este interés puede ser el conocimiento más amplio de las características de los objetos, las circunstancias y los sucesos pertenecientes al tema en cuestión. El mayor conocimiento lleva a una comprensión más rápida, a más relaciones y con ello a un mayor valor estructural del texto en la memoria. Además, existe otro factor del que podemos hablar mucho menos explícitamente: se trata de la *intensidad* con la que transcurre el proceso de la elaboración textual. A esto se vincula también el hecho de que cuando leemos un texto que nos interesa mucho por su contenido, es mucho más difícil que nos dejemos distraer, hacemos menos faltas al leer, etc. Actualmente todavía no sabemos cuáles son las consecuencias de esta manera 'concentrada' de la interpretación para la calidad del almacenamiento. Unicamente sabemos que en este caso la información del texto seguirá siendo más fácilmente asequible: nos resultará más fácil recordar un artículo del periódico

---

[23] KINTSCH & VAN DIJK (1978) también abordan el significado del objetivo o de la tarea para la comprensión textual, lo cual tiene un papel muy importante en la psicología del aprendizaje.

cuando el tema nos interese. Acaso podamos suponer que un texto en la memoria, además de asignársele un valor estructural, también recibe un *valor de relevancia* (personal).

El concepto de 'interés' es todavía bastante indeterminado. Aquí adquieren importancia en primer lugar otras propiedades cognitivas y afectivas del hablante, sus *deseos* y *necesidades* (también para un período de tiempo prolongado), las *normas* y los *valores* que determinan sus acciones y sus interpretaciones de los sucesos. Un hablante que quiera poseer un coche determinado, tendrá, pues, interés por este coche así como por otras informaciones sobre este coche, por lo que en principio no sólo 'seleccionará' textos referentes a este 'objeto' (por ejemplo, anuncios), sino que además los interpretará más 'intensamente'.[24] En estos casos no tiene por qué tratarse solamente de deseos personales; estos deseos también pueden basarse en normas y valores socialmente establecidos que se refieran tanto al comportamiento propio como al de los otros. Este es un problema que en realidad proviene de la psicología social. Por ello nos limitamos aquí a indicar aquellos factores que, tanto para el texto íntegro como para determinadas proposiciones del mismo, pueden incidir en la manera de comprender y retener el texto. Bajo ciertas circunstancias seguramente se almacenan en la memoria precisamente aquellas proposiciones de un texto que coincidan con el sistema de normas y valores.

Hace tiempo que ha podido averiguarse experimentalmente que durante la comprensión de un texto tienen lugar unos procesos de *racionalización*, precisamente cuando no se comprende un fragmento textual porque los conocimientos más importantes acerca del marco faltan o son incompletos.[25] En tales casos, el hablante intentará adaptar la información a los marcos de los que dispone, así como a las expectativas que de ellos se derivan. Algo similar ocurre al registrar e interpretar informaciones que exigen determinado juicio de valor o determinada actitud: el hablante intentará hacer coincidir el máximo de tales informaciones con el sistema de posturas, normas y valores existente o, si ello no es posible, tenderá a 'desatender' las informaciones.[26] Expresémoslo con nuestros conceptos: el hablante asignará a estas informaciones un valor de relevancia bajo en la

---

[24] Desde hace ya tiempo que la psicología social es consciente de la importancia del 'interés' para la selección y la difusión de informaciones. Para ello, véase FESTIN-GER (1957). PAUL (1959), quien trata con mayor detalle una serie de experimentos de BARTLETT (1932), estudiaba principalmente cómo interviene la familiaridad (y el interés) en la comprensión y la retención de textos.

[25] BARTLETT (1932) ya describió el proceso de la racionalización en el registro de una información 'extraña' o inesperada; se lo considera el fundador del tratamiento psicológico de los textos (narraciones) y de su elaboración (memoria, recuerdo, reproducción).

[26] A través de la psicología social ya se conoce la omisión de informaciones inconsistentes; véase FESTINGER (1957).

memoria. Estos factores de la comprensión textual hay que estudiar-
los más profundamente dentro del marco de la psicología social de
la elaboración textual. En cambio los factores específicos de las
situaciones repercuten de manera más bien asistemática.

Uno de estos factores es la *tarea* actual del lector y su *objetivo*
correspondiente.[27] Cuando un hablante, en un contexto natural o
experimental, necesita determinadas informaciones por voluntad propia o debido a una imposición, o bien cuando se le exige un interés
especial por unas informaciones concretas, la manera en que elabora
un texto con tales informaciones seguramente será diferente que en
el caso de la elaboración 'neutra' del texto (si es que realmente existe
tal neutralidad en situaciones naturales). En estos casos no sólo se
trata de entender y retener las informaciones de un texto lo más
correcta y eficazmente posible, sino también de dar a las informaciones almacenadas una *función* para una tarea concreta, es decir, para
la realización de un objetivo concreto, como por ejemplo la solución
de un problema, la contestación de una pregunta o la redacción de
un artículo. Después de haber descrito el valor relevante afectivo o
social, nos ocupamos ahora del *valor de relevancia funcional* que se
asigna a las informaciones. Por lo demás, este valor también posee
ciertas implicaciones estructurales: al fin y al cabo, las informaciones
importantes estarán relacionadas con las informaciones que hay que
construir para la realización de la tarea, a través de relaciones de
condición, presuposición y circunstancias. La validez general de
estos supuestos se ve avalada por la conocida experiencia de que las
personas de ensayo disponen de una sorprendente capacidad de
reproducción en aquellos experimentos psicológicos en los que saben
o sospechan que tendrán que repetir o aplicar informaciones de un
texto. Estos resultados suponen justamente lo contrario de la interpretación y el almacenamiento informativos que ocurren cuando se
lee algo por casualidad, p. ej.: artículos del periódico (sin un interés
específico).

Vamos a suponer que el interés y el objetivo definen una cierta
actitud esquemática. En este caso no se trata de un esquema puramente estructural, como en la estructura narrativa, sino de un *esquema
semántico*, de contenido. Un esquema de este tipo actúa *selectivamen-
te* en la interpretación de textos. Además de las macrooperaciones
habituales, esta función selectiva asignará un determinado valor de
relevancia, ya globalmente, ya a proposiciones textuales específicas,
y así las almacenará en la memoria. También puede describirse este

---

[27] La importancia que el contexto pragmático reviste para el experimento psicológico («¿Qué quiere el investigador de las personas de ensayo?», «¿Qué es lo que se dice
y espera?») y, por ello, el planteamiento específico, son realmente esenciales para unos
procesos de comprensión tan complejos como la elaboración de textos. En los
modelos cognitivos casi siempre se han descuidado injustificadamente los componentes sociales y pragmáticos de la elaboración informativa, la comunicación, la representación del conocimiento y la memoria.

proceso diciendo que el contenido textual recibe adicionalmente una *categorización* especial al ser ajustado a la malla del esquema semántico.

Mientras que los intereses, conocimientos, normas y valores generales, así como las tareas y los objetivos contextualmente establecidos, aún parecen ser relativamente sistemáticos, debemos discutir finalmente otro fenómeno, que denominaremos *detalle sorprendente*. A través de experimentos se ha comprobado claramente el hecho ya intuido de que no sólo retenemos lo *importante* o *relevante*, sino también detalles completamente 'triviales'. Esto es válido tanto para la interpretación del texto como para la percepción y la acción, y puede variar según la situación, la personalidad o incluso por casualidad. Aunque sea prácticamente imposible describir características comunes de estos detalles, y menos aún las condiciones para su elaboración y su status particular, puede comprobarse *ex negativo* que, por definición, estos detalles no pueden ser macroproposiciones ni proposiciones a las que se haya asignado un elevado valor estructural o de relevancia en la memoria. Además es de suponer que un detalle de este tipo no puede deducirse sin más de los marcos, y por ende tampoco de las expectativas resultantes o de otros sistemas más generales de opiniones, normas y valores. En otras palabras: el detalle sorprendente tiene que ver con las expectativas que se crean durante el proceso de interpretación, de manera que una cosa, un suceso o una propiedad determinados no eran de esperar ni por el texto ni el contexto (y que sin embargo a la vez son de importancia secundaria, es decir que no forman una macroproposición). Después de esta explicación que —confesamos— es bastante vaga, supondremos por último que las proposiciones pueden adquirir un *valor de «imprevistidad»* en la memoria. No sostenemos que hayamos explicado exhaustivamente el fenómeno del detalle sorprendente: a veces uno se acuerda de cosas que no sólo son triviales sino que ni siquiera destacan. En un caso así, y a falta de una teoría correspondiente, sólo podemos suponer que se trata de 'casualidades' (en cuanto a percepción e interpretación) que pueden variar de persona en persona y que a veces se basan en hechos biográficos no conscientes.

6.7 *Transformaciones semánticas*

6.7.1 Antes habíamos partido del supuesto de que los hablantes almacenan las estructuras textuales en la memoria tal como han sido estructuradas durante el proceso de interpretación en la SSTM. No obstante, el modelo deja más o menos intacta la estructura semántica del texto durante el proceso de interpretación. Sin embargo, esta suposición no es realista, dado que se demostrará que los protocolos de recuerdo de los hablantes no son en absoluto idénticos al texto original o a fragmentos del mismo. Por ello hemos de construir la siguiente hipótesis, para admitir que el hablante aplica una serie de *transformaciones semánticas* durante el proceso de elaboración del texto. No se trata aquí de operaciones formales (gramaticales, ni mucho menos sintácticas), sino de operaciones cognitivas en la estructura conceptual de la memoria (SSTM o LTM), aun cuando ambos tipos de operación se parezcan en la forma.

6.7.2 Estas operaciones no se discutieron en la comprensión de textos, puesto que no se sabe si tienen lugar durante la comprensión o la reproducción de un texto. Por eso dejaremos en suspenso la cuestión de si estas operaciones se realizan durante el primer tratamiento de un texto en la SSTM, o bien durante la recuperación de informaciones de la LTM y el proceso de reproducción que se desarrolla en el caso de un protocolo recordativo o de un resumen. Es muy posible que determinadas operaciones sólo se den durante la fase del *input* y otras sólo durante la fase del *output*, en tanto que otras tengan lugar tanto en el *input* como en el *output*.

6.7.3 Vamos a suponer que las siguientes transformaciones semánticas o conceptuales desempeñan un papel en la elaboración del texto:

(20) I.   OMITIR. De una serie de proposiciones pueden omitirse una o varias proposiciones, y también pueden faltar partes de proposiciones (o HECHOS). (En determinadas circunstancias, si se aplica durante la comprensión, esta operación es a la vez una macro-operación.)

II. ADJUNTAR. Se añaden una o varias proposiciones a una serie de proposiciones en virtud de las condiciones siguientes:
   (i)   las proposiciones se deducen de otras proposiciones del texto o de macroproposiciones;
   (ii) las proposiciones se deducen de un marco de conocimiento relevante, p. ej., para la explicación del texto;
   (iii) las proposiciones se forman según asociaciones, valoraciones, etc., conceptualmente relevantes.
   Estas adjunciones no tienen por qué ser necesariamente correctas; el hablante también puede añadir informaciones incorrectas o incluso incompatibles.

III. PERMUTACION. La permutación aparece frecuentemente como transformación: frente a la estructura lineal originaria del texto, se invierte o altera el orden de las proposiciones.

IV. SUSTITUIR. Una o varias proposiciones pueden ser sustituidas por otra u otras, p. ej., por un concepto léxicamente equivalente.

V.   (RE-)COMBINACION. Una forma especial de III y IV es la formación de nuevas proposiciones sobre la base de partes de proposiciones dadas.

Estas transformaciones pueden ser de distinta especie. De una manera estricta pueden preservar tanto el significado como la referencia (valor de verdad). En ese caso, la nueva estructura es, desde el punto de vista semántico, estrictamente equivalente a la original. Sin embargo, también puede mantenerse idéntica la estructura referencial empleando conceptos o proposiciones diferentes. Además de estas transformaciones 'correctas', el hablante puede realizar transformaciones 'incorrectas', caso que omita informaciones, añada informaciones incorrectas o las permute o recombine incorrectamente.

6.7.4   En cuanto a las *condiciones* exactas para estas transformaciones hemos de admitir que aún andamos a tientas. Si bien existe sin duda alguna toda una serie de regularidades generales, a partir de varios experimentos resulta que distintas personas de ensayo pueden aplicar operaciones siempre diferentes a un mismo texto.[28]

Una de las operaciones más generales es evidentemente la omisión. Transcurrido cierto tiempo después de la recepción informativa, el hablante omite cada vez más proposiciones o partes de éstas. Las proposiciones que deben de omitirse más rápidamente son aquellas que poseen poca importancia para la reproducción del texto, debido a los valores estructurales y de relevancia de las informaciones correspondientes en la memoria, y según las interferencias con nuevas informaciones.

Algunos experimentos han dado como resultado que los hablantes tienden con cierta facilidad a añadir informaciones en forma de proposiciones, y no sólo para las relaciones de conexión o coherencia ya conocidas, sino también una variedad de proposiciones derivadas o asociadas. En algunos casos esto debe de ocurrir porque se pretende *explicar* un texto, o bien porque el hablante desea manifestar su opinión sobre las informaciones recibidas.

Dado que la estructura real del texto no es necesariamente una reproducción directa de la estructura conceptual subyacente, es posible que para reproducir o almacenar informaciones el hablante/oyente modifique el orden estructural real durante la interpretación o la reproducción. De este modo puede pasar a reducir la estructura esquemática a la canónica ('la más normal'), al comprender o volver a contar p. ej. una narración o un tratado científico.[29] Algo similar debe de ocurrir en el plano semántico, donde el hablante acaso elegirá un orden más lógico o al menos un orden que tenga mayor relevancia para la ejecución de su tarea o el logro de su objetivo.

Puesto que las expresiones léxicas en la lengua son enunciados convencionales de las estructuras conceptuales subyacentes, eventualmente puede resultar una combinación de conceptos distinta, con lo que se necesitan nuevas expresiones léxicas. Tales sustituciones no sólo deben de tener lugar durante la comprensión, sino sobre todo también durante la reproducción de textos.

Estos tipos de transformaciones no sólo son señal de una comprensión óptima o una manera óptima de almacenamiento de informaciones textuales para el hablante, sino que estas transformaciones tam-

---

[28] Para las distintas transformaciones que surgen durante la reproducción de protocolos en experimentos de retención de textos, véase KINTSCH & VAN DIJK (1978).

[29] MANDLER (1978) describe la reducción de estructuras narrativas a su estructura canónica. Véase también KINTSCH (1977 b).

bién tienen, como veremos más adelante, una serie de limitaciones específicas que varían según el contexto. Por este motivo, en algunos contextos es necesario aplicar ciertas transformaciones y no otras.

6.7.5 Por último hay que volver a mencionar que estas operaciones, por regla general, no se aplican *conscientemente,* salvo en caso de encargos específicos, como resúmenes o paráfrasis. *Olvidar* informaciones, es decir, omitir proposiciones o partes de ellas, es un proceso que tiene lugar por sí solo, aun cuando el hablante pueda influir positivamente sobre él (mediante el ejercicio, la repetición, la aplicación, etc.). Hemos supuesto que olvidar —es decir, el no poder encontrar informaciones— viene establecido, entre otras cosas, por los valores estructurales y relevantes asignados a las proposiciones textuales en la memoria. No obstante, hemos dejado abierta la posibilidad de que ciertos tipos de información casualmente ni siquiera lleguen a la LTM, por lo que ya se pierden durante el proceso de interpretación en la STM o en la SSTM.

6.8 *Reproducción, reconstrucción y producción de textos*

6.8.1 Ahora debemos plantearnos la cuestión de qué es lo que en realidad ocurre con la información textual formada o transformada después que se la haya almacenado en la memoria. En primer lugar debemos tener presente que la elaboración y comprensión del texto, por regla general, tienen lugar en un proceso de comunicación en el que el hablante desea que el oyente se entere de algo o modifique su estado interior de otra manera (se forme o modifique determinadas opiniones o posturas) y en virtud de ello eventualmente lleve o no a cabo ciertas acciones deseadas. Puede ocurrir que el oyente elabore un texto con la mera intención de modificar sus *conocimientos* o su *comprensión.* Estos conocimientos pueden referirse a circunstancias particulares, pero también pueden ser muy generales. Aun cuando el texto no aporte estos conocimientos generales, el hablante puede sacar por inducción una serie de conclusiones más generales y añadirlas a su conocimiento semántico general. En tal caso puede resultar necesario eliminar o modificar otros conocimientos, si el hablante desea preservar cierta coherencia y consistencia en su *stock* de conocimientos. Si las informaciones captadas se combinan de esta manera con el conocimiento ya existente, se habla de un *proceso de aprendizaje.* En caso contrario, la información mantiene su carácter episódico: el texto se acepta 'a mero título informativo', sin producir consecuencias en los conocimientos sobre el 'mundo'.

Esta diferencia parece manifestarse característicamente en ciertos tipos de textos: por un lado, en la narración o el artículo periodístico, y por otro, en el libro de texto. Sin embargo, aún es muy escasa nuestra comprensión de tales procesos y de las condiciones que establecen de qué manera las informaciones registradas modifican un *stock* de conocimientos generales; por esta razón no vamos a ocuparnos más de esta problemática.

6.8.2   Otro aspecto importante del proceso de comunicación consiste en el *empleo* de textos para la propia *producción* de informaciones: queremos repetir lo que se nos ha comunicado, queremos resumir lo que hemos leído, se espera que contestemos a preguntas sobre un tema del que hemos oído o sobre el que hemos leído, y puede ocurrir que tengamos que resolver un problema o que queramos realizar una serie de acciones sobre la base de informaciones adquiridas a través de un texto específico (p. ej.: un libro de texto, unas instrucciones de uso, etc.). En todos estos casos deberemos volver a sacar a la luz, explícitamente o no, como mínimo una parte de las informaciones adquiridas anteriormente para poder satisfacer lo que se nos pide. Por ello en este párrafo nos ocuparemos de la manera y de las condiciones según las cuales el hablante puede volver a sacar de la memoria informaciones textuales y utilizarlas para la producción de nuevas informaciones o la ejecución de acciones. Por último hay que añadir —ya lo habíamos mencionado— que las informaciones pueden servir para modificar los conocimientos, de manera que puedan aplicarse a la comprensión de otros textos.

6.8.3   En experimentos psicológicos bajo condiciones controladas se ha investigado de cerca una serie de tareas de este tipo. Las más corrientes son las de *acordarse* de informaciones (con o sin conceptos clave), *reconocer* y *resumir* informaciones y aplicarlas a la *solución de problemas*.[30] En todos estos casos hay que extraer la información de la memoria. Por eso intentaremos describir, en primer lugar, cómo ocurre esto en general; un segundo paso consistirá en describir lo que sucede en el caso de tareas concretas.

6.8.4   Como dijimos anteriormente, las informaciones textuales se almacenan en la memoria según lo establece la *estructura* que les ha sido asignada durante el proceso de interpretación. Cuando interactúen la representación textual y los conocimientos existentes en la memoria, la estructura de los conocimientos ya existentes seguramente influirá sobre la manera en que se sigan elaborando las informaciones textuales.

El primer principio que establece la búsqueda y recuperación *(retrieval)* de las informaciones textuales es de nuevo esa estructura de la representación textual (y la estructura de los conocimientos

---

[30] La reproducción de aquello que se sabe de un texto puede discurrir en el marco de diferentes tareas y por lo tanto a través de protocolos mnémicos distintos: reconocer, recordar, recordar por conceptos clave, resumir, contestar preguntas sobre los textos correspondientes y aplicar informaciones para solucionar problemas.

existentes) en la memoria. Por lo tanto, podemos admitir la hipótesis general de trabajo de que la probabilidad de extraer información de la memoria es una función de los valores estructurales y de relevancia asignados a determinadas unidades de información. En otras palabras: cuantas más relaciones estructurales posea una proposición en la representación de la memoria, tanto más rápido podrá encontrarse y reproducirse. De aquí se deduce que son sobre todo las *macroproposiciones,* las *presuposiciones* y, de otra manera (p. ej., por razones personales o peculiaridades del contexto), las proposiciones *relevantes* las que ofrecen las mejores perspectivas de ser recordadas. También supondremos que estas informaciones son las que estarán *más tiempo* disponibles para su uso. Pero todo esto no sólo sirve para recordar informaciones, sino también para reconocerlas, aun cuando probablemente se las pueda reconocer más fácil, prolongada y detalladamente que reproducirlas activamente en el recuerdo. Ahora bien, el recordar puede *facilitarse* mediante una serie de condiciones. Un ejemplo característico lo constituyen los conceptos semánticos clave: en esos casos se agrega a la exigencia un fragmento de las informaciones a recordar, de manera que una parte del proceso consiste en reconocer, mientras que el resto sólo requerirá una complementación o deducción de las informaciones así halladas.

6.8.5 Durante la recuperación de informaciones textuales se aplica una serie de *operaciones,* pues no se trata simplemente de que las informaciones reencontradas puedan ser o sean *reproducidas* como tales. En primer lugar ya hemos dado por supuesto anteriormente que también puede aplicarse una serie de *transformaciones* al reproducir informaciones (OMITIR, ADJUNTAR, INVERTIR, SUSTITUIR y RECOMBINAR). Precisamente en el proceso de producción, el hablante puede decidir consciente o inconscientemente si una proposición determinada puede omitirse, es decir, si conviene no expresarla, si hace falta una ulterior explicación de las informaciones, si determinado orden resulta más claro que otro o si otra estructura léxico-semántica (otra selección de palabras, etc.) es más adecuada al (re-)producir las informaciones. La razón principal por la que esto no sólo es posible sino incluso necesario, reside en las reglas básicas de la *producción textual:* también la producción de un protocolo de recuerdo o de un resumen, o el dar una respuesta, están subordinados a las reglas gramaticales y pragmáticas normales del uso de la lengua. Si queremos analizar la manera en que un hablante reproduce o resume un texto, tendremos que tener en cuenta que deberá someterse en todos los casos a reglas más generales de la producción textual: su texto debe ser gramatical, claro, coherente, eficaz, etc., y para ello posiblemente deberá aplicar las transformaciones mencionadas a la estructura conceptual de la representación textual retenida en la memoria. En otras palabras: se puede explicar por lo menos una parte de las transformaciones si se tiene en cuenta lo que podríamos llamar las *restricciones de salida (output constraints)*, que son a su vez condiciones para la interacción comunicativa ulterior.

Al intentar recordar el contenido de un texto, los hablantes no sólo reproducirán algunas proposiciones de manera idéntica o las transformarán, sino que en muchos casos también intentarán *reconstruir* informaciones. Recordarán proposiciones que de primera instancia no habrán podido hallar directamente en la memoria, pero que reconstruirán sobre la base de otras proposiciones. Si aún nos acordamos de que Pedro perdió su dinero, acaso podamos descubrir que esto ocurrió en un atraco. Esta *hipótesis* podrá servir entonces como *indicio (cue)* para la recuperación de la proposición de este contenido eventualmente aún presente; es un proceso mucho más sencillo, puesto que se basa en el reconocimiento. Sin embargo puede ocurrir que el hablante ya no esté seguro de si la proposición es realmente una parte integrante de la representación textual en la memoria. En tal caso, no manifestará la proposición, o la manifestará en virtud de una *conjetura* más o menos plausible. Por eso, en estos procesos de reconstrucción pueden producirse errores. Existen dos tipos de errores: unos están relacionados con informaciones añadidas que no aparecían en el texto ni se implicaban directamente, pero que *podrían* haber aparecido en el texto; en este caso se trata de *errores plausibles*. Otros errores originan reconstrucciones no plausibles o incluso incompatibles. En tal caso ya no se puede reconocer su «plausibilidad».

Suponiendo que durante el proceso del recuerdo las macroproposiciones sean asequibles de manera directa y relativamente simple, el proceso de reconstrucción estará relacionado sobre todo, al menos transitoriamente, con microproposiciones, es decir, con detalles del texto. Esto se consigue aplicando *operaciones de reconstrucción* a la macroestructura del texto. Mientras que en la comprensión textual había que resumir, organizar y reducir informaciones mediante macrorreglas, las reglas de la reproducción precisamente tienen que *especificar, ampliar* y *detallar plausiblemente* las informaciones existentes. Por ello también suponemos que, de hecho, las reglas de reconstrucción requieren la aplicación de *macrorreglas inversas:*

(21) I. ADJUNTAR. Es la inversión de la macrorregla OMITIR. En este caso se añaden proposiciones de detalles que no representan proposiciones relevantes en el texto. Estos detalles pueden reconstruirse según características plausibles y posibles de cosas, personas y sucesos.

II. PARTICULARIZACION. Es la inversión de la GENERALIZACION. Si se dispone de un concepto general, se podrán reconstruir los conceptos parciales más plausibles (p. ej.: 'flor' → 'tulipán').

III. ESPECIFICACION. Es la inversión de la (RE-)CONSTRUCCION. Este es el caso más simple de reconstrucción de informaciones, dado que las informaciones se pueden deducir de los marcos correspondientes sobre cuya base había tenido lugar la construcción. Por consiguiente, existen cuatro formas de esta regla:

a. la especificación de características normales de cosas y personas (sobre la base del marco);

b. la especificación de condiciones normales para una acción o un suceso;
c. la especificación de componentes normales o de sucesos parciales de una acción o un suceso;
d. la especificación de consecuencias, resultados o implicaciones normales de una acción o un suceso.

6.8.6 En virtud de los diferentes principios, hipótesis de trabajo y operaciones supuestas, podemos ahora trazar a grandes rasgos el esquema de la *posible* estructura de contenido de un protocolo de recuerdo. Más o menos sabemos cómo se montan en la memoria las informaciones de un texto en forma de una secuencia ordenada de proposiciones con una macroestructura y una estructura esquemática, a través de un tratamiento cíclico en la memoria semántica a corto plazo. Hemos supuesto que la probabilidad de recuperar una proposición es tanto mayor cuantas más relaciones estructurales posea y cuanto mayor sea su valor de relevancia. También sabemos que durante el comprender o el recordar el hablante suele aplicar una serie de transformaciones que modifican la estructura del contenido. Estas transformaciones pueden abarcar todas las estructuras posibles que se construyen en la SSTM: (micro-)proposiciones, macroproposiciones y estructuras esquemáticas. Por último también hemos supuesto que durante el proceso del recuerdo no sólo se reproducen proposiciones (transformadas o no) como tales, sino que un hablante también recurrirá frecuentemente a diferentes formas de reconstrucciones. En virtud de estas características básicas del modelo de proceso pueden esperarse, pues, los siguientes tipos de información en un protocolo:

(22) 1. microproposiciones de la representación textual;
      2. macroproposiciones (eventualmente idénticas a 1.);
      3. proposiciones referentes a la estructura esquemática;
      4. transformaciones de 1. y 2.;
      5. microproposiciones reconstruidas;
      6. macroproposiciones reconstruidas;
      7. meta-enunciaciones (por ejemplo, proposiciones sobre el contenido del texto, que incluyen comentarios, enjuiciamientos y otras reacciones);
      8. restricciones de salida (repetición de proposiciones en calidad de presuposiciones, macroproposiciones preparatorias o sintetizadoras que sirven para la explicación, etc.);
      9. informaciones estructurales para 1. hasta 8., es decir, la estructura semántica de secuencias y de la macroestructura y la estructura esquemática;
     10. la estructura pragmática del texto del protocolo (según la tarea planteada);
     11. la estructura superficial del protocolo.

La *probabilidad* de que estas proposiciones y estructuras aparezcan en un protocolo varía. Evidentemente, las estructuras que posibilitan la producción correcta son necesarias. Sin embargo, en lo que se refiere a las informaciones del texto original, hemos visto que serán las macroproposiciones las que seguirán apareciendo más frecuentemente, sobre todo después de cierto tiempo, aunque en relación al número de micro- y macroproposiciones del texto.[31]

Un protocolo del recuerdo de un texto que fue confeccionado sólo después de un cierto tiempo, por ejemplo, después de una serie de semanas, meses o incluso años, en primer lugar seguramente será más breve: simplemente dispondremos entonces de mucho menos información activa del texto. Resulta sorprendente que la tendencia a recordar siempre mejor las macroproposiciones se presenta aquí con mayor énfasis: es demostrable que después de unas semanas recordamos casi exclusivamente las macroproposiciones; la mayoría de las microproposiciones ya no puede recuperarse. Diversos experimentos también indican que aquellas microproposiciones que se retuvieron únicamente debido a un valor de relevancia (personal) —las proposiciones que tratan de algo que el lector encontró divertido, sorprendente, estúpido, etc.— pero que no tienen una función macroestructural ulterior en el texto, aparecen con frecuencia en protocolos inmediatamente posteriores a la enunciación, pero después de algunas semanas en general ya no son asequibles. La falta de un valor estructural parece vengarse de esta manera. Como ya se ha dicho, se trata aquí de una tendencia. De ahí que no pueda decirse que es imposible que un hablante se acuerde exactamente de un detalle de un texto aun después de mucho tiempo:[32] este fenómeno existe, igual que en la elaboración de información visual.

La memoria retardada naturalmente también se caracteriza por el hecho de que las personas de ensayo ya no disponen de la estructura semántica original del texto, sino que comienzan a aplicar toda una serie de transformaciones o como mínimo a reproducir/reconstruir el texto original con toda clase de transformaciones. Sin embargo, podemos comprobar que después de cierto tiempo ya no siguen aplicando estas transformaciones: se han construido una estructura más o menos 'fija' que sirve de base para recuerdos ulteriores u otros objetivos. Este fenómeno también lo conocemos de la comunicación textual natural: si narramos varias veces una aventura de nuestras vacaciones a diferentes amigos, poco a poco se irá fijando nuestro informe. Es decir que no intentaremos mantener vivos en nuestra memoria otros sucesos y detalles para incluirlos en la narración.

Desde luego, a la larga incluso la macroestructura de muchos textos que leemos diariamente deja de ser importante para nuestros conocimientos, actitudes y acciones, de manera que también ella comienza a 'desmoronarse'. Existen tantos factores que desempeñan un papel en el proceso del olvido, que no resulta fácil decir después

---

[31] VAN DIJK (1975 b) y KINTSCH & VAN DIJK (1978) indican macroestructuras que dominan a costa de microestructuras.

[32] BARTLETT (1932) informa sobre un caso en el que la persona de ensayo aún recordaba, después de muchos años, el extraño título (casi siempre olvidado) de la narración.

de cuánto tiempo se olvidan ciertos tipos de macroestructuras. En este caso también podemos volver a echar mano del concepto de *relevancia* como criterio global. Una proposición adquirida sobre la base de la elaboración de un texto concreto resulta asequible tanto más prolongadamente cuanto más importante sea para los conocimientos, las opiniones, las actitudes y las acciones e interacciones sociales del hablante. Sin embargo, esta relevancia estructural o *cognitiva* es sólo uno de los aspectos; además hay que tener en cuenta la relevancia *afectiva,* es decir: en nuestra memoria retenemos durante más tiempo las circunstancias que más nos han 'impresionado'. La definición del vago concepto de 'impresión' debería basarse en sistemas de deseos, anhelos, normas, valores y los juicios, expectativas y objetivos que de ellos se derivan.

6.8.7   El libre recuerdo de informaciones textuales es en cierta manera la 'forma básica' en que se restituye la información anteriormente recibida. Sin embargo, hay que tener presente que raras veces aparece esta repetición informativa en la comunicación natural, por lo que además estamos muy mal preparados para repetir un texto proposición por proposición. Incluso en las situaciones experimentales que se concentran especialmente en la lectura y elaboración de un texto específico y en las que la persona de ensayo ya sabe o en todo caso puede suponer que ese texto tendrá que ser reproducido, una persona de ensayo media no retiene, directamente después de la presentación del texto, más que entre la mitad y un tercio de la cantidad original de proposiciones en un texto de unas doscientas proposiciones (cinco páginas escritas a máquina, 1 600 palabras).[33] En un texto más breve esta proporción puede mejorar, mientras que en un texto mucho más largo —por ejemplo, en una novela o un libro de texto— las informaciones retenidas pueden ser aún muchas menos (del orden del uno al dos por ciento). Lo que naturalmente nos cuesta mucho menos es, en todos los casos, reconocer informaciones.

Una forma mucho más natural de la elaboración informativa es la realización de *resúmenes*.[34] Una y otra vez tendremos que hacer un breve resumen de informaciones adquiridas anteriormente, tanto en la interacción cotidiana como en las interacciones específicas de una empresa o universidad. El proceso en el que se basa el resumen puede describirse de manera relativamente simple. Por ejemplo, se puede decir que al hacer un resumen un hablante selecciona aquellas proposiciones de su memoria que poseen el mayor valor estructural, que en la práctica deben de ser sobre todo las macroproposiciones.

---

[33] Véase VAN DIJK (1975 b), KINTSCH & VAN DIJK (1975, 1977), VAN DIJK & KINTSCH (1977).
[34] El resumen es uno de los medios más directos para comprobar la comprensión textual global. Véanse también los trabajos ya mencionados de KINTSCH & VAN DIJK.

Por eso a veces se dice que un resumen representa en cierta manera la manifestación textual de la macroestructura de un texto. Cuando resulta casi imposible resumir un texto podemos suponer tranquilamente que no es posible construir un significado semántico global de este texto.

Los resúmenes inmediatos de los textos son muy parecidos a los protocolos de recuerdos aplazados: presentan sobre todo macroproposiciones y a lo sumo muy casualmente algún detalle relativamente poco importante. Es, pues, patente que cuando un hablante hace un resumen ejecuta más o menos conscientemente lo que su memoria hace de manera automática: seleccionar/reducir informaciones, o bien, olvidar informaciones.

Con lo antes expuesto se demuestra que sin una teoría de la macroestructura no podemos dar una explicación siquiera medianamente adecuada de cómo se comprenden, almacenan, retienen/aprenden, reproducen y vuelven a aplicarse informaciones complejas. La enorme complejidad de la estructura proposicional de un texto nos obliga a ordenarla y a aplicar determinados principios para las reducciones: debemos saber qué es lo más *importante* o *relevante* de un texto, para que podamos siquiera entenderlo y para que más tarde, si fuera necesario, podamos recuperar precisamente esta información. Una vez más queremos repetir que estos principios de la elaboración textual son válidos para la elaboración de información compleja en general. También las series complejas de imágenes, sucesos y episodios, así como la coordinación e interpretación de acciones complejas son dirigidas, tanto en la producción como en la interpretación, por la construcción y la ejecución de unidades 'globales', es decir, por macroproposiciones.

6.8.8   Estos supuestos más generales de una teoría de la elaboración informativa naturalmente también pueden aplicarse a la *producción* de textos.[35] Acabamos de ver los aspectos del proceso productivo que tienen algo que ver con la reconstrucción o la reproducción de informaciones textuales ya adquiridas. En general, sin embargo, debemos suponer que el significado global, es decir, la macroestructura, tiene un papel fundamental en la *planificación* y *ejecución* del enunciado lingüístico. La producción de una secuencia de oraciones coherente es una tarea de una complejidad tan extraordinaria, que únicamente toda una serie de estrategias, reglas y estructuras y categorías jerárquicas puede controlar adecuadamente esta información.

Nuestra primera hipótesis de producción propiamente dicha es la de que un hablante forma en primera instancia una macroproposi-

---

[35] Aquí solamente se aborda la producción de la lengua. Precisamente todavía se sabe muy poco acerca de los procesos de producción. Véanse los trabajos de Kempen, entre otros, y en especial K EMPEN (1977) (sobre oraciones).

ción que proviene de sus conocimientos, deseos, intenciones, etc., o que, mejor dicho, está construida sobre estas bases, y que esta macroproposición constituye el significado provisional intencionado del primer fragmento textual o de todo el texto. A continuación, la macroproposición o una serie de macroproposiciones se transforma en la SSTM en una serie de proposiciones de una base textual, por ejemplo, mediante la aplicación de las macrorreglas invertidas antes comentadas. Naturalmente, esta última serie debe cumplir las condiciones de conexión y coherencia habituales. Sólo entonces pueden transmitirse las proposiciones al formulador de oraciones. En este caso, las macroproposiciones sirven a la vez para el control del contenido global: determinan cuál es el 'tema' y qué oraciones pertenecen o no a este tema, cuándo se divaga, se dicen cosas sin importancia, etc. También pueden modificarse macroproposiciones formadas anteriormente, en forma de intenciones, como por ejemplo cuando el hablante se da cuenta de que el oyente no comprende el tema, que no le interesa, etc.

La segunda hipótesis general de producción se refiere a la forma 'global' del texto y a las restricciones específicas de la estructura semántica, tal como lo definen las *superestructuras* esquemáticas. Resulta prácticamente evidente que la estructura esquemática de la narración se emplea como un plan global de producción para la disposición de las macroestructuras y, por ello, de los segmentos textuales, cuando se desea p. ej. narrar alguna cosa.

En ambos casos, las macroestructuras y las superestructuras forman *planes cognitivos* imprescindibles para la estructura de las intenciones de significado y finalidad en la ejecución de tareas complejas.[36] Ahora podemos especificar estos planes, que ya se discutieron en psicología, con cierta precisión. Desde luego, no podemos partir de la hipótesis de que cuando un hablante desee producir un texto se encontrará con macroestructuras o superestructuras abstractas o ideales listas para ser usadas, como sería de esperar de un modelo de producción psicológicamente plausible. También en este caso tienen un papel importante las *estrategias*. En algunos casos excepcionales, como por ejemplo en una alocución, una acusatoria o un libro, seguramente es cierto que el hablante o el autor ya tiene un 'plan' preparado o incluso anotado (lo cual, conforme a la teoría, supondría nuevamente una especie de resumen, en este caso en forma de 'notas'). Sin embargo, en otros casos se debe de pensar más bien en unos temas concretos durante la conversación en curso y desarrollarlos p. ej. a partir del comportamiento y las reacciones del oyente, la situación específica de la conversación, etc. En otros casos tal vez sólo se disponga de un tema muy global (por ejemplo, las preguntas

---

[36] Los 'planes' se han llegado a conocer en psicología sobre todo a través del influyente libro de MILLER, GALANTER & PRIBRAM (1960). SCHANK & ABELSON (1977) profundizan en el análisis.

de «cómo me encuentro» o «cómo he pasado las vacaciones»), que luego podrá desarrollarse a través de sub-temas hasta llegar a su enunciación en el nivel textual. Es probable que muchas veces se formen y ejecuten meras fracciones de macroproposiciones antes que se siga reflexionando sobre otros temas relacionados. Durante la ejecución de un macroplan, el hablante puede incluso llegar a perder el hilo debido p. ej. a un fallo del macrocontrol: en ese caso dejará de saber por un momento cuál era el tema: «¿Dónde me había quedado?»

No estará de más hacer hincapié en que el control de la forma esquemática global, la macroestructura y, en especial, la estructura y el contenido de las secuencias de oraciones no es sólo de tipo cognitivo. Antes al contrario. Si bien el hablante expresa principalmente lo que en realidad quiere decir —conforme a sus conocimientos, deseos, opiniones, intenciones, etc.— su enunciado es, ante todo, una acción lingüística, es decir, una forma de interacción comunicativa. De aquí casi surge de suyo que las reglas, convenciones y estrategias más generales de la interacción (comunicativa), igual que las propiedades sociales específicas de cada caso y del contexto actual (relación hablante-oyente, status, funciones, etc.) ejercen una profunda influencia en todos los niveles de la producción textual, desde el contenido global, pasando por el esquema, hasta la realización fonológico/fonética («¿Debo usar el dialecto para hablar con el barrendero, o no?»). No se puede negar que estos factores sólo fijan la producción del texto en la medida en que el hablante realmente conozca (consciente o inconscientemente) estas propiedades y reglas, de manera que, una vez más, las restricciones son, en efecto, cognitivas; pero por otro lado, otro nivel de descripción —a saber, el de las estructuras sociales de la interacción— requiere que tales factores tengan también un carácter 'sobreindividual' más general en la producción textual. Más adelante volveremos a tratar detalladamente estos aspectos que hacen referencia a la influencia de las estructuras sociales en las estructuras textuales —y viceversa—, 'a través de' la elaboración cognitiva y afectiva.

6.9   *La elaboración de los textos como acciones lingüísticas*

6.9.1   Hasta aquí nos hemos limitado a estudiar la estructura 'real' del texto —en especial, su estructura de contenido— y la manera en que se la comprende, asigna, almacena y, eventualmente, reproduce. No obstante, ya hemos visto en capítulos anteriores que, por regla general, un texto es enunciado con la intención de ejecutar una acción lingüística, por ejemplo, para producir determinado estado —por ejemplo, cierto estado de conocimientos— o determinada acción.

En este punto se nos plantea la siguiente cuestión: ¿cómo saben los hablantes, cuando oyen y comprenden una enunciación determinada en un contexto concreto, cuáles son las acciones lingüísticas que corresponde realizar ahora? En otras palabras: ¿cómo se *interpreta pragmáticamente* un enunciado lingüístico? ¿Mediante qué procesos, conocimientos, etc., el hablante es capaz de asignar una acción lingüística a un texto interpretado (en cuanto a su contenido)?[37]

6.9.2   La contestación sistemática a estas preguntas requiere una discusión teórica amplia que no podemos realizar en este momento. Sin embargo, existe una serie de hipótesis que probablemente podrían constituir componentes importantes de una teoría de esa índole. En primer lugar debemos partir del hecho de que un hablante posee un *conocimiento* sistemático y convencionalmente establecido de las acciones lingüísticas. Quizás incluso podríamos aceptar la existencia de *marcos* de acciones lingüísticas, suponiendo que en estos marcos se fijaran detalladamente las condiciones sociales que deben cumplirse para poder llevar a cabo adecuadamente tales acciones lingüísticas. Por consiguiente, no excluiremos el hecho de que existan determinadas estrategias para la ejecución de determinadas acciones lingüísticas complejas (p. ej., para proponer leyes derogatorias), ni el de que tales acciones lingüísticas estén organizadas en forma de marco; pero supondremos que los 'conceptos de acción' simples no tienen carácter de marco, para no ampliar demasiado el concepto de marco. De todas formas, determinadas acciones lingüísticas pueden ser un componente constante de un marco.

En virtud de su conocimiento conceptual de las acciones lingüísticas, el hablante dispone de un conocimiento sobre las propiedades y condiciones más importantes de estas acciones lingüísticas. En otras palabras: el hablante sabe que alguien que dice x y por lo tanto hace y, si el contexto posee además las características z, ejecutará la (más o menos probable) acción lingüística h mediante la enunciación de x. Contrariamente a una teoría pragmática abstracta, aquí nos encontramos de nuevo con *suposiciones* del oyente más o menos fundadas en percepciones e inferencias, pero no con conclusiones deductivas. Esto es tanto más importante cuanto que los datos que recibe el hablante pueden ser bastante escasos. Aún así, el proceso comunicativo discurre sin demasiados problemas a este respecto, a excepción de las situaciones conflictivas (ejemplo típico: «¿Acaso pretendes amenazarme?»)

6.9.3   Desde luego, la interpretación de un enunciado lingüístico como acto de habla o como una serie de actos de habla se basa, en

---

[37] Para la elaboración cognitiva de las estructuras pragmáticas (de acciones lingüísticas), véase VAN DIJK (1977 c).

primer lugar, en las propiedades del propio *enunciado*. Sin embargo, no hay que olvidar que un enunciado como tal puede ser sin duda pragmáticamente ambiguo:

(23) Voy a traerte algo para beber

puede ser tanto una afirmación como una confirmación, una promesa o una amenaza, según que el oyente desee o no la acción correspondiente. Además se añaden a las estructuras semánticas y morfosintácticas importantes indicios dados por la pronunciación en sí (velocidad, altura del tono, acentuación, volumen del sonido, etc.) que también establecen hasta qué punto una oración como (23) es una promesa o una amenaza para el oyente.

Resumiendo diremos que las diferentes propiedades de la enunciación misma ofrecerán los indicios más importantes para la correcta interpretación del enunciado como acción lingüística. Con esto hemos discutido qué propiedades del enunciado eventualmente tienen algo que ver con las de la acción lingüística:

(24) 1. *Estructura semántica*
    a. ¿Se refiere el enunciado a un estado o a una acción del hablante o del oyente, ahora, en el pasado o en el futuro? Tales diferencias contribuyen a definir la promesa, acusación, disculpa, etc.
    b. ¿Se refiere el enunciado a acciones agradables o desagradables para el hablante o el oyente? ¿Se refiere a ciertos deseos del hablante? Etc. Tales diferencias separan, por ejemplo, la promesa de la amenaza.
    c. ¿Se refiere el enunciado a personas u objetos contextualmente relevantes (p. ej., al hablante, al oyente, etc.)?
  2. *Estructura sintáctica*
    ¿De qué tipo pragmáticamente relevante es la estructura sintáctica? (P. ej.: oración afirmativa, interrogativa, imperativa.) Esto puede facilitar indicios para distinguir entre preguntas o peticiones e informaciones de diversa índole.
  3. *Estructura léxica; estilo*
    Como hemos visto, la selección de palabras puede ser una expresión indirecta o directa del estado cognitivo y afectivo particular del hablante, por lo que puede facilitar informaciones sobre su *actitud* ante el oyente (enfadada, impaciente, servicial, etc.), lo que vuelve a subrayar la relevancia de la acción lingüística.
  4. *Timbre de voz, velocidad de habla, altura del tono, etc.*
    Acabamos de ver cuán reveladora es la manera de expresar un texto con respecto a la postura del hablante: esto también resulta aplicable al timbre de voz, la rapidez, la altura, etc.; un ruego o una felicitación no se pronuncian en un tono 'antipático' o 'rudo'.

Además de estas características más específicas del propio enunciado, existe otra serie de posibilidades que el hablante tiene para seguir matizando las funciones pragmáticas de su manifestación, especialmente por su actuación complementaria y las propiedades *paratextuales* o *no-verbales* del comportamiento comunicativo:

(25) *Propiedades paratextuales de la comunicación*
    a. Mímica (sonreír, poner mala cara, etc.);
    b. Gestos (indicar, lamentar, estar inseguro, etc.);

    c. Postura de la cabeza;
    d. Distancia con respecto al oyente;
    e. Otras acciones (dar la mano, cerrar los puños, abrazar, hacer señas con la mano, etc.).

No se sabe exactamente de qué manera van acopladas las informaciones de este nivel con las de los otros niveles mencionados. Sea como fuere, suponemos que lo que hemos tratado hasta ahora sobre los procesos que tienen lugar en la SSTM corresponde a una perspectiva demasiado simplificada; pues un enunciado se interpreta simultáneamente en otros niveles, y a partir de él se va construyendo al mismo tiempo algo que podríamos denominar *representación pragmática,* es decir, una idea de qué acción se ejecuta en realidad y qué intenciones posee por ende el hablante.

6.9.4 Pero incluso las propiedades del enunciado lingüístico y de las características y acciones complementarias del hablante mencionadas en (24) y (25), por regla general no bastan para una interpretación pragmática unívoca. Ahora sabemos que las interacciones lingüísticas están relacionadas con la estructura social del contexto. Por eso, el oyente deberá llevar a cabo a la vez un *análisis del contexto,* basándose en la situación interactiva y social actual.

    Para ello, el oyente no sólo empleará sus conocimientos o suposiciones sobre el conocimiento, las opiniones, los deseos y las intenciones del hablante, sino que también tendrá que analizar la 'posición' social del hablante, así como la suya propia y la relación entre el hablante y el oyente.

    Por ello, la interpretación de una situación social contextualmente relevante debe servirse de algunos conceptos que pueden extraerse de un llamado *marco de referencia social.* Un marco de referencia social es una estructura de acción convencional o incluso institucionalmente establecida con los participantes característicos situados en sus respectivos roles, funciones, diferencias de status, etc., característicos. Esta estructura de acción está fijada por reglas 'de procedimiento' que particularizan lo que los diferentes participantes pueden o deben hacer en determinadas situaciones. El empleo de transportes públicos, una demanda ante el tribunal, la participación en el tránsito callejero o la asistencia a un cóctel son tales episodios regulados por marcos sociales. Estos marcos pueden ser, pues, *privados* o *públicos,* *institucionalizados* o no, y pueden o no prescribir algo forzosamente. Por ese motivo, las palabras de un policía o un revisor de billetes se interpretan de manera diferente en el marco del tráfico o el servicio ferroviario de cercanías que en un marco en el que las mismas personas, sin los derechos ni las obligaciones originales que resultan de su posición, pronuncien esas mismas palabras. Aquello que en un marco se vive como un ruego, en otro resulta ser una orden. A esto hay que añadir que las acciones lingüísticas que se llevan a cabo en los marcos de referencia sociales son parte integrante de una serie de otras acciones sociales que a su vez pueden ser componentes, condiciones o consecuencias de o para acciones de habla. En el próximo capítulo se comentarán estas relaciones entre enunciados (textos) y otros aspectos de la interacción. Aquí únicamente señalaremos que una correcta interpretación pragmática de los textos requiere a la vez un análisis sistemático del contexto social.

6.9.5   Lo que hemos dicho acerca de la elaboración cognitiva de las acciones lingüísticas no sólo es válido para las acciones lingüísticas simples y aisladas, sino también para las *secuencias de acciones lingüísticas,* conversaciones, etc. Ya hemos visto que los textos están relacionados sistemáticamente con unidades globales de acciones lingüísticas del mismo hablante o de diferentes hablantes. En este punto se ha introducido también el concepto de *macroacción lingüística* para definir la estructura pragmática global de un enunciado, es decir, para establecer cuál es la acción lingüística global que se lleva a cabo mediante una serie de acciones lingüísticas 'locales', con lo que constituye la verdadera función del enunciado.

Igual que lo que ocurre con las macroestructuras en el nivel semántico, las macroestructuras pragmáticas desempeñan un importante papel en la elaboración cognitiva de las interacciones lingüísticas. Tanto para la planificación como para la comprensión de un enunciado, el hablante debe poseer una visión global de las intenciones de la interacción. En el proceso de comprensión, el hablante tendrá que plasmar por tanto en la SSTM, las respectivas acciones lingüísticas en macroacciones lingüísticas. Sólo entonces será capaz de entender globalmente una serie de enunciados por ejemplo como promesa o amenaza y sabrá qué consecuencias (conocimientos, obligaciones, acciones) acarrearán los enunciados. En tal caso, las macrorreglas pragmáticas son las mismas que las macrorreglas semánticas: OMITIR, GENERALIZAR y, sobre todo, CONSTRUIR: las acciones lingüísticas locales se interpretan como condiciones previas, componentes o consecuencias de una acción lingüística más global. El hablante debe controlar permanentemente, tanto en la producción como en la interpretación, cómo está vinculado cada enunciado con esta intención más global del enunciado: comprenderá que un enunciado acerca de la temperatura de la habitación no es sólo una aseveración, sino que simultáneamente está preparando la formulación de un ruego, por ejemplo, el de cerrar la ventana.

6.9.6   Suponemos que a lo largo de los párrafos anteriores ha quedado claro que *la comprensión de textos o realizaciones lingüísticas tiene lugar en varios niveles.* Por ello, para todos estos niveles debe especificarse un modelo de elaboración cognitiva de la información sobre la base de textos, mientras que a su vez hay que interrelacionar los distintos niveles. También debemos suponer que el proceso de interpretación no discurre sólo lineal, sino también *paralela-*

mente: el hablante analiza el contexto y a la vez la estructura gramatical del texto, y al mismo tiempo va construyendo provisionalmente una parte de la representación semántica y pragmática del enunciado. Esto ocurre sobre la base de reglas y categorías convencionales y con la ayuda de un gran número de estrategias, a lo cual las diferentes características mencionadas del enunciado y del comportamiento del hablante se consideran como indicios para establecer hipótesis sobre las intenciones pragmáticas y de contenido.

En la actualidad todavía no se sabe gran cosa acerca de la elaboración informativa en este nivel de complejidad. Apenas se acaba de comenzar con el diseño de modelos para la comprensión (semántica) de los textos; durante muchos años la atención estuvo centrada en los aspectos psicológicos de la elaboración de palabras, conceptos y estructuras oracionales. El modo en que la comprensión textual está vinculada con la comprensión de acciones lingüísticas y el manejo de interacciones comunicativas es un problema que por ahora apenas se formula en psicología cognitiva. Por consiguiente, los párrafos anteriores no son más que un comienzo muy provisional y a grandes rasgos de esta tarea, a partir de la que pretenden desarrollarse modelos explícitos así como los correspondientes experimentos.

Sin embargo, se ha demostrado que de hecho puede encontrarse en todos los niveles una serie de principios básicos de la elaboración de información compleja: segmentar, categorizar, aplicar reglas, emplear estrategias, construir o ejecutar macroestructuras y utilizar marcos de referencia *(frames)* sociales y conceptuales, imprescindibles para la organización del conocimiento, el pensamiento, la deducción, la interpretación y la actuación social.

6.10 *La adquisición de habilidades textuales*

6.10.1 Hasta ahora nos hemos ocupado sobre todo de aspectos bastante generales y teóricos de un modelo de elaboración textual. No obstante, las conclusiones y discusiones de los párrafos y capítulos anteriores tienen sin duda toda una serie de consecuencias *prácticas,* por ejemplo, en el terreno *educativo.* La producción y la comprensión de textos son aspectos bastante centrales de la *enseñanza de la lengua (materna).* [38] El conocimiento de causa de las características fundamentales de esta comprensión textual puede llevar a elaborar modelos didácticos para *enseñar* determinadas categorías, reglas y estrategias. Un alumno no sólo tendrá que comprender

---

[38] Los posibles resultados del campo de la elaboración textual y de su aplicación, por ejemplo en las clases de lengua (materna), son muy importantes cuando se desean acoplar tareas como las redacciones, los resúmenes, las contestaciones a preguntas, las paráfrasis y otras similares con la comprensión de la función de los textos. Véase VAN DIJK (1977 b).

oraciones, sino que también deberá aprender de qué manera están organizadas las informaciones en un texto más extenso —por ejemplo, en un artículo periodístico—, cómo puede 'aprender' esta habilidad lo más eficazmente posible, cómo se resume adecuada y correctamente un texto y cómo se relacionan finalmente las estructuras textuales con las funciones pragmáticas y sociales de los textos. Después de haber conseguido un cierto conocimiento de causa sobre la manera en que de hecho pueden elaborarse los textos, podemos predecir en cierta medida la complejidad didáctica de determinado texto, su posibilidad de aprendizaje, las cuestiones más relevantes que podrán y deberán plantearse y la proporción de informaciones textuales que se retendrá y que sigue siendo asequible durante algún tiempo. Una vez acumulada cierta experiencia con las estructuras textuales que encauzan estos procesos de elaboración, podremos adecuar mejor el material didáctico y las tareas que planteamos como enseñantes a las posibilidades cognitivas de los alumnos: podremos expresar más claramente las macro- y superestructuras del texto o enfatizar otras características de la estructura superficial que hacen aumentar tanto la comprensión como la retención. [39]

6.10.2   A tal fin naturalmente debemos obtener cierto conocimiento de causa sobre la forma en que se *adquieren* las reglas, categorías y estrategias textuales y en qué estadio de *desarrollo* cognitivo y afectivo se da este proceso. Tampoco la psicolingüística, ni la psicología del aprendizaje o la pedagogía didáctica saben por ahora demasiado a este respecto. Intuitivamente sabemos que un niño de entre dos y tres años apenas está en condiciones de producir correctamente textos largos, es decir, de hacerlo respetando las reglas de coherencia lineal y global. La capacidad de comprender historias se adquiere relativamente pronto; sin embargo, el (volver a) narrar tiene primero un 'micro'-carácter, es decir: se enuncia una serie de proposiciones más o menos arbitraria, independientemente de la macroestructura o superestructura de la narración. El niño no menciona principalmente las circunstancias más importantes, sino que se acuerda sobre todo de detalles, p. ej. según el principio de relevancia, es decir, de detalles que a la vista de sus marcos de referencias y de intereses todavía limitados le han parecido importantes o sorprendentes. [40] Sólo en el

---

[39] Repetidamente se ha comprobado el aumento de la capacidad de memoria en diferentes experimentos (mediante conceptos clave, esquemas, macroestructuras), incluso sin obtener una explicación teórica útil y, por lo demás, con desigual éxito, como por ejemplo en ROTHKOPF (1972). En la actualidad (1979) se están llevando a cabo muchos experimentos en este sentido. Véase sobre todo la revista norteamericana *Discourse Processes* (1978, Ablex, Norwood, N.Y.) y la serie de libros del mismo nombre y editorial.

[40] Se ha investigado mucho sobre la problemática de qué información retienen los niños a qué edades: véase KINTSCH (1977), MANDLER (1978) y MANDLER & JOHNSON (1977).

curso del desarrollo posterior, se aprenden las reglas y normas convencionales más comunes, sobre cuya base podrá tomarse una decisión sobre la importancia relativa de las expresiones en los textos. Especulativamente podemos suponer que en primer lugar se captan las reglas de coherencia lineal más importantes —por ejemplo, las presuposiciones y otras similares—, y sólo después las reglas más globales. Es de suponer que las reglas de coherencia lineal se adquieren tanto más rápidamente cuanto más coincidan con el conocimiento sobre las relaciones causales, espaciales y temporales de la realidad, como se trataron por ejemplo en la cuestión de la 'disposición normal' de las proposiciones en un texto. Más tarde les tocará el turno a transformaciones pragmáticas y de la lógica del conocimiento más complejas de estos principios ordenadores.

Las reglas más complejas en el nivel macroestructural y esquemático sólo se adquieren en un estadio más avanzado del pensamiento abstracto; son las reglas que le permiten al niño resumir un texto, escribir una redacción y —sobre todo en un estadio aún más avanzado—, construir una discusión abstracta con una buena estructura argumentativa.[41] Si además se pretende conjugar esta estructura con las operaciones estilísticas y retóricas más eficaces, habremos llegado a un nivel de adquisición de habilidades textuales que sólo unos pocos hablantes deben de dominar en toda su gama y en todos los espectros posibles, y para las que no existe apenas una didáctica en la enseñanza superior ni en la universidad. En el marco de la formación científica quizá alguien aprenda (implícitamente) cuál es la estructura esquemática de p. ej. un tratado psicológico o una argumentación lingüística; sin embargo, la comprensión (y aplicación) de las formas más eficaces de organización textual, uso de la lengua y operaciones se adquieren demasiadas veces de manera más o menos fortuita.

6.10.3 Esto no significa que en un estadio de desarrollo muy anterior no existan también superestructuras y macroestructuras. En verdad ocurre lo contrario: muy pronto se aprende a narrar una historia y a ejecutar muy sistemática y eficazmente las acciones lingüísticas relevantes para determinado contexto social y personal. Esta apreciación habitualmente se refiere a diferentes tipos de textos en distintas culturas, clases sociales, situaciones e instituciones. Así pudo comprobarse que los niños de clase media escriben sistemáticamente redacciones distintas de las de los niños de familias obreras; se expresan con una 'profusión de palabras' mucho mayor, es decir, con más redundancias, explicaciones (superfluas), floreos introductorios, etc.[42] Por otro lado, los niños de capas o grupos sociales

---

[41] Véanse, por ejemplo, los estadios de la evolución que describió Piaget, PIAGET (1959).

[42] BERNSTEIN (1971) ya remitió al diferente estilo de redacción de los niños de clase media frente a los de la clase obrera, dentro del marco de su distinción entre un

inferiores poseen ciertas habilidades lingüísticas —por ejemplo, los juegos de palabras— de las que carecen los niños de clase media. [43] Sin embargo, todavía habrá que investigar en profundidad hasta qué punto existen diferencias sistemáticas en la adquisición y aplicación de reglas textuales en distintas circunstancias sociales y culturales.

6.11   Psicopatología de la elaboración textual

6.11.1   Resulta imposible exponer en un solo capítulo todas las ramas de la psicología relacionadas con determinados aspectos específicos del manejo de textos. Aún así se indica al final una serie de breves observaciones sobre los aspectos *patológicos* de la producción y comprensión textual.

Pero antes de enumerar estos aspectos queremos hacer una observación metodológica de gran importancia. La utilización del texto es una habilidad tan complicada en muchos aspectos que, tanto en la producción como en la recepción, habitualmente se producen 'desviaciones' de las estructuras ideales o correctas. Todos sabemos que al formar oraciones en la vida cotidiana o en algún otro momento cometemos tal o cual falta gramatical. La producción de secuencias de oraciones coherentes y linealmente conexas según las reglas, que posean una macroestructura clara y una superestructura, y que además tengan la estructura estilística y retórica adecuada, es una tarea que un hablante 'normal' difícilmente puede cumplir. Por eso, un análisis de las formas patológicas del uso de la lengua y de la comunicación en ese nivel es una labor muy delicada, que a lo sumo permite sacar ciertas conclusiones en los casos más claros. No podemos declarar que alguien que narre una historia incoherente o diga tonterías esté listo para ser internado. Las fronteras son borrosas, las normas son relativas y las convenciones poco seguras, lo cual no simplifica la descripción de eventuales psicopatologías. No obstante, los trastornos psíquicos suelen deducirse precisamente de estas particularidades en la utilización compleja de la lengua, suponiéndose equivocadamente que los modelos de comunicación anómalos son indicadores seguros de estructuras y procesos mentales 'anómalos'. Los siguientes párrafos deben leerse, pues, bajo el signo de esta advertencia.

---

elaborated y un *restricted code*. LABOV (1972 a) menciona con razón que en realidad 'sólo' se trata de una diferencia de estilo y no de un problema de inteligencia o desarrollo.

[43] También LABOV (1972 a, b) indica que los individuos de otras capas sociales a menudo no disponen de habilidades expresivas, inferiores, sino distintas.

6.11.2 En este punto podemos decir poco acerca de los *trastornos evolutivos,* por la simple razón de que no sabemos con exactitud cuándo y en qué orden se adquieren las habilidades textuales. Sin embargo, está claro que aquí no se trata sólo de factores mentales (inteligencia, etc), sino también de factores sociales. Ya hemos mencionado que determinados tipos de textos no o apenas se usan en ciertos contextos culturales y sociales porque carecen de relevancia en esos contextos. En tales casos, el niño no o difícilmente *podrá* aprender las reglas textuales de estos tipos de textos específicos, es decir, las reglas superestructurales y sus restricciones estilísticas y de contenido anejas.

Por ello sólo podemos hablar de trastornos relativos cuando un niño, comparado con sus compañeros de edad de aproximadamente el mismo grupo sociocultural, se retrasa en la producción y comprensión de estructuras textuales que éstos ya dominan desde hace mucho tiempo, por ejemplo, cuando un niño de diez años todavía no puede relatar cuál ha sido su participación en determinado suceso. Si, a la inversa, se averigua que un niño no puede elaborar una serie de instrucciones complejas en forma de una 'tarea', es decir, no puede traducirla en estructuras intencionales, o bien, si no es capaz de resumir o volver a contar un informe textual, podrán sacarse conclusiones sobre el desarrollo del niño. Sin embargo, también en este caso es muy posible que un estancamiento o un atraso en el nivel de la evolución afectiva y cognitiva se equilibre con progresos en otros niveles. Así hemos visto que por ejemplo la interpretación de un enunciado requiere a la vez la interpretación de la situación social y del comportamiento del otro. Lo que muy bien puede ocurrir es que algunos niños adquieran primero estos conocimientos sociales, y sólo después las realizaciones o correlaciones pragmáticas, semánticas y gramaticales relevantes de la interacción lingüística.

6.11.3 Los trastornos patológicos de las habilidades de elaboración textual de los hablantes pueden producirse por diferentes causas y adoptar formas distintas. Como mínimo se distinguen el grupo de los trastornos psíquicos, como en el caso de la esquizofrenia, y el de los trastornos somáticos o psicosomáticos que se deben a lesiones o enfermedades del cerebro, como en el caso de los tumores o accidentes. Estos trastornos pueden manifestarse en distintos niveles según la gravedad de la lesión y su localización en el cuerpo y el cerebro: pueden producirse diferentes tipos de limitaciones cerebrales; por ejemplo, la de que un paciente no sea capaz de retener una oración o una secuencia, aun cuando de entrada la haya captado y entendido correctamente; también puede ocurrir que un paciente no sea capaz (o sólo parcialmente) de formar estructuras semánticas coherentes o que no pueda darles una forma gramaticalmente adecuada. Algunos trastornos son de tipo muy general, es decir: afectan a la elaboración tanto de textos como de imágenes y de acciones, mientras que otros tienen efectos muy específicos: afecta por ejemplo, única o preponderantemente al empleo efectivo de la lengua.[44]

De esta manera puede ocurrir que, contrariamente a las personas de ensayo 'normales', los pacientes con determinada lesión cerebral no sean capaces de repetir una oración o una narración breve cuando les sigue otra oración o un texto corto. En este caso, la información nueva resulta deletérea para la estructura de la información anterior en la memoria, es decir, imposibilita la recuperación de su representación en la memoria. Por esto puede ocurrir que los pacientes ya no sepan lo que están o estaban haciendo, lo cual, desde luego, también trae consigo consecuencias para la comprensión textual. En la SSTM deben ligarse proposiciones con algunas proposiciones de informaciones que llegan más tarde; dichos pacientes ya no son capaces de llevar a cabo este proceso. Sin embargo, algunos pacientes no pueden retener una serie de palabras, a consecuencia de su tipo de lesión retroactiva, pero sí son capaces de recordar una oración semánticamente coherente. En otras palabras: se ven afectados primariamente la memoria a corto plazo o los primeros procesos de la SSTM, pero no la información semántica ya almacenada en la SSTM o acaso en la LTM. Mientras que tales lesiones, siempre según su gravedad, afectan sobre todo a las zonas más profundas del cerebro, una lesión en la zona frontal es responsable sobre todo de los posibles trastornos en la organización y recuperación de informaciones en la LTM. En tal caso, los fragmentos de informaciones almacenadas alternan en la (re-)producción con expresiones estereotipadas, impresiones o asociaciones irrelevantes. Estos trastornos semánticos o lógicos —tanto para la SSTM como para la LTM— en general no se producen por lesiones en la corteza cerebral del hemisferio izquierdo; éstas, en cambio, originan trastornos fonéticos (acústicos, articulatorios) y verbales al hablar y entender. Tales trastornos pueden caracterizarse como *afasias*, puesto que se limitan estrictamente a las 'estructuras superficiales'.[45] Dado que las investigaciones neuropsicológicas y neurofisiológicas han revelado que los distintos trastornos pueden localizarse por las diferentes ubicaciones de las lesiones en el cerebro, se puede distinguir exactamente entre afasias y desviaciones lógico-semánticas. Es sabido que las estructuras globales (planes, esquemas, macroestructuras) guían los procesos más 'locales'; si aquéllas también están lesionadas —por ejemplo, debido a daños de las partes anteriores del cerebro— se produce una inca-

---

[44] Los aspectos lingüístico-patológicos de la comprensión textual se han extraído de LURIA (1973), en especial las diferencias neurofisiológicas entre los distintos niveles y funciones en la comprensión de la lengua y la producción y comprensión textual. Puede ocurrir, sin embargo, que las investigaciones neurolingüísticas más recientes demuestren la necesidad de revisión de las suposiciones acerca de la localización de los distintos procesos.

[45] Para los experimentos sobre afasia y sus resultados, véase ENGEL (1977).

pacidad de regulación de casi todas las actividades racionales y conscientes, aunque todavía se pueda producir o comprender palabras sueltas u oraciones cortas.

Una forma especial de la afasia, la afasia dinámica, provoca trastornos que dejan intactas las macroestructuras y los planes cognitivos, pero que influyen en la *ejecución* de estos planes, es decir, en la formación de oraciones complejas. Esta afasia, que es provocada por una lesión de las zonas posfrontales inferiores del hemisferio cerebral izquierdo, perturba la disposición sintáctica y semántica de conceptos (y palabras), aunque el paciente pueda expresar desordenadamente diversos conceptos relevantes, dado que los planes globales existen. No obstante, medios auxiliares externos —como esquemas visuales de oraciones— pueden ayudar al paciente a que vuelva a pronunciar oraciones y secuencias correctamente ordenadas.

Cuando queremos examinar los trastornos afásicos de comprensión de los textos, el problema es cómo distinguir entre el hecho de que el paciente pueda comprender intelectualmente un texto y el de que no pueda, sin más, realizar tareas productivas que demuestren su comprensión, como por ejemplo cuando se le pide que cuente una historia, piense un título o resuma un texto. Lo que puede esperarse de un afásico son fragmentos más o menos incoherentes, lo cual tampoco lo distingue de los pacientes con trastornos que producen fragmentos parecidos por falta de capacidad mnemónica o que, como no se les ocurren las palabras adecuadas en el momento preciso, se valen de giros estereotipados. Por tanto, haría falta desarrollar unos modelos que correspondieran al máximo a estos procesos. Además, probablemente todos los grupos de afásicos podrán reproducir menos cantidad de texto que los hablantes normales. Esto se puede explicar, además de por la limitada capacidad de almacenamiento, por las dificultades de producción que impiden la búsqueda y recuperación de muchas (demasiadas) proposiciones. Lo que sí se evidencia de manera muy clara es la superposición de distintas tareas que no consiguen dominarse todas a la vez. Pero esta última característica es común a todos los hablantes: cuando el 'sistema' se ve sobrecargado por demasiadas (o demasiado difíciles) tareas simultáneas, la producción textual no puede discurrir sin trastornos. La lectura de un texto en un idioma relativamente extraño supone una fuerte limitación para la comprensión global; algo similar ocurre cuando 'se piensa en demasiadas cosas a la vez'. Acerca de estos procesos interfuncionales y los que enlazan tareas y funciones en los distintos niveles de la elaboración textual tampoco hay por ahora investigaciones más precisas.

La diferencia característica entre los distintos afásicos y los *esquizofrénicos* en cuanto a la producción textual consiste en que los pacientes esquizofrénicos no siempre elaboran la misma macroestructura del mismo texto. En cuanto haya reproducido algunas proposiciones dentro del marco de un tema dado, el paciente puede, acto seguido, reaccionar con proposiciones asociativas —generalizaciones irrelevantes, otras características y evoluciones, etc.— aun cuando (ya) no tengan nada que ver con el tema. También puede ocurrir que realice varios temas entremezclados, entre los que seguramente habrá reacciones específicas: el paciente reacciona directamente a determinados conceptos, o por lo menos a los sucesos subyacentes.[46]

6.11.4   Por ahora nos contentaremos con estas observaciones acerca de los trastornos de tipo patológico en cuanto a su repercusión en la elaboración textual. Los pocos resultados experimentales indican una serie de principios básicos que parecen confirmar nuestras suposiciones acerca de los diferentes estadios y niveles en la elaboración textual. A la inversa, las hipótesis sobre estos aspectos de la elaboración textual pueden servir de sugerencias para ulteriores experimentos con planteamientos sobre problemas didácticos, patológicos y otros, aunque también para desarrollar modelos de enseñanza y aprendizaje prácticos. Desde nuestro punto de vista, el desarrollo y los objetivos de la ciencia del texto y de la ciencia en general sólo son justificables en la medida en que contribuyan a revelar críticamente, formular y solucionar problemas sociales.

---

[46] Véase ENGEL (1977).

7. Texto e interacción - La conversación

7.1 *Introducción y planteamiento*

7.1.1 En cierta manera, en este capítulo damos un paso hacia delante y uno hacia atrás. Avanzamos al prestar una atención aún mayor al *contexto* y a las relaciones entre texto y contexto. En este capítulo, nuestro contexto será el denominado *microcontexto social*, que se caracteriza sobre todo por la *interacción* social entre los individuos. Una parte de esta interacción es la comunicación oral, que analizaremos en primer lugar en su forma más elemental, a saber, el diálogo (cotidiano) que se manifiesta en la conversación.

Desde este punto de vista también retrocedemos un paso. Mientras que en los primeros capítulos hemos tratado sistemáticamente la estructura de textos, nos hemos ocupado únicamente y adrede de textos *monológicos*, sin considerar los textos *dialogísticos* como conversaciones, discusiones, entrevistas, etc., es decir, los textos producidos por hablantes diferentes que se van alternando. Por consiguiente, un análisis de un texto dialogístico como el de la conversación supone un complemento del análisis de la estructura textual con el que comienza el presente libro.

No obstante, ofrecemos este complemento sólo en este último capítulo, porque así podemos enfatizar el hecho de que una conversación —considerada como 'texto' o 'enunciado' de una *acción conversacional*— tiene que ser descrita en conceptos que se tomarán de una teoría general sobre la interacción. Esta aproximación sociológica, sin embargo, no excluye las propiedades 'lingüísticas' específicas de la conversación: siguen describiéndose en conceptos de la teoría de la estructura textual; pero esta teoría ahora deberá ampliarse con las categorías interaccionales.

7.1.2 Sabemos que el análisis de la conversación es el objetivo legítimo de diferentes disciplinas científicas. La *lingüística* se interesa por los aspectos gramático-textuales, como por ejemplo la coherencia semántica y pragmática; la *psicología* se interesa por las condiciones cognitivas y afectivas y las consecuencias de las conversaciones; la *psiquiatría* y las diferentes ramas de la *psicoterapia* se interesan por el análisis del papel de la conversación en la manifestación y conducción de trastornos más o menos patológicos de los individuos; la *sociología*, por último, se interesa por la conversación como una forma de interacción social conectada con conceptos como 'rol', 'función', y 'status' y con numerosas relaciones sociales. Posteriormente investigaremos otras variantes de interacciones sociales en forma de elaboraciones de informaciones textuales y de comunicaciones. Por último, algunos aspectos esenciales de la conversación coinciden con campos de investigación de la *psicología social*, por ejemplo, los intentos de influir en otras personas mediante conversaciones, la manera de conversar en un grupo pequeño, la aparición y solución de conflictos en y a través de conversaciones y otros casos similares.

Vuelve a presentarse el cuadro, ahora bien conocido, del procedimiento *interdisciplinario* en los problemas del campo de la lengua y la comunicación. Precisamente el análisis de las *formas* convencionales de la *utilización de la lengua* —es decir, de los *textos*— requiere una forma de trabajo con la que este libro se ha comprometido bajo el denominador común de 'teoría textual' o 'ciencia del texto'.

7.1.3 La conversación no es la única forma de interacción oral. También lo son el 'diálogo' pregunta/respuesta entre alumno y profesor, el escribir/leer cartas, la entrevista, la discusión, la asamblea y las diferentes formas de interacción en las fábricas y empresas, en la oficina, en el ayuntamiento o ante el juez. En posteriores investigaciones prestaremos mayor atención a estas formas; aquí nos dedicaremos a las características abstractas generales de las interacciones, pero ante todo a la *conversación,* en la medida en que se distingue sistemáticamente de otras formas de interacción comunicativa, tal como se manifiesta en las *conversaciones cotidianas.* La razón principal por la que hemos elegido este procedimiento es la suposición de que la conversación es, por así decirlo, la 'forma fundamental' de la interacción oral y a la vez un componente esencial del trato cotidiano —es decir: no específico ni especializado— de las personas en situaciones sociales. La segunda razón más bien es de tipo metodológico: un minucioso análisis de la conversación permite una descripción *modelo,* en la que aparecen sistemáticamente los conceptos básicos más importantes del análisis del empleo social e interaccional de los textos y la lengua. Estos conceptos podrán emplearse y eventualmente adecuarse a la descripción de otros tipos de texto y de otras interacciones sociales. La tercera razón por la que hemos elegido la conversación en este capítulo se basa en la historia de la ciencia y la práctica científica: durante los últimos años, muchas disciplinas se han ocupado en el *análisis conversacional,* mucho más que en el de otras formas convencionales de comunicación. Especialmente en la 'etnometodología' se ha trabajado a menudo con el análisis conversacional.[1]

7.1.4   Acabamos de recalcar que las conversaciones no sólo serán analizadas en el nivel de la estructura textual, sino también en el de la *interacción social,* que es el concepto general de la 'especialización' conversación cotidiana. Dado que ya se han tratado las estructuras específicamente textuales así como los aspectos cognitivos del uso de la lengua, expondremos en primer lugar las características más importantes de la interacción social en el micronivel, es decir: en el nivel del contacto directo 'cara a cara' entre los individuos.

7.2   *Interacción y contexto social*

7.2.1   La filosofía analítica ha discutido bastante ampliamente el concepto de *acción,* pero apenas se ha ocupado de manera sistemática del concepto de *interacción.* Unicamente las ciencias sociales, y sobre todo la antropología y la sociología, han investigado bastante a fondo las características generales de la interacción social.[2] No obstante, en el presente capítulo intentaremos realizar por de pronto un análisis filosófico abstracto del concepto de interacción, con lo que conectamos con la teoría de la acción a la que ya aludimos brevemente en el capítulo 3.

---

[1] Para el análisis etnometodológico de la conversación véanse sobre todo los trabajos de SACKS, SCHEGLOFF y otros en SUDNOW (comp.) (1972) y TURNER (1974). Para una visión general, véanse también las antologías de WEINGARTEN, SACKS, SCHENKEIN (comp.) (1976). También APPEL, HUBERS & MEIJER (1976) ofrecen una introducción.
[2] Acerca de la teoría de la interacción en las ciencias sociales, véase en primer lugar la obra de MEAD (1934), a continuación los trabajos de GOFFMAN (p. ej. 1967, 1971) así como las aportaciones en DOUGLAS (comp.) (1970) y SUDNOW (comp.) (1972). Véase también BRITTAN (1973).

7.2.2   Las acciones se basan en el hecho de que las personas realizan una modificación de la situación de manera consciente y con un objetivo, 'haciendo' algo, es decir, ejecutando un movimiento intencional del cuerpo (o evitando una modificación de la circunstancia, es decir, no haciendo nada). El rasgo característico de la interacción es que varias personas, juntas o por separado, simultánea o consecutivamente, ejecutan una o varias acciones. De esta manera se produce una secuencia de acciones en la que participan varios agentes. El requisito más importante para ello es que todas las acciones tienen que estar *relacionadas* entre sí. Por eso también se puede decir que la secuencia debe ser *coherente*. Ya habíamos analizado tales relaciones de coherencia para las secuencias, y precisamente para las que hay entre oraciones y entre proposiciones y en especial para las que hay entre acciones lingüísticas.

Las acciones están interrelacionadas cuando existen, por ejemplo, relaciones *condicionales* entre ellas: una acción es una condición (posible, probable o necesaria) para otra acción, o es la consecuencia de otra acción. Las acciones también están interrelacionadas cuando una de ellas es un *componente* de otra acción, lo cual ocurre sobre todo en el caso de acciones parciales o auxiliares. Las relaciones condicionales entre acciones implican relaciones temporales: cuando, en una secuencia, una acción posibilita u origina otra acción, la primera tiene que preceder a la segunda o tener lugar al mismo tiempo (por lo menos parcialmente).

7.2.3   Las interacciones conforman un subconjunto del conjunto de todas las *secuencias de acciones posibles*. Una primera restricción característica de este subconjunto es la participación de *varias personas*, que pueden tomar parte de maneras muy diversas en las acciones e interacciones. Hay que tener en cuenta que siempre se trata de personas, es decir, de individuos conscientes que controlan su 'hacer'. De esta manera, si llevamos a su cama a alguien que está durmiendo, no se tratará, según nuestra definición (provisional), de una interacción, puesto que sólo *una* persona lleva a cabo la acción, es decir, toma parte activa en la acción.

Otra posibilidad consiste en que varias personas pueden verse afectadas por una acción, pero sólo hay un *agente,* mientras que las demás personas son *objeto* de la acción, como por ejemplo cuando le damos una bofetada a alguien. Para simplificar, en estos casos hablaremos de *interacción unilateral.* Para mencionar un ejemplo del uso de la lengua y la comunicación, diremos que pronunciar una conferencia es una forma de interacción (oral) unilateral. La posibilidad eventual de que una persona, 'objeto de una acción', es decir, cuyas propiedades se modifican como consecuencia de esta acción, 'intervenga' con frecuencia en una acción unilateral, es discutible, aun cuando únicamente se tratara de una aceptación, una omisión de un impedimento o una omisión de otro tipo para que esta acción fracase. Una interacción *bilateral* consiste, por tanto, en una serie ordenada de acciones, en la que se ve implicado más de un agente. También en este caso existen varias posibilidades. Las personas activas pueden ejecutar una o varias de estas acciones *conjuntamente* o *por separado,* como por ejemplo transportar una mesa juntos o saludarse en la calle. En la teoría, esta diferencia resulta menos simple de lo que el ejemplo puede sugerir: al fin y al cabo, al transportar una mesa ambos agentes realizan su 'hacer' propio por separado. Aquí vuelve a asomar la gran diferencia entre el hacer (perceptible, extensional) y el concepto abstracto de *actuar* (interpretativo, intensional). De esta manera podremos hablar de una acción (o secuencia de acciones) conjunta cuando ambos agentes realizan un hacer simultáneo, que pretende conseguir intencionalmente el mismo resultado. En otras palabras: en estos casos se trata de una sola acción, aunque se lleve a cabo mediante el 'hacer' *coordinado* de dos agentes. Cada acción no sólo tiene, pues, su propio 'hacer', sino también su propia intención y su propio resultado correspondiente. Por lo demás, resulta ciertamente posible llevar a cabo *conjuntamente* una *secuencia* de acciones, aun cuando cada acción individual tenga existencia *autónoma,* como por ejemplo en el juego de ajedrez o al gobernar un país. También aquí resalta la necesidad de distinguir entre el *micronivel* y el *macronivel,* es decir, entre acciones individuales y la interacción o la secuencia de interacciones como un todo.

Mientras que algunas acciones pueden ser realizadas por una o varias personas (p. ej.: la limpieza de coches), otras son *intrínsecamente interactivas* (p. ej.: casarse, discutir). Hay otras acciones que no son intrínsecamente interactivas, pero lo son *normal* o regularmente (p. ej.: jugar al ajedrez o gobernar un país). Algunas acciones no son en realidad intrínsecamente interactivas ellas mismas, pero se las define como *componente* de una secuencia interactiva; por ejemplo, contestar o defenderse.

7.2.4   Las *relaciones* entre las acciones de una secuencia interactiva pueden ser de muchos tipos, como acabamos de ver. Si las consideramos desde el punto de vista del *tiempo,* estas acciones pueden o no coincidir parcialmente o ser consecutivas. Desde el punto de vista *condicional,* las acciones pueden ser en mayor o menor medida condiciones para, o consecuencias de, otras acciones. Las interacciones *alternantes* son un caso particular de este último tipo de interacción: aquí, varias personas son agentes de acciones consecutivas y condicionalmente vinculadas. En otras palabras: cada acción de la secuencia es condición previa para otra o consecuencia de otra acción, ejecutada en cada caso por personas distintas. Los ejemplos más característicos vuelven a ser el ajedrez —sobre el que volveremos con mayor detalle— y la conversación.

7.2.5 Para poder hablar de una interacción (eficaz) debe *cumplirse* una serie de *requisitos cognitivos y sociales*. Al fin y al cabo no se puede llamar interacción en sentido estricto a cualquier serie de actos interrelacionados y ejecutados por varios agentes. Difícilmente se podrá hablar de interacción entre mi hijo y el vecino si el primero rompe la ventana del segundo con el balón de fútbol y si, en consecuencia, el vecino entabla una conversación conmigo o avisa al vidriero. La interacción únicamente se produciría si el vecino pidiese explicaciones a mi hijo por su 'mal' comportamiento. Por tanto, debemos suponer que entre las interacciones existen generalmente relaciones cognitivas. En acciones conjuntas, por ejemplo, puede darse el caso de que todos los interactuantes no sólo tengan la misma intención, es decir, hacer algo con vistas al mismo objetivo, sino que además *sepan* o *supongan* que cada uno de ellos posee esta intención común. En el caso de acciones interactivas separadas y sucesivas esto puede significar: yo sé, supongo o deseo ejecutar mi acción con la intención de modificar el conocimiento, la voluntad, etc., de otro, como consecuencia de esta acción, o con la intención indirecta de que el otro realice una acción que sea consecuencia de la que yo he llevado a cabo. Así pues, si le doy una bofetada u ofendo a alguien, sólo se podrá hablar de interacción (unilateral) cuando el otro sea consciente de mi acción, cuando mi acción sea intencional y vaya dirigida contra él. Por consiguiente, si le sacamos la lengua a alguien que duerme, según este criterio no habrá interacción, como tampoco la habrá en la serie de acciones que se produce cuando pierdo un billete de mil pesetas y otra persona lo encuentra.

Como ocurre con las acciones en general, podemos observar los requisitos cognitivos de la acción interactiva desde la *perspectiva* del agente y desde la del 'otro' afectado por la acción. Por ejemplo, puedo ofender a alguien o causarle molestias sin querer, mientras que el afectado piensa que lo he hecho adrede. En este caso no habrá interacción para mí, pero sí para el otro. Por el contrario, puedo ayudar a alguien o hacerle un cumplido sin que el otro sea consciente de ello o sin que interprete mis intenciones del mismo modo que yo.

Por lo demás, en este tipo de interacciones no necesita haber una persona que desempeñe el papel de 'objeto' o 'paciente': el otro también puede verse afectado interactivamente de otra manera en una acción; puede, por ejemplo, salir favorecido. Puedo repararle el coche a otro o sacar dinero del banco para él, con lo que le estoy ayudando interactivamente.

Ya hemos mencionado brevemente que las secuencias interactivas deben cumplir determinadas *condiciones de coherencia*. No cualquier serie de acciones de personas diferentes constituye 'una' interacción, ni siquiera cuando se cumplen las condiciones antes descritas. Por ello debemos encontrar una manera de aislar unidades con sentido de una serie, en principio, infinita de actividades de las personas; es decir: de poder *segmentar* esta serie a fin de identificar determinadas interacciones y saber dónde comienza una interacción y dónde acaba otra. La unidad *mínima* de una interacción unilateral es, por definición, la acción de una persona que se refiere a otra persona. Por lo tanto, la unidad mínima de interacción bilateral es un par ordenado de acciones de dos personas, de manera que cada acción se refiere respectivamente a la otra persona. Llamaremos *conexos* a estos pares cuando entre las acciones sucesivas exista además la relación condicional ya mencionada. Así pues, una forma de interacción en la que una persona propina un golpe a otra será conexa si la otra persona devuelve el golpe o comienza a insultar a la primera, y no lo será si al golpe le sigue la toma de una fotografía. Sin embargo, hay que señalar que puede darse el caso de que un observador o uno de los interactuantes *interprete* el par como conexo, aun cuando dos acciones consecutivas de dos personas evidente o intencionalmente nada tengan que ver entre sí. En otras palabras: los interactuantes harán todo lo posible por interpretar como conexa cada acción del otro. Esto además resulta fácil debido al carácter intencional de las acciones: una acción no desencadena la siguiente a la manera de los sucesos. Una acción, o mejor dicho: la interpretación de una acción, es meramente un *motivo* para otra acción, es decir: una parte en el proceso de saber-desear-decidir que lleva a otra acción. Puesto que este proceso puede ser muy complejo y que las personas pueden tener ostensiblemente motivos muy antojadizos para realizar acciones, en principio se partirá siempre de la suposición táctica de que las acciones del otro son conexas dentro de una secuencia interactiva, es decir: constituyen una reacción intencional a las propias acciones.

Una condición cognitiva todavía más complicada de la interacción eficaz es que la secuencia *tenga sentido* como tal. Aunque pueda ejecutarse sin más una serie de acciones interrelacionadas por pares, esto no implica que toda la serie tenga que ser interpretada como 'una' unidad de interacción. En otras palabras: igual que entre las proposiciones de un texto, entre las acciones de toda la serie debe existir una *coherencia*. Uno de los criterios de coherencia más notorios para, por ejemplo, las secuencias interactivas, es la *permanencia* de uno o varios interactuantes. Si le doy una bofetada a Pedro, y después éste le compra un helado a su hijo, quien a su vez da de comer a los patos, habrá relaciones entre los interactuantes de la secuencia, pero no como participantes en una interacción coherente, ni siquiera si las acciones se condicionasen entre sí de dos en dos. Otra condición consiste en que las acciones deben provenir en cierta manera del mismo *marco de acción*. El hecho de que le preste un libro a una persona y que luego pelemos patatas juntos, no formará, por regla general, una unidad de interacción coherente. Aunque debe de existir un buen número de ejemplos que no cumplen este criterio de manera suficientemente explícita para poder proceder a la identificación, necesitamos de un medio para poder distinguir las diferentes formas de interacción, reconocer la misma forma de interacción y sacar la conclusión de que una serie de acciones realizadas por personas puede considerarse una única interacción. Una importante condición general de este procedimiento consiste en que cada acción de una secuencia esté concebida como requisito previo, componente o consecuencia de otra acción. Por eso, prestar un libro no suele ser una condición indispensable para que juntos podamos pelar patatas.

Por último, también deberemos poder encontrar esta coherencia en un hipotético macronivel de la descripción interactiva. En otras palabras: la secuencia interactiva también será coherente cuando, desde una perspectiva determinada y/o en determinado nivel de la descripción se pueda hablar de una macroacción o *macrointeracción*. Por ejemplo, al construir una casa se pueden hacer muchas cosas en común, y esta secuencia interactiva es coherente y tiene sentido debido a que, visto *globalmente,* a través de esas cosas se construye una casa junto con alguien, es decir: se realiza una acción global en común. Lo mismo es válido para interacciones globales como salir juntos o hacer un viaje en compañía, pero también para un grupo de ministros que gobierna un país. Las macrointeracciones naturalmente pueden formar a su vez secuencias coherentes y conexas que en un nivel superior pueden volver a integrarse en una macrointeracción aún más global.

Finalmente hay que señalar que la interpretación de una serie de acciones como una unidad de interacción viene determinada por ciertas limitaciones *espacio-temporales,* en parte inherentes a las acciones condicionalmente vinculadas. Normalmente no se podrá hablar de una sola interacción si hoy saludo a una persona que me devuelve el saludo en otra ocasión sólo al cabo de un año; sin embargo, se podría tratar de una interacción en el caso de acciones de extensa relevancia e importancia, p. ej., en la escritura de un libro.

7.2.6   Las propiedades y condiciones cognitivas generales de la interacción (con sentido) también tienen una importancia *social* en la medida en que existe un conocimiento general y *convencional* sobre estas propiedades. Además, precisamente la conexidad y la coherencia pueden ser *normativas* o *dependientes de reglas.* Así pues, también es un requisito *social* el hecho de que nuestra interacción con otros cumpla con las exigencias elementales de la coherencia lineal y global. Los participantes de las interacciones poseen así una serie de *derechos* y *deberes* mutuos que resultan de las correspondientes acciones de la interacción o que las determinan. Por ejemplo, con frecuencia se dará el caso de que tenga que devolver el saludo si otra persona me saluda; o bien, si le pregunto a una persona qué camino debo tomar, por lo general tendré que aguardar su respuesta (a la que de alguna manera he obligado al otro mediante mi pedido). Estas propiedades específicas de las *relaciones* entre los interactuantes son ejemplos de las condiciones sociales de una interacción (social) eficaz/con sentido.

Para poder comprender las relaciones que existen entre el texto o la conversación y las estructuras sociales, introduciremos el concepto de *contexto social,* de la misma manera que lo hicimos con el de 'contexto pragmático' en el capítulo 3. El contexto pragmático es una construcción abstracta en la que se ubican aquellos factores sociales y cognitivos que son decisivos para que un enunciado sea adecuado como acto de habla. El contexto social también lo consideraremos una abstracción relativa a la *situación social.* Dicho a grandes rasgos, el contexto es un conjunto (ordenado) de factores determinantes para, o determinados por, las propiedades del texto o, en general, por la conversación o el *suceso comunicativo.* Si la estructura superficial, el estilo, la estructura semántica, la superestructura y la estructura pragmática de una conversación pueden variar en función de determinadas estructuras sociales, categorías y relaciones, estas últimas pertenecen al contexto social del texto o de la interacción comunicativa. En pocas palabras: aquí se trata de nombrar una serie de propiedades más generales del contexto social, propiedades de demostrada relevancia para la caracterización de la interacción comunicativa. En el presente capítulo nos limitamos a los aspectos del contexto social que resultan determinantes para el *micronivel* social, en especial para la interacción, y dejamos de lado otras propiedades del contexto social, como la estratificación socioeconómica, la estructura social global, la estructura y función de las instituciones, etc.

El microcontexto social se define por una serie de *características* de los individuos y por las *relaciones* entre ellos, es decir, entre los *participantes* en el contexto social. Hay que tener en cuenta que se trata de características sociales, no de características cualesquiera: tener el pelo rojo no es, en general, ninguna característica social. El criterio para la característica consiste en que ésta influya *sistemáticamente* en las acciones e interacciones del individuo en relación a otros individuos. El mismo criterio lo podemos aplicar a la caracterización de las relaciones sociales entre individuos: si me enamoro de alguien sólo se podrá hablar de relación social cuando el enamoramiento influya sistemáticamente en mi comportamiento con respecto a otro individuo. El ser padre o madre, médico o funcionario supone auténticas características sociales de los participantes, puesto que establecen sistemáticamente lo que los individuos con estas propiedades hacen en situaciones sociales. De esto se desprende que también aquí tiene lugar la *categorización* repetidamente citada: dentro del contexto social, las relaciones entre los participantes se definen en términos de la categoría que éstas 'desempeñan' en un momento determinado, igual que las posibilidades de combinación de las palabras en una oración son determinadas por las categorías gramaticales sintácticas asignadas a estas palabras. Esta categorización no es sólo un producto del trabajo sociológico, sino también un medio de los propios participantes para poder interpretar y controlar sucesos sociales.[3]

También las relaciones mismas pueden ser generales o categoriales: pagar algo en una caja, detenerse ante un policía o alquilar una habitación a alguien son formas de interacción de tipo más general, en el sentido de que pueden adoptar un curso característico o típico o incluso estereotípico: podrán repetirse de la misma manera para diferentes participantes, y en tales interacciones habrá condiciones y consecuencias similares. Tirarle a alguien un libro a la cabeza es, sin duda alguna, una forma de interacción que no posee las características 'estandarizadas' mencionadas: no se repite regularmente en determinadas situaciones, ni existen condiciones o consecuencias fijas asociadas a este hecho. Por eso, lo relevante para la descripción del microcontexto social es la categoría cuya *realización* son en cada caso tales interacciones, por ejemplo, la categoría de 'agresión', o la categoría aún más global de 'conflicto'.

Las relaciones generales o categoriales entre participantes interpretadas como categorías se establecen sobre la base de diferentes tipos de *convenciones* tales como reglas, costumbres, normas, leyes, prescripciones, códigos, etc.[4] Una convención determina cuáles relaciones posibles o necesarias existen entre los participantes en una situación concreta y cuál es la naturaleza de estas relaciones en el curso de la interacción. Si bien las convenciones tienen una base cognitiva —en virtud del hecho de que los participantes sociales deben *conocerlas*—, tienen también un carácter social, puesto que distinguen a un *grupo* o una *comunidad* y sus conocimientos, respectivamente, y porque establecen las interacciones sociales en este grupo o comunidad. Esto significa que la mayoría de participantes de la comunidad efectivamente tiene que conocer esas convenciones y saber aplicarlas, además de saber cada uno de ellos que el otro también sabe hacerlo, de manera que en la mayor parte de las situaciones se puedan *esperar* las acciones posibles o necesarias que hará el otro, lo cual, según vimos anteriormente, es una condición importante para una interacción con sentido y eficaz. Las convenciones pueden ser de índole muy diversa: pueden ser válidas para un *tiempo* breve y un reducido *número de participantes* (por ejemplo, un acuerdo de encontrarse una vez por semana durante algunos meses), o generales y más o menos permanentes para toda la comunidad (como las reglas lingüísticas y de comunicación). Las convenciones pueden, o no, ser explícitas para la comunidad: ciertas costumbres jamás se formulan como

---

[3] Uno de los aspectos característicos del análisis etnometodológico de las estructuras sociales consiste en partir del hecho de que los propios participantes interpretan la realidad y construyen categorías a partir de las que puede entenderse su comportamiento. Véase, además de las antologías ya mencionadas, la obra de CICOUREL (1973).

[4] Acerca del concepto de 'convención', véase LEWIS (1968).

tales, y mucho menos se fijan (por escrito), mientras que otras convenciones requieren precisamente esta formulación y fijación, como las leyes y ordenanzas. Al fin y al cabo, las convenciones *obligan* en mayor o menor grado: puede no hacer falta que devolvamos un saludo convencional o asistamos a una asamblea, pero estamos verdaderamente sujetos a leyes y otras convenciones que suponen obligaciones (jurídicas).

La ejecución de acciones e interacciones que no coincidan con las prescripciones derivables de convenciones o explícitamente prohibidas por estas convenciones, llevará a la aplicación de *sanciones*. Según el tipo de convención, estas sanciones serán muy severas o sólo se aplicarán de manera casual y débil. Así pues, una sanción constituye una categoría de interacción que es la consecuencia posible o necesaria de una acción 'no convencional' (es decir: ilegal, anómala, irregular, etc.) de los individuos, y posee la función específica de hacer que el individuo vuelva a actuar en concordancia con las convenciones en ocasiones posteriores. En otras palabras: las sanciones son instrumentos de la comunidad destinados a preservar estructuras sociales.

Dado que en un capítulo anterior ya discutimos que las relaciones específicas entre un acto de habla y el contexto pragmático definen el concepto de *adecuación,* podemos introducir ahora el concepto de *adecuación* o *aceptabilidad* (social) para las relaciones entre una acción o interacción social y el microcontexto social. Una acción o interacción es socialmente aceptable cuando es consistente con las convenciones (reglas, normas, leyes, etc.) válidas para este tipo de acciones/interacciones, o cuando cumple con las *condiciones de aceptabilidad* relevantes para aquéllas. Estas condiciones resultan de la estructura categorial del contexto social. Así, por ejemplo, es aceptable que un participante de la categoría 'cobrador de tranvía' ejecute la acción de pedirme mi billete, mientras que no lo sería de parte de un participante que no tuviera esa categoría, o que tuviera otra (p. ej., la de 'compañero de viaje').

Ahora disponemos de los tres componentes principales de una teoría del microcontexto social: categorías de participantes, categorías de relaciones entre estos participantes (interacciones) y convenciones que regulan estas categorías de participantes y sus interacciones. Entre estas diferentes categorías podemos seguir estableciendo diferencias. Tradicionalmente se habla de *roles, funciones* y *posiciones,* si se trata de categorías de participantes. Además existen categorías que hay que volver a fijar o definir para cada situación y que requieren cierta 'negociación', p. ej.: el 'portavoz' de un grupo o el 'presidente' de una asamblea. Otras categorías tienen un carácter más bien permanente, y son válidas durante bastante tiempo y en múltiples contextos, como 'policía', 'médico' o 'madre'. A partir de estos ejemplos podemos ver que una categoría es realmente determinante para *acciones típicas posibles,* para los derechos y deberes de un participante en contextos específicos. Las categorías pueden ser más o menos *estrictas,* lo cual depende de las convenciones correspondientes: está relativamente establecido lo que un juez puede hacer según las convenciones, mientras que en categorías como 'madre' o 'amigo' la cuestión es mucho menos rígida.

Los participantes no sólo categorizan a otros participantes o a sí mismos, ni sólo sus acciones e interacciones, sino también los *contextos sociales* como un todo. Para aprender y comprender con sentido, aceptable y eficazmente la complejidad de los acontecimientos sociales e intervenir en ellos es necesario un *ordenamiento,* una *organización* del contexto o de series de contextos. Este ordenamiento tiene lugar en lo que hemos dado en llamar *marcos sociales.*[5] Un marco social se define por una serie de interacciones, sus categorías correspondientes y las convenciones que establecen las interacciones y su decurso. Para cada marco están definidas las acciones e interacciones obligatorias, las opcionales, las propiedades típicas o invariables que los participantes (categorizados) poseen o que se les pueden atribuir, etc. Concretando diremos que si un participante sabe a qué marco pertenece el contexto, también sabrá lo que puede o debe hacer en ese contexto y lo que puede esperar de los demás participantes. Por eso, los marcos no son situaciones ad hoc, sino que tienen un carácter más general: son contextos o secuencias de contextos sistemáticos e invariables de determinada comunidad o cultura que siempre se repiten. El ya mencionado 'control de billetes' es un marco en el que está establecido qué categorías de participantes (revisor, viajero) son de interés y cuáles acciones pueden o deben esperarse según las convenciones de este marco: como viajero estoy obligado a presentar mi billete si el revisor me lo pide.

Hay marcos que pueden ser parte de otros marcos mayores, como el control de billetes es parte integrante del 'supermarco' del 'servicio de trenes de cercanías', o la 'denuncia' y la 'defensa' son parte integrante de un proceso. Los (super-)marcos pueden clasificarse jerárquicamente según las convenciones y la estrictez de las categorías de participantes. Existen marcos *públicos* y *privados* (p. ej., castigar a un delincuente *versus* castigar a un niño en familia) así como marcos *informales* y *formales* o *institucionales.* Una breve charla con el conductor del autobús es un marco informal como parte de un marco institucional público, a saber, la participación en el transporte público; pedir la mano de alguien tiene un carácter más o menos formal como parte de un marco privado; el hecho de que les explique algunos problemas de este libro a mis alumnos es un marco institucional público (formación, universidad); platicar con ellos sobre las últimas elecciones provinciales durante un seminario es un marco informal público; el cotilleo con uno de los estudiantes

---

[5] Acerca del análisis de los *'social frames'* véase GOFFMAN (1975), si bien les da un tratamiento un tanto diferente del que se ha usado aquí.

tomando una cerveza después del seminario es un marco informal privado. En seguida veremos de qué manera están establecidas la comunicación en general y la conversación en particular precisamente por estos marcos.

7.2.7   En los párrafos anteriores se ha discutido una serie de importantes características de la interacción social. Sin embargo, los diferentes conceptos sólo se han descrito de manera breve y sin una deducción formal, y gran número de detalles y de otras particularidades de la estructura social han quedado desatendidos. En cada caso hemos tratado la estructura conceptual más general del concepto de interacción en conexión con el concepto de acción; luego hemos especificado cómo las personas proyectan, manejan e interpreten cognitivamente sus interacciones. Finalmente hemos explicado que la interacción hay que considerarla referida al contexto social, el cual se compone de categorías de participantes, relaciones y distintos tipos de categorías convencionales que permiten establecer en qué medida se puede considerar aceptable una acción o una interacción. Del mismo modo que son cognitivamente importantes para la organización de los conocimientos, también en el nivel sociológico del análisis podemos hablar de estructuras globales de interacción de naturaleza más o menos estereotipada (marcos), que determinan tanto la participación correcta, eficaz y con sentido en la realidad social como su interpretación.

7.3   Lengua, comunicación e interacción

7.3.1   Tal como el concepto habitual de *interacción oral* permite suponer, es necesario definir la comunicación lingüística en términos del concepto de interacción. Esta exigencia parece ser bastante trivial; sin embargo, la mayoría de los lingüistas, tanto los clásicos como los modernos, descuida este punto de partida en la formación de la teoría.[6] Desde siempre se ha concedido mayor interés a la estructura de los *enunciados lingüísticos* (palabras, oraciones o incluso textos), eventualmente se ha prestado cierta atención a la base cognitiva de la *competence* y la *performance* y por último, y sólo desde hace algunos años, a los aspectos pragmáticos del uso de la lengua. No obstante, incluso en la pragmática se trata de explicar los enunciados en términos de los actos de habla por ellos realizados, y no ante todo a través de una descripción sistemática de las relaciones *interactivas* que las secuencias de actos de habla pueden formar. Sobre todo se dejan de lado los parámetros *sociales,* que en este caso desempeñan un papel en la ejecución aceptable de los actos de habla y las

---

[6] Hay, desde luego, excepciones importantes: lingüistas que precisamente acentúan el carácter funcional de la lengua, como por ejemplo HALLIDAY (1967).

interacciones lingüísticas. Sin embargo, en verdad es imposible comprender bien los actos de habla aislados y las series de actos de habla de un orador o de varios oradores que se alternan, si no se analizan las condiciones, propiedades y consecuencias interactivas (cognitivas y sociales) específicas. La gran mayoría de los enunciados se manifiesta en secuencias de actos de habla, o como mínimo en pares de interacción oral bilateral, tales como pregunta y respuesta, aseveración y comentario, pedido y reacción, saludo y devolución del saludo, etc. Incluso en aquellas situaciones en las que se manifiesta un acto de habla de un hablante, hay que analizarlo en relación a las otras acciones de la situación social. A partir de estas observaciones preliminares puede verse que una teoría lingüística rigurosa debe contener como componente básico esencial una teoría de la interacción lingüística. Lo mismo es válido, *mutatis mutandis,* para una teoría del texto.

7.3.2 Si, tal y como se admite aquí, el concepto de interacción lingüística puede ser derivado de una teoría general de la interacción cognitivo-social, las afirmaciones sobre la interacción también serán válidas para la comunicación lingüística/textual. También aquí vuelven a presentarse comunicaciones orales *unilaterales* y *bilaterales,* p. ej.: al notificar, dar una orden, etc., por un lado —sobre todo en la comunicación escrita y formal—, y al sostener una conversación, participar en una discusión o mantener una polémica, por el otro. Sin embargo, incluso en la comunicación unilateral de un hablante/escribiente debe poder suponerse que ahora (o más tarde) existe un oyente/lector actual o posible que elaborará conscientemente lo que se dice/escribe, de manera que quedará informado de algo, invitado a hacer algo, culpado de algo, etc., a consecuencia de la comunicación; en resumen: experimentará una modificación cognitiva y eventualmente una social. Según esta acepción de la definición de interacción (unilateral), el hablar solo o la experiencia de dirigir las palabras a alguien que no puede o no quiere escuchar, no son una forma de interacción lingüística (sino una mera enunciación lingüística en el sentido estricto del término, eventualmente con cierta función psicológica, por ejemplo, una función expresiva).

En la interacción lingüística bilateral sucesiva existen, por definición, varios hablantes, cuyos enunciados/actos de habla van alternando. Esta compleja secuencia de acciones sólo es aceptable como interacción si se cumplen las demás condiciones cognitivas habituales: cada hablante debe tener conciencia de la presencia de los demás (y naturalmente también de sus enunciados), y los hablantes deben 'orientar' mutua e intencionadamente sus actos de habla de manera que cada una de las partes tenga la intención de 'modificar' mentalmente y acaso también socialmente a la otra mediante los respectivos actos de habla. En otras palabras: un oyente debe partir del supuesto de que un hablante tiene tales intenciones y propósitos con respecto a él (y que no habla 'casual' o 'involuntariamente'), mientras que el hablante, por su parte, puede suponer que el siguiente acto de habla del oyente (dirigido al hablante) también deberá interpretarse en función de la modificación mental provocada por el acto de habla anterior, es decir: como reacción a lo expresado por el hablante.

7.3.3   De igual importancia para la ejecución aceptable de las interacciones orales son las condiciones *sociales.* Los participantes/hablantes no sólo llevan a cabo o experimentan una modificación mental mutua, sino que simultáneamente se produce una modificación en el *contexto social,* como se definió anteriormente. Esto significa que hay un estado inicial determinado del contexto social y que éste se convierte en otro estado como consecuencia de la interacción comunicativa. Esta modificación de las circunstancias puede referirse (i) a propiedades sociales de los participantes, es decir, a las categorías; (ii) a las relaciones sociales entre los participantes. De esta manera, una persona puede adquirir, mediante un acto de habla concreto, la propiedad social de determinada función (puede llegar a ser juez a raíz de un nombramiento, etc.), o bien pueden entablarse o modificarse relaciones entre el hablante y el oyente referidas, por ejemplo, a obligaciones mutuas (promesas, contratos, etc.).

Las modificaciones del contexto social efectuadas por la interacción oral dependen del estado inicial de la interacción —es decir, de las propiedades y relaciones de los participantes al principio del proceso comunicativo y durante el mismo, respectivamente—, así como de las convenciones de interacción, como las reglas y normas: determinadas interacciones, como por ejemplo el dictar una sentencia, sólo son aceptables si el hablante realmente posee la función de juez. Pero estas condiciones también rigen en contextos de interacciones privadas. La mayoría de las veces, una promesa —que produce una situación en la que el hablante tiene ciertas obligaciones para con el oyente— únicamente tiene sentido si el hablante se encuentra en un estado en que es consciente de los deseos del oyente en relación a las acciones futuras del hablante. Lo mismo vale para las condiciones que se refieren a las relaciones sociales entre el hablante y el oyente. Dar órdenes, por ejemplo, ya sea en un contexto concreto, ya más en general, es el caso típico de una situación en la que el hablante tiene cierta autoridad sobre el oyente, lo cual puede implicar sanciones en caso de desobediencia. De la misma manera, el aceptar un consejo va ligado a la circunstancia de que el oyente reconoce en principio que el hablante tiene cierta experiencia en la materia en cuestión.

Lo que es válido para la aceptabilidad social de los actos de habla individuales (véase también capítulo 3), rige también para las secuencias de actos de habla que constituyen la interacción oral. En este caso hay siempre un nuevo contexto inicial: la situación generada por los actos de habla precedentes. Repetimos que el contexto social

no viene *dado* de por sí, sino que, en primer lugar, los participantes
lo *interpretan* como tal y, en segundo lugar, van *construyéndolo* por
las acciones e interacciones. Para citar una forma elemental de
interacción oral, diremos que una aseveración, por ejemplo, es una
respuesta *funcionalmente* aceptada en un contexto construido por el
hablante a través de que éste manifiesta no saber una cosa y espera
que el oyente le conteste. Con ello al oyente se le impone la obligación (débil) de dar esa información, si es que dispone de ella. Si no
se cumple esta condición, una respuesta-aseveración no aceptada
puede sancionarse con reacciones como «*¡A ti nadie te ha preguntado!*».

La interacción comunicativa se produce en parte en tipos establecidos de *marcos sociales,* y en algunos casos estos marcos se definen exclusivamente sobre la base de los correspondientes contactos
orales entre los participantes. A continuación citaremos primero
una serie de marcos como ejemplos de una *localización* contextual
con los correspondientes *participantes* habituales en estos contextos.
(Téngase en cuenta que partimos aquí de situaciones todavía muy
extendidas, y no de situaciones deseables, en las que, por ejemplo, la
distribución de los roles y el status de poder fueran más justos):

(1)   1. *dentro de la casa, en casa* - padres, hijos, amigo(a), marido, mujer
      2. *fuera de la casa, de la vivienda* - vecino(a), amigo(a)
      3. *escuela* - alumnos, maestro(a), amigo(a), colega, director, inspector, por-
         tero, secretaria(o), etc.
      4. *universidad* - estudiante, docente, asistente, colega, colaborador(a), secre-
         taria(o), etc.
      5. *oficina* - director, jefe, mecanógrafa, estenotipista, secretaria(o), colega,
         personal de cantina, etc.
      6. *fábrica* - obrero, capataz, jefe de sección, gerente, director, jefe de perso-
         nal, personal administrativo, etc.
      7. *calle* - peatones, ciclistas, automovilistas, transeúntes, barrenderos, vende-
         dores ambulantes, policías, carteristas, etc.
      8. *medios de transporte público* - chófer, conductor, revisor, cobrador, viaje-
         ro, inspector, etc.
      9. *edificios públicos* (véase 5):
         a. *autoridades municipales* - empleado, funcionario, jefe, etc.
         b. *ministerios* - ministro, secretario de Estado, funcionario, etc.
     10. *higiene pública y sus instituciones:*
         a. *hospital, clínica* - paciente, enfermera(o), médico, etc.
         b. *residencia de ancianos* - personas de edad, asistentes, etc.
         c. *hogar para niños* - niño, enfermera, asistente social, médico, etc.
         d. *sanatorio* - paciente, enfermo, enfermera(o), médico, etc.
         e. *centro de orientación (p. ej., higiene del bebé)* - padres, hijos, pacientes,
            enfermera(o), especialista, médico, etc.
         f. *consulta médica* - paciente, médico, ayudante, etc.
     11. *juzgado* - inculpado, juez, fiscal, abogado defensor, etc.
     12. *cárcel* - preso, funcionario, etc.
     13. *tienda, supermercado* - cliente, vendedor(a), cajero(a), etc.
     14. *banco* - cliente, empleado del banco, etc.
     15. *bar, restaurante, club* - cliente, huésped, (primer) camararero(a), encarga-
         da de guardarropía, etc.
     16. *museo, exposición* - empleado del museo, visitante, guía, etc.
     17. *hotel* - huésped, portero, camarera, etc.

18. *radio, televisión* - presentador(a), actor, actriz, moderador, redactor(a), periodista, etc.

Esta relación no está completa ni es sistemática. Su única finalidad consiste en presentar diferentes 'lugares' de la interacción oral y las categorías de los participantes entre los que se produce la interacción en los correpondientes contextos. A continuación ofreceremos algunos ejemplos de marcos de interacción estereotípicos dentro de estas localizaciones/contextos (asignados a los distintos contextos según (1)):

(2) 1. levantarse, despertarse (1, 10, 12, 17)
     2. saludo, charla (2-17)
     3. hora de clase (3)
     4. seminario (4)
     5. trabajo de clase, examen final (3)
     6. examen, licenciatura, doctorado (4)
     7. solicitar; ser despedido (3, 4, 5, 6, etc.)
     8. pausa para almorzar, hora de comer (5, 6, 9, 10, etc.)
     9. preguntar el camino, indicar el camino (7)
    10. comprar el billete; coger el tranvía, el autobús, el tren (8)
    11. multa, recibir una citación, repartir (7)
    12. investigar, consultar (10)
    13. presentar una moción, emitir un comunicado (9)
    14. dejarse aconsejar (10)
    15. acusar, defender, juzgar (11)
    16. comprar/vender (13)
    17. retirar fondos, transferir, tomar un crédito (14)
    18. pedir comida, bebida, servir (15)
    19. comprar entradas, adquirir un catálogo (16)
    20. presentar, anunciar (18)

Estos marcos, que aquí sólo se han enumerado de manera incompleta y arbitraria, pueden definirse a través de la(s) serie(s) de acciones e interacciones, así como a través de las intenciones, los propósitos y las limitaciones específicas de cada contexto social (posturas, participantes, etc.). Aquí, los participantes no sólo cuentan como individuos, sino también como categoría: los profesores, alumnos, pacientes, médicos, clientes o funcionarios, según las convenciones (normas, leyes, reglas, usos) únicamente pueden permitirse cierta serie de acciones que determinan la interacción. Además, los ejemplos de la relación (1) demuestran con bastante claridad que las (categorías de) participantes pueden clasificarse bastante fácilmente por metacategorías más globales según los distintos contextos. Estas metacategorías caracterizan, a su vez, propiedades o (macro-)intenciones posibles típicas. En la mayoría de las situaciones sociales aparecen:

(3) 1. *personas de la misma categoría* - hermanos, hermanas, amigos, colegas, presos, compañeros de viaje, de enfermedad, etc.
     2. *superiores* - padres, jefes, docentes, profesores, jueces, autoridades ejecutivas, empleados, etc.
     3. *inferiores* - niños, subalternos, asistentes, inculpados, detenidos, pacientes, internados en residencias, alumnos, etc.

   4. *'dadores'* - profesores, camareros, vendedoras, etc.
   5. *'receptores'* - clientes, pacientes, solicitantes, etc.

En primer lugar, estas categorías permiten deducir una clara estructura *jerárquica*, no sólo en el macronivel social, sino también en las actitudes y los contextos sociales y, por ello, en los marcos de interacción: hay participantes de rango 'igual', 'superior' e 'inferior' en la jerarquía, lo cual define las relaciones de autoridad, poder, asesoramiento, etc. Al mismo tiempo cristaliza la categoría de interacción fundamental del 'dar/tomar' en una serie de categorías de participantes: algunos participantes necesitan algo (comida, servicios, informaciones, papeles, etc.), mientras que otros se lo proporcionan, habiendo sido en general institucionalmente empleados (nombrados, destinados) a tal efecto. También existen otras clasificaciones y abstracciones posibles. Las categorías mencionadas son, sin embargo, fundamentales a la vez que ilustrativas. Naturalmente se trata de una descripción (no formalizada) de la estructura social, tal como es en realidad, y no de una estructura social posible o deseada, en la que podría desearse p. ej. la ausencia de ciertas estructuras jerárquicas.

7.3.4   A la luz de los ejemplos de 'lugares' sociales característicos y los marcos posibles que pueden tener lugar dentro de estos 'lugares', estamos ahora en condiciones de volver a dirigir nuestra atención a la interacción oral.

Ya hemos visto que algunos de los marcos típicos son de hecho total o parcialmente orales: una charla, una hora de clase, un seminario, preguntar el camino, hacer una solicitud, acusar, defender, juzgar, presentar, etc. Ahora podemos describir estas interacciones comunicativas de manera más adecuada, ya que podemos considerarlas componentes estructurales de los contextos e interacciones sociales antes bosquejados: ¿qué categorías de participantes pueden/deben decir algo, en qué instituciones, y qué relaciones (p. ej.: las jerárquicas) son determinantes para los actos de habla y enunciados posibles (p. ej.: su estilo)? Así sabemos que en la interacción oral entre médico y paciente, convencional y tradicionalmente es el médico quien hace las preguntas, da consejos y prescribe medicamentos, mientras que el paciente debe contestar a las preguntas y decir qué le ocurre. Por regla general, las opiniones del paciente/profano son tabú: él no debe sacar conclusiones (triviales o cotidianas) de sus síntomas; el diagnóstico está reservado al médico. Las desviaciones de esta norma (autoritaria) normalmente se sancionan con un suave *'vaya, vaya'*, *'es posible'*, hasta llegar a la reprimenda *'¡Mejor será que lo deje en mis manos!'*, etc.

A continuación volvemos a dar primero una serie de ejemplos de distintas formas de interacción o marcos lingüísticos, para que podamos realizar una descripción sistemática de tales interacciones lingüísticas sobre la base de un ejemplo (la conversación):

(4) 1. la conversación (cotidiana)
     2. la conversación (formal, semi-formal)
     3. la consulta, el interrogatorio
     4. el examen
     5. la entrevista
     6. la hora de clase, el seminario, la sesión de trabajo
     7. la asamblea, el congreso
     8. el altercado, la disputa
     9. la discusión, el debate, el foro
    10. el proceso
    11. la charla
    12. el diálogo 'dador- tomador'
    13. el intercambio de cartas (pedido/contestación)
    14. rellenar un formulario
    etc.

Las distintas formas de interacción (dialogística) pueden definirse mediante los rasgos siguientes:

(5) 1. la secuencia de actos de habla
     2. las categorías de los interactuantes y sus posibles contribuciones
     3. la situación social (privada, pública, institucional)
     4. el grado de convencionalización (normalización)
     5. el objetivo social de la interacción
     6. las convenciones (reglas, normas, usos, etc.)

Una asamblea, por ejemplo, se define como una serie de actos de habla de diferentes participantes (normalmente se trata de comunicados, aportación de opiniones, preguntas, etc.), en la que uno de ellos guía la interacción en su calidad de presidente, con lo cual establece quién podrá decir qué, cuándo y por cuánto tiempo; puede estar institucionalizada o no; puede ser desde muy formal hasta informal; por regla general, su objetivo es tomar decisiones colectivas. En ulteriores explicitaciones y sistematizaciones de los distintos conceptos de las ciencias sociales podrán seguir elaborándose estas 'definiciones' de las formas convencionales de interacción comunicativa.

Para una mayor diferenciación se puede especificar el *tema de la conversación* desarrollado en la interacción. En la conversación cotidiana hay menos limitaciones en cuanto a los temas que, por ejemplo, en asambleas o seminarios. Estos temas pueden, a su vez, sistematizarse, puesto que generalmente se refieren a propiedades de los hablantes, o a relaciones de los hablantes entre ellos o con respecto a situaciones y sucesos del 'mundo'. En estos temas también se incluyen los conocimientos, las opiniones, las posturas y los deseos de los hablantes con respecto a estas circunstancias del mundo. Por esta razón, la interacción puede referirse, en cuanto a su contenido, a algo que el hablante sabe, quiere, puede, hace (sabía, quería, etc., hará, etc.), o a algo que el oyente sabe, quiere, puede, hace (también en presente, pasado o futuro). Así, el *contenido global*, tanto de la consulta como del interrogatorio y la entrevista, se refiere a algo que el hablante/interrogante desea saber de aquello que el oyente sabe, quiere, encuentra, ha hecho, etc. En este caso también podríamos hablar del *contenido pragmático* de la interacción, puesto que tiene algo que ver con las intenciones del hablante/oyente en relación a la función de la interacción. El contenido global de un proceso judicial, por ejemplo, se refiere al hecho de que el acusado/inculpado haya o no hecho o haya podido hacer una acción en perjuicio de otra persona/de la sociedad y que, por lo tanto, está prohibida por la ley; el objetivo pragmático consiste en que un juez dé su veredicto, en el que se establece algo cuya consecuencia supone el castigo de una persona, y ciertas acciones pueden o no tener lugar, respectivamente. Esta formulación todavía es bastante general, y para cada proceso en particular habrá que especificarla más. Aquí se trata únicamente de utilizar también para las unidades de interacción, en distintos niveles, conceptos como estructura semántica (global) —contenido— y función pragmática, que ya habíamos discutido. Otro criterio para la diferenciación de tipos de interacción lingüística es la *programación* o *planificación* de la interacción. Si bien podemos planear parcialmente ciertas conversaciones (p. ej., en lo que respecta al objeto global de la conversación), no podemos programarlas, lo que sí resulta posible en una asamblea, una entrevista o un interrogatorio. Una disputa, sin embargo, prácticamente nunca se planifica o programa, y lo mismo ocurre con una charla cotidiana. La planificación de una interacción se refiere a la decisión tomada con (mucha) antelación de hablar con determinada persona en determinado momento sobre determinado tema con determinado propósito. En tal caso también suele poder concertarse una *cita* para la interacción (p. ej., para una consulta médica). La programación se refiere a la ejecución real de la conversación, la disposición de los actos de habla, el manejo del interactuante, las estrategias de la interacción, etc.

A partir de esta caracterización informal del concepto de programación de la interacción, se infiere que una interacción puede *manejarse* de distintas maneras. El manejo puede ser *unilateral* (p. ej., en un interrogatorio, en algunas asambleas), en el sentido de que un único participante o grupo de participantes decide quién puede decir qué y cuándo. Por último, podemos puntualizar la serie de formas posibles de interacción oral con el concepto de *modalidad*, que aquí se emplea como concepto general para el estilo, el tono, la manera de hablar, etc. Normalmente, una disputa tiene una modalidad diferente de una declaración de amor o una sesión en el juzgado. Ya hemos visto que estas particularidades textuales y (para-)lingüísticas de una enunciación también pueden influir decisivamente en la interpretación del acto de habla en cuestión, lo cual significa en este contexto que pueden llegar a ser decisivas para la interacción oral.

Hemos adquirido ahora los suficientes conocimientos sobre la situación comunicativa y el contexto social para poder emprender un análisis más detallado de la interacción conversacional.

7.4 *La conversación*

7.4.1 Introducción - conversación y coloquio

7.4.1.1 A partir de ahora consideraremos la *conversación* como una forma especial de interacción lingüística. La razón por la que precisamente elegimos este tipo de texto ya ha sido expuesta al principio de este capítulo: se basa en la hipótesis de que las conversaciones son, por así decirlo, la 'forma básica' de la interacción lingüística. Las reflexiones que fundamentan esta afirmación no sólo atañen a la historia de la lengua (sin duda, el diálogo cotidiano precedió a otras formas del 'hablar' y con toda seguridad a las formas de la comunicación escrita), sino que también nos basamos en criterios sistemáticos, es decir, estructurales y funcionales. En primer lugar, en la conversación no suele haber restricciones categoriales para los participantes: en determinadas situaciones todo hablante puede participar y participará regularmente en las conversaciones. Por lo demás, no existen restricciones fijas de contenido: en principio, una conversación puede tratar de cualquier cosa, si bien existen restricciones semánticas específicas para conversaciones específicas. Tampoco hay limitaciones pragmáticas: en principio, en una conversación pueden darse todos los tipos de actos de habla. Por último, no existen restricciones en cuanto al contexto social: la mayoría de los contextos permiten sostener una conversación. Por tanto, se puede generalizar diciendo que la conversación es la forma elemental de conservación y control de estructuras sociales en la interacción en el micronivel, es decir, en el nivel de la relación directa entre participantes.

7.4.1.2 Diferenciaremos ahora dos conceptos que con frecuencia se emplean como sinónimos: *conversación* y *coloquio*. Un coloquio es una unidad de interacción social compuesta por una serie ordenada de acciones (lingüísticas) definida en relación a un contexto social. Por el contrario, una conversación es más bien una abstracción lingüística o de la teoría textual; es la unidad textual que se forma con una serie ordenada de enunciados manifestada en el coloquio. Por eso hablamos de participantes de un coloquio, de la conducción del coloquio, etc., mientras que conceptos como coherencia, orden, etc., son propiedades típicas de la conversación. El concepto de *'diálogo'* es de tipo más general y se refiere tanto a conversación/coloquio como a otras formas de interacción lingüística, por ejemplo, al diálogo entre el juez y el acusado. El concepto de diálogo se caracteriza sobre todo por el hecho de que no se trata de una interacción unilateral.

7.4.2 Tipos de conversación

Aquí nos vamos a limitar a lo que denominaremos *conversación cotidiana,* que presenta las propiedades generales antes mencionadas.

También hay conversaciones de naturaleza más específica y que, por lo tanto, exigen restricciones en las categorías de participantes, los actos de habla posibles, los contenidos, el estilo y los contextos/marcos sociales. Las conversaciones cotidianas típicas son aquellas que tienen lugar en *contextos informales,* con frecuencia entre participantes 'iguales': durante el desayuno, en el tranvía, por la calle, etc. Las conversaciones un poco más específicas serían, por ejemplo:

(6) 1. la conversación de solicitud (de empleo)
2. la conversación de venta
3. la conversación de enseñanza
4. la conversación de examen
5. la conversación radiofónica o televisiva
6. la conversación institucional (p. ej., con un funcionario)
7. la conversación médica (p. ej., con un médico, un auxiliar)
8. la conversación terapéutica

En primer lugar hay que tener en cuenta que el concepto de «conversación» con frecuencia tiene también el significado más general de diálogo (hablado), lo cual se ve en el empleo de conceptos como «conversación telefónica». Los ejemplos de (6) muestran que las formas no cotidianas de conversación se definen a través de los criterios enumerados en (5). En la conversación de solicitud de empleo, los participantes se hallan frente a frente en las categorías (roles) de solicitante y jefe de personal (o de representantes de quien contrata los servicios). La conversación de venta se limita a los roles de vendedor y comprador; la de enseñanza, a alumnos y profesores; la de examen, a docentes/profesores y estudiantes; la institucional, a un representante de la institución (Estado, comunidad, Iglesia, etc.) y a un ciudadano, miembro, solicitante, etc., mientras que las conversaciones médicas y terapéuticas tienen lugar entre un médico, un(a) enfermero(a), un(a) asistente, psiquiatra, etc., y los pacientes, clientes, internados, etc.

En primer lugar, en todos estos casos la conversación estará *planeada:* por regla general, las citas se habrán convenido para un momento y un lugar determinados; a veces incluso se explicitarán el tema y la función de la conversación. En segundo lugar, la mayoría de estas conversaciones se *conducen* y *programan* unilateralmente: hay participantes que por su función/rol/'cualidades' profesionales u otras tienen, por así decirlo, el derecho o también el deber de establecer el objeto de la conversación, ponerle término, estimular determinados actos de habla, etc.

Además, el *objeto global* de la mayor parte de estas conversaciones estará limitado: la conversación de solicitud deberá girar en torno a calificaciones, experiencia y planes del solicitante, así como a las condiciones de empleo, el sueldo y demás informaciones de la institución contratante. La conversación de examen trata, en principio, de materias aprendidas/estudiadas, o bien de opiniones y posturas del estudiante frente a la materia concreta. Las conversaciones médicas deberán ocuparse del estado de salud física y psíquica del paciente y de las eventuales posibilidades de mejoría.

Por último, estas conversaciones se desarrollan en un lugar típico y en un contexto o marco social determinado: la conversación de solicitud, en una empresa, una oficina o un instituto; la de enseñanza o examen, en un centro de formación; las conversaciones médicas/terapéuticas, en la consulta del médico o en una institución sanitaria (hospital, etc.).

Así pues, resulta que todas estas conversaciones pueden caracterizarse unívocamente sobre la base de los criterios ya mencionados: la categoría de los participantes, sus relaciones mutuas, el objeto de la conversación, el desarrollo de la interacción conversacional (diálogo) y el contexto/marco.

7.4.3 La conversación cotidiana

7.4.3.1 De todo lo dicho podemos deducir que no hay limitaciones *generales* para las conversaciones cotidianas: en principio, cualquier persona puede participar, no están planeadas con anterioridad, ni son programas unilateralmente, su objeto no está fijado a priori —por lo menos no en detalle—, y se pueden sostener en distintos contextos y tener varias funciones posibles.

7.4.3.2 A primera vista parecería que la conversación cotidiana no se rige por ningún tipo de regla ni limitación, como si se tratara de una forma de interacción oral «espontánea». Esta impresión, sin embargo, es incorrecta. En primer lugar, la conversación debe cumplir con las condiciones más generales de la interacción social ya enumeradas. En segundo lugar, una de las *reglas* de la conversación cotidiana consiste precisamente en que *no* aparecen ciertas limitaciones, p. ej., la de que un solo hablante pueda establecer quién puede hablar y cuándo. En tercer lugar, enseguida veremos que también la conversación cotidiana posee una estructura 'interna' normalizada. En cuarto y último lugar, cada conversación *específica* posee limitaciones debido a la situación y al contexto específicos: hay diferencias sistemáticas entre una conversación entre cónyuges y otra entre vecinos o viajeros de autobús.

7.4.3.3 Las conversaciones cotidianas tienen, además de éstas, limitaciones de tipo *contextual*. De entrada parece un tanto trivial decir que una conversación no puede ni debe tener lugar si ya se está produciendo (o se espera que se produzca) otra forma de interacción lingüística. Así, durante un examen formal no se puede entablar sin más una conversación (personal), y mucho menos durante un interrogatorio formal o una sesión del tribunal. Lo mismo rige cuando el propio *hablar* está sometido a restricciones, como en una clase (de tipo tradicional), una conferencia o ante un tribunal. En esos casos, una conversación puede tener lugar en un contexto entre *participantes no primarios* (p. ej., oyentes pasivos) y adoptar así un carácter de *conversación accesoria* secundaria, habitualmente susurrada o amortiguada de otra manera y mantenida en secreto, y que puede ser castigada por interactuantes categoriales primarios como el maestro o el juez, quienes exigirán «¡silencio!».

7.4.3.4 La conversación cotidiana debe cumplir además con las condiciones generales de una *interacción aceptable:* las acciones deben sucederse en cierto orden, ser ejecutadas conscientemente por distintos hablantes, *referirse* unas a otras y ser *relevantes* tanto en el ámbito local como en el global, etc.

Otra propiedad de la conversación es que debe ser una interacción *bilateral* pero no conjunta; hay varios hablantes y varias enunciaciones, y éstas no se superponen (o a lo sumo parcialmente o por casualidad).

La siguiente propiedad específica de la conversación consiste en su *oralidad:* los enunciados se dicen/oyen, en un mismo contexto, una inmediatamente después de la otra. A esto se añade, por regla general, la posibilidad de un *contacto* por lo menos *visual* entre los hablantes: éstos tienen que poder verse mutuamente, puesto que tanto la producción como la interpretación se pueden conducir con movimientos de los labios, mímica, gestos y otras acciones de los interlocutores destinadas, por ejemplo, a la correcta interpretación del acto de habla correspondiente en el caso de expresiones deícticas (*aquí, allí, esto, eso,* etc.), para evitar ambigüedades, comprender ironías, etc.

7.4.3.5 Las conversaciones cotidianas pueden clasificarse contextual y globalmente de dos maneras. En primer lugar existe una diferencia entre conversaciones *privadas* y *públicas.* Una conversación privada suele tener lugar entre personas que se conocen bien o bastante bien: parientes, conocidos, amigos y colegas. El carácter privado de la conversación también influye en la elección de su objeto, estilo y funcionalidad. En las conversaciones privadas también pueden tratarse temas íntimos, lo cual no suele darse en una conversación pública que, en general, tiene lugar entre personas que se conocen poco o nada.

En segundo lugar hay que establecer la distinción entre conversaciones *abiertas* y *cerradas,* aun cuando esta distinción con frecuencia sólo sea gradual. Una conversación cerrada suele tener lugar entre dos personas, sin testigos, o, dicho de manera general: en un contexto en el que están presentes exclusivamente las personas que intervienen en la conversación, es decir, las que aportan a la conversación o de alguna manera tienen acceso al tema de la misma. Si mi esposa habla conmigo y los niños nos pueden oír, se trata de una conversación abierta. Semi-abiertas serán aquellas conversaciones en las que los interlocutores tienen la intención de que nadie las oiga, pero en que otras personas pueden seguir partes o la totalidad de lo hablado. De esta manera también se producen conversaciones privadas abiertas, privadas cerradas, públicas abiertas y públicas cerradas. En una conversación pública cerrada puedo pedirle a alguien que me indique el camino, pero también puedo charlar con el conductor del autobús en una conversación pública abierta. Las conversaciones públicas abiertas tienen la particularidad de permitir la presencia de *escuchas*. Estos escuchas no tienen que permanecer necesariamente pasivos: pueden convertirse en posibles hablantes u oyentes (indirectos). Un ejemplo típico: pregunto el camino a un peatón y otros transeúntes me oyen; en este caso, también los demás transeúntes, sin haber sido *abordados directamente,* tienen derecho a intervenir en la conversación. Otro ejemplo: el médico da determinadas instrucciones o formula determinadas preguntas a la enfermera junto a la cama del paciente, de manera que éste también obtiene la información. De este modo vemos que se puede establecer una distinción entre oyentes, escuchas, personas abordadas, oyentes indirectos y personas indirectamente abordadas.

7.4.4 La estructura de la conversación y del coloquio - microestructura

7.4.4.1 Tanto en el plano del texto —es decir, de la serie ordenada de enunciados—, como en el de la conversación —o sea, de la serie ordenada de actos de habla— hay que distinguir *características estructurales* estrechamente vinculadas entre sí. Se trata, pues, de demostrar que las series no son arbitrarias, sino que su disposición viene establecida por *reglas* y *estrategias* convencionales. En esta descripción estructural haremos las mismas distinciones que en la descripción de textos (monológicos) y secuencias de actos de habla, añadiendo además una serie de características de los textos de las conversaciones cotidianas.

En primer lugar, deberemos distinguir entre el nivel *local* o *micronivel,* y el *global* o *macro-nivel.* En el primer nivel, el análisis se refiere a los enunciados individuales y sus relaciones, y el del segundo nivel se refiere a la estructura de la conversación como un todo, por ejemplo, a unidades de análisis mayores o a niveles de descripción más abstractos. Esta distinción es válida tanto para la estructura de la conversación como para la del coloquio: podemos describir una conversación en términos gramaticales (morfología, sintaxis, semántica) y estructuras teórico-textuales (estilo, estructuras retóricas, esquemas), mientras que para el coloquio se emplea una terminología pragmática, de la teoría de la acción, cognitiva y social. Lo realmente interesante e importante es la tarea de vincular estas dos ramas de interacción lingüística.

En este apartado nos ocuparemos, por de pronto, de la microestructura del texto y el coloquio, es decir, de los respectivos enunciados y actos de habla y de sus organizaciones.

7.4.4.2 Además de los conceptos ya introducidos para la descripción de la estructura textual y las acciones, para la descripción del texto y el coloquio nos hace falta incorporar el concepto de *turno* *(turn*,[7] en inglés). Ya hemos visto que en las formas de interacción alternantes y sucesivas, los posibles interactuantes se turnan en su calidad de agentes de las acciones consecutivas. La unidad estructural, que se define como aquello que un hablante hace o dice durante una aportación interactiva continuada, se denomina *turno*.

Teóricamente, el concepto de turno admite varias interpretaciones. Por un lado puede ser una unidad en el nivel textual, es decir, una unidad de *conversación*. En tal caso, un turno es equivalente al enunciado de un hablante (o de su estructura abstracta 'subyacente'), como componente de una secuencia de enunciados de varios hablantes. Pero si queremos caracterizarlo en conceptos de la teoría de la acción, como acción llevada a cabo por un hablante en la interacción verbal, el turno será una unidad del *coloquio*. También aquí dejaremos subsistir, por ahora, esta ambigüedad terminológica, de manera que un turno puede considerarse tanto la *aportación* de un hablante a una conversación, es decir, un enunciado (= producto lingüístico), como la aportación a un coloquio, es decir, como acto de habla. Esta ambigüedad es posible porque el concepto de turno es, de hecho, una categoría meramente estructural-funcional: implica que las unidades de conversación y coloquio están marcadas para *diferentes* hablantes. En otras palabras: al concepto de turno le es inherente el de *cambio de turno;* si no existiese un cambio de turno, el concepto de 'turno' no tendría ningún sentido.

A las posibilidades de analizar un texto como secuencia de oraciones (en el nivel sintáctico), como secuencia de proposiciones (en el nivel semántico) y como secuencia de actos de habla (en el nivel pragmático), y a la de analizar un coloquio como secuencia de acciones lingüísticas y otras, relevantes para la comunicación, se añade un nuevo *principio estructural*, tanto para el texto como para el coloquio: también podemos *segmentarlos* en conceptos de turno y cambio de turno. Así pues, necesitaremos otras reglas 'sintácticas', que establezcan de qué manera están organizados los turnos; reglas 'morfológicas', que digan en qué pueden consistir los turnos, es decir, qué propiedades formales tienen; y reglas 'semánticas', que determinen qué otras estructuras semánticas (significativas y referenciales) se pueden asignar a estos turnos o estructuras de turnos. Si pudiéramos establecer esas reglas, dispondríamos de una 'gramática'

---

[7] Acerca del concepto de *'turn'* véase HENNE & REHBOCK (1979).

de la conversación. Sin embargo, todavía no podemos trabajar sistemáticamente de esta manera: aún sabemos demasiado poco acerca de las estructuras y funciones de las conversaciones y los segmentos de conversaciones. Por eso, aquí nos limitaremos a algunas observaciones sencillas en los distintos niveles de la conversación, orientándonos de nuevo por el marco sistemático de análisis de los capítulos precedentes.

7.4.4.3 Puesto que en la conversación, las estructuras y los esquemas de turnos se plasman en una secuencia de enunciados de sucesivos hablantes, de la manera antes descrita, la serie de turnos posibles también se puede describir con los conceptos de la serie de enunciados. En tal caso, lo más sencillo es decribir las posibilidades de combinación de los enunciados de textos dialogísticos en un nivel morfológico-sintáctico, semántico y pragmático.

Por lo que respecta a las *estructuras superficiales* de las conversaciones, no vamos a extendernos demasiado. En principio partimos del hecho de que los enunciados de cada turno satisfacen normalmente las reglas gramaticales en el nivel oracional. Hay, pues, reglas normales para la sustitución pronominal en oraciones consecutivas, organizaciones oracionales determinadas por la estructura de tópico/comento, estructuras semigramaticales relativas a las estructuras gramaticales precedentes que las hacen interpretables (p. ej.: respuestas o reacciones como *No, yo a él* o *correr no,* etc.). En muchos idiomas hay expresiones específicas que señalan el comienzo, la interrupción o el final de turnos (véase más adelante), como *pse, ah,* etc. Si bien hemos dado por supuesto que los enunciados de una conversación deben, en principio, cumplir con las reglas gramaticales normales, esto no supone que todo enunciado de un turno tenga que ser necesariamente gramatical. Enseguida veremos que un hablante frecuentemente es interrumpido a mitad de frase por el hablante siguiente, lo que convierte su enunciado en semigramatical. Esta idea, sin embargo, no es del todo adecuada, puesto que se puede suponer que el enunciado probablemente habría sido del todo normal si no hubiese habido esta interrupción. Por ello, en lugar de hablar de enunciados semigramaticales concepto que en realidad se aplica a la estructura de oraciones 'completas', más bien deberíamos hablar de enunciados *fragmentarios.* En otras palabras: la plasmación de los turnos en la secuencia de enunciados *no tiene* que ser *necesariamente* acotada por límites oracionales, aun cuando en la realidad de la conversación esto ocurra con frecuencia.

La condición ya mencionada de la gramaticalidad de los enunciados de una conversación se ve limitada adicionalmente por la conocida problemática metodológica de la diferencia entre la capacidad lingüística *(competence)* y el uso de la lengua *(performance).* En consonancia con los métodos habituales en lingüística, hasta ahora hemos descrito la estructura textual en un plano de reglas, categorías y estructuras relativamente abstracto. Además hemos esbozado una teoría cognitiva sobre la producción y comprensión de textos, en la que se explicaba que en la elaboración de textos, las reglas gramaticales se emplean de manera específica, que existen estrategias para una elaboración textual eficaz y que aparecen normalmente limitaciones de memoria, atención y producción. En abstracto, ciertamente podemos describir las estructuras de las conversaciones en términos gramaticales y de la teoría textual, pero en muchos casos los factores cognitivos y sociales aquí tratados darán a las conversaciones concretas una estructura muy distinta. Y en este último nivel descriptivo también hay que darse cuenta de la estructura fragmentaria y semigramatical de las aportaciones a las conversaciones: comenzar mal, rectificar, repetir palabras, equivocaciones al hablar, etc. En parte, estas 'enunciaciones' pueden atribuirse simplemente a factores casuales en la producción textual. No obstante, por otro lado, estos factores denominados 'de *performance*' también son sistemáticos y resultan ser una manifestación normal de la interacción estratégica, en la que factores como la repetición, la corrección, la vacilación y otros semejantes pueden tener una función importante. Aquí no seguiremos discutiendo los problemas metodológicos especiales relacionados con el establecimiento del objeto de la lingüística y la ciencia del texto, por un lado, y la psicología y las ciencias sociales, por el otro. Sin embargo, suponemos que las estructuras abstractas de los textos y de las conversaciones, y además y vinculada a aquéllas, la estructura real de estos textos y conversaciones, pueden describirse como *enunciados* determinados por diversos factores sistemáticos y casuales, cognitivos y sociales. En este capítulo fijaremos nuestra atención en ambos niveles descriptivos.

7.4.4.4 Igual que en el caso de los textos en general, en el de las conversaciones se puede sostener que las *propiedades semánticas* y *pragmáticas* son las más características e interesantes, dado que también en este caso importa ante todo la direccionalidad significativa y funcional de la interacción comunicativa: los hablantes quieren sobre todo que los demás hablantes, en su calidad de oyentes, los entiendan bien y que sepan lo que de ellos se espera.

También en los niveles semántico y pragmático, las conversaciones deben seguir las reglas gramaticales y textuales habituales. Para los enunciados en el marco de turnos esto supone que las oraciones deben ser interpretables y que varias oraciones deberán ser *linealmente coherentes:* tendrá que haber conexión de proposiciones debido a relaciones entre circunstancias, relaciones referenciales entre individuos, propiedades y relaciones del mismo marco o de marcos vinculados entre sí, relevancia con respecto a macroestructuras, etc. Esto también se puede aplicar, *mutatis mutandis,* a las relaciones semánticas y pragmáticas entre enunciados de turnos diferentes. En otras palabras: la secuencia de turnos viene ordenada por las estructuras y restricciones semánticas y pragmáticas subyacentes. Así pues, los turnos deben ser linealmente coherentes a través de conexiones posibles (condiciones/consecuencias posibles, probables o necesarias), relaciones referenciales, etc.:

(7)   A: ¡Esta noche no vendré!
      B: ¿Porque viene Juan?

(8)   A: Esta noche no vendré porque viene Juan.
      B: ¡Pero si no te ha hecho nada!

(9)   A: ¡Esta noche no vendré!
      B: ¡Yo tampoco!

(10) A: Soñé que tenía un accidente.
      B: ¿Y qué pasó luego?

En estos ejemplos de fragmentos (construidos) de conversaciones se manifiestan los fenómenos de coherencia habituales: en (7), el segundo hablante (B) puede pedir informaciones con respecto a una circunstancia que constituye la motivación de la circunstancia nombrada por el primer hablante (A). En (8), B puede remitir a una persona nombrada por A mediante un morfema de 3.ª persona del singular: *ha* hecho (identidad referencial), mientras que en (9) se puede omitir el predicado, porque se añade un *tampoco* debido a la identidad de predicado. Y, por último, en (10) resulta que un segundo hablante puede remitir inmediatamente a sucesos en el mismo mundo posible que en el introducido por el primer hablante. Así, (10) (B) normalmente no se interpretará como una pregunta en relación a lo que pasó después del sueño.

De esta manera constatamos que en una conversación (por lo menos en ejemplos susceptibles de una sola interpretación) existen las relaciones de conexión ya descritas para los enunciados.

7.4.4.5   Con el nivel pragmático de análisis llegamos casi a la frontera entre la estructura de la conversación y la del coloquio, dado que en este caso se trata de secuencias de actos de habla. De una manera más estricta también podemos hablar de *relaciones de coherencia entre turnos,* considerándolos como actos de habla consecutivos.

El primer principio que aquí entra en juego es el de la conexividad: tanto en el coloquio como en la conversación, los turnos deben ser *conexos* por pares. Un par de turnos es conexo cuando éstos son mutuamente *relevantes.* Mientras que esto en el nivel semántico significa que la referencia tiene que producirse con respecto a circunstancias conexas, aquí vale la relevancia entre actos de habla o bien entre actos de habla y otras acciones comunicativas incluidas en la conversación. Entre otras cosas, también aquí un acto de habla es condición, componente o consecuencia de otro acto de habla, como se dijo en el capítulo 3.

Así, por ejemplo en (7), la pregunta de B es una consecuencia de la aseveración de A, puesto que se refiere a más informaciones, no aportadas por A. También en (8), el enunciado de B es una consecuencia del enunciado de A; se trata de una objeción que también se sugiere mediante el conectivo pragmático *pero*. En (9), el enunciado de B es una consecuencia del de A, dado que B asevera algo sobre la misma acción, aprobando a la vez el enunciado de A. La relación que existe en (10) es comparable a la de (7). En estos ejemplos, que comprenden dos turnos cada uno, el segundo enunciado es siempre consecuencia del primero. La razón por la que esto no es necesariamente trivial se demuestra con el siguiente ejemplo, en el que el segundo enunciado es consecuencia del primero, pero el primero es a la vez una condición para el segundo:

(11)   A: ¡Aquí hace mucho frío!
       B: ¿Quieres que cierre la ventana?

pues el enunciado de A puede interpretarse como propuesta y, con ello, como pedido indirecto, ante el cual se espera una reacción por parte de B, reacción que efectivamente se concreta a través del ofrecimiento. La relación de condición/consecuencia es aún más estricta en pares de, p. ej., pregunta/respuesta:

(12)   A: ¿Cómo te llamas?
       B: Pedro.

En este caso, la pregunta de A es una condición más o menos probable para la contestación (socialmente) necesaria de B. Este tipo de pares de actos de habla biconexos se llama *adjacency pairs*.[8] Los ejemplos típicos de este tipo de pares 'contiguos' son: pregunta y respuesta, saludo y devolución del saludo, felicitación y agradecimiento, oferta y rechazo/aceptación, petición y rechazo/autorización, etc. En todos estos casos el hablante espera una acción lingüística específica del otro hablante, por lo que el enunciado de cada uno de ellos debe ser interpretado como preparación y/o condición para el siguiente. En este caso también se puede hablar, por tanto, de una *conducción* (localmente) *programadora* de la conversación por parte de uno de los hablantes.

También se puede distinguir entre turnos *libres* y *obligados*. Si bien, según el principio de la 'acción libre', en una interacción no-determinista no hay acciones lingüísticas obligadas, puede afirmarse que tras una pregunta un hablante está obligado a dar una determinada contestación (naturalmente también puede tratarse de una nueva pregunta). El *turno que precede* a un turno obligado puede construir un contexto, de manera que el hablante siguiente sólo puede elegir de entre una cantidad limitada de actos de habla y de

---

[8] Acerca del concepto de '*adjacency pair*' véanse los trabajos de SACKS (1972 a, b) y SACKS y otros (1974).

informaciones semánticas. Esta necesidad u obligación es, pues, de tipo *social*, pudiendo ser sancionada socialmente si no se cumple con ella. Si no surge ningún cambio de tema (véase más adelante), cada turno siguiente debe vincularse con el precedente según los principios de coherencia. Pero *la manera* en que esta vinculación se produce vuelve a ser libre, en principio, como en los ejemplos (7) a (10).

Con todo, podemos seguir matizando la diferencia entre turnos libres y obligados en conversaciones/coloquios mediante la hipótesis de que en algunos casos un turno obligado es *estructuralmente obligado*, mientras que en otros casos lo es (sólo) *convencionalmente*. En el primer caso, los turnos sólo tienen una *función* específica mutua, como en el caso de pregunta y respuesta u oferta y rechazo. Los demás casos también se refieren a pares contiguos, pero éstos no presentan relaciones funcionales inherentes, sino una relación basada en la costumbre, como por ejemplo en el par (felicitación, agradecimiento). Aunque ante una felicitación suele reaccionarse con un agradecimiento, también existe la posibilidad de no contestar o de reaccionar de otra forma, sin, por ello, infringir las reglas de interacción fundamentales; esta infracción se da, sin embargo, cuando deliberadamente se deja una pregunta sin contestar, puesto que la función de la pregunta consiste precisamente en obtener una contestación, mientras que no se puede sostener que la función de la felicitación consista en recibir un agradecimiento. A pesar de la relevancia de esta diferenciación, seguramente no pueden excluirse formas de transición, en las que la frontera entre la 'costumbre' y la 'regla' (o 'norma') no es precisa y en las que el no-cumplimiento se sanciona en ambos casos con un veredicto de descortesía.

7.4.4.6 Un coloquio no sólo se define en términos de turnos o actos de habla, sino que también contiene otros 'haceres' y acciones que ejercen su influencia sobre la correcta conducción e interpretación de los actos de habla y sobre la interacción comunicativa. Algunas de esas acciones ya las hemos mencionado entre las propiedades generales de las conversaciones e interacciones: el *contacto visual* (buscarlo, fijarlo, evitarlo), los *gestos*, la *mímica* (reír, sonreír; poner cara de enfadado, aliviado, interrogante, etc.), mantener *distancia* o acercarse más, *tocar*, abrazar, acariciar, etc. Estas propiedades paratextuales de la conversación contribuyen a establecer la coherencia lineal de la conversación. No sólo determinan la interpretación correcta de cada enunciado, sino que también pueden ser consecuencias o condiciones normales de actos de habla anteriores o posteriores. Si un hablante A asevera alguna cosa y, acto seguido, su oyente B lo mira incrédulo, A perseguirá una estrategia para acabar convenciendo a B, aun cuando sólo diga, por ejemplo, *¡es absolutamente verdad!* Ante una reacción de enfado se reacciona normalmente con la afirmación de buenas intenciones. En una descripción abstracta de estas relaciones de comunicación en distintos niveles (texto, gesto), tendríamos que ligar los diferentes 'haceres' paratextuales con 'contenidos' afectivos y cognitivos, «traduciéndolos», por ejemplo, en proposiciones, y establecer así la conexión en los niveles semántico o pragmático.[9] Un rostro interrogante en tanto que acción gestual/mímica se vuelve entonces funcionalmente equivalente a un acto de habla, y una cara enfadada, al contenido semántico de una frase como *me voy a enfadar*. De momento hablamos intencionalmente de 'hacer', puesto que no siempre el hablante es consciente de su mímica, sus gestos u otros 'sucesos' corporales, a diferencia de los actos de habla, aunque podamos suponer que *en principio* son control*ables*, y por lo tanto constituyen acciones en sentido más amplio, igual que, por ejemplo, la altura del tono, la rapidez al hablar, la acentuación, el volumen, etc., de la propia enunciación.

Fuera de algunos ejemplos que hayamos podido dar, no podemos desarrollar aquí una verdadera teoría sobre las propiedades paratextuales del coloquio y la manera en que fijan el curso del mismo. Sin embargo, queda bien claro que no se trata de factores subordinados, y es también una razón por la que las conversaciones telefónicas en muchos aspectos transcurren de manera diferente de las conversaciones de presencia personal directa.

7.4.4.7   Por último queda preguntarnos hasta qué punto los factores *cognitivos* y sociales de la interacción comunicativa determinan la coherencia lineal de la conversación.

En un coloquio, un hablante sólo puede reaccionar adecuada y coherentemente ante aquello que ha dicho el hablante anterior, si ha *comprendido* el enunciado, el acto de habla y el 'hacer' paratextual de éste. Este proceso de la comprensión se ha tratado detalladamente en el capítulo anterior. Sin embargo, en el coloquio no sólo importa la comprensión de los enunciados en sí, sino la de sus *funciones* en la conversación. El oyente debe, en primer lugar, entender a qué acto de habla apunta el hablante con su enunciado. Ya hemos visto antes los puntos de partida de los que dispone un oyente para una interpretación pragmática de este tipo. En segundo lugar, en la conversación el hablante debe hacer amplias suposiciones sobre las intenciones del hablante precedente o sobre las intenciones que se refieren a aquello que se espera del oyente, a lo que el hablante desea o espera que el oyente haga y a cómo reaccionará el oyente en su calidad de próximo hablante.

A la inversa, en la *producción* de turnos, un hablante no sólo debe continuar coherentemente la conversación según su propia comprensión del turno precedente, sino que a la vez tiene que hacer los preparativos necesarios y estratégicos para realizar sus verdaderas

---

[9] Especialmente BIRDWHISTLE (1970) ha llevado a cabo el análisis de los ademanes bajo el nombre de '*kinesics*'.

intenciones interaccionales. Enseguida veremos que esto requiere
también en una conversación la planificación macroestructural ya
mencionada, pero el hablante también debe garantizar el efecto
óptimo de su acto de habla en el nivel local de la sucesión de turnos.
'Optimo' no implica que siempre se comprenda lo más rápidamente
posible lo que el hablante quiere decir; también puede significar que
el hablante precisamente pretende ocultar determinadas intenciones,
p. ej., a través de la ejecución de actos de habla vagos o meramente
indirectos. Si analizamos el papel estratégico o táctico de un turno (o
de actos de habla en un turno) en la interacción, se habla generalmente de una *jugada (move)*.

Para la preparación estratégica del curso de la conversación, el
hablante no sólo debe dominar las reglas generales de la conversación, sino que a la vez tiene que poseer conocimientos específicos
sobre el oyente, que le permitan anticipar aquello que el oyente dirá
o de qué otra manera podrá reaccionar o reaccionará. Así, por
ejemplo, un hablante que sabe que una aseveración *p* supondrá una
ofensa para el oyente, (no) hará esta aseveración de manera consciente, según el deseo del hablante con respecto a la postura del oyente.
En el ejemplo de diálogo del capítulo 2 ya hemos visto que las
aseveraciones con frecuencia se planean y ejecutan como condiciones
funcionales (necesarias o posibles), para poder producir los enunciados siguientes. Una persona que quiera tomar prestada una cantidad
de dinero considerable, seguramente comenzará explicando las razones por las que necesita el dinero o las causas que lo llevan a esa
situación. En tal caso, la conversación adoptará en muchos sentidos
el carácter de *solución de un problema:* existe una *tarea* determinada,
y el propio hablante se ha propuesto emprender pasos óptimos
(«jugadas») para poder llevarla a cabo satisfactoriamente, por ejemplo, a través del logro de un objetivo concreto como la influencia en
los conocimientos, la opinión, una decisión o incluso el obrar del
oyente. Todo esto requiere un proceso cognitivo extremadamente
complicado para producir los correspondientes enunciados de la
conversación: el participante debe hacer una interpretación correcta,
tanto en el nivel semántico como en el pragmático, de lo que se
acaba de decir; debe almacenar esta interpretación adecuadamente
en la memoria, analizar su propia reacción cognitiva ante lo que se
ha dicho, ordenar sus propios deseos y decidirse por ulteriores actos
de habla posibles; a continuación tiene que ejecutar estratégicamente
todos estos actos de habla de manera óptima en todos los niveles de
la enunciación y del comportamiento paratextual —conforme al
complicado proceso de producción de oraciones y secuencias esbozado en el capítulo anterior— y a la vez debe controlar las reacciones
externas inmediatas del otro participante, las cuales pueden hacerle
modificar la macroestructura, las diversas proposiciones y el estilo.
Vemos, pues, que la sorprendente complejidad del acontecer cognitivo se evidencia aún más claramente en la conversación. No vamos a

entrar en más detalles con respecto a este proceso, pues aquí sólo nos interesa comprender los verdaderos principios cognitivos básicos que se realizan cuando sostenemos una conversación.

7.4.4.8 En nuestro microanálisis de la conversación sigue pendiente la cuestión del tipo de influencia que ejercen las *estructuras sociales* sobre la coherencia de la conversación. ¿Hasta qué punto la categoría de los participantes determina sus posibles enunciados y, sobre todo, su organización en cada turno, y de qué manera están relacionadas las conversaciones con los marcos sociales?

En los tipos de conversación no cotidiana ya había quedado claro que el rol o la posición del hablante ejercen una influencia determinante sobre la asignación, el contenido, la función o la extensión del turno: en una asamblea, por ejemplo, el presidente establece a quién le toca hablar en cada momento y sobre qué tema, con lo que determina el verdadero desarrollo de la asamblea. Lo mismo es válido en un interrogatorio, una entrevista o una solicitud de empleo. Pero también en una conversación cotidiana puede ocurrir que debido a su rol, su status o su poder un hablante influya considerablemente sobre el curso de la conversación: tradicionalmente son los padres los que determinan una conversación a la hora de la comida. También existe la convención de que no se puede interrumpir sin más a los hablantes de un status social superior. Y por último, tales restricciones impuestas por el contexto social dependen de la confianza/intimidad que existe entre los hablantes: a un extraño se le comunicarán ciertas cosas sólo en muy determinadas circunstancias. Incluso cuando le preguntamos a alguien el camino, a menudo comenzaremos con excusas: *Perdone, ¿podría indicarme el camino...?* De ello se deduce que los hablantes deben proceder permanentemente a una *categorización* adecuada de sus interlocutores antes de la conversación y durante la misma. Pues esta categorización establece sobre todo qué actos de habla puede producir el interlocutor, qué se puede decir y con qué estilo conviene expresarse, y de qué manera se plasman entonces los enunciados en la secuencia de turnos. Así, por ejemplo, en una conversación con un 'superior' cierto enunciado puede interpretarse como una orden, en tanto que hablando con una persona del 'mismo nivel' ese mismo enunciado adquiere más bien un carácter de consejo.

La conversación cotidiana, contrariamente a otras formas de conversación, tiene que ver sólo indirectamente con los *marcos sociales*. Como sabemos, los marcos son estructuras más o menos estables de series típicas o estereotípicas de acciones sociales en las que los participantes, por regla general, realizan categorías específicas. Los actos de habla pueden ser partes inherentes de estos marcos, como por ejemplo pedir la comida en un restaurante, comprar un billete en la taquilla y defender a un acusado ante el tribunal. A veces estos marcos sólo consisten en actos de habla, como en el caso de un

debate público o una asamblea. Una conversación también puede ser
en su conjunto un elemento *posible* (opcional) de un marco actualizado, por ejemplo, una conversación en el metro con otro viajero.
Aunque en este caso tanto la conversación como su duración tengan
limitaciones más generales —por ejemplo, a consecuencia del status
o del grado de amistad de los interlocutores—, no parece existir una
relación directa entre la estructura de marco y la propia conversación: ésta puede darse en muchas situaciones sociales distintas, pero
sólo se ve influida indirectamente por el marco correspondiente: el
hecho de mantener una conversación con un amigo en un restaurante o en el tranvía apenas influye sobre la estructura de la misma; a lo
sumo determina el *tema de la conversación* (la comida, los medios de
transporte). Precisamente la relativa libertad, antes postulada, de los
turnos —es decir, la espontaneidad de la conversación cotidiana—
sirve de explicación para el hecho de que las conversaciones no son
reproducciones sin más de los marcos sociales que mencionábamos.
De todas formas, en los marcos sociales puede haber un lugar para
'claves' para una conversación, es decir: parece existir una especificación de que una conversación cotidiana puede ser una de las acciones normales del marco social. Por ejemplo, el marco contextual-pri-
vado de un desayuno es compatible con una conversación entre los
participantes; lo mismo es válido para los medios de transporte
público, el restaurante o la visita a un museo. Otros marcos, en
cambio, no suelen permitir tales conversaciones, lo cual se hace
patente en los contextos formales, institucionales: la clase, el seminario universitario, el proceso judicial, la solicitud de empleo o la
sesión. También hay marcos que parecen contener las conversaciones
como componentes esenciales, como por ejemplo una visita o una
fiesta, precisamente porque las conversaciones constituyen el objetivo social de estos episodios-marco.

Así llegamos por último a las *funciones* sociales de la conversación;
pero éstas se refieren a la conversación como un todo, y no tanto a
la estructura local lineal del coloquio. Volveremos a tratarlas cuando
nos dediquemos a las estructuras y funciones globales de la conversación y el coloquio.

7.4.5   Secuencias de turnos y cambio de turno

7.4.5.1   Los *turnos* han demostrado ser las unidades funcionales
características de la conversación o el coloquio. Ya hemos especificado informalmente cómo se interrelacionan estos turnos en distintos
niveles, plasmados en secuencias de actos de habla y enunciados de
hablantes consecutivos. El concepto de turno incluye también el de
cambio (de turno), es decir, de la cesión de la palabra; en este
apartado intentamos ocuparnos de cómo los participantes de una
conversación segmentan estos turnos, cosa que hacen *comenzando,*

cediendo, reteniendo o *recibiendo* su turno. En otras palabras: queremos indicar qué reglas y estrategias determinan la estructura de la propia secuencia de turnos. [10]

7.4.5.2 Puesto que los turnos son unidades funcionales de un coloquio, deben cumplir con las condiciones normales de las interacciones. En principio deben estar linealmente organizados en lo que respecta al tiempo: cuando dos personas hablan a la vez no lo hacen adrede. La razón cognitiva elemental de esta condición hay que buscarla en la imposibilidad de que los interlocutores comprendan enunciaciones simultáneas; en ese caso no se podría hablar de comunicación, con lo que tampoco se concretaría la intención global de la conversación. Según la definición del concepto de turno, otro factor constitutivo de la secuencia de turnos es que los hablantes se alternen: cada turno sucesivo tiene otro hablante.

En la conversación cotidiana, un turno *no tiene una extensión establecida,* aun cuando los turnos se puedan limitar temporalmente y los que sean demasiado largos puedan ser interrumpidos o sancionados.

Para el desarrollo aceptable de un coloquio debe haber en la conversación ciertos puntos de apoyo a partir de los cuales le toca hablar al otro/a interlocutor. Este *cambio de turno* puede manifestarse de diferentes maneras.

Un hablante puede designar él mismo al hablante para el turno siguiente, señalando explícitamente a ese hablante y creando *condiciones suficientes* para un turno del mismo, por ejemplo, dirigiéndole una pregunta. Otra estrategia consiste en dar por terminada la propia enunciación indicando expresamente que debe proseguirse o que se desea un comentario al respecto. En todos los casos, el turno se *cede dirigido* a alguien.

Esto, sin embargo, no tiene por qué significar que el hablante apostrofado realmente haga uso de su derecho a hablar: puede dejar pasar su turno, con lo que el primer hablante volverá a hacer uso de la palabra, u otro hablante iniciará un turno sin que nadie se lo haya pedido.

En otros casos de cambio de turno, otro hablante *comienza* un turno. Sin embargo, esta posibilidad no es ilimitada, ya que, de lo contrario, se produciría una desigual distribución de las contribuciones al discurso, y esto no está permitido. Si un hablante desea interrumpir un turno en curso deberá, en primer lugar, respetar los posibles *lugares de interrupción* del propio enunciado. En el caso ideal, este lugar se encuentra al término de una serie más o menos 'acabada' de oraciones, es decir, de un conjunto de oraciones que pertenece a la misma categoría esquemática o a la misma macropro-

----

[10] Acerca del sistema de turno y cambio de turno véase sobre todo a SACKS y otros (1974).

posición, o en todo caso al final de una secuencia que representa una única circunstancia global. En la práctica, estos lugares de interrupción vienen indicados en el nivel oracional por unidades sintácticas y semánticas o marcados por rasgos de entonación —por ejemplo, por un final de oración, un límite entre frases subordinadas o entre la principal y la subordinada—, pero en todo caso se tratará, como mínimo, de categorías sintácticas completas (por ejemplo, un constituyente nominal) o de pausas y acentuaciones.

Un hablante que desea interrumpir un turno dispone de varias *categorías.* Naturalmente podría empezar enseguida con su enunciación en el lugar de interrupción, pero en muchos casos seguramente comenzará por señalizar esta interrupción, bien levantando la mano, bien pronunciando los denominados *'pre-starters'* como *sí, pero, no, ah, ahora, escucha,* etc. En este caso, el hablante puede parar y realmente cederle el turno, o ignorar sus señales a sabiendas y simplemente seguir hablando. Cuando un hablante no quiere ser interrumpido en un lugar de eventual interrupción, intentará neutralizar este lugar, por ejemplo, prosiguiendo inmediatamente después del final de una oración o secuencia. También puede ocurrir justamente lo contrario: un hablante puede utilizar expresiones específicas para dar a entender que en ese lugar desea ser interrumpido para entregar su turno, a un posible próximo hablante.

Mientras que en el coloquio de dos, el 'otro' hablante es siempre el mismo, por lo que al ceder o hacer aceptar el turno siempre le toca hablar a la misma persona, la situación en conversaciones con muchos participantes es mucho más complicada. El contacto visual directo y otras 'señales direccionales' sólo son posibles entre dos interlocutores; si un hablante desea dirigirse a más de un participante, está obligado a mirar a un oyente determinado, variar constantemente la mirada o poner una cara 'neutral', es decir, mirar otra cosa. En la entrega de un turno hay que indicar la persona a la que está destinado el siguiente. Si esto no ocurre, todos los demás tienen derecho a iniciar un turno, según el lema: el que primero llegó, ése la calza.

En estos coloquios entre varias personas también puede ocurrir que los hablantes formen *grupos* —por ejemplo, pares de hablantes—, lo cual es característico entre matrimonios o amigos que conversan con terceros. En este caso, el turno puede quedar en el grupo, por ejemplo, cuando un matrimonio cuenta una historia alternándose, complementándose, corrigiéndose, etc. Cuando un hablante de un grupo no está dispuesto a 'compartir' los turnos por igual con su pareja, pueden surgir conflictos o sanciones: *¡Déjame hablar a mí alguna vez!,* o *¡Por qué siempre has de hablar tú!* En este tipo de disposición en grupos resulta comunicativamente notorio que algunos participantes ya saben todo o parte de lo que se dirá, por lo que pueden dirigir su atención a otra cosa o incluso preparar su propia contribución a la conversación (planeada).

7.4.5.3 Los turnos deben ser *relevantes* con respecto a otros turnos o interpretados como tales por los demás participantes, es decir que deben cumplir con las ya mencionadas exigencias de coherencia estilística, semántica y pragmática. En principio se habla del mismo *tema* o del mismo *objeto,* por ejemplo, durante toda una serie de turnos. Esto significa, como veremos enseguida, que la conversación debe estar estructurada también en el nivel global, por macroestructuras semánticas, entre otras. El cambio de hablante/turno también es importante en este nivel global, puesto que en este caso puede tener lugar al mismo tiempo un *cambio de tema.* Todavía no se conocen del todo las condiciones en las que hay (puede haber) un cambio de tema. En una conversación cotidiana parece evidente que se puede 'saltar de un tema a otro', con lo cual se puede hablar de un gran número de temas. Sin embargo, debemos suponer que los cambios de tema también están sujetos a restricciones. En general hacen falta límites de oraciones o grupos de oraciones. No obstante, hay también restricciones cognitivas: por regla general, los temas deben ser al menos *contiguos,* es decir, tener un concepto en común con el tema precedente (p. ej.: 'Pedro', 'vacaciones', 'París' y 'policía' ligan con el tema 'Pedro fue a veranear a París, y allí tuvo problemas con la policía'). Otra posibilidad la constituyen las *'intercalaciones',* p. ej., objeciones breves dirigidas en el interín a otra persona, ofreciendo algo de comer, beber o fumar.[11] Por último también se conocen *metasecuencias,* en las que un hablante comienza su turno, pero no lo hace con la intención de proseguir con el objeto de la conversación o de iniciar un nuevo tema, sino más bien con la intención de hacer un comentario *sobre* el enunciado del hablante anterior. Esto puede referirse a todos los niveles del enunciado: la articulación de los sonidos, la pronunciación, el estilo (vocabulario, etc), el tema, las proposiciones, los actos de habla, etc. *(¿Acaso pretende ser una amenaza?).* Con frecuencia se difuminan los límites entre las diferentes formas de comentarios (protesta, corrección, etc.) y el hablar sobre el hablar. Eventualmente también se puede distinguir entre metasecuencias y *secuencias organizadoras.* Estas últimas poseen la función exclusiva de estructurar el curso de la organización, influir sobre él u organizarlo, por ejemplo, a través de observaciones sobre el reparto de las contribuciones a la conversación *(Ahora sí que tienes que decir algo. Por qué no te callas de una vez; los demás también tienen derecho a hablar).*

7.4.6 Las estructuras globales de la conversación y del coloquio

7.4.6.1 Igual que los textos y las interacciones en general, ni el coloquio ni la conversación se componen sólo de estructuras locales,

---

[11] JEFFERSON (1972) ha estudiado estas *'side sequences'.*

microestructuras, sino también de *estructuras globales*. Y también aquí distinguiremos como mínimo entre estructuras globales *semánticas* (macroestructuras) y *esquemáticas* (superestructuras).

Ahora ya conocemos las razones de estas diferencias. La coherencia lineal mutua de los enunciados y actos de habla en una secuencia siempre debe considerarse en relación a unidades más globales. También se evidencia que en distintos niveles hay propiedades textuales que requieren una descripción a través de macroestructuras (p. ej.: la interpretación de pronombres, artículos determinados, la aparición de oraciones temáticas, etc.). Las macroestructuras también brindan una explicación del concepto de 'tema' de un texto, tan importante desde el punto de vista intuitivo y teórico. Además, una elaboración cognitiva del texto no es posible sin un nivel de estructuras globales. Y, por último, tampoco es posible ligar estructuras esquemáticas directamente a oraciones o proposiciones de un texto, sino que precisamente tienen que plasmarse en las macroestructuras.

A este respecto también hay que destacar finalmente el argumento de que sin estructuras globales tampoco hay *funciones globales* para el coloquio y la conversación. Al fin y al cabo se espera que después de una serie de actos de habla los interlocutores sepan globalmente lo que se les ha comunicado, lo que de ellos se espera, etc.

A partir de los argumentos mencionados podemos deducir además que no se puede sostener un coloquio o una conversación sin elaborar estructuras más globales en el nivel de la *planificación* y *conducción estratégica:* el hablante no sólo tiene que saber lo que se acaba de decir, sino también lo que él o los demás hablantes han dicho a lo largo de la conversación. Ya habíamos indicado que esto no puede tener lugar en el micronivel: no se pueden almacenar todas las proposiciones de una conversación de cierta extensión. Por lo demás, también puede ocurrir que el hablante tenga determinado plan pragmático o de contenido: quiere comunicar *p* o pedir *q*, y esto puede hacerlo a través de la conversación como un todo y/o a través de sus contribuciones a la conversación. Para ello necesita una estrategia que consiga que los demás interlocutores se interesen por el tema, los mantenga ocupados, etc. Ya hemos discutido el ejemplo de una persona que quiere tomar prestado dinero de otra: por regla general no 'entrará de rondón', sino que comenzará con salutaciones, intercambiando algunas palabras sobre el tiempo, los familiares o amigos de la otra persona, y sólo entonces abordará el tema 'crítico', enumerando en primer lugar toda una serie de circunstancias y sacando la conclusión de que no dispone de dinero, aunque lo necesita imprescindiblemente, además de lo difícil que resulta tomar prestado dinero en cualquier parte. Sólo entonces, y con frecuencia indirectamente, apelará a la eventual buena voluntad de la otra persona para que preste la cantidad deseada. Durante toda la conversación, el hablante ha tenido un plan pragmático (un pedido) con un contenido específico ('quiero que *x* me preste dinero'); pero ese plan sólo existía en el nivel más global, pese a que naturalmente guiaba la ejecución de los micro-enunciados y su orden: cortesía, tacto, enunciados indirectos, estilo y sobre todo la construcción sistemática del 'pedido' (p. ej., mediante acciones preparatorias, presuposiciones, etc.).

No todas las conversaciones cotidianas deben de evolucionar de esta manera tan orientada: una simple plática o charla precisamente se caracteriza por el hecho de que no conlleva un tema preparado. Con frecuencia, sin embargo, versará sobre temas *estereotipados* —a saber, los habituales *tópicos de conversación* como el tiempo, la salud, la familia (esposa-o, niños), las vacaciones, la profesión y otros similares— aunque realmente no pueda decirse que estén planeados como tales.

Para fundamentar el ya mencionado *cambio de tema* necesitamos una explicación en términos de macroestructuras semánticas. Hemos de saber qué aportaciones a la conversación siguen perteneciendo al mismo tema y cuáles ya abordan el próximo. Desde luego, esta descripción tiene lugar en el nivel de la estructura semántica de los enunciados de la conversación: cuando una subsecuencia de proposiciones ya no puede quedar comprendida mediante macrorreglas y marcos de conocimientos en una macroproposición ya construida, hay que 'diseñar' una nueva macroproposición. Pero también aquí existen, por regla general, *indicios* en la estructura superficial de la conversación que permiten que esta decisión ocurra más eficazmente en la elaboración de la conversación: en muchos casos, un hablante debe de insinuar un nuevo tema con expresiones como, *por cierto, hablando de otra cosa, entre paréntesis, ya que estamos en eso, en lo que respecta a ..., así pues...,* etc.

Vemos que la manera en que se analizan los estructuras de significados globales en una conversación y la índole de su papel estratégico y cognitivo en la (co-)conducción de la misma se atienen en lo esencial a nuestras descripciones anteriores de las macroestructuras semánticas. Pero la característica típica de una conversación cotidiana es que su macroestructura, por lo general, no está completamente planeada o incluso puede no estar planeada. Si somos conscientes de la libertad de los interlocutores, es bien cierto que pueden tocarse varios temas distintos, entre los que puede haber algunos que no interesen en lo más mínimo a uno de los participantes. Contrariamente a muchos otros tipos de texto, en la conversación puede ocurrir que únicamente tengan que tener una coherencia global *fragmentos* individuales: los distintos temas no tienen por qué tener nada que ver entre sí, ni tienen que ser parte de un tema más global. En otras palabras: una conversación cotidiana puede muy bien no tener *ninguna macroestructura general*.

7.4.6.2   Si la conversación se efectúa bajo una forma textual (dialogística) especial, es de suponer que habrá estructuras *esquemáticas* específicas que cumplan una función. Además de estar articulada por macroestructuras (temas de la conversación), una conversación también puede estar estructurada, pues, por su *forma*, de manera parecida a la narración. Así surge la cuestión de si existen determinadas *categorías* esquemáticas que definan esta superestructura del coloquio y la conversación y qué *reglas* determinan el ordenamiento de la conversación a través de estas categorías. Como el término 'superestructura' ya permite suponer, estas estructuras esquemáticas forman en cierta manera un 'armazón' global que se 'aplica' a la conversación: establecen a grandes rasgos lo que ha de decirse primero y de qué manera, qué ha de venir a continuación y cómo hay que hacerlo, actuando así simultáneamente de esquema *cognitivo* para facilitar la producción, la comprensión, el reconocimiento, la elaboración, el almacenamiento, etc., y también de esquema *social*, al indicar el tipo convencional de texto de la interacción comunicativa: así sabemos que alguien quiere conversar sobre algo y no sólo preguntar una cosa, impartir una orden o disponer determinadas acciones de marco (p. ej., en la ventanilla de una oficina municipal).

También en el micronivel hay esquemas elementales, que consisten entonces en unos pocos turnos. Los ya mencionados *pares contiguos (adjacency pairs)*, como pregunta y respuesta, acusación y defensa, felicitación y agradecimiento y, sobre todo, saludo y devolución del saludo, pueden tener con frecuencia este carácter esquemático. Pues los distintos turnos no sólo tienen un significado y una función pragmática, sino que simultáneamente expresan algo que podríamos llamar *función estructural*. Así por ejemplo, una contestación de hecho no es una acción lingüística, sino que la acción lingüística específica —por ejemplo, una aseveración— *actúa de* contestación a una pregunta. Por lo demás, estos microesquemas también pueden estar relacionados de manera estereotipada con los tópicos de conversación de contenido estereotipado, como por ejemplo en el intercambio meramente retórico de saludos.

En un nivel más global, por cierto, la conversación parece tener a menudo una estructura esquemática nítida. Por ello damos a continuación una serie de categorías provisionales que tienen aquí un papel importante:

La APERTURA. Así como una narración por regla general comienza con un MARCO, las conversaciones suelen empezar con una serie de turnos que, juntos, hacen las veces de APERTURA. Las fórmulas de apertura típicas son evidentemente las del saludo (*hola, bienvenido, buenos días,* etc.). También existe la categoría de la PREPARACION, que a menudo incluso precede al saludo y constituye tal vez una categoría por sí misma. Las expresiones de preparación pretenden llamar la atención, establecer una comunicación, etc. (*oye, escucha, mira, eh,* etc.). La estructura de la APERTURA depende de muchos factores. La *formalidad* de la conversación puede requerir una apertura larga en algunas culturas (en los países árabes y en el Japón esto es mucho más complejo que en Occidente). En todo caso, incluso en las conversaciones cotidianas es poco cortés 'entrar de rondón', lo cual nos indica al menos la sujeción a reglas de una de las aperturas que suelen presentarse. Además, son importantes el grado de *intimidad* de los interlocutores, así como el tiempo transcurrido desde la última vez que se hablaron. Una persona con la que se habla a diario generalmente no necesitará una APERTURA extensa, y las fórmulas de saludo suelen ser inaceptables en ese caso.

La ORIENTACION. Con esta categoría, tomada de la estructura de la narración designamos la serie de turnos que tienen la función de preparar el tema de la conversación. En la ORIENTACION se puede, por ejemplo, aseverar que existen una cosa, una circunstancia o un suceso a los que la conversación se referirá de inmediato. Con la ORIENTACION se pretende, sobre todo, despertar el *interés* del interlocutor, o por lo menos, controlar que este interés realmente exista. Los giros típicos al comienzo de una ORIENTACION son: *¿Ya sabes lo que me pasó ayer? ¡Imagínate lo que me ha pasado!*, y otros similares.

El OBJETO DE LA CONVERSACION. La categoría central de la conversación la llamaremos simplemente OBJETO DE LA CONVERSACION, puesto que desde el punto de vista global y de contenido es la categoría 'de la' que trata la conversación. En el OBJETO DE LA CONVERSACION se ofrece una narración, se comunica un suceso importante, se enuncia el contenido de un deseo, un pedido o una orden, etc. En otras palabras: el OBJETO DE LA CONVERSACION es la categoría que también constituye la base para la *función* pragmática de la conversación: ¿qué es lo que los interlocutores quieren decirse, qué quieren el uno del otro?

Acabamos de señalar el hecho de que muchas conversaciones no tienen un solo tema. Así resulta que la categoría esquemática de OBJETO DE LA CONVERSACION tiene que ser recursiva u ofrecer espacio para una secuencia de temas. Debemos suponer que el paso de un OBJETO DE LA CONVERSACION a otro tiene lugar igual que el cambio de tema, es decir, por medio de señales.

La CONCLUSION. A falta de un término mejor, adoptamos de la estructura esquemática de la argumentación el concepto de 'conclusión'. Se trata de una serie de turnos cuya función es la *terminación del tema*. Esta terminación puede ir acompañada de oraciones de síntesis, de las habituales evaluaciones narrativas (*Nunca me había pasado algo así, Vaya miedo que pasé,* etc.) y de expresiones del 'otro' que exigen la pronta terminación del tema (*bien, bueno, vale,* etc.).

La parte 'de contenido' de la conversación no tiene por qué haber terminado después de la CONCLUSION. Un hablante puede querer decir súbitamente algo más, iniciar un nuevo objeto de conversación o añadir algún detalle. En tal caso incluso puede volverse necesaria una nueva ORIENTACION. De ahí nuestra hipótesis de que todo el grupo ORIENTACION - OBJETO DE LA CONVERSACION - CONCLUSION es recursivo.

La TERMINACION. Las conversaciones comienzan de una manera

característica, pero también terminan esquemáticamente. También aquí son importantes las fórmulas de saludo (*adiós, hasta la vista,* etc.). No obstante, estas fórmulas sólo suelen darse al final, es decir que son los últimos turnos de la TERMINACION. De esta manera resulta fácil reconocer una clara estructura interna en la TERMINA-CION. Por de pronto, la TERMINACION misma puede ser preparada.[12] Un hablante puede, por ejemplo, anunciar que la conversación está por concluir o debe terminarse pronto. Esto lo puede hacer interrumpiendo al otro o manifestando que no le queda tiempo (acompañándolo normalmente con unas miradas al reloj, dando la impresión de tener prisa), que tiene otro compromiso, etc. Hay fórmulas típicas para la TERMINACION, como por ejemplo: *Pues bien, ya pasaré mañana; Bueno, creo que debo irme; Eso es todo,* etc.

Puede ocurrir que incluso la TERMINACION sea interrumpida por un turno, si un hablante de pronto recuerda que aún tiene algo importante que decir (*Ay, se me olvidaba decirte que...; Un momento, se me olvidaba que...,* etc.).

El contenido central de la TERMINACION puede tener dos funciones: comentar globalmente el coloquio o la conversación (*Me ha gustado volverte a ver,* etc.) o anunciar o hacer planes para una interacción o conversación futuras (*Bueno, pues entonces hasta mañana a las doce; Correcto, te espero mañana,* etc.). A este respecto, la TERMINACION posee una función típica para la planificación global del trato social entre individuos. Expresa las evaluaciones de los encuentros, establece convenciones y planea los próximos encuentros.

Para la fase final de la TERMINACION disponemos de los 'verdaderos' giros de cierre, como fórmulas de saludo, partículas, etc.: *¡vale!, ¡que vaya bien!, ¡ciao!, ¡adiós!, ¡hasta mañana!, ¡ánimo!, ¡a pasarlo bien!, ¡hasta la vista!,* etc. También esta serie de turnos puede estar articulada en el nivel local. Como mínimo parece necesario un saludo por hablante, pero a menudo ocurre que el que saluda primero repita una vez más un saludo final, como por ejemplo:

(13) A: Bueno, ¡que te vaya bien!
B: Sí, ¡igualmente!
A: ¡Adiós!
(B: ¡Adiós!)

Así como B, en primer lugar, contesta el primer saludo, A tiene que volver a contestar el saludo de B y dar a entender con ello a la vez que el saludo realmente significa el final de la conversación. También B puede realizar este último cierre. Las terminaciones de las conversaciones naturalmente permiten muchas variantes, y pueden aparecer recursiones de saludo/devolución del saludo mucho más largas. Finalmente hay que destacar el hecho de que precisamente la TERMI-

---

[12] SCHEGLOFF & SACKS (1973) hacen un análisis del principio y el final de la conversación.

NACION va acompañada de otras acciones y de ademanes paratextuales. Mirar el reloj y 'aprestarse' a partir son ademanes característicos para concluir o acabar, mientras que darse la mano, abrazarse, irse corriendo o saludar con la mano son acompañantes típicos de los saludos de la TERMINACION.

7.4.6.3   También se halla en el nivel global del análisis de la conversación y del coloquio la explicitación de las posibles *funciones* de la conversación, a saber, las posibles consecuencias o efectos cognitivos y sociales del suceso conversacional total. A este respecto seremos breves, puesto que aún no se sabe demasiado sobre este tema.

Entretanto nos hemos familiarizado con las *funciones pragmáticas* de los textos, o sea, con el *macroacto de habla*, realizado a través de una serie de actos de habla. Hemos mostrado que esto también puede darse en las conversaciones. Para un hablante determinado, una conversación puede significar la intención de formular un pedido o protestar contra algo.

Las *funciones psicológicas* y *sociales* de la conversación no permiten una formulación tan clara. En primer lugar, ambos interlocutores pueden tener la intención de que la conversación se realice para resolver un problema, por ejemplo, para aclarar un malentendido o hablar con franqueza respecto de un conflicto. La conversación es así el lugar en el que se pueden manifestar más o menos libremente los deseos, los anhelos, las posturas, las opiniones, los sentimientos y los planes de cada uno. No ocurre lo mismo en contextos más formales o en conversaciones estandarizadas o institucionalizadas. Por eso, una conversación no sólo presupone cierta familiaridad entre los participantes sino que también implica cierta intimidad. Pues por regla general se parte del supuesto de que aquello que un interlocutor manifiesta en el curso de una conversación personal y desinhibida sobre sus propias opiniones o sentimientos, no deberá ser 'publicado' por el otro interlocutor. En cualquier caso no se pueden deducir obligaciones formales, sociales, para un individuo a partir de una conversación de este tipo.

Precisamente son estas características de la conversación las que la convierten en una forma de comunicación excelente para *situaciones terapéuticas*:[13] se le pide al paciente que exprese todos los deseos, sentimientos, anhelos, posturas y opiniones posibles, para que pueda analizarse hasta qué punto las manifestaciones 'libres' en una conversación (confidencial) revelan algún trastorno psíquico (neurosis/psicosis, etc.). Contrariamente a otras formas de comunicación, precisamente la conversación (y la narración en una conversación) carece de funciones pragmáticas y sociales específicas, salvo de aquellas que definen la situación terapéutica específica: sólo importa aquello que

---

[13] Véase nota 20 de capítulo 1.

el paciente dice, opina, etc., y las posibles propuestas del terapeuta para posteriores modificaciones de comportamiento. Con este fin, el terapeuta, a ser posible, se apoya en la comprensión adquirida por el paciente mismo en cuanto a particularidades específicas de su propio comportamiento anterior o el de otras personas. Aquí no vamos a entrar más en detalle sobre los numerosos aspectos terapéuticos y patológicos de las conversaciones.[14]

Por último nos ocuparemos de las funciones sociales y sociopsicológicas de las conversaciones: una conversación puede tanto provocar conflictos entre los participantes como aumentar el conocimiento mutuo, la confianza u otras particularidades del microcontexto social. Con frecuencia no se pretende lograr nada específico fuera del coloquio en sí: no es imprescindible que una conversación tenga el fin de que el otro haga algo. Este carácter *reflexivo* de la conversación, que *mutatis mutandis* también puede aplicarse a narraciones, chistes y literatura, también puede adoptar la función social de meramente *consolidar* las relaciones ya existentes: nos paramos en la calle para charlar un rato con un conocido, precisamente porque queremos que se siga manteniendo la relación de 'buen conocido'. Una conversación puede, por otro lado, cumplir la función de *comenzar* o *redefinir* una relación: a través de la conversación conocemos a una persona, charlando conseguimos conocerla mejor, y con ello podremos *categorizarla* mejor (amigo, enemigo, etc.).

Desde el punto de vista sociopsicológico, la conversación es el lugar adecuado para la extensión y distribución de *conocimientos* sociales intuitivos, *rumores, opiniones, posturas, estereotipos, prejuicios,* etc. Dado que sobre todo en las formas de comunicación formales e institucionalizadas, el control de lo que se dice puede estar muy establecido en el sentido de una norma, por lo cual los hablantes aportarán más que nada contribuciones 'socialmente esperadas', la conversación cotidiana espontánea es la forma básica adecuada para difundir, mediante una interacción comunicativa directa, los conocimientos, las posturas, las opiniones, las habladurías, etc., con lo que se actualizan, confirman y eventualmente modifican convenciones tales como normas, reglas, estereotipos y prejuicios. Aquí no podemos seguir ocupándonos de estos aspectos sociopsicológicos de la elaboración textual. Nos conformamos con subrayar el significado especial y sobresaliente que las conversaciones cotidianas obtienen precisamente en la elaboración social de la información.

7.5   *Consideraciones finales*

7.5.1   En el presente capítulo se han expuesto varios proyectos de cómo estudiar el uso de la lengua y los textos en su contexto social;

---

[14] Para el análisis de aspectos patológicos de la conversación y la comunicación, véase WATZLAWICK y otros (1967).

hemos prestado especial atención a la 'forma básica' de la microinteracción social y la comunicación: la conversación cotidiana. De esta manera se ha introducido una serie de conceptos sociales básicos que cumplen un papel demostradamente importante en el análisis de la conversación, con lo cual, en ulteriores investigaciones sobre funciones sociales de los textos, se podrá profundizar con mayor detalle en la cuestión de qué estructuras sociales más específicas influyen en las estructuras y funciones de los textos. Para esta investigación textual-sociológica sería muy importante llevar a cabo un análisis de la manera en que las propias estructuras sociales (como instancias o instituciones) son también definidas o conservadas en su situación gracias a los tipos de textos que estas estructuras elaboran, lo que reviste gran importancia, por ejemplo, en las instituciones escolares.

7.5.2 Además se ha evidenciado en este capítulo que para el análisis del uso social de lengua y texto hay que postular una base *cognitiva:* los individuos se comportan de acuerdo a sus interpretaciones, conocimientos, suposiciones y criterios, y lo hacen en relación a otros individuos, a la estructura social y al 'mundo' en general. En el capítulo anterior hemos discutido con relativa amplitud una serie de estos principios cognitivos básicos. En la justificación del uso de la lengua y del texto dentro del contexto social, los procesos cognitivos constituyen, por así decirlo, el vínculo entre las estructuras textuales y los comportamientos sociales: un texto sólo puede tener un efecto sobre los conocimientos, las opiniones y los puntos de vista si ha sido elaborado cognitivamente en varios niveles, con lo que el significado y la referencia semánticos, la función pragmática, la postura (estilística) y las intenciones del hablante habrán sido reconstruidos sobre la base de esta interpretación cognitiva.

7.5.3 Los primeros capítulos de este libro proporcionan a una posterior investigación científico-textual en las diferentes ciencias sociales una base esencial, a saber: el conocimiento de las distintas *estructuras del texto.* Aquello que hasta ahora se había practicado de manera bastante intuitiva y poco sistemática bajo el concepto de análisis del contenido *(content analysis),* ahora puede llevarse a cabo dentro de un marco bastante claro de niveles, categorías y reglas. Esta evaluación de tan vasto alcance naturalmente no quiere decir que las diferentes estructuras textuales mencionadas a lo largo de este libro puedan analizarse actualmente todas de forma explícita y completa. En verdad ocurre exactamente lo contrario. Fuera de los estudios valiosos, pero a menudo intuitivos, de una larga tradición de la retórica, la poética y la doctrina de la argumentación, hace sólo pocos años desde que un análisis sistemático —que incluye, entre otros, el análisis lingüístico— de las estructuras textuales se ocupa de comprender los factores más elementales de los textos y de sus funciones.

Por lo demás, es de esperar que, fuera de este análisis de textos, la investigación de textos específicos y sus funciones en distintos contextos sociales y culturales muestre la necesidad de otras categorías textuales o incluso de otros niveles de análisis.

7.5.4   A pesar de las recién mencionadas limitaciones del análisis textual, cognitivo y de interacción comenzado en este libro, disponemos ahora de un instrumental que nos permite investigar otros tipos de textos específicos e incluir en el trabajo científico distintos efectos, condiciones y funciones de los textos en sus contextos sociales y culturales. Sobre todo en el campo de la psicología social y sobre la base de los principios cognitivos y textuales aquí esbozados, hay que realizar un amplio análisis de la influencia textual sobre opiniones, posturas, intenciones y comportamientos, poniendo especial atención en las instituciones educativas y los medios de comunicación de masas. Si consideramos el gran número y la complejidad de los factores que, además de la comprensión textual, determinan las opiniones, los criterios, etc., nuestra actual comprensión de estos procesos resulta alarmantemente escasa. Por esta razón, la aplicación crítica de la ciencia del texto a estos campos de investigación parece ser una de las tareas más urgentes de la investigación científico-textual.

Por lo demás, ocurre desde luego algo similar en otros ámbitos sociales en los que la influencia, la manipulación y otras formas de ejercicio del poder desempeñan un papel importante a través de formas particulares del uso de la lengua y del texto. Esto no sólo se evidencia en la creación de prejuicios, sino también en la categorización textual (documentación) de los individuos (a menudo con ayuda de computadoras), en instituciones como las judiciales y educativas, la previsión sanitaria, la policía y otros órganos estatales. Por ello, este libro no sólo pretende brindar conocimientos para la comprensión de las estructuras textuales y sus elaboraciones o estimular ulteriores investigaciones en muchos terrenos y problemas aún intocados, sino que quiere ser un alegato en favor de la 'formación', tanto fuera como dentro de la escuela; quiere, pues, elevar al nivel consciente las relaciones entre el uso de la lengua/el texto y los problemas sociales y psicológicos, el poder y la desigualdad.

Epílogo a la edición castellana

Cinco años han pasado desde la publicación de la versión holandesa de este libro. En un campo nuevo y en continuo desarrollo como el de los estudios del discurso, estos cinco años han presenciado, desde luego, la publicación de numerosos estudios nuevos. Por eso comencé a escribir un nuevo capítulo para esta traducción castellana de *Tekstwetenschap,* en el que me proponía dar cuenta de los nuevos desarrollos más importantes en este campo. Sin embargo, pronto se evidenció que para semejante resumen haría falta otro libro, y que incluso una visión superficial de la nueva bibliografía insumiría meses de lectura y preparación. Renuncié, pues, a la tarea, y escribí en cambio este epílogo, en el que sólo podré resumir brevemente mi propia evolución en el campo de los estudios del discurso, sobre el fondo de los demás avances notorios en este campo. Con todo, pese a que durante los últimos cinco años se ha investigado mucho, incluso por mi parte, el contenido de este libro sigue vigente. Se han discutido los ámbitos más importantes del análisis del discurso, incluida la psicología de la elaboración del texto y el estudio de la interacción conversacional. Quedó excluido el estudio del discurso en otras disciplinas como la sociología (a excepción de la interacción conversacional), la etnografía, el estudio del derecho y otras ciencias sociales, para las que haría falta otra introducción. Enfocaré, pues, mi propia labor de estos últimos cinco años.

La gramática del texto

A partir de mi libro *Texto y Contexto* (1977), traducido al castellano en 1980, he realizado poca investigación sistemática en el campo más específico del análisis gramatical del discurso. Las nociones básicas sobre coherencia, resumidas brevemente en el segundo capítulo del presente libro, parecen, no obstante, seguir siendo válidas en lo fundamental. Sin embargo, hacen falta algunas observaciones adicionales. En primer lugar habría que destacar que en los últimos años hemos sido testigos de un creciente interés por la descripción textualmente significativa de la sintaxis, sobre todo en los Estados Unidos (donde la gramática del texto no había sido particularmente popular, no más que la mayoría de las contribuciones europeas a la lingüística). Así, en una colección de ensayos bajo el significativo título de *Discourse and Syntax* (Givón, comp., 1979), encontramos no sólo los habituales ensayos sobre la estructura global del discurso, por ejemplo en términos de párrafos, sino también una nueva aproximación a la sintaxis de la oración. Esta aproximación *funcional* enfatiza el hecho de que las categorías y reglas sintácticas no son simplemente autónomas, sino una función del contexto, es decir, tanto de la situación social como del discurso en los que suelen estar integradas las oraciones. Y, en efecto, como ya habíamos sugerido en nuestra temprana labor sobre la gramática textual, la mayor parte de las categorías de oraciones, así como los fenómenos del orden de las palabras, son sensibles al contexto o al texto. Esto es obvio para los habituales marcadores de cohesión, como los pronombres, demostrativos y varios tipos de conectivos. Pero desde luego vale lo mismo para la estructura *tópico-comento* de las oraciones y, por tanto, para el orden de las palabras o los morfemas que expresan esta estructura. Y lo mismo rige para relaciones sintácticas como sujeto y objeto. De esta manera, la estructura sintáctica es función no sólo de estructuras semánticas, sino también de coerciones impuestas por el discurso, como el *tópico* semántico (macroestructura) de secuencias de oraciones o discursos enteros. Observaciones similares pueden hacerse con respecto a las categorías (y los tiempos) verbales en las oraciones. En el discurso, la identidad y el cambio en los tiempos verbales no son, desde luego, arbitrarios, sino que dependen de parámetros temporales de los episodios, por ejemplo —en relatos— en el caso de *flashbacks* o cambios de perspectiva. En efecto, muy pocas son las propiedades sintácticas de las oraciones que parecen *no* depender sistemáticamente de tales imposiciones del discurso. La conclusión obvia de los muchos estudios empíricos y teóricos que han verificado esta afirmación en años recientes es efectivamente que las gramáticas deberían ser también, por definición, gramáticas del texto, en el sentido de que tendrían que dar cuenta de las estructuras oracionales dentro de un marco más amplio, que incluyera las estructuras lingüísticas del discurso monológico y, por supuesto, estructuras conversacionales. Por otra parte, esto *no* significa que *todas* las estructuras textuales deberían ser explicadas en una gramática, como podemos ver fácilmente en el estudio del estilo, los recursos retóricos, las estructuras esquemáticas o la recepción de turnos en la conversación.

Un segundo punto que debemos tratar aquí concierne a la naturaleza de la *coherencia local* en el discurso. Hemos hecho una diferencia entre coherencia local *condicional* y *funcional*. La primera de ellas es bien conocida y explica las conexiones causales habituales entre hechos denotados por proposiciones, y a menudo se la señala por conectivos como *porque, por lo tanto* o *como resultado de.* El otro tipo de coherencia local es mucho más difícil de definir. Lo hemos llamado «funcional», porque en tales conexiones a una proposición se le puede asignar una función específica respecto de otra proposición anterior en el texto. Una proposición puede funcionar, por ejemplo, de especificación, generalización, contraste o ejemplo de una proposición previa. Grimes (1975) llamó «retóricas» tales conexiones. Ahora bien: en el coloquio, por ejemplo, los hablantes recurren todo el tiempo a este tipo de coherencia funcional, en especial por razones estratégicas. De este modo pueden «retomar», «corregir», «enfatizar» o «mitigar» lo que se acaba de decir. En otras palabras, tales vínculos de coherencia van pareciéndose mucho más a estrategias semántico-pragmáticas o interactuales para establecer vínculos de coherencia en o entre turnos de habla. Habrá que seguir profundizando en este tema para definir y describir detalladamente estas conexiones de coherencia.

Por último, en la frontera entre la lingüística y la psicología habría que volver a destacar —pese a que no prestemos atención a ese asunto en este libro— que la coherencia *no* es (sólo) una especie de fenómeno «objetivo» del discurso. Al ser un aspecto del significado o de la interpretación de un discurso, también es, desde luego, subjetiva, y depende de la comprensión de los hablantes. Sobre la base de sus experiencias previas, conocimientos, metas y perspectivas personales, así como sus opiniones y actitudes, los hablantes *asignan* una coherencia al discurso que leen u oyen o del que participan. En otros términos: la coherencia no es una mera propiedad abstracta del discurso, de la que haya que dar cuenta en la semántica de una teoría del discurso o una gramática del texto, sino un fenómeno interpretativo dinámico de comprensión cognitiva en el que intervienen varios tipos de conocimientos subjetivos. A fin de garantizar un mínimo de intersubjetividad en la comprensión y comunicación, se infiere, pues, que la mayor parte de las condiciones de coherencia deberían ciertamente formularse en términos de esquemas (o *scripts*) de conocimientos intersubjetivos. Mientras que un lingüista formularía una parte de estos conocimientos en términos de léxico, un psicólogo más bien los especificaría en términos de recuerdos episódicos y el conocimiento general de palabras o *scripts* de los hablantes. Estos *scripts* incluyen los conocimientos típicos de una sociedad o cultura acerca de las estructuras posibles de los episodios.

Macroestructuras

De hecho, se pueden hacer observaciones similares acerca de la noción de *macroestructura* semántica. En este libro hemos supuesto que la macroestructura de un discurso es la reconstrucción teórica de lo que suele llamarse el tópico de un discurso, es decir, su información más importante. Y para derivar semejante tópico de un texto hemos postulado una serie de (macro-)reglas que destruyen la información no significativa y generalizan e incluyen información en (macro-)proposiciones de un nivel superior. Es obvio que como nuevamente estamos tratando el sentido de un discurso, pero ahora en un nivel más global, deberemos destacar los mismos hechos que en la coherencia local, sobre todo el de que la formación de macroestructuras en un texto depende también de la información cognitiva (subjetivamente variable) de los hablantes. Es decir que para deducir un tópico de un discurso necesitamos *scripts*. Y como las macroestructuras dan cuenta de lo «más importante» de un discurso, deberíamos percibir que en principio todo lector/oyente puede asignar a un texto una macroestructura diferente, subjetiva, según sus propias metas, perspectivas u opiniones. De todos modos, una vez más, este hecho no permite derivar interpretaciones globales totalmente arbitrarias. En primer lugar, el hablante/escribiente emplea muchos recursos para señalar la macroestructura «correcta» o «que tenía intención de expresar», como sumarios, títulos, anuncios u oraciones temáticas. En segundo lugar, el lector/oyente tiene también un modelo cognitivo del hablante/escribiente y por tanto tratará de actualizar el conocimiento que sea relevante para comprender el tópico del hablante/escribiente, de modo que la comunicación eficaz siga siendo posible. Por supuesto, esto no impide asignar al discurso una interpretación global más personal, «sesgada». Por último, como veremos más adelante, la asignación de macroestructuras no es sólo una operación basada en reglas, sino también estratégica.

En nuestra monografía sobre macroestructuras (*Macrostructures,* 1980) tratamos de explicar el hecho de que las «interpretaciones globales» no sólo son relevantes para la producción y comprensión del discurso, sino también para la elaboración de todo tipo de información compleja. Esto significa que la noción es también relevante, por ejemplo, para la interpretación y «producción» (planificación, ejecución) de acciones complejas. En ese marco también podemos explicar la noción de macroacto de habla en pragmática. En ambos casos es el modelo cognitivo el que nos proporciona la base teórica para una explicación adecuada de la elaboración «global» tanto del discurso como de la (inter-)acción, incluidos los actos de habla y las conversaciones.

La elaboración del texto - un modelo cognitivo

Como puede colegirse de las anteriores observaciones, en los últimos años mi perspectiva general del discurso se ha visto muy influida por la psicología cognitiva. En efecto, la mayor parte de mi trabajo de la última década la he efectuado en el área del desarrollo de modelos cognitivos para la comprensión del discurso. Una gran parte de esta tarea la he realizado en colaboración con Walter Kintsch, de la Universidad de Colorado, en Boulder (Estados Unidos). Nuestro primer modelo fue resumido en el informe de Kintsch y van Dijk (1978), y muchas de las ideas formuladas en este libro derivan de aquel trabajo. Bajo la influencia de aquel escrito y de otros trabajos independientes en psicología e inteligencia artificial, surgió una verdadera moda en esta área de la elaboración del texto: en revistas y libros destacan numerosos escritos de orientación tanto teórica como práctica, y las aplicaciones fueron especialmente populares en psicología educativa, como por ejemplo en el estudio de la lectura.

En lo que respecta a mi propia labor con Walter Kintsch, en estos últimos años hemos desarrollado un modelo más comprensivo, que corrige también algunos de los principios del primer modelo. Mientras que éste aún era predominantemente «estructural», nuestro nuevo modelo debería llamarse «estratégico». Esto significa que en vez de operar con reglas y estructuras abstractas prefijadas, ahora preferimos trabajar con operaciones cognitivas más flexibles de comprensión del discurso, a saber, con estrategias. A diferencia de una regla, una estrategia puede operar sobre información estructural incompleta (como por ejemplo las primeras palabras de una oración, y no únicamente sobre la oración en su conjunto); recibe información de varios niveles al mismo tiempo (no exclusivamente, por ejemplo, información semántica, sino también fonológica, sintáctica, pragmática, contextual y cognitiva, como los *scripts* o los recuerdos episódicos); está dirigida hacia un objetivo, por lo cual depende de los objetivos e intereses personales de los hablantes; y globalmente, su propiedad más importante es ser lo más *eficaz* posible. Los hablantes tratarán de arribar lo más eficazmente (rápida y comprensivamente) posible a la interpretación de una oración, una secuencia de oraciones o un discurso. Esto puede significar que se hagan «conjeturas», es decir, hipótesis eficientes que luego se podrán confirmar, ajustar o rechazar. En nuestro libro mostramos la manera en que los hablantes asignan proposiciones a las oraciones, «combinan» estratégicamente proposiciones por vínculos de coherencia local, deducen estratégicamente macroestructuras del discurso y utilizan estratégicamente sus conocimientos (*scripts* o representaciones similares) a fin de poder asignar tales interpretaciones.

Otro rasgo de nuestro nuevo modelo es la hipótesis de que en la memoria episódica no sólo tenemos una representación textual (RT) como resultado del proceso de comprensión, sino que toda la interpretación tiene que basarse en lo que llamamos un *modelo de situación* (MS) en la memoria episódica. Un MS de este tipo es una estructura integrada de experiencias previas que incluye textos leídos anteriormente, pero que también incorpora información actualizada de los *scripts*. El modelo de situación es, por decirlo así, una «imagen» cognitiva del fragmento de mundo del que trata el discurso. Completa toda la información sobre la situación y permite, por tanto, la plena comprensión del discurso. Esa información, sin embargo, no es expresada por el discurso mismo; añade, por ende, todas las «presuposiciones» del hablante. El MS es crucial para dar cuenta de la coherencia local y global, especificando por ejemplo las relaciones entre los «hechos» de los que hemos hablado y proporcionando la base para la referencia y correferencia en el texto. Por último, y entre muchas otras funciones importantes, este modelo de situación permite explicar elegantemente el hecho de que el hombre «actualice» sistemáticamente sus conocimientos sobre el mundo. Si, por ejemplo, leemos en el periódico en días consecutivos las noticias acerca de la guerra civil en El Salvador, desde luego no tendremos acceso a cada uno de los artículos. Más bien nos iremos forjando gradualmente una «imagen» de aquella guerra civil, sobre la base de la RT en la memoria episódica, construyendo así un modelo de situación de la guerra civil. Al leer un nuevo artículo sobre El Salvador, sólo necesitaremos activar el correspondiente MS, y podremos entonces entender los nuevos detalles, rellenar lo que quede implícito en este nuevo texto y poner al día los nuevos datos de conocimientos según se infieran del texto. De esta forma, el modelo de situación es al mismo tiempo la base empírica del proceso de aprendizaje. Mediante la descontextualización, generalización y abstracción podremos construir así esquemas de conocimientos más generales, como los *scripts,* por ejemplo, un *script* de GUERRA CIVIL. Finalmente, como veremos más adelante, el MS puede bien ser la mejor ubicación para nuestras opiniones habituales sobre algún acontecimiento; por ejemplo, nuestras opiniones (políticas) sobre la guerra civil en El Salvador. Y es obvio que un MS con esas opiniones también influirá en nuestra comprensión (y, por ende, en nuestra evaluación) de la nueva información sobre El Salvador en el periódico.

La psicología social de la elaboración del discurso

Aquí nos encontramos con un área de investigación que durante años ha sido una de las principales motivaciones de mi trabajo sobre el discurso, a saber, el tema de las funciones y los efectos sociales del discurso. En este tipo de trabajo deberían hacerse más explícitas nociones del tipo de la «persuasión» y «manipulación», después de su anterior y menos satisfactorio tratamiento en la retórica, por un lado, y en la psicología social, por el otro. Con un modelo cognitivo de elaboración del discurso, tal como se lo ha bosquejado antes, ahora estamos al fin en condiciones de formular explícitamente el proceso de comprensión, representación y «utilización» del discurso. En otras palabras, el complejo proceso de la persuasión puede finalmente analizarse en subcomponentes empíricamente verificados y teóricamente sólidos. Ahora sabemos aproximadamente cómo están organizados los conocimientos y cómo se adquieren y por tanto se modifican sobre la base de la información textual, y por tanto podemos intentar explicar el importante aspecto del cambio de opiniones y actitudes y el papel de las ideologías en la elaboración del discurso y la comunicación.

Ahora bien: con el fin de estudiar eficazmente este problema muy general y complejo, lo hemos dividido en varios componentes, cada uno de ellos vinculado a modelos teóricos separados y a una evaluación experimental u otras formas de evidencia empírica. Una primera tarea sería la de idear un modelo apropiado de «cogniciones subjetivas» como las creencias, opiniones y actitudes. Pese a que ahora tenemos el ejemplo de modelos de conocimientos, p. ej. bajo la forma de *scripts,* se ha evidenciado que la representación de opiniones y actitudes no es tan simple, entre otras cosas porque intervienen conceptos tan notoriamente vagos como «valores», «emociones» o «afectos». Sea como fuere, consideramos las opiniones como creencias evaluativas, distinguimos entre opiniones particulares y generales y definimos las actitudes como esquemas de opiniones (generales). Esto quiere decir que las actitudes son, en principio, estructuras del tipo de los esquemas cognitivos jerárquicos que conocemos de la investigación de la inteligencia artificial acerca del conocimiento. Sin embargo, en ese caso también tendremos que incorporar valores, planes o metas individuales de las personas. Por ahora no sabemos cómo se podrá desarrollar exactamente este modelo. Sin embargo, no podemos esperar a que el modelo teórico esté listo, y deberíamos tratar de hallar una evidencia tanto para su carácter estructural como para su *uso* efectivo en la elaboración del discurso. De ese modo es plausible que la activación de opiniones pueda influir en la busca léxica en la memoria semántica, la construcción de proposiciones, el establecimiento de la coherencia local y la derivación de macroestructuras. Así, las opiniones no sólo asignan «valores» a proposiciones locales o globales, sino que también pueden determinar lo que es relevante, importante y, por tanto, la estructura de las proposiciones y del tópico total en la memoria. En un experimento actualmente estamos intentando mostrar cómo los lectores de un artículo periodístico pueden «cambiar» la macroestructura intencionada del artículo realzando un tema de nivel inferior, porque conforme a sus opiniones o actitudes personales resulta más importante para ellos. De esta manera, por ejemplo, un artículo sobre una cuestión político-legal (la persecución de criminales de guerra) puede convertirse para el lector ante todo en un artículo con un tópico mucho más emocional, a saber, las atrocidades de los crímenes de guerra.

Otra manera de estudiar el papel de las opiniones y actitudes es seleccionar un subámbito específico de actitudes y analizar sistemáticamente la evidencia empírica para este campo. Por eso estamos emprendiendo actualmente el estudio del *prejuicio racial,* a saber, el prejuicio contra minorías étnicas (negros de Surinam y trabajadores extranjeros turcos y marroquíes) en Holanda. Así hemos estudiado la expresión, a veces muy indirecta y sutil, de actitudes étnicas en los periódicos y libros de texto, y también en conversaciones y relatos cotidianos. Así estamos ahora en condiciones de mostrar qué «contenidos» cognitivos pueden estar presentes en las actitudes étnicas respecto de los «extranjeros» en Holanda, al menos entre ciertas personas, y en especial, de qué manera pueden analizarse las estrategias conversacionales y narrativas como manifestaciones (indirectas) de estrategias cognitivas para la manipulación de opiniones étnicas. Los futuros trabajos experimentales en este caso deberán complementarse con ulteriores datos sobre hipótesis más específicas derivadas de este tipo de análisis textual de conversaciones.

Noticias

Por fin, otra área de aplicación en nuestro trabajo de los últimos años ha sido el análisis de *noticias* de la prensa. También aquí es necesaria una aproximación interdisciplinaria. En primer lugar tuvimos que realizar el habitual «trabajo de base», es decir, idear un modelo estructural para el discurso de las noticias. Se verifica, por ejemplo, que las estructuras convencionales del discurso de noticias de la prensa puede explicarse en términos de un *esquema de noticias* específico, destacando categorías como ACONTECIMIENTO PRINCIPAL, HISTORIA, ANTECEDENTES, CONSECUENCIAS O EXPECTATIVAS. También habrá que interesarse por las coerciones de coherencia local y global específicas en el discurso noticiero. Se ve, por ejemplo, que aquí se establece con mucha frecuencia una coherencia local funcional. Finalmente se destaca que la organización del discurso noticiero está determinada por un principio de *relevancia:* los títulos, el encabezamiento y el ordenamiento del texto no son cronológicos ni lógicos, sino que más bien están determinados por un principio de primacía: los aspectos más importantes vienen los primeros.

Pero tal como se puede esperar de los discursos de los medios masivos de comunicación, así como del discurso en el contexto social en general, estas estructuras de las noticias no son simplemente autónomas, sino que vienen determinadas por varias imposiciones de su producción y uso. Obviamente, la estructura de relevancia de los artículos de periódicos también se usa a fin de *señalizarle* al lector qué es lo importante o relevante (según el periódico en cuestión).

En otras palabras, la estructura de las noticias es un indicio importante en el proceso de comprensión de los lectores, y por tanto influirá sobre la representación textual última y la puesta al día del modelo de situación en la memoria episódica. Los títulos y encabezamientos expresan primariamente macroproposiciones y —si se leen primero— «guiarán» la comprensión y la estructura de relevancia de la representación de las noticias en la memoria episódica, y las maneras en que se pone al día el modelo de situación. De modo similar, la estructura de las noticias expresa los «valores (de base ideológica) de las noticias» del periodista: a lo que sea relevante e importante también se le asignará una posición destacada en la organización de los párrafos de las noticias. Esta organización es, por consiguiente, un reflejo tanto semántico cuanto estructural de la interpretación subjetiva o incluso de la reconstrucción de los acontecimientos sociales y políticos por parte del periodista. También nos encontramos con que la mayor parte de las rutinas sociales en las que los periodistas se ven envueltos durante la recolección de noticias aparecen como «textuales». Esto significa que los periodistas casi nunca tratarán con los «hechos» mismos, sino con versiones ya «codificadas», es decir, interpretaciones o construcciones de los hechos en forma de discursos de muchas fuentes: informes de testigos oculares, entrevistas, conferencias de prensa, resúmenes de prensa, declaraciones, relatos o discursos de otros medios. En otras palabras: producir noticias es de hecho una forma de elaboración compleja del discurso en el contexto institucional del periódico y los medios masivos. Desde luego, será muy importante establecer empíricamente la naturaleza de estas formas de elaboración textual: ¿cómo proceden los periodistas para contactar, hablar con alguien, escuchar, interpretar o resumir fuentes y discursos? Es decir: ¿de qué manera (re-)construyen los acontecimientos sociales y políticos *como* acontecimientos de noticias, y cuáles estrategias se emplean en la producción real del discurso noticiero? Todas estas cuestiones tendrán que ser tratadas en ulteriores trabajos empíricos en esta área.

Relevancia social

Desde luego, toda esta investigación «aplicada» no se realiza simplemente como un «ejemplo» del papel de las opiniones y actitudes en la elaboración del discurso. Más bien deberíamos darnos cuenta de que el análisis del discurso o la construcción de modelos cognitivos o sociales de uso del discurso no tendrían que ser un fin en sí mismas. Nuestro conocimiento de causa debería estar orientado hacia la aplicación práctica, p. ej., a fin de comprender (e incluso quizá de remediar) eficientemente importantes problemas sociales. Es este el caso de los prejuicios raciales, discriminaciones, manipulaciones, etc., y pueden citarse muchas aplicaciones más del análisis del discurso (para algunos ejemplos, véase el último volumen del *Handbook of Discourse Analysis,* van Dijk, comp., 1983). A través de un largo rodeo por la lingüística, la lógica, la filosofía y la psicología, esto significa que ahora podemos por fin intentar aplicar nuestra penetración en las estructuras y funciones del discurso al contexto social y cultural. Sin duda, los problemas en esta área seguirán ocupándonos durante muchos años, y esperamos que esto no sólo contribuya a la solución de estos problemas, sino que también tengan su realimentación en los propios estudios del discurso. En ese caso, los puntos importantes serán dictados no sólo por las modas del momento o el progreso de atractivas teorías, sino también por las demandas de nuestra responsabilidad social. Dado que los problemas sociales de esta naturaleza —prejuicios, discriminación, racismo, sexismo, comunicación internacional, etc.— son extremadamente complejos, la aproximación requerida será esencialmente interdisciplinaria. Hemos visto antes que los conocimientos combinados de las orientaciones lingüística, psicológica y social de la investigación en estudios del discurso pueden comenzar ahora a brindar la base para este tipo de investigación interdisciplinaria. A pesar de que este libro sólo narre una parte de una historia naciente, esperamos que pueda servir de modesta contribución a ese esfuerzo interdisciplinario.

Amsterdam, enero de 1983   TEUN A. VAN DIJK

Bibliografía

Ammon, Ulrich (1973): *Probleme der Soziolinguistik*, Tubinga, Niemeyer, GA 15.
Appel, René, Hubers, Gerard & Meijer, Guus (1976): *Sociolinguistiek*, Utrecht, Het Spectrum, Aula 575.
Aufermann, Jörg, Bohrmann, Hans & Sülzer, Rolf (comps.) (1973): *Gesellschaftliche Kommunikation und Information*, Frankfurt, Athenäum-Fischer, FAT 4021/4022.
Austin, John Langshaw (1962): *How to do things with words*, Londres, Oxford. (Traducción castellana: *Cómo hacer cosas con palabras*, Barcelona, Ediciones Paidós, 1982.)
Bar-Hillel, Yehoshua (comp.) (1972): *Pragmatics of Natural Languages*, Dordrecht, Reidel.
Bartlett, F.C. (1932): *Remembering*, Londres, Cambridge U.P.
Bauman, Richard & Scherzer, Joel (comps.) (1974): *Explorations in the Ethnography of Speaking*, Londres, Cambridge U.P.
Beardsley, Monroe C. (1958): *Aesthetics*, Nueva York, Harcourt, Brace & World.
Beneš, Eduard & Vachek, Joseph (comps.) (1971): *Stilistik und Soziolinguistik*, Berlín, List.
Ben Amos, Dan & Goldstein, Kenneth (comps.) (1975): *Folklore, Performance and Communication*, La Haya, Mouton.
Bernstein, Basil (1971): *Class, Codes and Control*, Londres, Routledge & Kegan Paul.
Binkley, Robert T., Bronaugh, Richard & Marras, Ausonio (comps.) (1971): *Agent, Action, Reason*, Oxford, Blackwell.
Birdwhistle, Ray I. (1970): *Kinesics and Context*, Filadelfia, Univ. of Philad. Press. (Traducción castellana: *El lenguaje de la expresión corporal*, Barcelona, Editorial Gustavo Gili, S.A., 1979.)

Bitzer, Lloyd & Black, Edwin (comps.) (1971): *The Prospect of Rhetoric*, Englewood Cliffs N.J.: Prentice Hall.

Bobrow, Daniel G. & Collins, Allan (comps.) (1975): *Representation and Understanding*, Nueva York, Academic Press.

Böckelmann, Franz (1975): *Theorie der Massenkommunikation*, Frankfurt, Suhrkamp, es 658.

Booth, Wayne C. (1961): *The Rhetoric of Fiction*, Chicago, Chicago U.P.

Brandt Corstius, H. (1974): *Algebraïsche taalkunde*, Utrecht, Oosthoek.

Bransford, John D. & Franks, Jeffery J. (1971): «The abstraction of linguistic ideas», *Cognitive Psychology 2*, págs. 331-350

(1972), «The abstraction of linguistic ideas», *Cognition 1*, págs. 211-249.

Bremond, Claude (1973): *Logique du récit*, París, Seuil.

Brittan, Arthur (1973): *Meaning and Situation*, Londres, Routledge & Kegan Paul.

Bünting, Karl-Dieter (1972): *Einführung in die Linguistik*, Frankfurt, Athenäum, FAT 2011.

Care, Norman S. & Landesman, Charles (comps.) (1968): *Readings in the Theory of Action*, Bloomington, Indiana U.P.

Chatman, Seymour (comp.) (1971): *Literary Style*, Londres, Oxford U.P.

Charniak, Eugene (1972): *Towards a Model of Children's Story Comprehension*, MIT, Tesis doctoral.

Cicourel, Aaron W. (1968): *The Social Organization of Juvenile Justice*, Nueva York, Wiley.

(1973) *Cognitive Sociology*, Harmondsworth, Penguin.

Clark, Herbert H. (1976): *Semantics and Comprehension*, La Haya, Mouton.

Clark, Herbert H. & Clark, Eve (1977): *Psychology and Language*, Nueva York, Harcourt Brace.

Cofer, Charles N. (comp.) (1976): *The Structure of Human Memory*, San Francisco, Freeman.

Cole, Peter & Morgan, Jerry L. (comps.) (1975): *Syntax and Semantics*, Vol. 3 Speech Acts, Nueva York, Academic Press.

Communications.

(1976) «L'analyse structurale du récit», *Communications*, 8, París, Seuil. (Traducción castellana: «Análisis estructural del relato», Buenos Aires, Editorial Tiempo Contemporáneo, 1970.)

(1970) «Recherches rhétoriques», *Communications*, 16, París, Seuil. (Traducción castellana: «Investigaciones retóricas II», Buenos Aires, Editorial Tiempo Contemporáneo, 1974.)

Corcoron, John P. (1969): *Discourse Grammars and the Structure of Mathematical Reasoning*, en J. Scandura (comp.), Structural Learning, Englewood Cliffs, Prentice Hall.

Cresswell, M.J. (1973): *Logics and Languages*, Londres, Methuen.

Culler, Jonathan (1975): *Structuralist Poetics*, Londres, Routledge & Kegan Paul.

Danto, Arthur C. (1965): *Analytical Philosophy of History*, Londres, Cambridge U.P.

Dascal, Marcele & Margalit, Avishai (1974): «A new 'revolution' in Linguistics? Text Grammars versus Sentence Grammars», *Theoretical Linguistics 1*, págs. 195-213.

Davidson, Donald D. & Harman, Gilbert (comps.) (1972): *Semantics of Natural Language*, Dordrecht, Reidel.

Van Dijk, Teun A. (1971 a): *Moderne Literatuurteorie*, Amsterdam, Van Gennep.

Van Dijk, Teun A. (1971 b): *Taal. Tekst. Teken*, Amsterdam, Athenaeum.

Van Dijk, Teun A. (1972 a): *Some Aspects of Text Grammar*, La Haya, Mouton.

Van Dijk, Teun A. (1972 b): *Beiträge zur generativen Poetik*, Munich, Bayerischer Schulbuch-Verlag. (Traducción italiana: *Per una poetica generativa*, Bolonia, Societa editrice il Mulino, 1976.)

Van Dijk, Teun A. (1973): *Text Grammar and Text Logic*, en Petöfi & Rieser (comps.), págs. 17-18.

Van Dijk, Teun A. (1974): *Relevance*, en Text Grammar and Text Logic, Paper Int. Congress of Relevance Logics, St. Louis, EE.UU.

Van Dijk, Teun A. (1975 a): «Discourse Meaning and Memory: Review Article of W.

Kintsch, The Representation of Meaning in Memory», *Journal of Reading Behaviour* *8.*

Van Dijk, Teun A. (1975 b): *Recalling and Summarizing Complex Discourse* (Universiteit van Amsterdam, mimeo), aparecido en: W. Burghardt & K. Hölzer (comps.), *Text Processing,* Nueva York, Berlín, de Gruyter, 1979.

Van Dijk, Teun A. (1975 c): «Formal Semantics of Metaphorical Discourse», *Poetics,* XIV/XV, págs. 173-198.

Van Dijk, Teun A. (1976 a): «Philosophy of Action and Theory of Narrative», *Poetics,* V, págs. 287-338.

Van Dijk, Teun A. (1976 b): «Narrative Macro-Structures. Logical and Cognitive Foundations», *PTL,* I, págs. 547-568.

Van Dijk, Teun A. (1976 c): «Complex Semantic Information Processing» (UvA) en D. Walker e.a. (comps.), *Natural Languages in Information Science,* Estocolmo, Skriptor, 1977, págs. 127-163.

Van Dijk, Teun A. (1977 a): *Text and Context. Explorations in the Semantics and Pragmatics of Discourse.* Londres, Longman. (Traducción castellana: *Texto y contexto. Semántica y pragmática del discurso,* Madrid, Ediciones Cátedra, S.A., 1980.)

Van Dijk, Teun A. (1977 b): *Het Literatuuronderwijs op school. Een kritische analyse,* Amsterdam, van Gennep.

Van Dijk, Teun A. (1977 c): «Context and Cognition: Knowledge Frames and Speech Act Comprehension», *Journal of Pragmatics,* I, 211-231.

Van Dijk, Teun A. (1977 d): *Connectives in Text Grammar and Text Logic* (1973), en Van Dijk & Petöfi (comps.) 11-63.

Van Dijk, Teun A. (1977 e): *Semantic Macro-Structures and Knowledge Frames in Discourse Comprehension,* en Just & Carpenter (comps.), 3-32.

Van Dijk, Teun A. (1978): *Taal en handelen. Interdisciplinaire inleiding in de Pragmatiek,* Muiderberg, Coutinho.

Van Dijk, Teun A. (1980 a): *Macro-Structures. An Interdisciplinary Study of Global Structures in Discourse, Cognitions and Interaction,* Hillsdale N.J., Erlbaum.

Van Dijk, Teun A. (1980 b): *Studies in the Pragmatics of Discourse,* La Haya, Mouton.

Van Dijk, Teun A. (comp.) (1975): *Pragmatics of Language and Literature,* Amsterdam, Noord Holland.

Van Dijk, Teun A. & Kintsch, Walter (1977): *Cognitive Psychology and Discourse* en Dressler (comp.).

Van Dijk, Teun A & Petöfi, Janos S. (comps.) (1975): «Theory of Metaphor», en *Poetics* 14/15 (1977); *Grammars and Descriptions,* Nueva York, Berlín, de Gruyter.

Dittmar, Norbert (1973): *Soziolinguistik. Exemplarische und kritische Darstellung ihrer Theorie, Empirie und Anwendung.* Con bibliografía comentada, Frankfurt, Fischer Athenäum, FAT 2013.

Doležel, Lubomir & Bailey, Charles W. (comps.) (1969): *Statistics and Style,* Nueva York, Elsevier.

Douglas, Jack D. (comp.) (1973): *Understanding Everyday Life,* Londres, Routledge & Kegan Paul.

Dressler, Wolfgang U. (1972): *Einführung in die Textlinguistik,* Tubinga, Niemeyer, Konzepte 13. (Traducción italiana: *Introduzione alla linguistica del testo,* Roma, Officina Edizioni, 1974.)

Dressler, Wolfgang U. (comp.) (1977): *Current Trends in Text Linguistics,* Nueva York, Berlín, de Gruyter.

Dressler, Wolfgang U. & Schmidt, Siegfried J. (1973): *Textlinguistik. Eine kommentierte Bibliographie,* Munich, Fink.

Dubois, J. e.a. (1970): *Rhétorique générale,* París, Larousse.

Eco, Umberto (1976): *A Theory of Semiotics,* Bloomington, Indiana U.P. (Traducción castellana: *Tratado de semiótica general,* Barcelona, Editorial Lumen, 1977.)

Engel, Dorothea (1977): *Textexperimente mit Aphatikern,* Tubinga, Narr.

Enkvist, Nils Erik (1973): *Linguistic Stylistics,* La Haya, Mouton.

Erlich, Victor (1955): *Russian Formalism,* La Haya, Mouton.

Festinger, Leon (1957): *A Theory of Cognitive Dissonance,* Stanford, Stanford U.P.

Fillmore, Charles (1968): «The Case for Case» en E. Bach & R. T. Harms (comps.), *Universals in Linguistic Theory,* Nueva York, Holt, Rinehart & Winston, págs. 1-88.

Fishbein, Martin & Ajzen, Icek (1975): *Belief, Attitude, Intention and Behavior,* Reading Mass.: Addison-Wesley.

Flader, Dieter (1974): *Strategien der Werbung,* Kronberg, Scriptor.

Flores d'Arcais & Levelt, W.J.M. (comps.) (1970): *Advances in Psycholinguistics,* Amsterdam, Noord Holland.

Fodor, J.A., Bever, T.G. & Garrett, M.F. (1974): *The Psychology of Language,* Nueva York, McGraw Hill.

Fowler, Robert (comp.) (1966): *Essays on Style and Language,* Londres, Routledge & Kegan Paul.

Franck, Dorothea (1975): «Zur Analyse indirekter Sprechakte», en V. Ehrich & P. Finke (comps.), *Beiträge zur Grammatik und Pragmatik,* Kronberg, Scriptor, págs. 219-232.

Franck, Dorothea (1979): *Grammatik und Konversation,* tesis doctoral, Universidad de Amsterdam, aparecido en Scriptor, 1980.

Frederiksen, Carl H. (1972): «Effects of task induced cognitive operations on comprehension and memory processes», en J. B. Carroll & R. O. Freedle (comps.), *Language Comprehension and the Acquisition of Knowledge,* Nueva York, Winston/Wiley, págs. 211-245.

Frederiksen, Carl H. (1975 a): «Acquisition of Semantic Information from Discourse: Effects of Repeated Exposures», *Journal of Verbal Learning and Verbal Behaviour,* XIV, págs. 158-169.

Frederiksen, Carl, H. (1975 b): «Effects of Context-Induced Processing Operations on Semantic Information Acquired from Discourse», *Cognitive Psychology,* VII, págs. 139-166.

Freedle, Roy O. (comp.) (1977): *Discourse Processes,* Norwood, N.J., Ablex, Vol. 1.

Freeman, Donald C. (comp.) (1970): *Linguistics and Literary Style,* Nueva York, Holt, Rinehart & Winston.

Gadamer, Hans Georg (1960): *Wahrheit und Methode,* Tubinga, Mohr.

Garfinkel, Harold (1972): *Studies of Routine Grounds of Everyday Activities,* en Sudnow (comp.) págs. 1-30.

Gerbner, George e.a. (comp.) (1969): *The Analysis of Communication Content,* Nueva York, Wiley.

Göttert, Karl-Heinz (1978): *Argumentation,* Tubinga, Niemeyer, GA 23.

Goffman, Erving (1967): *Interaction Ritual,* Harmondsworth, Penguin. (Traducción castellana: *Ritual de la interacción,* Buenos Aires, Editorial Tiempo Contemporáneo, 1970.) (1971) *Relations in Public,* Nueva York, Harper & Row. (Traducción castellana: *Relaciones en público: Microestudios del orden público,* Madrid, Alianza Editorial, 1979.) (1974) *Frame Analysis,* Nueva York, Harper & Row.

Gray, William H. (1971): «On the Nature and Role of Narrative in Historiography», *History and Theory,* X, págs. 153-171.

Grice, H. Paul (1967): *Logic and Conversation, William James Lectures, mimeo,* parcialmente en Cole & Morgan (comps.). (Traducción francesa: «Logique et conversation» en «La conversation» *Communication,* 30, París, Seuil, 1979, 57-72.)

Grimes, Joseph E. (1975): *The Thread of Discourse,* La Haya, Mouton.

Groenendijk, Jeroen & Stokhof, Martin (1975): «Modality and Conversational Information», *Theoretical* Linguistics, II, págs. 61-112. (1976) «Some Aspects of the Semantics and Pragmatics of Performative Sentences», *Amsterdam Papers in Formal Grammar,* Vol. 1, Universiteit van Amsterdam. (1978) «Epistemic Pragmatics, Diss. Universiteit van Amsterdam, i. V.

Gülich, E. & Raible, W. (1977): *Linguistische Textmodelle,* Munich, Fink, UTB 130.

Gumperz, John D. & Hymes, Dell (comps.) (1972): *Directions in Sociolinguistics. The Ethnography of Communication,* Nueva York, Holt, Rinehart & Winston.

Hager, Frithjof, Haberland, Hartmut & Paris, Rainer (1973): *Soziologie + Linguistik,* Stuttgart, Metzler.

Halliday, M.A.K. (1967): *Explorations in the Functions of Language,* Londres, Arnold.

Halliday, M.A.K. & Hasan, Ruqaiya (1976): *Cohesion in English,* Londres, Longman.

Hamburger, Käte (1968): *Die Logik der Dichtung,* Stuttgart, Klett.
Hauswaldt-Windmüller, Brigitte (1977): *Sprachliches Handeln in der Konsumwerbung,* Weinheim/Basilea, Beltz.
Helbig, Gerhard (1974): *Geschichte der neueren Sprachwissenschaft,* Reinbek, Rowohlt, rororo studium 48.
Henne, Helmut & Rehbock, Helmut (1979): *Einführung in die Gesprächsanalyse,* Berlín, Nueva York, de Gruyter, col. Göschen 2212.
Himmelfarb, Samuel & Eagly, Alice H. (comps.) (1974): *Reading in Attitude Change,* Nueva York, Wiley.
Holsti, Ole (1969): *Content Analysis for the Social Sciences and the Humanities,* Reading, Mass., Addison-Wesley.
Hughes, G.E. & Cresswell, M.J. (1968): *An Introduction to Modal Logic,* Londres, Methuen.
Hundhausen, Carl (1975): *Propaganda,* Essen, Girardet.
Hymes, Dell (comp.) (1964): *Language in Culture and Society,* Nueva York, Harper & Row.
Ihwe, Jens (1972): *Linguistik in der Literaturwissenschaft,* Munich, Bayerischer Schulbuch-Verlag.
Ihwe, Jens (comp.) (1971/72): *Literaturwissenschaft und Linguistik,* Frankfurt, Athenäum, 3 tomos.
Jakobson, Roman (1960): *Linguistics and Poetics,* en Sebeok (comp.), 350-377. (Traducción castellana: «La lingüística y la poética», en Thomas A. Sebeok (comp.) *Estilo del lenguaje,* Madrid, Ediciones Cátedra, S. A., 1974, 123-173. También: *Lingüística y poética,* Madrid, Ediciones Cátedra, S.A., 1981.)
Jefferson, Gail (1972): *Side-Sequences,* en Sudnow (comp.), 294-338.
Just, Marcel & Carpenter, Patricia (comps.) (1977): *Cognitive Processes in Comprehension,* Hillsdale, N.J., Erlbaum.
Kallmeyer, Klein, Meyer-Herrmann, Netzer & Siebert (1974): *Lektürekolleg zur Textlinguistik,* Tomo 1: Introducción, Tomo 2: Reader, Frankfurt, Athenäum, también como FAT 2050/2051.
Katz, Jerrold J. (1972): *Semantic Theory,* Nueva York, Harper & Row.
Keeman, Edward L. (comp.) (1975): *Formal Semantics of Natural Language,* Londres, Cambridge, U.P.
Kempen, Gerard (1977): «On Conceptualizing and Formulating in Sentence Production» en S. Rosenberg (comp.), *Sentence Production,* Hillsdale, N.J., Erlbaum.
Kempson, Ruth M. (1975): *Presupposition and the Delimitation of Semantics,* Londres, Cambridge U.P.
Kerkhoff, Emma L. (1962): *Kleine deutsche Stilistik,* Berna, Franke, Dalp-Tb. 364.
Kintsch, Walter (1974): *The Representation of Meaning in Memory,* Hillsdale, N. J., Erlbaum.
Kintsch, Walter (1976): *Memory for Prose,* en Cofer (comp.), 90-113. (1977 a) *Memory and Cognition,* Nueva York, Wiley. (1977 b) *Comprehending Stories,* en Just & Carpenter (comps.).
Kintsch, Walter & Van Dijk, Teun A. (1975): «Comment on se rappelle et on résume des histoires», *Langages,* XL, 98-116. (1978) «Toward a model of Discourse Comprehension and Production», *Psychological Review,* LXXXV.
Klaus, Georg (1971): *Sprache der Politik,* Berlín, RDA: Deutscher Verlag der Wissenschaften.
Kopperschmidt, Josef (1973): *Allgemeine Rhetorik,* Stuttgart, Kohlhammer.
Kummer, Werner (1975): *Grundlagen der Texttheorie,* Reinbek, Rowohlt, rororo studium 51.
Kuroda, S.-Y. (1975): «Reflections on the Foundations of Narrative Theory-From a Linguistic Point of View», en Van Dijk (comp.), 107-140.
Labov, William (1972 a): *Language in the Inner City,* Philadelphia, University of Philadelphia Press. (1972 b) *Sociolinguistic Patterns,* Philadelphia, University of Philadelphia Press. (1972 c) «Rules for Ritual Insults», en Labov, 1972 a, 297-353.
Labov, William & Fanshel, David (1977): Therapeutic Discourse, Nueva York, Academic Press.

Labov, William & Waletzky, Joshua (1967): «Narrative Analysis: Oral Versions of Personal Experience», en J. Helm (comp.) *Essays on the Verbal and Visual Arts,* 12-44.

Lämmert, Eberhard (1955): *Bauformen des Erzählens,* Stuttgart, Metzler.

Lakoff, George (1968): *Counterparts and the Problem of Reference in Transformational Grammar,* Paper LSA Meeting, July (mimeo).

Lasswell, Harold D. & Leites, Nathan and associates (comps.) (1949): *Language of Politics. Studies in Quantitative Semantics,* Cambridge, Mass., MIT Press.

Lausberg, Heinrich (1960): *Handbuch der literarischen Rhetorik,* 2 tomos, Munich, Fink. (Traducción castellana: *Manual de retórica literaria. Fundamentos de una ciencia de la literatura,* 3 tomos, Madrid, Editorial Gredos, 196, 1967, 1969.)

Leech, Geoffrey N. (1966): *English in Advertising,* Londres, Longman, (1969) *Towards a Semantic Description of English,* Londres, Longman.

Leodolter, Ruth (1975): *Das Sprachverhalten von Angeklagten bei Gericht,* Kronberg, Scriptor.

Lewis, David (1968): *Convention,* Cambridge, Mass., MIT Press, (1973) *Counterfactuals,* Oxford, Blackwell, (1970) «General Semantics», *Synthese,* XXII, 18-67.

Lindsay, Peter H. & Norman, Donald A. (1972): *Human Information Processing,* Nueva York, Academic Press.

Lisch, Ralf & Kriz, Jürgen (1978): *Grundlagen und Modelle der Inhaltsanalyse,* Reinbek, Rowohlt, rororo studium 117.

Longacre, Robert E. (comp.) (1976): *Discourse Grammar,* 3 vol., Dallas, Summer Institute of Linguistics.

Lotmann, Jurij M. (1972 a): *Vorlesungen zu einer strukturalen Poetik,* Munich, Fink. (1972 b) *Die Struktur literarischer Texte,* Munich, Fink, UTB 103. (Traducción castellana: *Estructura del texto artístico* Madrid, Ediciones Istmo, 1978).

Luria, A.R. (1973): *The Working Brain,* Harmondsworth, Penguin.

Lyons, John (1977): *Semantics,* 2 vol., Londres, Cambridge U.P. (Traducción castellana: *Semántica,* Barcelona, Editorial Teide, 1980.)

Maas, Utz & Wunderlich, Dieter (1972): *Pragmatik und Sprachliches Handeln,* Frankfurt, Athenäum.

Mandler, Jean M. (1978): *A Code in the Node: The Use of Story Schema in Retrieval,* en Freedle (comp.), Vol. 2.

Mandler, Jean M. & Johnson, Nancy S. (1977): «Remembrance of Things Parsed: Story Structure and Recall», *Cognitive Psychology,* XIX, 111-151.

Mead, George H. (1934): *Mind, Self and Society,* Chicago, University of Chicago Press. (Traducción castellana: *Espíritu, persona y sociedad,* Barcelona, Ediciones Paidós, 1981.)

Meyer, Bonnie F. (1975): *The Organization of Prose and its Effects on Memory,* Amsterdam, Noord Holland.

Miller, George A. (1956): «The Magical Number Seven, Plus or Minus Two», *Psychological Review,* LXIII, 81-97.

Miller, George A., Galanter, Eugene & Pribram, Karl H. (1960): *Plans and the Structure of Behavior,* Nueva York, Holt, Rinehart & Winston.

Minsky, Marvin (1975): «A Framework of Representing Knowledge», en P. Winston (comp.), *The Psychology of Computer Vision,* Nueva York, McGraw Hill.

Montague, Richard (1974): *Formal Philosophy,* Nueva York, Yale U.P.

Morris, Charles W. (1938): *Foundations of the Theory of Signs,* Chicago, International Encyclopedia of Unified Science. (Traducción castellana: «Fundamentos de la teoría de los signos» en Bar-Hillel y otros *Presentación del lenguaje,* Madrid, Taurus, 1962.)

Morris, Charles W. (1946): *Signs, Language and Behavior,* Nueva York, Prentice Hall. (Traducción castellana: *Signos, lenguaje y conducta,* Buenos Aires, Editorial Losada, 1962.)

Neisser, Ulric (1967): *Cognitive Psychology,* Nueva York, Appleton -Century Crofts.

Norman, Donald D. & Rumelhart, D.E. (comps.) (1975): *Explorations in Cognition,* San Francisco, Freeman.

Nusser, Peter (comp.) (1975): *Anzeigenwerbung,* Munich, Fink.

Paivio, Allan (1971): Imagery and Verbal Processes, Nueva York, Holt, Rinehart & Winston.

Paul, I.H. (1959): Studies in Remembering. Psychological Issues, Monograph Series 1.

Peirce, Charles Sanders (1960): Collected Papers, Vol. 2, Cambridge, Harvard U.P.

Perelman, Ch. & Olbrechts-Tyteca, L. (1969): The New Rhetoric. A Treatise on Argumentation, 1958, Notre Dame, University of Notre Dame Press.

Petöfi, Janos S. (comp.) (1979): Text versus Sentence, Hamburgo, Buske.

Petöfi, Janos S. & Franck, Dorothea (comp.) (1973): Präsuppositionen in der Linguistik und Philosophie/Presuppositions in Linguistics and Philosophy, Frankfurt, Athenäum.

Petöfi, Janos S. & Rieser, Hannes (comps.) (1973): Studies in Text Grammar, Dordrecht, Reidel.

Piaget, Jean (1959): The Language and Thought of the Child (1926), Londres, Routledge & Kegan Paul.

Pike, Kenneth L. (1967): Language in Relation to a Unified Theory of Human Behavior, La Haya, Mouton.

Plett, Heinrich F. (1975): Textwissenschaft und Textanalyse, Heidelberg, Quelle & Meyer, UTB 328.

Projektgruppe Textlinguistik Konstanz (comps.) (1974): Probleme und Perspektiven der neueren Textgrammatischen Forschung I, Hamburgo, Buske.

Prokop, Dieter (comp.) (1972/77): Massenkommunikationsforschung, 1:Produktion, 2:Konsumtion, 3:Produktanalysen, Frankfurt, Fischer, Tb. 6151/6152/6343.

Propp, Vladimir (1968): Morphology of the Folktale, Austin, Texas U.P. (Traducción castellana: Morfología del cuento, Madrid, Editorial Fundamentos, 1977, 3.ª edición.)

Rave, Dieter e.a. (comps.) (1971): Paraphrasen Juristischer Texte, Darmstadt, Interdisziplinäre Arbeitsgruppe Analyse der juristischen Sprache.

Rescher, Nicholas (1975): A Theory of Possibility, Pittsburg U.P.

Riffaterre, Michael (1971): Essais de stylistique structurale, París, Seuil.

Robinson, W.P. (1972): Language ans Social Behavior, Harmondsworth, Penguin.

Römer, Ruth (1971): Die Sprache der Anzeigenwerbung, Düsseldorf, Schwann, 2.ª edición.

Rommetveit, Ragnar (1974): On Message Structure, Nueva York, Wiley.

Rothkopf, Ernst K. (1972): «Structural Text Features and the Control of Processes in Learning from Written Material», en Freedle & Carroll (comps.): Language Comprehension and the Acquistion of Knowledge, 315-335.

Rumelhart, David (1975): «Notes on a Schema for Stories» en Bobrow & Collins (comps.), 211-236.

Sachs, Jacqueline Strunk (1967): «Recognition Memory for Syntactic and Semantic Aspects of Connected Discourse», Perception and Psychophysics, II, 437-442.

Sacks, Harvey (1972 a): «On the Analyzability of Stories by Children», en Gumperz & Hymes (comps.), 325-345 (1972 b) «An Initial Investigation of the Usability of Conversational Data for Doing Sociology», en Sudnow (comp.), 31-74.

Sacks, Harvey, Schegloff, Emmanuel A. & Jefferson, Gail (1974): «A Simplest Systematic for the Organization of Turntaking for Conversation», Language, L, 696-735.

Sadock, Jerrold D. (1974): Towards a Linguistic Theory of Speech Acts, Nueva York, Academic Press.

Sandell, Rolf (1977): Linguistic Style and Persuasion, Nueva York, Academic Press.

Sanders, Willy (1973): Linguistische Stiltheorie, Gotinga, Vandenhoeck & Ruprecht, VR 1386.

Sandig, Barbara (1978): Stilistik, Berlín, de Gruyter.

Sasse, Günter & Turk, Horst (comps.) (1978): Handeln, Sprechen und Erkennen, Gotinga, Vandenhoeck & Ruprecht, VR 1447.

Schank, Roger & Abelson, Robert (1977): Scripts, Plans, Goals and Understanding, Hillsdale, N.J., Erlbaum.

Schegloff, Emmanuel A. & Sacks, Harvey (1973): «Opening up Closings», Semiotica, VIII, 289-327.

Schlieben-Lauge, Brigitte (1973): *Soziolinguistik*, Stuttgart, Kohlhammer, Urbau-Tb. 176. (1975) *Linguistische Pragmatik*, Stuttgart, Kohlhammer, Urbau-Tb. 198.
Schmidt, Siegfried J. (1973): *Texttheorie*, Munich, Fink, UTB 202. (Traducción castellana: *Teoría del texto. Problemas de una lingüística de la comunicación verbal*, Madrid, Ediciones Cátedra, 1977.)
Schmidt, Siegfried J. (comp.) (1976): *Pragmatik II, Pragmatics*, Munich, Fink.
Searle, John (1969): *Speech Acts*, Londres, Cambridge U.P. (Traducción castellana: *Actos de habla. Ensayo de filosofía del lenguaje*, Madrid, Ediciones Cátedra, 1980.) (1975) «Indirect Speech Acts», en Cole & Morgan (comps.), 59-82.
Sebeok, Thomas A. (comp.) (1960): *Style in Language*, Cambridge, Mass., MIT Press. (Traducción castellana: *Estilo del Lenguaje*, Madrid, Ediciones Cátedra, 1974.)
Sgall, Petr, Hajičova, Eva & Benešova, Eva (1973): *Topic, Focus and Generative Semantics*, Kronberg, Scriptor.
Slobin, Dan (1971): *Psycholinguistics*, Glenview, Ill., Scott, Foresman & Co.
Sola Pool, Ithiel de & Schramm, Wilbur e.a. (comps.) (1973): *Handbook of Communication*, Chicago, Rand McNally.
Sosa, Ernest (comp.) (1975): *Causation and Conditionals*, Londres, Oxford U.P.
Sowinski, Bernhard (1973): *Deutsche Stilistik*, Frankfurt, Fischer, Tb. 6147.
Stanzel, Franz K. (1964): *Typische Formen des Romans*, Gotinga, Vandenhoeck & Ruprecht, VR 187.
Steinman, Martin, jr. (comp.) (1967): *New Rhetorics*, Nueva York, Scribner's.
Stevick, Philip (comp.) (1967): *The Theory of the Novel*, Nueva York, Free Press.
Striedter, Jurij (comp.) (1969): *Texte der russischen Formalisten*, tomo I, Munich, Fink.
Sudnow, David (comp.) (1972): *Studies in Social Interaction*, Nueva York, Free Press.
Tausch, Reinhard (1974): *Gesprächspsychotherapie*, Gotinga, Hogrefe, 6.ª edic.
Thorndyke, Perry W. (1975): *Cognitive Structures in Human Story Comprehension and Memory*, tesis doctoral, Stanford.
Toulmin, Stephen (1958): *The Uses of Argument*, Londres, Cambridge U.P.
Tulving, Endel & Donaldson, Wayne (comps.) (1972): *Organization of Memory*, Nueva York, Academic Press.
Turner, Roy (comp.) (1974): *Ethnomethodology*, Harmondsworth, Penguin.
Ueding, Gert (1976): *Einführung in die Rhetorik*, Stuttgart, Metzler.
Watzlawick, Paul, Beavin, Janet H. & Jackson, Dond. (1967): *Pragmatics of Human Comunication*, Nueva York, Norton (Traducción castellana: *Teoría de la comunicación humana. Interacciones, patologías y paradojas*, Buenos Aires, Editorial Tiempo Contemporáneo, 1971.)
Weingarten, Sacks & Schenkein (comps.) (1976): *Ethnomethodologie*, Frankfurt, Suhrkamp, stw 71.
Werlich, Egon (1976): *A Text Grammar of English*, Heidelberg, Quelle & Meyer, UTB, 597.
Wersig, Egon (1976): *Inhaltsanalyse*, Berlín, Spiess.
White, Alan R. (1968): *The Philosophy of Action*, Londres, Oxford U.P.
Wilson, Deidre (1975): *Presuppositions and non-truth conditional Semantics*, Nueva York, Academic Press.
Wright, Georg Henrik von (1967): «The Logic of Action: A Sketch», en N. Rescher (comp.), *The Logic of Decision and Action*, Pittsburgh, Pittsburg U.P., 121-136.
Wunderlich, Dieter (1974): *Grundlagen der Linguistik*, Reinbek, Rowohlt, rororo studium 17. (1976) *Studien zur Sprechakttheorie*, Frankfurt, Suhrkamp, stw 172.
Wunderlich, Dieter (comp.) (1972): *Linguistische Pragmatik*, Wiesbaden, Athenaion.
Zimmermann, Hans Dieter (1969): *Die politische Rede. Der Sprachgebrauch Bonner Politiker*, Stuttgart, Kohlhammer.

Aquellos que deseen familiarizarse más con el campo de la ciencia del texto pueden servirse de las siguientes notas. Unicamente se relacionan aquellos títulos que garantizan una visión general sobre determinados sectores de la ciencia del texto. Las notas son abreviadas; para las indicaciones más detalladas se remite a las notas.

A. Bibliografía para la ciencia del texto
Dressler & Schmidt (1973), sobre todo para la lingüística textual.

B. Visión general (interdisciplinar)
Dressler (comp.) (1977).

C. Lingüística y gramática textual
Halliday & Hasan (1976) y Werlich (1976) para la descripción de estructuras textuales en inglés. Para los idiomas no-indoeuropeos, véase p. ej.: Longacre (comp.) (1976). En Van Dijk & Petöfi (comps.) (1977) se encuentran ejemplos de descripciones textuales con diferentes métodos.
Petöfi & Rieser (comps.) (1973), Schmidt (1973), Grimes (1975), Van Dijk (1972 a, 1977 a), Kummer (1975) así como Petöfi (comp) (1979), proceden de una forma más bien teórica.
Para la pragmática del texto, véase Van Dijk (1980 b).

D. La literatura, la estilística y la retórica como ciencias del texto.
Schmidt (1973), Ihwe (1972), Plett (1975), Gülich & Raible (1977), Sanders (1973), Sowinski (1973) Van Dijk (1971 a, b; 1972 a, b).
Para la retórica véase Ueding (1976).

E. Psicología de la elaboración textual
Kintsch (1974), Meyer (1975), Just & Carpenter (comps.) (1977), Freedle (comp.) (1977) y Van Dijk & Kintsch (1977).
Psicoterapia: Labov & Fanshel (1977).
Psicopatología de la elaboración textual (afasia): Engel (1977).

F. Análisis de la conversación: Texto e interacción
Sudnow (comp.) (1972), Turner (comp.) (1973), Sacks e.a. (1974), Henne & Rehbock (1979).

G. Psicología social y sociología de la elaboración textual: comunicación de masas
Robinson (1972), Gerbner e.a. (comps.) (1969) y Lisch & Kriz (1978) para el análisis de contenido. Sandell (1977) para la influencia del estilo dentro del contexto persuasivo. Fishbein & Ajzen (1975) para la manipulación en el sentido de la influencia en general. Tan sólo existen unos pocos estudios sobre la elaboración textual en este campo, a excepción de los realizados para los tipos de texto específicos (propaganda, publicidad, noticias, etc.); sin embargo, en el ámbito (de la investigación general) de la comunicación se encuentra un amplio material, por ejemplo De Sola Pool & Schramm e.a. (comps.) (1973) y Prokop (comp.) (1972-1977).

H. Antropología/Etnografía: Texto, comunicación y cultura.
Gumperz & Hymes (comps.) (1972), Bauman & Scherzer (comps.) (1974).

I. Series, ediciones seriadas
Existen unas pocas series, en cuyo seno se publican libros sobre la ciencia del texto (lingüística de texto/elaboración textual/etc.):
a. *Papiere zur Textlinguistik/Papers in Textlinguistics,* Hamburgo, Buske, desde 1972;
b. *Research in Text Theory/Untersuchungen zur Texttheorie,* Nueva York, Berlín, de Gruyter, desde 1977;
c. *Discourse Processes,* Norwood, N.J., Ablex, desde 1977;

J. Revistas
a. *Discourse Processes,* Norwood, N.J. Ablex, desde 1978.
b. *Text,* La Haya, Mouton, a partir de 1980.

Indice analítico